La collection « Agora » publie des études en sciences humaines sur la francophonie, en privilégiant une perspective canadienne.

Prise
de parole

Éditions Prise de parole
C.P. 550, Sudbury (Ontario)
Canada P3E 4R2
www.prisedeparole.ca

Nous reconnaissons l'aide financière du gouvernement du Canada par l'entremise du Fonds du livre du Canada (FLC) et du programme Développement des communautés de langue officielle de Patrimoine canadien, ainsi que du Conseil des Arts du Canada, pour nos activités d'édition. La maison d'édition remercie le Conseil des Arts de l'Ontario et la Ville du Grand Sudbury de leur appui financier.

ONTARIO ARTS COUNCIL
CONSEIL DES ARTS DE L'ONTARIO
an Ontario government agency
un organisme du gouvernement de l'Ontario

Conseil des Arts   Canada Council
du Canada   for the Arts

De l'impuissance à l'autonomie :

évolution culturelle et enjeux identitaires des minorités canadiennes-françaises

Du même auteur

Poésie
De l'amuïssement des certitudes, Lyon, Jacques André éditeur, 2014.
Le maniement des larmes, Saint-Boniface, Plaines, 2013.
Marchand d'intensité, Paris, L'Harmattan, 2012.
Orpailleur de bisous, Ottawa, L'Interligne, 2010.
La Métisse filante, Paris, L'Harmattan, 2008.
Le vertigo du tremble, Saint-Boniface, Plaines, 2005.
L'ondoiement du désir, Saint-Boniface, Plaines, 2003.
Volute velours, Saint-Boniface, Plaines, 2001.

Essai
La quête du séducteur ou le messianisme diabolique, Saint-Boniface, Primo Mobile, 2012.

Nouvelles
Litterarum virus, Saint-Boniface, Primo Mobile, 2016.

De l'impuissance à l'autonomie :

évolution culturelle et enjeux identitaires des minorités canadiennes-françaises

LAURENT POLIQUIN

COLLECTION AGORA
Éditions Prise de parole
Sudbury 2017

Photographies en première de couverture : *Grande assemblée de protestation contre Mⁱ Fallon*, 1917, fonds Association canadienne-française de l'Ontario (C2) ; *Bureau du rédacteur en chef du journal* Le Droit, 1923, Studio Déry, Hull, fonds *Le Droit* (C71) ; *Frou-Frou et Fin-Fin* de Robert Gauthier, 1946, fonds Robert-Gauthier (P255) ; *La classe de Mlle Desormeaux à l'école St-Gérard d'Ottawa*, vers 1946, fonds Blandine-Charbonneau (P86). Université d'Ottawa, Centre de recherche en civilisation canadienne-française de l'Université d'Ottawa (CRCCF).
Conception de la première de couverture : Olivier Lasser

Accompagnement : Aurélie Lacassagne et Jonathan Paquette
Édition : denise truax
Correction d'épreuves : Gérald Beaulieu et Chloé Leduc-Bélanger
Infographie : Alain Mayotte

Diffusion au Canada : Dimedia

Catalogage avant publication de Bibliothèque et Archives Canada
Poliquin, Laurent, 1975-, auteur
    De l'impuissance à l'autonomie : évolution culturelle et enjeux identitaires des minorités canadiennes-françaises / Laurent Poliquin.
(Agora) Comprend des références bibliographiques.
Publié en formats imprimé(s) et électronique(s).
    ISBN 978-2-89744-054-1 (livre imprimé).–ISBN 978-2-89744-055-8 (PDF).–
    ISBN 978-2-89744-056-5 (EPUB)
1. Canadiens français–Identité ethnique. 2. Canada–Relations entre francophones hors Québec et Québécois. 3. Minorités dans la presse–Canada. I. Titre.
II. Collection: Collection Agora (Sudbury, Ont.)
    FC139.I34P65 2017   971'.004114   C2017-901199-5
                                                    C2017-901200-2

ISBN 978-2-89744-054-1 (Papier)
ISBN 978-2-89744-055-8 (PDF)
ISBN 978-2-89744-056-5 (ePub)

REMERCIEMENTS

Ce livre est l'aboutissement d'un long processus qui a profité des conseils et des encouragements d'un grand nombre de personnes auxquelles je souhaite exprimer ma gratitude.

Mes remerciements vont d'abord au professeur Dominique Laporte, qui a su intervenir lors de moments particulièrement difficiles de l'élaboration de la thèse doctorale dont est issu ce travail soutenu au mois d'août 2012 à l'Université du Manitoba. C'est surtout grâce à son soutien et ses conseils que j'ai pu mener à bien cette recherche. Qu'il soit assuré de ma reconnaissance la plus sincère.

Je remercie les professeurs Constance Cartmill, Alan MacDonell, Jean Morency et Greg Smith, pour l'intérêt qu'ils ont porté à ma recherche et dont les conseils m'ont été précieux.

Je suis redevable au Dr Mathen de l'hôpital de la Miséricorde à Winnipeg d'avoir réussi à remettre en place une rétine de l'œil qui a fait des siennes en début de rédaction.

Les Éditions Prise de parole m'ont ouvert les portes de la collection « Agora » et prodigué maints conseils éditoriaux. Ils ont relu et commenté avec forte rigueur l'état de ce travail. Pour leurs remarques et critiques judicieuses, je remercie profondément Aurélie Lacassagne de l'Université Laurentienne, Jonathan Paquette de l'Université d'Ottawa et la directrice de la maison denise truax.

Enfin, je remercie le Département de français, d'espagnol et d'italien de l'Université du Manitoba, ainsi que le Conseil de recherches en sciences humaines du Canada pour leur appui financier, sans lesquels cette recherche n'aurait pas pu être menée à bien.

Cet ouvrage a été publié grâce à une subvention de la Fédération des sciences humaines, dans le cadre du Prix d'auteurs pour l'édition savante, à l'aide de fonds provenant du Conseil de recherches en sciences humaines du Canada.

INTRODUCTION

*Qu'adviendra-t-il le jour prochain où la direction des
affaires passera aux mains de nos fils nés et élevés ici ?
Seront-ils en mesure de poursuivre l'œuvre achevée et de
perpétuer les traditions de la race ? Les hommes de demain,
qui sont nos enfants d'aujourd'hui, seront ce que font
actuellement la famille et l'école.*

Donatien Frémont, « Le salut par l'école »,
Le Patriote de l'Ouest, 8 mai 1918

L'idée selon laquelle les années soixante inaugurent une rupture
identitaire au sein du Canada français est mise en cause
depuis quelques années dans un nombre important d'ouvrages,
comme l'ont montré Anne-Andrée Denault et Linda Cardinal
(*Rupture*, 2007). Selon cette idée débattue, la fragmentation
identitaire opérée dans les communautés francophones du pays
aurait amené les Canadiens français, à partir des années soixante,
à ne plus se considérer comme issus d'une nation canadienne-
française commune et à se définir par des appellations
identitaires qui les différencient entre eux d'après leur province
d'origine. Les débats relatifs aux conséquences de la Révolution
tranquille au Québec sur les minorités canadiennes-françaises
(Cardinal, 2003 ; Cardinal, 1998 ; Thériault, 1998 ; Langlois et
Roy, 2003) ont révélé, en partie, que des causes antérieures à la
Révolution tranquille expliquent la nouvelle organisation sociale
du Canada français. La redéfinition identitaire subséquente a
exigé une période de temps relativement prolongée pour révéler

la fracture nationale en question. Nous empruntons cette idée de rupture à Marcel Martel (*Deuil*, 1997), pour qui le Canada français ne rallie plus, au cours des années soixante, « l'ensemble des francophones du territoire canadien » (*Trois clefs*, 36), en raison des mutations identitaires et institutionnelles qu'ils ont subies, dont la révolution tranquille au Québec, poussant le Canada français à « cess[er] d'être un lieu de l'action collective » (*ibid.*). La rupture du Canada français ne s'est pas élaborée en un seul jour, mais s'est consomée au terme de discontinuités dans l'histoire du Canada. Parmi les événements perturbateurs qui brouillent l'histoire des relations entre la « race » canadienne-française et ceux qu'elle perçoit comme la « race » anglo-protestante, notons la crise scolaire en Acadie (1871), la pendaison de Louis Riel en 1885, la participation à la guerre coloniale britannique en Afrique du Sud contre les Boers de 1899 à 1902, les crises scolaires en Ontario (1912), au Manitoba (1916) et en Saskatchewan (1931), les lois sur la conscription (1917 et 1944) et la crise économique des années trente. Ceux qu'on appellera les Franco-Ontariens, les Acadiens, les Franco-Manitobains, les Franco-Albertains, les Franco-Colombiens et les Fransaskois entretiennent, de fait, des rapports complexes avec la communauté canadienne-française du Québec et la communauté anglo-saxonne majoritaire, impliquées elles aussi dans ces tourments de la Confédération canadienne. Ils nouent des liens avec elle, les dénouent, sèment la discorde et se réconcilient avec elle. Et l'armature traditionnelle qui protégeait la nation canadienne-française (la religion catholique, la langue française, la paroisse, les institutions ecclésiastiques et le réseau associatif) se dissout avec le temps. Comment reconnaître cette refonte du Canada français, sinon en entreprenant une recherche sur les discours qui l'ont animée ? Le défi est de taille, car les discours, non seulement abondent dans le temps, mais se répandent sur un vaste territoire, dans plusieurs provinces canadiennes, dans plusieurs communautés francophones et dans maints journaux et publications. Des choix méthodologiques s'imposent. Et le questionnement ne peut se limiter à révéler des éléments de discorde ou l'évolution de relations entre groupes humains : il faut comprendre l'impact de ces discours sur les communautés, les mutations qu'ils opèrent dans la représentation collective de ces minorités et la mise à distance subséquente de l'unité identitaire canadienne-française.

Pour cerner cette problématique, nous aurons d'abord recours au concept de « discours social » selon l'acception qu'en a proposée Marc Angenot (*1889*, 1989), qui le définit comme l'ensemble des discours écrits ou oraux circulant dans une société quelconque à une époque donnée. Ils ont pour fonction première « de produire et de fixer des légitimités, des validités, des publicités (de rendre publics des goûts, des opinions, des informations) » (Angenot, 2006). La théorie du discours social postule que tout texte participe de l'interdiscursivité générale en incorporant des fragments du discours social. Chaque texte reconfigure cette matière discursive pour ses propres besoins. En tenant compte de cette théorie, nous cherchons à déterminer la fonction que remplissent certains textes littéraires dans le discours social duquel ils sont issus. Il s'agira de dégager le mouvement d'ensemble du discours social, de repérer les éléments significatifs avalisés par les producteurs de ce discours commun et de cerner les formes et modèles narratifs qui le *transforment* en textes d'un point de vue sociocritique. Nos considérations théoriques sur la presse se situent aussi dans le prolongement des travaux actuels sur les relations entre discours journalistique et discours littéraire, et tiennent compte du fait que « la littérature a toujours maille à partir avec un univers social et politique qu'elle reflète et construit tout à la fois » (Cambron et Lüsebrink, 7). Envisagé dans cette optique, la littérature pour la jeunesse s'est imposée à nous en tant que discours réarticulant les idées dominantes du discours social. La littérature pour la jeunesse canadienne-française témoigne d'une relation stratégique entre le discours social et le discours littéraire dans la presse du Canada français d'avant 1960, car ceux qui la produisent forment une jeune génération de lecteurs selon les valeurs et les idées de la société canadienne-française au cours de cette période.

Notre hypothèse de départ est la suivante : le discours social sur le Canada français, tel qu'il circule dans la presse à partir de

1910[1] est relativement stable et uniforme, car « l'aménagement de la survivance » (Dumont, *Genèse*, 191-236), cette crispation identitaire qui cherche à cristalliser des traits de l'identité collective en enfermant les Canadiens français sur eux-mêmes pour les protéger du matérialisme, du protestantisme et de la modernité, y occupe une place prépondérante. On peut en prendre la mesure lors de conflits nationaux tel celui qu'engendre le Règlement XVII en 1912, visant à restreindre l'usage du français et à faire de l'anglais la principale langue d'enseignement dans les écoles élémentaires fréquentées par les élèves canadiens-français de l'Ontario. La crise scolaire qui en résulte entraîne une solidarité nationale, à la manière de celle qui se manifesta en 1885 parmi les Canadiens français, lors de la pendaison de Louis Riel, qui opposa anglophones et francophones. Le discours littéraire de cette époque n'est pas en reste : on peut y observer une certaine forme de construction de figures historiques modèles (Samuel de Champlain, Montcalm, Marguerite Bourgeois), comme en témoignent les *Contes historiques* publiés par la Société Saint-Jean-Baptiste dès 1919 et repris en partie dans des journaux de la diaspora canadienne-française (*Le Droit*, *La Survivance*, *La Liberté et le Patriote*). Mais la démonstration que nous proposons exige au préalable une réflexion définitionnelle judicieuse applicable au corpus proposé, afin d'étudier le discours social relatif aux minorités canadiennes-françaises, tel qu'il s'exprime dans la presse, et son articulation à l'intérieur de la littérature pour la jeunesse.

1. Approche définitionnelle de la littérature pour la jeunesse au Canada français

Sans doute est-ce le propre des « grandes littératures nationales » d'accorder une importance particulière à la distinction entre l'écrivain et « l'écrivant » (Barthe, 147), qui a pour corollaire celle entre la littérature reconnue par l'institution littéraire

---

[1] Selon des critères que nous préciserons, nous dépouillerons les journaux suivants : *Le Devoir* de Montréal et *Le Patriote de l'Ouest* de Duke Lake, fondés en 1910 ; *Le Droit* d'Ottawa (1912), *La Liberté* de Winnipeg (1913), *La Survivance* d'Edmonton (1928) et *La Liberté et le Patriote*, né de la fusion du *Patriote de l'Ouest* et de *La Liberté* en 1941.

et qualifiée en conséquence de classique[2], et cette littérature cir-
constancielle, moyenne, à valeur symbolique réduite, refoulée au
rang des « écrits transitifs » (Paré, *Exiguïté*, 140), tels le discours
journalistique et la littérature pour la jeunesse. Dans les cultures
dominantes, cette pratique de classification est concevable en raison de la quantité de textes s'échelonnant sur des décennies, voire
des siècles. Or, les écrits circonstanciels des jeunes littératures
constituent dans les milieux minoritaires un mode d'expression
privilégié, comme le souligne François Paré (*ibid.*, 141). La raison
qui explique ce phénomène réside peut-être dans l'aspect économique et socialement rassembleur du journal. Bien que la valeur
symbolique du livre soit dans ces cultures minoritaires la même
que dans des cultures institutionnelles séculaires, il semble qu'au
Canada français « le commentaire journalistique, le poème de
circonstance, le récit historique, le manuel scolaire, entre autres
écrits transitifs, forment, au sein des cultures de l'exiguïté, le cœur
de la production littéraire » (*ibid.*, 140). Qu'il en soit ainsi de
la littérature pour la jeunesse au Canada français ne devrait pas
nous surprendre. Ce qui atteste son existence se trouve justement
dans les premiers journaux qui voient le jour dans la francophonie
canadienne et donnent à lire des rubriques consacrées à la famille,
à la femme au foyer et aux enfants. On peut en prendre pour
exemple la rubrique « Le coin des enfants », animée par Annette
Saint-Amant dès le 15 mai 1918 dans les pages du *Patriote de
l'Ouest*, et à partir du 10 mars 1926 dans *La Liberté*. Mais au-delà
de ces textes qui laissent entrevoir plus facilement leurs contenus,
leurs jeunes destinataires et leurs intentions morales, maints journaux ouvrent leurs colonnes à un discours pour la jeunesse. C'est
le cas par exemple des feuilletons ou des chroniques d'éducation
familiale.

Il importe pour les besoins de notre analyse de définir ce que
nous entendons par « littérature pour la jeunesse » dans le
contexte bien précis des francophonies minoritaires de l'Ontario français et des provinces de l'Ouest canadien. Les définitions

---

[2] Voir Daniel Chartier, *L'émergence des classiques. La réception de la littérature québécoise
des années 1930*, Saint-Laurent, Fides, 2000.

qu'en donnent les chercheurs les plus renommés en la matière (Lemieux, 1972 ; Potvin, 1981 ; Madore, 1994 ; Lepage, 2000) s'appliquent principalement au Québec en évacuant totalement l'apport des communautés de la francophonie canadienne (Lemieux, 1972 ; Madore, 1994) ou en y accordant une importance relative (Potvin, 1981 ; Lepage, 2000). Selon ces chercheurs, la littérature jeunesse émerge au Québec en 1920 à partir de la publication des premiers numéros de *L'Oiseau bleu* parus sous l'égide de la Société Saint-Jean-Baptiste, et celle du premier roman publié *a priori* à l'intention des jeunes, *Les aventures de Perrine et de Charlot* (1923) de Marie-Claire Daveluy, d'abord paru en feuilleton dans *L'Oiseau bleu*. Notre définition de la littérature pour la jeunesse au Canada français doit tenir compte de la porosité de la matière discursive qu'offrent les journaux de la diaspora canadienne-française, ce qui nous permettra de juger le rôle de leur interdiscursivité et de ses conséquences au stade de la lecture des textes. Autrement dit, la littérature pour la jeunesse du Canada français s'insère dans une constellation de discours et de valeurs transmissibles à la jeune génération en tant qu'éthos de leur temps et de leur société, et susceptibles d'accroître leur conscience culturelle et de consolider leur identité. Nous souscrivons aux observations de Danielle Thaler (*Concept*, 1996) qui met le destinateur et ses intentions morales en tête d'une définition de la littérature jeunesse, applicables aux livres édités pour les enfants, aux œuvres littéraires conçues à l'intention des enfants, et aux œuvres de qualité limitées, ou classiques, choisies par l'institution littéraire et consacrées à l'école, à la manière du *Petit Prince* ou des *Fables* de La Fontaine. Thaler rappelle qu'une définition cohérente de la littérature jeunesse ne doit pas être centrée uniquement sur l'objet ou le destinataire de cette littérature, mais sur

l'image de l'enfant et de l'adolescent qui prédomine chez le destinateur et qu'il se propose de modeler. Ce sont donc ses intentions qui font de la littérature de jeunesse, une littérature conçue par les adultes s'adressant à de futurs adultes puisque toute formation est un processus tourné vers l'avenir et qui tend vers le terme qu'il s'est fixé (34).

Elle précise plus loin :

> L'enjeu véritable se trouve en amont, du côté des destinateurs, là où, partenaires indissociables, ils restent les meilleurs représentants d'une société dont ils incarnent les valeurs, valeurs qu'ils voudraient voir pérenniser et dont ils se font donc les propagateurs (*ibid.*).

En l'absence de moyens de diffusion traditionnelle sous forme de livre ou de revue, notre définition doit tenir compte aussi des discours « en amont » (Thaler) mis à la disposition des parents (discours sur le parentage, les conditions d'hygiène, les mauvaises fréquentations, les premiers sacrements, etc.) et tout autre discours susceptible de favoriser l'émergence d'une littérature pour la jeunesse. Nous envisageons donc non seulement les textes édités et écrits à l'intention de la jeunesse ou encore admis par l'institution à titre d'œuvres classiques du patrimoine littéraire, mais encore tout écrit qui vise la formation morale, spirituelle, intellectuelle, patriotique, voire hygiénique de l'enfant et de l'adolescent, et ce, par le seul moyen de publication mis à la disposition des minorités canadiennes-françaises avant l'apparition des maisons d'édition dans les années soixante-dix, à savoir le journal[3].

2. BALISES CHRONOLOGIQUES ET MÉTHODOLOGIE

Dans sa vaste étude intitulée *Histoire de la littérature pour la jeunesse : Québec et francophonies du Canada*, Françoise Lepage rappelle que l'espace fictionnel de la littérature pour la jeunesse « est plus riche qu'on ne le pense » (27). De fait, « les coutumes, les récits anecdotiques, les formulettes, les devinettes, les jeux de société, les chants et les contes populaires qui sont restés de tradition dans les familles canadiennes » (E. Gagnon, *Louis Jolliet*, 132) prouvent que la littérature nourrit l'imaginaire de la jeunesse dès le début de la Nouvelle-France. Pour cette raison, il nous importe d'extraire de cet immense corpus les œuvres les plus significatives de la relation entre le discours social et le discours

---

[3] La critique canadienne-française s'est longtemps fait l'écho de ce truisme qui affirme que la littérature canadienne est née du journalisme (Therio, 34), ce que ne démentent pas les historiens de la littérature actuels (Biron, Dumont, Nardout-Lafargue, 62).

littéraire pour la jeunesse au Canada français et de fixer des points de repère chronologiques qui nous éviteront de sombrer dans un amas d'informations sans rapport avec notre problématique[4]. Il nous faudra aussi reconstituer les codes discursifs de la littérature pour la jeunesse dans le contexte particulier des minorités canadiennes-françaises en interrogeant ce qui la programme dans le discours social, d'après les journaux dépouillés.

À cette fin, nous suivrons le concept de « moment discursif » défini par Sophie Moirand comme :

> [...] un fait du monde réel qui devient *par* et *dans* les médias un « événement » [...] Mais un fait ou un événement ne constitue un moment discursif que s'il donne lieu à une abondante production médiatique et qu'il en reste également quelques traces à plus ou moins long terme dans les discours produits ultérieurement à propos d'autres événements. (*Discours*, 4)

Au Canada français, la question des écoles du Nouveau-Brunswick en 1871, l'Affaire Riel en 1885, la question des écoles du Manitoba en 1890, l'Alberta School Act en 1905, la crise scolaire que provoque le Règlement XVII en 1912, la loi Thornton qui abolit l'enseignement du français au Manitoba en 1916, les crises de la conscription en 1917 et en 1944, la crise économique des années trente et l'abolition du français dans les écoles de la Saskatchewan en 1931, par exemple, constituent des moments discursifs correspondant à des points de rupture après la naissance de la Confédération en 1867. Au cours des prochains chapitres, nous nous concentrerons sur des moments discursifs qui articulent le discours social et la littérature pour la jeunesse dans le contexte médiatique des minorités canadiennes-françaises. Nous analyserons sous cet angle les journaux canadiens-français les plus révélateurs du discours social, et particulièrement ceux des minorités canadiennes-françaises (*Le Droit, La Liberté, Le Patriote de l'Ouest, La Survivance*). Toutefois, il importe d'introduire une nuance quant à notre usage du terme « moment discursif » nous servant à étudier certains événements révélateurs

---

[4] Voir la bibliographie d'œuvres primaires et les tableaux chronologiques en annexe.

d'une lente désagrégation les liens entre la diaspora canadienne-française et le Québec. Les moments sélectionnés nous servent de balises pour étudier une rupture, mais celle-ci se produit de façon graduelle par un relâchement progressif des liens entre les groupes ; ils ne constituent pas des moments décisifs. En somme, les moments discursifs sont des révélateurs conjoncturaux d'une évolution progressive liée à divers facteurs, dont l'éloignement géographique des minorités canadiennes-françaises ou encore des formes d'acculturation et de transculturation. Comme le rappelle Fernand Dumont dans un texte posthume :

> La *référence* fragile du Canada français, on n'en constatera la défection que tardivement au XXᵉ siècle ; pourtant, elle s'est effilochée bien avant, par étapes, à une rythme différent selon les communautés concernées, mais en suivant partout un itinéraire semblable. D'une part, la culture et l'infrastructure politique se sont transformées ou même sont disparues. D'autre part, les diverses communautés se sont donné des *références* propres, une mémoire et un projet : l'Acadie, les Franco-Américains, le Québec, l'Ontario, les provinces de l'Ouest canadien. Ces deux orientations ont été étroitement liées, comme les deux faces d'une évolution qui a abouti à la crise, peut-être à la fin du Canada français. (*Essor*, 458)

Pour circonscrire le corpus journalistique, nous retiendrons les moments discursifs liés à des conflits scolaires : le Règlement XVII en Ontario en 1912, la loi Thornton au Manitoba en 1916 et les amendements à la loi scolaire du gouvernement Anderson (Saskatchewan) en 1931. Nous considérerons aussi la crise de la conscription en 1944, car elle constitue le dernier moment de discordes nationales avant la rupture de la nation dans les années soixante. Chacun de ces moments discursifs aura une incidence marquée sur les relations qu'entretiennent les minorités canadiennes-françaises avec les anglophones et les Canadiens français du Québec. Ces moments discursifs pourront nous aider, d'une part, à cerner l'articulation du discours social et de la littérature pour la jeunesse dans les journaux dépouillés et, de l'autre, à vérifier l'hypothèse selon laquelle ils contribuent, sous les formes qu'ils prennent dans la presse, à préparer la rupture du Canada français de 1912 à 1944. Ils nous permettront aussi de suivre l'évolution de la littérature pour la jeunesse, d'observer ce qu'elle tire du discours social, comment elle conçoit sa fonction, souvent idéologique, dans la société, et comment elle contribue au glissement identitaire qui s'opère graduellement jusqu'aux années soixante.

Dans notre premier chapitre, nous nous attarderons au Règlement XVII (1912) et à la loi Thornton (1916), à l'origine de crises scolaires. Notre dépouillement du *Droit* cernera le discours social sur la crise ontarienne, ainsi que son incidence sur la littérature pour la jeunesse. Notre examen de cette production littéraire déterminera la transformation du discours social qu'elle opère dans le contexte médiatique du Règlement XVII. Nous serons à même d'analyser la terminologie et le champ sémantique militaire utilisés pour traiter de la question scolaire et décrire la relation entre les Canadiens français et ceux que ces derniers appelleront les « fanatiques ». La deuxième partie du chapitre portera quant à elle sur les répercussions de la loi Thornton en 1916 dans la presse manitobaine et saskatchewanaise (*Le Manitoba, Le Patriote de l'Ouest, La Liberté*).

Les crises scolaires de cette période coïncident avec une période trouble de l'histoire du XXᵉ siècle, à savoir la Première Guerre mondiale, ce qui entraîne dans les journaux de l'Ouest des excès illocutoires mettant en parallèle le soldat allemand et l'Anglo-Saxon, tenu responsable des inégalités dans le système scolaire. Nous dépouillerons également *Le Bien public* de Trois-Rivières pour analyser le discours journalistique tenu au Québec sur les crises scolaires ontarienne et manitobaine. Cet exemple de journal publié dans un contexte majoritairement francophone nous permettra de vérifier la circulation interprovinciale de discours communs dans l'espace journalistique canadien-français.

Le deuxième chapitre s'attardera à la période de grand bouleversement économique, social et politique correspondant à la grande dépression des années trente. Les défis au cours de cette période modifient les relations entre les Canadiens français du Québec et les minorités, tout en forçant ces dernières à réévaluer leurs rapports avec les anglophones. Pour le mettre en perspective, nous dépouillerons *Le Patriote de l'Ouest* de la

Saskatchewan en nous concentrant sur les amendements à la loi scolaire du gouvernement de James Thomas Milton Anderson (1878-1946), qui supprimèrent en 1931 le programme élémentaire en français, les symboles catholiques et le costume religieux dans les écoles de la Saskatchewan. Nous dépouillerons également *La Liberté* pour suivre l'évolution de la communauté francophone du Manitoba, qui subit dans les années trente les conséquences de la loi scolaire du ministre Thornton adoptée en 1916. Ces incursions dans la presse canadienne-française de l'Ouest nous permettront d'analyser les stratégies que les minorités canadiennes-françaises en Saskatchewan et au Manitoba mettent en place pour affronter la grande dépression et réévaluer leurs relations avec la majorité anglo-saxonne dans un contexte national où les conflits s'accumulent au début des années trente. Nous comparerons par la suite les résultats de notre analyse du discours journalistique au discours littéraire pour la jeunesse en privilégiant des œuvres susceptibles d'être lues par des jeunes canadiens-français de la Saskatchewan et du Manitoba. Ce rapprochement interdiscursif éclairera l'autonomie progressive des minorités concernées en regard des Canadiens français du Québec, ainsi que leur tendance à aménager en contrepartie un espace de convergence culturelle avec les anglophones.

Le troisième chapitre analysera le discours canadien-français sur la crise de la conscription de 1944. Cette crise se situe en aval d'une première crise de la conscription en 1917, qui avait sérieusement ébranlé les relations entre anglophones et francophones. Les Canadiens français s'étaient alors opposés massivement à la loi du service militaire obligatoire. Leur lutte avait d'ailleurs culminé en une émeute sanglante dans les rues de la ville de Québec. Dans ce chapitre, nous approfondirons le discours sur la conscription qui circule en 1944 respectivement dans six communautés canadiennes-françaises, à l'aide des journaux *La Survivance* de l'Alberta et de la Colombie-Britannique, *La Liberté et le Patriote* du Manitoba et de la Saskatchewan, *Le Droit* de l'Ontario et d'une revue mensuelle publiée à Montréal, *L'Action nationale*. Selon notre hypothèse, le vecteur de changements que représente la Deuxième Guerre mondiale soulève des enjeux majeurs, dont ceux concernant l'unité de la nation. Ces enjeux accentuent le bouleversement identitaire des Canadiens français. Dans notre reconstitution des relations dans la presse canadienne-française entre le discours sur la conscription en 1944 et la littérature pour la jeunesse, nous évaluerons les divers changements que révèlent, par exemple, les écrits de Victor Barrette, Lionel Groulx, Maurice Baudoux et Donatien Frémont. En dépouillant de la sorte des journaux de plusieurs provinces, nous pourrons démontrer la rupture du Canada français qui se prépare dans un contexte de tensions médiatiques et nationales entre les Canadiens français du Québec, majoritairement anticonscriptionnistes, et les minorités françaises, généralement solidaires des anglophones en temps de guerre et favorables à une nation canadienne bilingue.

Enfin, nous établirons un véritable dialogue entre l'espace socioculturel qui combine des discours issus de communautés minoritaires hétérogènes et l'espace fictionnel d'une littérature aussi jeune que marginalisée. Notre conclusion permettra d'évaluer l'émergence de la littérature pour la jeunesse au Canada français, ses interactions discursives avec la presse et son inscription sociale et culturelle dans un espace composite, dense, minoritaire (donc dominé), où des tensions littéraires pourront être mises au jour. Bien qu'au premier abord le discours social semble fédérateur dans l'ensemble du Canada français, nous serons amenés à relativiser en conséquence l'homogénéité du discours social des minorités canadiennes-françaises. L'analyse de chacun des moments discursifs envisagés (Règlement XVII, loi Thornton, amendements d'Anderson, crise de la conscription de 1944) révélera que, malgré l'existence de considérations idéologiques communes aux journaux canadiens-français, des crises provinciales et nationales antérieures à la révolution tranquille modifient dans l'espace médiatique le sentiment d'appartenance des minorités françaises au Canada français et à la nation canadienne.

3. La question acadienne

Les Acadiens n'ont jamais été écartés du discours journalistique des Canadiens français. Citons deux exemples qui le prouvent : le cent soixante-quinzième anniversaire de la déportation des Acadiens en 1930 est annoncé à plusieurs reprises dans des journaux aussi éloignés de l'Atlantique que *Le Patriote de l'Ouest*[5], de même que les pèlerinages, très suivis, du *Devoir* en 1924, en 1927 et en Louisiane en 1931. Celui de 1927 se donne pour mission « [de] saluer les fils du peuple martyr, [...] [d']y vénérer les traces de leur glorieux passé, [...] [de] mieux connaître et par là davantage admirer le grand effort de survivance qui est le leur, [...] [de] resserrer entre deux groupes que tout rapproche : la communauté de foi comme la communauté de langue, des liens nécessaires » (Omer Héroux, « Pourquoi nous retournons en Acadie », *Le Devoir*, 28 mai 1927). Cet extrait explique en partie la complexité à laquelle nous nous heurtons quand vient le temps de définir quel groupe nous devons inclure dans notre définition de la nation canadienne-française. Dans l'extrait cité, Omer Héroux mentionne « deux groupes » avant d'établir clairement une distinction entre trois (les Acadiens, les Canadiens français et les Franco-Américains) lors de la préparation du troisième pèlerinage du *Devoir* en Louisiane en 1931 (Héroux, « Notre voyage en Louisiane », *Le Devoir*, 31 janvier 1931). Ce débat identitaire est loin d'être nouveau. Roger Bernard a posé la question sans détour : « L'Acadie fait-elle partie du Canada français ? » (*Canada français*, 25). Le rapport d'appartenance de l'Acadie avec le Canada français reste ambigu. Le mouvement d'affirmation de l'identité acadienne remonte aux années 1860 et aux premières conventions nationales acadiennes dès 1881. Dans la deuxième moitié du XXe siècle, l'idéologie de l'appartenance que l'élite acadienne a développée (Hautecœur, *Acadie du discours*, 1975 ; Thériault, *Naissance*, 1995) a permis à l'Acadie d'affirmer son « unité normative » (Langlois, *Briser*, 175), en se

---

[5] Voir particulièrement les articles du *Patriote de l'Ouest*, « Les Acadiens commémoreront le 175e anniversaire du grand dérangement », « La déportation des Acadiens », « Les Acadiens », respectivement les 6, 13 et 20 août 1930.

définissant comme une nation, ce qui a contribué à marquer une distance par rapport au Canada français au profit de son appellation actuelle.

Le texte coloré de *La Sagouine* d'Antonine Maillet expose clairement l'ambivalence identitaire de l'Acadien :

> Non, je sons pas tout à fait des Français, je pouvons pas dire ça : les Français c'est les Français de France. Ah ! pour ça, je sons encore moins des Français de France que des Amaricains. Je sons putôt des Canadjens français, qu'ils nous avont dit... Ça se peut pas non plus, ça. Les Canadjens français, c'est du monde qui vit à Québec. Ils les appelont des Canayens, ou ben des Québecois. Ben coument c'est que je pouvons être des Québécois si je vivons point à Québec ?... Pour l'amour de Djeu, où c'est que je vivons, nous autres ?... En Acadie, qu'ils nous avont dit, et je sons des Acadjens. Ça fait que j'avons entrepris de répondre à leu question de natiounalité coume ça : des Acadjens, que je leur avons dit. Ça, je sons sûr d'une chouse, c'est que je sons les seuls à porter ce nom-là. (*La Sagouine*, 88)

Le sociologue Joseph-Yvon Thériault, lui-même d'origine acadienne, incline dans le même sens : « En fait, dans sa représentation nationale, l'Acadie n'a jamais fait partie de la diaspora canadienne-française ou québécoise » (*Naissance*, 67). Thériault rappelle à cet égard que la rupture du Canada français au début des années soixante sera vécue différemment en Acadie. Devant des exigences de modernisation sociale, économique et politique associées au gouvernement de Louis Robichaud, premier Acadien à occuper le poste de premier ministre du Nouveau-Brunswick de 1960 à 1970, la référence nationale acadienne s'exprime alors avec « une certaine gêne » (*ibid.*, 79), à laquelle se substituera un néonationalisme au début des années soixante-dix. À cela, il importe d'ajouter que l'histoire acadienne et son inscription dans les mémoires empruntent un chemin qui reflète la recherche identitaire des Acadiens. La déportation de 1755 rencontre un écho d'abord en Acadie. En est-il de même pour l'ensemble des événements qui font l'histoire des Acadiens ? Cela reste à démontrer, et particulièrement dans le cas de la crise scolaire des années 1870 et 1871 qui secoua le Nouveau-Brunswick. Eu égard à la complexité de la problématique acadienne, nous avons décidé de l'écarter de notre analyse, non sans regrets, mais dans l'espoir de pouvoir y prêter une attention plus grande dans le prolongement de notre réflexion.

✤

Dans un ouvrage qui a pour objet une jeune littérature cherchant à assurer sa durée culturelle en marge des sociétés majoritaires, il importe de revisiter le passé des minorités canadiennes-françaises pour mieux envisager leur présent. Et comme la jeunesse porte ontologiquement en elle une projection vers l'avenir, quoi de mieux que d'étudier cette littérature par le biais de ce qui lui est donné à lire, en présumant que les discours qui lui sont adressés sont éminemment remplis d'espoir.

Ce bouillonnement d'opinion et de discours nous permet de croire que cet ouvrage contribuera à renouveler les études canadiennes sur plus d'un plan. D'abord en adoptant une méthodologie respectueuse du développement de l'institution littéraire des minorités canadiennes-françaises qui privilégie l'étude du discours journalistique pour l'articuler au discours littéraire, et en respectant des balises précises comme les crises provinciales ou nationales en tant que moments discursifs. Ensuite, en confrontant des discours dans une perspective transversale nous permettant de suivre l'évolution culturelle de chacune des minorités à l'étude et d'identifier les différences qui distinguent leur dynamique identitaire propre.

L'étude de la littérature jeunesse au Canada français pourra peut-être mettre au jour une part festive propre à dynamiser un projet de société évoluant en contexte minoritaire. Non seulement ce questionnement nous engage à relire l'histoire canadienne-française d'un œil inédit, mais il ouvre des pistes de réflexion pour rétablir un dialogue entre ses parties éloignées, reconnaître les nouvelles bases d'une refondation nationale et mieux comprendre l'action sociale et politique qui anime aujourd'hui ceux et celles qui reconnaissent le chemin sinueux des générations qui les précèdent.

CHAPITRE PREMIER • UN PEUPLE À L'ASSAUT
PREMIÈRE PARTIE : 1912 – CRISE SCOLAIRE EN ONTARIO

> *Nulle querelle scolaire au Canada n'a été ni n'a pu*
> *rester une querelle purement régionale ou provinciale.*
> *Elles remuaient les plus vives passions, alertaient plus d'un*
> *tiers de la population du pays. Toutes et très tôt*
> *sont devenus [sic] des querelles nationales. On exagère*
> *à peine lorsqu'on affirme qu'à certaines heures*
> *elles ont mis en danger la Confédération.*
> Lionel Groulx, *L'enseignement français au Canada,*
> *tome II : Les écoles des minorités*

1. Rappel historique des événements

L'article 23 de la Loi constitutionnelle canadienne de 1867 sur le droit à l'instruction dans la langue de la minorité est clair : il oblige les gouvernements provinciaux à assurer l'instruction des Canadiens dans la langue de leur choix, et ce, même dans les régions où seulement une minorité de résidants parle cette langue[1]. C'est d'abord sur cette assise fondamentale que les Canadiens français ont justifié, et justifient encore aujourd'hui, leurs efforts pour faire reconnaître leur droit à une instruction de langue française. Toutefois, même au moment de la signature de cette loi constitutionnelle (jadis appelée *Acte de*

---

[1] Il s'agit de l'article 23 que l'on peut consulter en ligne à http://lois.justice.gc.ca/fra/const/9.html.

l'Amérique du Nord britannique), le système d'éducation ontarien reste embryonnaire. De fait, dans le réseau scolaire de cette
époque, « l'utilisation d'une langue autre que l'anglais ne présente aucun problème » (Simon, 5), comme le montrent l'Acte
d'établissement d'écoles publiques en 1807, permettant la fondation d'écoles publiques subventionnées par l'État, et l'Acte des
écoles communes en 1816, établissant le processus de subven-
tions aux écoles primaires, dont bénéficieront les écoles bilingues
de Sandwich et Kingston qui font alors leur apparition. C'est
en 1850 qu'on voit apparaître en Ontario ce désir de normaliser
la pratique scolaire. Egerton Ryerson, surintendant de l'éducation du Canada-Ouest de 1844 à 1876, propose une nouvelle loi
(*Common School Act*) qui oblige les conseils scolaires à accréditer
les enseignants. Toutefois, aucune mention n'est faite à propos de
ceux enseignant d'autres langues que l'anglais. C'est surtout sous
Ryerson que des écoles françaises voient le jour un peu partout
en Ontario, d'abord dans l'Est, ensuite dans le Nord grâce à la
construction du chemin de fer. Les enseignants sont alors d'origine québécoise et les livres souvent les mêmes qu'au Québec[2].

En 1885, le ministère de l'Instruction publique de l'Ontario
décrète l'usage de l'anglais dans l'enseignement[3]. La loi exige
l'enseignement de l'anglais jusqu'à concurrence d'un maximum
de quatre heures durant les quatre dernières années d'études et
stipule que l'étude du français ne doit jamais nuire à celle de

---

[2] Sur Egerton Ryerson, on lira avec profit « La surintendance des écoles confiée à
Ryerson », dans Arthur Godbout, *Nos écoles franco-ontariennes : histoire des écoles de langue
française dans l'Ontario, des origines du système scolaire (1841) jusqu'à nos jours*, Ottawa,
Éditions de l'Université d'Ottawa, 1980, chap. IV. Godbout réhabilite la mémoire de ce
« grand éducateur » (46) dont la motivation à bâtir le système d'éducation ontarien est
très peu connue des chercheurs actuels, rarement au fait de la correspondance de Godbout
et de la législation officielle. Godbout rappelle que les objections de Ryerson aux écoles
séparées « pouvaient se justifier de son temps, puisqu'elles reposaient sur sa crainte, par la
multiplicité des diverses confessions religieuses, que s'effondrât son régime scolaire, édifié
pour le plus grand nombre, sinon pour tous les enfants sans exception » (47). Cette peur
de la disparité dans la qualité éducative en ces débuts d'instauration du système scolaire
alimentera les discussions dans d'autres provinces canadiennes qui chercheront aussi à
normaliser leur pratique éducative, notamment au Manitoba. L'élite canadienne-française,
Lionel Groulx en tête, y verra souvent la face cachée d'une soumission au protestantisme
sous le couvert d'écoles neutres.
[3] *The Public Schools Act*, (1885), 48 Vict., chap. 49.

l'anglais. Toutefois, comme le rappelle Victor Simon : « Le 10 février 1890, le Ministère de l'Éducation réduit la part du français dans les écoles à sa plus simple expression, soit celle d'une simple matière au programme » (6). L'article 2 du Règlement de 1890 est particulièrement éloquent :

> *It shall be the duty of the teacher to conduct every exercice and recitation from the textbooks prescribed for the public schools in the English language and all communications between teacher and pupil in regard to matters of discipline and in the management of the school shall be in English.* (Royal Commission, 401)

Cette disposition ne sera modifiée qu'en 1968[4] et aura pour effet d'ostraciser davantage les enseignants canadiens-français reclus sous la bannière des écoles séparées[5]. Toutefois, ce règlement de 1890, bien que fort contraignant quant à l'enseignement dans la langue française, contient une clause échappatoire qui permet d'exempter les écoles de l'enseignement en anglais en raison de l'incompréhension de cette langue chez l'élève[6].

Entretemps, du côté de la population anglophone, on s'inquiète de la pauvreté de l'enseignement de l'anglais (Simon, 8). Plusieurs inspecteurs d'écoles en font écho dans leur compte-rendu, ce qui pousse le gouvernement ontarien à commander un rapport sur l'état de la situation. F.W. Merchant dépose son rapport en 1912 après deux années d'observation dans 269 écoles bilingues de six comtés différents (Essex, Kent, Prescott, Russell, Sudbury et Nipissingue), pour un total de 345 écoles bilingues (Groulx, *L'enseignement français*, 200). Victor Simon remarque que « le rapport Merchant de 1912 confirme les pires soupçons de la majorité anglophone. À l'exception de quelques écoles qu'il

---

[4] *The Schools Administration Amendment Act*, L.O., 1968, chap. 121, art. 5.
[5] L'Ontario reconnaît à cette époque trois types d'écoles : l'école privée, l'école publique et l'école confessionnelle, dite séparée. La langue divise également le système scolaire en deux, soit 1) l'école de langue anglaise, et 2) l'école anglaise-française, selon l'appellation anglo-saxonne « English-French », ou l'école bilingue, dont le bilinguisme en est surtout un de nom, puisque dans les faits, comme en fera état le rapport Merchant en 1912, la plupart des écoles bilingues sont réellement des écoles françaises (Walker, 263).
[6] « [...] except so far as this is impracticable by reason of the pupil not understanding English » (*Royal Commission*, 401).

énumère dans son rapport au ministre, Merchant trouve que la majorité des écoles bilingues dispense un enseignement inadéquat » (8-9). On peut lire dans le rapport que « *a large proportion of the children in the communities concerned leave school to meet the demands of life with an inadequate equipment in education*[7] ». Lionel Groulx confirme lui aussi ces constatations en 1933 :

> Développé néanmoins en de pénibles conditions, avec une assistance avare des autorités, cet enseignement ressemble moins à une branche vivace du système ontarien qu'au malingre surgeon obligé de prendre sa sève où il peut. Programme rationnel, sanctions efficaces, instituteurs compétents, écoles normales appropriées, tout lui manque. (200)

Ces lacunes sont dues en partie au manque d'instituteurs qualifiés et compétents dans l'enseignement de l'anglais. Les Frères des Écoles chrétiennes, formés pour la plupart au Québec, s'opposeront dans ce contexte aux exigences du Ministère de l'Éducation (*Royal Commission*, 404-405). Les partis politiques provinciaux en profiteront de leur côté pour politiser cette polémique suscitée par des conflits religieux et pour chauffer le débat dans la presse écrite (Begley, 1), après les déclarations de M. Foy, un Irlandais catholique et procureur général dans le cabinet ontarien, qui avait déclaré lors des élections de 1911 :

> Mon avis est [...] [que] nulle autre langue [que la langue anglaise] ne devrait être enseignée dans les écoles ; que telle est la loi qui nous régit, et qu'il ne peut légalement exister d'écoles bilingues dans la province de l'Ontario. S'il en existe, elles devront disparaître et il faudra avoir soin d'obliger toutes les écoles à se conformer à la loi. (Groulx, *op. cit.*, 205)

Dès lors, le gouvernement ontarien se voit forcé d'adopter le Règlement XVII. Le 13 avril 1912, James Pliny Whitney, premier ministre conservateur, annonce la nouvelle politique scolaire de son gouvernement :

---

[7] Dr. F.W. Merchant, *Report on the Condition of English-French Schools in the province of Ontario*, Toronto, L.K. Cameron, 1912.

That instruction in English shall commence at once upon a child entering school, the use of French as the language of instruction and communication to vary according to local conditions upon the report of the supervising inspector, but in no case to continue beyond the end of the first form.
(Walker, 266)

La décision gouvernementale sera entérinée par l'émission de la circulaire d'instruction numéro dix-sept du ministère de l'Instruction publique (que nous appellerons dorénavant « le Règlement XVII ») le 25 juin 1912, alors que la population francophone forme près de 10 % de la population totale de l'Ontario[8]. Une modification y sera apportée en août 1913 pour étendre aux deux premières années d'études l'usage du français comme langue d'instruction et de communication[9]. À titre de sujet d'étude, le français pourra être enseigné à la demande des parents, mais jamais plus d'une heure par jour. En quatre paragraphes, le Règlement XVII interdit l'enseignement du français comme matière de classe au-delà des deux premières années d'école primaire ; il déclare l'anglais l'unique langue d'enseignement et de communication dans les écoles anglo-françaises, qu'elles soient publiques ou séparées ; il souligne que l'ouverture d'une école bilingue doit obtenir l'aval du gouvernement, et enfin il annonce que les inspecteurs bilingues devront s'en rapporter d'abord à des inspecteurs de langue anglaise. Le Règlement prend force de loi en avril 1915.

Dans leur *Introduction à la littérature franco-ontarienne*, Lucie Hotte et Johanne Melançon rappellent les quatre formes que prendra la résistance canadienne-française face à ce Règlement, soit « l'insoumission à la loi, la mise en place d'institutions parallèles privées appelées écoles libres, le recours aux tribunaux ontariens et au Conseil privé de Londres, ainsi qu'un appel au

---

[8] Soit 202 442 francophones sur une population totale de 2 523 274 en 1911, selon les données du *Cinquième recensement du Canada, 1911*, vol. II, « Religions, origines, lieux de naissance, citoyenneté, instructions et infirmités par les provinces, districts et sous-districts », Ottawa, Imprimeur du Roi, 1913, p. 42 et 204.

[9] On peut consulter le Règlement XVII et son amendement dans le *Report of the Royal Commission on Education in Ontario*, Toronto, B. Johnston, Printer to the King, 1950, p. 421-425.

pape » (33). À cela s'ajoute la prise de conscience, lors du premier Congrès des Canadiens français de l'Ontario en janvier 1910, d'actions collectives, telle la mise sur pied de l'Association canadienne-française d'éducation d'Ontario (ACFEO) la même année[10]. L'Association prie alors le gouvernement d'établir une école de formation des maîtres bilingue (école normale) et de nommer des inspecteurs bilingues. À partir de 1926, une autre « arme auxiliaire » (Robillard, *Ordre*, 45), l'Ordre de Jacques-Cartier, société secrète dont on commence aujourd'hui à mesurer l'étendue et l'influence, rallie en quelques années l'ensemble des têtes dirigeantes engagées dans la lutte pour les droits scolaires. Par définition, l'Ordre se veut discret et cherche à infiltrer les cercles et associations existantes afin de promouvoir ses directives et contrer l'influence des francs-maçons. En 1937, l'Ordre de Jacques-Cartier compte 3299 membres répartis en 98 *commanderies* ou associations sur tout le territoire canadien.

Bien que le Règlement XVII signifie la mise en place d'une politique d'assimilation et d'intégration des francophones, il devient néanmoins le catalyseur de la mobilisation sociale et du sentiment d'appartenance à la nation canadienne-française de la minorité ontarienne, qui se sent profondément menacée. La loi prélude à des années de luttes épiques auxquelles participent de nombreux hommes politiques et les plus hautes instances du clergé. Elle entraîne d'interminables conflits entre les commissions scolaires, ainsi que des luttes juridiques qui mèneront à des injonctions temporaires et à des révoltes de parents et d'enseignants (Godbout, 69-71).

En 1923, Howard Ferguson, qui avait, rappelons-le, édicté le Règlement XVII en 1912, devient premier ministre de l'Ontario. Les pressions s'accroissant, il profite d'une procédure parlementaire, ainsi que d'une ouverture d'esprit de la part d'un électorat anglo-saxon jusqu'alors récalcitrant (Godbout, 72), pour modifier la loi. Le 21 octobre 1925, il nomme une

---

[10] Cette société nationaliste et religieuse fut fondée en 1910 suite à une suggestion du père oblat Charles Charlebois. Le sénateur Napoléon Belcourt fut son premier président. L'association deviendra l'Association canadienne-française de l'Ontario (ACFO) en 1968 et l'Assemblée de la francophonie de l'Ontario (AFO) en 2004.

Commission d'Enquête (présidée par le docteur F.W. Merchant, le juge J.H. Scott et l'avocat L. Côté) pour s'enquérir de l'efficacité des écoles bilingues. Le rapport est déposé le 26 août 1927 et adopté par le parlement le 22 septembre. Les nouvelles dispositions qui modifient le Règlement XVII lui donnent une portée toute contraire à ses visées assimilatrices et dénouent cette longue crise. Le français acquiert alors un statut valide et juridique dans les écoles primaires et ce seront désormais des inspecteurs canadiens-français qui surveilleront les instituteurs canadiens-français. Le rapport recommande aussi la création d'une école normale à l'Université d'Ottawa (Choquette, *Langue et religion*, 249). Rendu inoffensif en 1927, le Règlement XVII ne disparaîtra complètement qu'en 1944.

2. DISCOURS JOURNALISTIQUES

a. *Le Droit*

Fondé en 1913 en réaction contre l'imposition du Règlement XVII, le journal *Le Droit* dote les Franco-Ontariens d'un organe de défense et de communication « bien établi, bien catholique, bien français, bien patriotique, bien combatif » (Choquette, 81). L'opposition du journal s'exercera de plusieurs façons : il reproduit les lettres de protestation et les mémoires envoyés au gouvernement ontarien, publie des discours prononcés par des défenseurs de la minorité francophone, rapporte les actions entreprises par l'ACFEO et consacre de nombreux éditoriaux et avertissements aux lecteurs pour contrer toute tentative d'appui au Règlement XVII[11]. Une résistance se matérialise dans un travail journalistique idéologiquement engagé et fonde ses espoirs sur l'action sollicitée à ses lecteurs.

Le journal commence à paraître officiellement le 27 mars 1913, sous la direction du père oblat Charles Charlebois

---

[11] Le journal *Le Devoir* fera de même dès le mois de juin 1912, et ce, jusqu'à la fin de la crise en 1927, sous l'impulsion des nationalistes Henri Bourassa et Omer Héroux. Durant toute la période de la crise, soit du mois de juin 1912 au mois de décembre 1927, *Le Devoir* consacre 388 éditoriaux à ce sujet, selon le dénombrement présenté par Léo Michel Bourdon (vii).

(1871-1945)[12]. Toutefois, une ébauche du premier numéro avait paru quelque temps auparavant, le 15 janvier 1913 ; on peut d'ailleurs y observer le travail de mise en page du futur journal prendre forme. Cette édition princeps, dont il est difficile d'attester la circulation, contient maints renseignements qui éclairent les choix sémantiques préconisés, les visées argumentatives et pragmatiques des éditeurs et la posture des premiers rédacteurs par rapport aux discours, à leurs sources et aux lecteurs. L'article « Notre programme », qui paraîtra également dans l'édition du 27 mars, est particulièrement évocateur. En tête de l'article, une citation de Pie X, extraite d'une correspondance envoyée à l'Archevêque de Québec, datée du 2 juin 1907, rappelle « qu'il faut pour guérir les maux de notre temps, employer des moyens appropriés à ses habitudes » (15 janvier 1913). L'auteur anonyme de l'article définit d'entrée de jeu le pouvoir du journal en l'alignant sur les défis des minorités :

> C'est avec le journal que, de nos jours, on renverse les gouvernements et que l'on consolide les empires. C'est par lui que l'on façonne l'opinion publique et que l'on sème dans le peuple les idées bonnes ou mauvaises. Le journal, c'est l'arme invincible des minorités ; il détruit les préjugés les plus enracinés, il donne de la cohésion aux efforts des faibles en groupant mieux leurs énergies ; il arrête les ambitions des despotes en dévoilant leurs intrigues. (*Le Droit,* 15 janvier 1913)

Notons ici les positions antagonistes des « faibles » et des « despotes » car *Le Droit* veut mieux renseigner les « amis de la bonne cause » (27 mars 1913) et prouver à leurs adversaires qu'ils lutteront « jusqu'au bout avec [d]es armes loyales » (*ibid.*).

---

[12] Charles Charlebois est né en 1871 à Sainte-Marguerite-du-Lac-Masson, au Québec. Ordonné prêtre en 1895, il fut d'abord curé de Mattawa au nord-est de l'Ontario, puis à Saint-Paul-des-Métis en Alberta et à Ottawa, où il fonde la paroisse Sainte-Famille en 1901. Il était le frère cadet du vicaire apostolique du Keewatin, Mgr Ovide Charlebois. Il prend une part active à la fondation de l'Association canadienne-française d'éducation d'Ontario en 1910 et préside à la formation du journal *Le Droit*. En 1929, il accepte l'invitation de la chancellerie de l'Ordre de Jacques-Cartier, qui lui décerne le titre de chapelain d'honneur (Robillard, *Ordre*, 41). Proche du parti libéral, le père Charlebois sera limogé du journal en 1930 à la suite de la réélection du parti Conservateur et quittera l'Ontario en 1934. Il meurt à Montréal le 5 octobre 1945.

D'autres sujets, tels que les mariages mixtes, la franc-maçonnerie, le suffragisme et la colonisation américaine, sont traités dans le journal, qui a pour mission d'offrir une « lecture saine et instructive » (27 mars 1913) aux « défenseurs de la bonne cause » (15 janvier 1913). Cela dit, la crise scolaire que provoque le Règlement XVII nourrit le discours journalistique de façon prioritaire *et quantitative* en 1913. Voilà pourquoi nous centrerons notre dépouillement du *Droit* sur le Règlement XVII en tant que *moment discursif* à partir de 1913, c'est-à-dire, rappelons-le, comme « un fait du monde réel qui devient *par* et *dans* les médias un "événement" » (Moirand, 4).

1- PRÉMISSES DU DÉPOUILLEMENT

Trois critères de sélection ont guidé notre dépouillement. D'abord, nous avons classifié trois genres de textes qui nous apparaissaient les plus porteurs de discours : l'article d'actualité, la chronique d'opinion et l'éditorial. Nous avons voulu ensuite dégager du discours journalistique les principaux *idéologèmes*, soit de « petites unités signifiantes dotées d'acceptabilité diffuse dans une doxa donnée » (Angenot, *Théorie*, 2006), lesquelles, en l'occurrence, articulent et posent la crise scolaire comme un moment discursif. Par la suite, nous avons porté une attention particulière aux effets rhétoriques employés dans le journal, et particulièrement au procédé qui consiste à traiter d'emblée le lecteur comme un possesseur de la vérité d'un énoncé, ce que Susan Suleiman appelle la *cooptation* (*Roman à thèse*, 178). Enfin, et à dessein d'étudier la présence et les modalités du discours littéraire pour la jeunesse, notre regard s'est porté sur tous les types de textes qui véhiculent en amont des discours sur la jeunesse, dont les pages féminines se font souvent l'écho.

2- TROIS GENRES RÉDACTIONNELS

De cette vaste étendue textuelle que constitue chacune des livraisons d'un journal sur une période d'une année, nous avons principalement retenu aux fins d'analyse trois types d'écrits : l'article d'actualité, la chronique d'opinion et l'éditorial. Bien qu'il ne soit pas toujours aisé de distinguer les genres journalistiques, nous nous sommes inspiré des travaux de Jean-Michel Adam (1997), en retenant cinq critères pour les différencier : la pragmatique (« intentions communicatives »), la structure compositionnelle, le statut de l'énonciateur, l'agencement textuel et péritextuel (ce qui entoure et prolonge le texte, à savoir le titre, le sous-titre, le pseudonyme de l'auteur, etc.), et la thématique[13]. Il importe de comprendre la codification de ces genres rédactionnels dans le contexte de ce journal, car chacun d'eux peut suivre des procédés rhétoriques et procédures pragmatiques distincts, tout en puisant dans le vaste répertoire d'effets stylistiques parfois associés à d'autres genres (théâtraux, épistolaires, narratifs) et témoignant d'une porosité générique. Voici quelques pistes pour en dégager certains traits typiques :

	Article d'actualité	Chronique d'opinion	Éditorial
La pragmatique (intentions communicatives)	En ce début du XXᵉ siècle, l'article d'actualité se distingue par une variété diachronique qui évoluera au fil du temps, mais qui, dans notre corpus, cherche à émettre une opinion en prenant appui sur un fait d'actualité.	Elle fait place davantage à l'humeur du chroniqueur, tout en prenant position, en exposant une opinion et cherchant à instruire, à partager un savoir.	Convaincre, faire adhérer le lecteur aux thèses présentées. L'éditorial concorde en cela avec le but de toute argumentation tel que l'exprime Chaïm Perelman et Lucie Olbrechts-Tyteca, soit « de provoquer ou d'accroître l'adhésion des esprits aux thèses qu'on présente à leur assentiment : une argumentation efficace est celle qui réussit à accroître cette intensité d'adhésion de façon à déclencher chez les auditeurs l'action envisagée » (Perelman, 59).

---

[13] Pour une étude détaillée de la question des genres dans la presse écrite, l'on profitera d'une lecture du numéro 94 (juin 1997) de la revue *Pratiques* (Metz) consacré aux « Genres de la presse écrite » et disponible en ligne : <http://www.pratiques-cresef.com/cres0894. htm> ; ainsi que du numéro 13 (2001) de la revue *Semen* portant sur les « Genres de la presse écrite et analyse de discours », également disponible en ligne : <http://semen.revues. org/1635>

Agencement textuel et péritextuel	L'article d'actualité se distingue par l'espace plus important accordé au titre et sous-titre des textes sur lesquels la rédaction met l'accent.	La place de la chronique d'opinion semble beaucoup plus aléatoire : on la retrouve souvent en première page (c'est le cas du journal *Le Droit* en 1913), mais elle est plus encline à subir un déplacement.	L'éditorial dans la plupart des journaux consultés occupe une place fixe, en frontispice et à gauche.
Structure compositionnelle	Le rapport objectif / subjectif n'est pas le même pour cette période. La plupart des articles d'actualité sont marqués au sceau de la subjectivité et laissent entrevoir des sous-entendus quand l'opinion exprimée n'est pas explicitement rendue. L'article pivote rétrospectivement autour d'événements passés et parfois autour d'une information anticipée, ce qui se reflète dans les glissements chronologiques et sémantiques caractéristiques des prises de position de l'énonciateur.	Alors que l'éditorial implique une responsabilité et tient de la démonstration, la chronique peut risquer l'ellipse et prendre des formes plus gratuites de l'argumentation, telle que l'expression d'opinions personnelles.	L'éditorial suit une structure de type argumentative dans laquelle une thèse est formulée. L'on y trouve une argumentation et conclusion, appuyée d'organisateurs textuels qui agencent la démonstration. Cherchant à persuader son lecteur, l'auteur de l'éditorial recourt aux dispositifs rhétoriques et à l'arsenal des figures relevant de l'elocutio, et suit généralement le modèle macrostructurel du discours oratoire classique (exordium, narratio, argumentatio, conclusio).

Statut de l'énonciateur	Position du rédacteur d'article d'actualité plus floue, afin de donner la priorité apparente aux faits événementiels du jour (plutôt qu'à l'opinion). Ce type d'énonciateur garde la légitimité et la responsabilité intellectuelles que lui confère la direction du journal.	Le chroniqueur n'engage que sa propre responsabilité, car son activité se situe souvent à l'extérieur du cercle rédactionnel du journal. Il utilise parfois un pseudonyme qui rappelle le rôle que s'attribue l'auteur du texte (exemple : « Un Professeur »), et souligne une force symbolique. Malgré l'emploi d'un pseudonyme, la chronique est personnifiée ; elle peut alors plus aisément créer un horizon d'attente chez le lecteur et avoir son propre style.	De par sa signature ou sa position privilégiée, l'éditorialiste s'engage dans sa responsabilité d'éditeur en prenant position sur des sujets de quelque importance, tout en ayant des réactions passionnelles contagieuses et en recourant à une argumentation classique, en un style recherché. Il s'agit dans un journal du texte qui exprime le plus nettement une opinion. Enfin, l'éditorial vise à exercer sur la masse de ses lecteurs une autorité en se l'appropriant d'office.
Thématique	Fait de l'actualité servant d'appui à une thèse sous-jacente ou à une opinion clairement identifiée.	Les sujets traités dans la chronique sont à la merci de l'appréciation et du goût du chroniqueur ; ils peuvent être de nature morale ou politique, mais leurs objets sont souvent motivés par une volonté de redressement des consciences.	Un événement significatif de l'actualité, souvent de nature politique.

Quelques particularités génériques concernant la forme de la chronique et de l'éditorial peuvent être relevées dans le journal *Le Droit* en 1913. D'emblée, l'absence de signes graphiques empêche le lecteur de différencier chacun des genres à l'exception de l'article d'actualité, où le corps gras du caractère, ainsi que la présence d'un sous-titre et de marqueurs de lieu, aident le lecteur à reconnaître le code générique de ce type de texte. La distinction entre l'éditorial et la chronique dans les cas qui nous occupent s'opère surtout sur deux plans : la récurrence (la fréquence de

l'éditorial étant quotidienne et celle de la chronique hebdomadaire) et la visée thématique ou pragmatique, car l'éditorial fait
appel à une mobilisation de nature politique, tandis que la chronique en appelle à un redressement des consciences. La chronique
est d'ailleurs signée d'un pseudonyme, « Un professeur », alors
que l'éditorial est anonyme, du moins en 1913. Ce pseudonyme
est pourvu d'une certaine richesse polysémique, puisqu'il rappelle le rôle que s'attribue l'auteur du texte ; il module une image
qui cherche à se positionner dans l'espace social et à agir sur le
lecteur, ce que Dominique Maingueneau appellerait un éthos
professoral (*Termes*, 40). Dans le contexte de la crise scolaire
ontarienne, le pseudonyme n'apparaît donc nullement anodin[14].

Enfin, la distinction entre ces trois catégories génériques doit
être faite avec une certaine circonspection. En effet, l'analyse des
discours permet d'observer qu'ils tendent tous vers le même but :
convaincre le lecteur de s'engager dans les luttes qu'affronte sa
communauté et solliciter son appui en vue d'une compréhension
des enjeux lui permettant d'agir en société et d'éduquer ses
enfants en conformité avec les prescriptions du moment. Cette
convergence des intentions pragmatiques rend les distinctions
génériques moins opératoires, même si chacune possède une
force de persuasion distincte. Voici quelques cas de figure permettant d'évaluer les liens qu'entretiennent les discours journalistiques, indépendamment du genre auquel ils appartiennent :

---

14 Sur la question de l'éthos, on se référera aux travaux de Ruth Amossy (*La présentation de soi*, 2010). Pour offrir un exemple classique d'une utilisation rhétorique de l'éthos,
rappelons la mention du mystérieux *surgeon general* que l'on retrouve sur des bouteilles de
vin en provenance des États-Unis. L'énonciateur de ces messages d'avertissement essaie
par cette inscription (« *according to the surgeon general* ») de légitimer le bien fondé d'une
recommandation en posant l'autorité médicale (la force symbolique) du chirurgien général
comme un garant de la vérité. Il en va de même de la posture de *professeur* dans les chroniques d'opinion du *Droit*.

Article d'actualité	Chronique d'opinion	Éditorial
« Quoique ces institutrices soient en général de jeunes filles sans beaucoup d'expérience, aucune d'elles, à notre connaissance, a failli à la tâche ; elles ont tenu ferme devant les menaces, les promesses et les cajoleries de toutes sortes. » Anonyme, « Tous les élèves quittent les classes », *Le Droit*, 25 avril 1913. « Dans notre voisinage l'inspecteur White est venu faire la leçon aux institutrices parce qu'elles enseignent trop de français aux élèves. [...] Heureusement que nos petites institutrices savent se tirer d'affaires, elles laissent dire et continuent à faire leur devoir. » Anonyme, « Trop de français à l'école », *Le Droit*, 3 mai 1913.	« Les contribuables catholiques sont tenus en conscience de soutenir les écoles catholiques là où elles existent, et d'en faire établir ailleurs dès qu'ils le peuvent : ce sont les écoles qui répondent à leurs obligations dans l'éducation de leurs enfants. » Un professeur, « L'école séparée », *Le Droit*, 17 avril 1913. « Chaque fois que la famille ne pèche, ni par défaut ni par accès [sic] dans la revendication de ses droits et dans l'accomplissement de ses devoirs d'éducation, l'État ne saurait y rien voir avec autorité : il n'est pas éducateur. Votre droit de contrôle, chefs de famille, sur les écoles, n'atteint donc pas seulement les maîtres : il s'étend également aux livres mis entre les mains de vos enfants, ainsi qu'aux méthodes employées dans leur éducation scolaire. » Un professeur, « Votre devoir, parents », *Le Droit*, 5 avril 1913.	« Nous avons connu, dans les centres où les nôtres ne sont pas organisés et où il n'y a pas d'écoles catholiques, nous avons connu des hommes et des femmes qui consacrent leurs loisirs à enseigner le catéchisme et les éléments de la langue française aux enfants. Inutile de dire qu'il n'y a d'autres rémunérations pour ce travail que la satisfaction de faire une bonne œuvre. Oui, quelle œuvre sublime que de catéchiser les enfants, que d'enseigner aux tout petits les éléments de la religion catholique et de la langue maternelle. » Anonyme, « Protection de l'enfance », *Le Droit*, 23 avril 1913. « Les jeunes institutrices canadiennes-françaises comme les maîtres les mieux renseignés sont restées fidèles au mot d'ordre, elles ont donné une fière leçon de noblesse de sentiments aux inspecteurs qui s'introduisent dans les écoles comme des intrus. » Anonyme, « Manœuvres indignes », *Le Droit*, 28 avril 1913.

3- LA COOPTATION ET LE CHAMP LEXICAL MILITAIRE

Pour notre dépouillement du *Droit*, il importe moins de dénombrer les articles qui ont pour objet le Règlement XVII que de comprendre l'effet rhétorique par lequel le journal cherche à rallier le lecteur à une idéologie, en occurrence, celle de la survivance de la *race* canadienne-française. On doit à Corinne Saminadayar-Perrin une fine compréhension du caractère rhétorique du journal, « à la fois dans ses pratiques et dans ses manières de concevoir la communication » (Saminadayar-Perrin, 7). De fait, si l'on se fie à la tradition culturelle française du XIXe siècle, « le journal n'a pas l'information pour vocation première ; il se définit avant tout, à la différence de la presse anglo-saxonne, comme politique et littéraire ». Son magistère s'exerce sur la pensée dans le but de persuader les esprits et non de diffuser uniquement de l'information. En cela le programme du *Droit* est clair : il veut « renseigner [le] peuple » (27 mars 1913), mais surtout « prouver » (*ibid.*) aux adversaires que les directeurs du journal entendent « lutter jusqu'au bout et avec des armes loyales » (*ibid.*). Ce besoin de « prouver », donc de convaincre, permet de mesurer la valeur accordée à des dispositifs discursifs proches de la rhétorique classique. Or, les rédacteurs du *Droit* s'adressent à leurs lecteurs canadiens-français au moyen de ce que Susan Suleiman appellera « la persuasion par la cooptation » (Suleiman, 178), soit le procédé rhétorique qui consiste à traiter d'emblée le lecteur « comme un possesseur [d'une] vérité, ou au moins comme quelqu'un dont les sympathies vont vers ceux qui la possèdent et qui luttent en son nom » (*ibid.*). Persuader par la cooptation le lecteur du *Droit* en 1913 consiste donc à le *conforter* dans la lutte qui s'engage selon les valeurs (la langue française, la patrie, la religion) qu'il partage avec sa communauté. Il ne s'agit pas ici de recevoir l'approbation du lecteur coopté, lequel, par définition, est considéré d'office comme le détenteur convaincu de la vérité à défendre, mais plutôt d'affirmer sa foi patriotique constamment mise à l'épreuve et à le confirmer dans son adhésion indéfectible à la *cause*.

Dans les discours journalistiques que nous avons dépouillés, la cooptation s'organise en idéologèmes, c'est-à-dire, rappelons-le, en « petites unités signifiantes dotées d'acceptabilité diffuse dans une doxa donnée » (Angenot, *Théorie*, 2006), qui assimilent par métaphore la question scolaire à un enjeu militaire : « lutte », « combat », « ligne de bataille », « résistance », « manœuvres », « exécution », « péril », « trahison », « mot d'ordre », « tyrannie », « sacrifice », « parer aux coups », « en garde » ou encore « être sur ses gardes ». En contrepartie, différentes appellations métaphoriques dénigrantes désignent la partie adverse : « ennemis », « assimilateurs », « anglificateurs »,

« despotes », « vautour », « brigands », « bandits », « vils persécuteurs », « créatures », « fanatiques » ou encore « adversaires fanatiques ». Les appellations métaphoriques peu élogieuses désignant l'opposant établissent le rapport de force entre, d'une part, « les nôtres », les « Canadiens français » et autres « amis de la bonne cause », et, d'autre part, les « fanatiques ». Nous avons constaté aussi que tous les discours concernant la question scolaire relèvent en grande partie de l'émotion, comme si ce ressort populaire jouissait d'un meilleur point d'appui que la raison. Un journaliste va jusqu'à prôner la mort des combattants, rien de moins : « Les hommes de cœur ne se soumettent pas à la tyrannie. Ils luttent et ils meurent s'il le faut. Voilà ce que les Canadiens-français de l'Ontario sont décidés à faire » (28 mars 1913). Dans cet exemple-ci, la cooptation vise à rassembler les esprits dans la protestation, mais mise peu sur la concertation d'une action efficace. De là un terreau fertile aux malentendus.

4- L'ARTICLE D'ACTUALITÉ

Envisagé d'un point de vue contemporain, l'article d'actualité se doit de livrer l'information avec neutralité. Or, dans le journal *Le Droit* de 1913, les journalistes ne semblent guère partager cette conception objective du journalisme. Dans les articles d'actualité que nous avons dépouillés, les auteurs, tous anonymes, semblent chercher à bien faire comprendre le rôle de chacun des *combattants* de la bonne cause, en mettant l'accent sur celui des parents, des enfants et de l'institutrice. Ainsi, dans un article d'actualité dont le titre reprend le vocabulaire des duellistes, « En garde plus que jamais », et qui raconte la visite d'un inspecteur protestant dans une école bilingue, l'auteur tient à avertir « les intéressés de ne céder en rien » (19 avril 1913). Le lecteur est ainsi directement interpelé par cette utilisation du terme « *intéressés* », le laissant supposer que d'autres ne pourraient ne pas se sentir concernés. Il se trouve ainsi *coopté*, pour reprendre la terminologie de Susan Suleiman, et mis dans la position du *bon* par rapport aux *méchants*. Or, la configuration visuelle de l'article, son titre provocateur, l'emploi fréquent de l'adjectif « canadienne-française » pour l'école ou l'association, sinon pour sous-titrer un intitulé vindicatif comme celui-ci : « En garde plus que jamais / L'Association Canadienne-Française d'Ontario, toujours sur le qui-vive, avertit les intéressés de ne céder en rien / Reculer au moment actuel serait une trahison inqualifiable », contribuent à coopter le lecteur interpelé. La trahison plane ici comme une menace envers l'institutrice qui ne suivrait pas les recommandations de l'Association d'éducation canadienne-française d'Ontario, qui consiste à refuser l'accès à l'inspecteur à la classe, sous peine de voir sortir les enfants. Cet article dépeint ainsi l'institutrice en « petite maîtresse [qui] est restée ferme comme une bonne canadienne-française » et les élèves « comme des braves ». Toute défiance ou faiblesse de la part des institutrices lisant *Le Droit* est donc perçue comme un comportement inacceptable. Dans un article daté du 2 mai 1913, il est question d'une dame Colburn, directrice d'une école canadienne-française de Haileybury, qui a failli à sa tâche. Intitulé « La lutte pour les écoles bilingues », l'article a pour sous-titre « les exploits des Inspecteurs protestants et de leurs Amis les Anglificateurs ». Ce sous-titre marque ironiquement le mécontentement du journaliste qui souligne ainsi le « blâme » pesant sur la conscience de la directrice d'école. Peu s'en fallut que le journaliste ne soulignât l'assonance anglo-saxonne du nom de la directrice, qui eût pu justifier à elle seule la trahison annoncée ! La tentative de la directrice Colburn de retenir les enfants devant la venue de l'inspecteur permet au journaliste de saluer la force des petits Canadiens français qui ont désobéi à la direction de l'école en sortant par les fenêtres, rien de moins. Le rôle des enfants, des parents, des institutrices et du gouvernement est souligné sans nuance : « On veut faire comprendre à tout le monde que les enfants appartiennent aux parents de par droit naturel et divin, et que ce n'est ni le gouvernement, ni les inspecteurs protestants, ni les institutrices anglifiées ou anglifiantes qui conduiront la barque » (2 mai 1913). Cette utilisation métaphorique de la « barque » est fort intéressante et pourrait constituer un idéologème appartenant au champ sémantique de la navigation. Au-delà des référents bibliques (Noé ou encore l'épisode de la marche sur les eaux[15]) et mythologiques (Charon) qui sont propres aux embarcations et renvoient au symbolisme du sauvetage et de la confiance aveugle, les termes « débarquer » et « embarquer » sont détournés ici de leur sens originel *pour rappeler un mouvement de recrutement*, une disposition à l'engagement, ce vers quoi tend la rhétorique que propose le journaliste : confirmer une croyance, attester de la ferveur pour la cause, réveiller les tièdes, débusquer les traîtres et révéler la dichotomie entre ceux dont la dévotion patriotique est faible et les zélés. L'engagement du lecteur se trouve fortement sollicité, et le rappel de la devise du combattant le souligne à grand trait : « Qui n'est pas pour nous est contre nous ». La marge d'interprétation laissée au lecteur canadien-français coopté est limitée en conséquence.

Un autre exemple, particulièrement révélateur des positions défendues par le journal permet de prendre la mesure de la force persuasive qu'un discours général adressé aux lectrices concernées peut contenir :

> Il est bien compris que si une institutrice signe un document quelconque à la demande de l'inspecteur protestant elle peut faire son petit paquet et ficher le camp. Ce n'est pas le gouvernement qui paie les institutrices, ce sont les contribuables, les parents des enfants et les parents canadiens-français ne veulent pas d'institutrices qui enseignent la lâcheté et la trahison à leurs enfants. (« Tous les élèves quittent les classes », 25 avril 1913)

En vertu de « la persuasion par la cooptation » (Suleiman), le lecteur se trouve à interpréter sa propre conviction comme innée, sans qu'un processus personnel d'acquisition de connaissances ait pu se frayer librement un chemin dans sa conscience. Peut-il en être autrement quand le journaliste laisse planer des conséquences aussi graves que la stigmatisation du *lâche* et du *traître* ? Les expressions « petit paquet » et « ficher le camp » propres à la langue orale peuvent ainsi s'interpréter au sens large et s'appliquer non seulement à une institutrice sourde à l'appel social, mais encore à l'ensemble des membres de la communauté canadienne-française qui ne suivraient pas les diktats de la doxa.

---

[15] Jean 6.16-21 ; Marc 6.45-52 ; Matthieu 14.22-33.

5- La chronique d'opinion

La chronique d'opinion, à l'instar de l'article d'actualité, construit aussi son objet d'étude à partir d'un événement récent, sans toutefois limiter l'élaboration de son propos à l'actualité. La chronique s'attache à argumenter du comportement que le lecteur souvent identifié (le commissaire d'école, le parent, la mère, l'institutrice) doit adopter au nom de la sauvegarde des valeurs de la nation.

Les chroniques signées « Le professeur » ont *l'école* comme dénominateur. Les chroniques que nous avons retenues s'intitulent « À propos d'école » (1er avril 1913), « À qui appartient l'école » (2 avril 1913), « Les maîtres délégués des parents » (7 avril 1913), « Le prêtre dans l'école » (8 avril 1913) et « L'éducation naturelle à l'école » (15 avril 1913). Ces textes soulignent tous l'importance du moment discursif qu'est la crise due au Règlement XVII. Le chroniqueur sous le couvert du pseudonyme « Un professeur » cherche à professer, voire même prêcher, en déclarant publiquement des principes, tout en s'ingéniant à transmettre des connaissances au lecteur. On peut aisément résumer en trois mots clefs le contenu des chroniques : école, peuple, chrétienté. C'est d'ailleurs en ces mots que le chroniqueur ouvre la chronique du 1er avril 1913 : « Bâtir une école, c'est créer un peuple, c'est fonder une chrétienté ». Le champ sémantique de ces trois vocables est riche. Autant le mot « école » renvoie à la jeunesse, aux enfants et à la nouvelle génération, autant le mot « peuple » réfère aux Canadiens français, autant la « chrétienté » suggère l'assise morale de ce peuple. Ce que ces termes signifient est si intimement relié que la disparition d'un de ces trois éléments entraînerait aux yeux du journaliste la fin des deux autres.

Dans *Le Droit*, la chronique d'opinion est tenue par un énonciateur fictif (« Un professeur ») qui s'adresse à des coénonciateurs[16], ou coopteurs, selon la terminologie de Suleiman (« Canadien français », « les parents », « nous »), dont les rôles

---

[16] Le coénonciateur étant le destinataire en tant que participant à la production des énoncés.

dans l'énonciation supposent une chronologie (le Règlement XVII) et une toponymie (l'Ontario français et par extension le Canada français) communes au chroniqueur et à ses lecteurs. Ainsi la détermination de l'identité des partenaires de l'énonciation (« nous Canadiens-français ») va de pair avec la définition des lieux (« le Nouvel-Ontario », « le Canada français », « nos écoles », « le foyer domestique », « Ici, nos gens ont du cœur » 2 mai 1913) et l'introduction de moments d'énonciation (« au cours de l'année scolaire », 2 mai 1913; « les maux de notre temps », 27 mars 1913; « le fameux règlement 17 », 25 avril 1913).

Dans la chronique d'opinion du *Droit*, les énoncés (et le journal par le fait même) sont validés sur le mode de la répétition. Le lecteur, associé au coénonciateur, se trouve donc dans une situation où il ne peut débattre ni mettre en cause les énoncés à l'intérieur du journal, au risque de s'exposer à la stigmatisation sociale du « traître ». En témoigne, par exemple, le renforcement périodique et répétitif du discours sur la place de l'enfant dans l'espace social:

« L'enfant existe aussi que pour être ensuite un homme et un chrétien. Un homme et un chrétien, puisqu'il y a en lui deux vies, la vie naturelle et la vie surnaturelle, comme nous aurons à le dire plus tard » (« À propos d'école », 1er avril 1913);

« L'enfant a deux vies, la vie naturelle et la vie surnaturelle: la vie naturelle, qui nous fait fils de nos pères et mères, et qui fait courir leur sang dans nos veines: la vie surnaturelle aussi, qui nous rend les enfants de Dieu. [...] La vie naturelle, nous l'avons reçue de notre famille; la vie surnaturelle, c'est l'Église qui nous l'a procurée » (« À qui appartient l'école », 2 avril 1913);

« L'enfant a donc en quelque sorte deux mères [...] À la famille et à l'Église – et à elle seule – par conséquent reviennent les droits et les devoirs de l'éducation » (« À qui appartient l'école », 2 avril 1913);

« Il est donc clair que les maîtres et les maîtresses dans une école ne sont pas et ne peuvent pas être des fonctionnaires civils, des employés de l'État. Ils sont des représentants des parents. C'est de ceux-ci qu'ils détiennent leur autorité sur les enfants qui leur sont confiés [...] » (« Les maîtres délégués des parents », 7 avril 1913) ;

« Aussi longtemps que l'enfant reste dans sa famille, les parents sont les mandataires naturels de l'Église [...] Une fois que l'enfant a quitté le foyer domestique pour entrer à l'école, extension du toit familial, l'Église ne perd pas sur lui ses droits, absolument inaliénables [...] » (« Le prêtre dans l'école », 8 avril 1913) ;

« Délégués de l'Église et de la famille, les maîtres et les maîtresses ont la double charge de développer dans l'écolier, la vie naturelle et la vie surnaturelle commencées au foyer et à l'église » (« L'éducation naturelle à l'école », 15 avril 1913) ;

« [...] les enfants appartiennent aux parents de par droit naturel et divin [...] » (« La lutte pour les écoles bilingues », 2 mai 1913).

La redondance du discours sur la vie naturelle et surnaturelle de l'enfant vient renforcer le fait que celui qui emploie le pseudonyme « Un professeur » n'énonce pas clairement son propos, à savoir que l'État (par surcroît gouverné par des protestants) ne peut pas intervenir dans le programme scolaire, parce que l'école est du ressort des parents, qui sont eux-mêmes redevables à l'Église. Notons aussi l'expression « comme nous aurons à le dire plus tard » (« À propos d'école », 1er avril 1913) qui témoigne du dispositif *en boucle* de l'énoncé et de l'effet de validation recherché.

6- L'éditorial

L'éditorial, de par sa représentativité de l'opinion de la direction du journal, sa mise en place stratégique en page frontispice et son ancrage culturel, encadre plus efficacement la cooptation du lecteur que ne pourrait le faire l'article d'actualité ou même la chronique, dont le statut énonciatif ne bénéficie pas de la même légitimité. Nous avons donc choisi de l'aborder en dernier lieu afin d'être en mesure d'en mieux saisir la portée par rapport à celle des autres genres journalistiques.

À des fins d'analyse, retenons l'éditorial intitulé « Nos droits et nos devoirs » (28 mars 1913), dont le titre cherche à lier l'auteur du texte et le lecteur par des déterminants possessifs coopteurs. Les appellations ne manquent pas pour désigner, d'une part, les « Canadiens-français de l'Ontario », « les hommes de cœur » et, d'autre part, les « fils de la majorité d'aujourd'hui », les « fanatiques », dont la « persécution est déjà consignée dans les pages de l'histoire ». Cet éditorial exhorte les catholiques de langue française à s'adresser « de francs reproches » :

> Combien de fois, par pusillanimité, par lâcheté, plus encore pour de mesquins intérêts personnels ou de parti, combien de fois n'avons-nous pas cédé ou négligé quelques-uns de nos droits ? Si nous avons vu trop souvent et si nous voyons encore tous les jours des défections déplorables chez certains parvenus qui ne sont plus canadiens-français que de surface, nous avons la consolante satisfaction de trouver un sentiment profond de fierté nationale dans les rangs du peuple. (28 mars 1913)

La véhémence du ton, le vocabulaire va-t'en-guerre (« nous lutterons », « nous nous battrons »), l'usage de vérités proverbiales (« la vérité est à ceux qui luttent ») et même des références à la volonté de mourir (« les hommes de cœur ne se soumettent pas à la tyrannie. Ils luttent et ils meurent s'il le faut ») permettent d'observer une rare force persuasive qui vient mobiliser l'affectivité du destinataire. La conscience de la situation sociale minoritaire du Canadien français semble légitimer un besoin d'amener cette crise scolaire à un échelon historique d'importance, à l'y inscrire, au même titre, selon l'auteur de cet éditorial, que des autorités tyranniques reconnues par l'histoire, telles celles d' « Hérode, [de] Néron, [de] Bonaparte ou [d']Henri VIII ». Cet exemple permet de constater le degré de généralité de l'éditorial, qui n'hésite pas à puiser dans un répertoire historique plus vaste, ce qui le distingue de l'article d'actualité et de la chronique d'opinion. L'éditorialiste se défend même de prêcher la révolte, conscient de la virulence de ses propos, et soupçonne le lecteur de pouvoir interpréter ses paroles ainsi, ce qui semblerait inadmissible aux yeux d'esprits catholiques. Si le péril de la « défection » paraît si grand, c'est qu'il l'est non seulement à l'égard de la pratique langagière, mais surtout à l'égard de la foi. Ce qui nous amène à un article daté du 1er avril 1913, qui s'intitule simplement « Cause de la défection » et partage, comme l'auteur du texte le mentionne, « une vérité généralement admise » avec le lecteur :

> Que pour nous Canadiens-français la connaissance de la langue anglaise et la pratique fréquente de cette langue soient en général, un péril pour notre foi, c'est là une vérité généralement admise, un fait d'expérience que l'on peut observer un peu partout ; la langue française, chez nous, est la gardienne de la foi, tandis que la langue anglaise, par le livre, par le club, par le journal, etc., s'y fait le véhicule des races, des sentiments, en un mot de la mentalité protestante. C'est une constatation nationale. (1er avril 1913)

L'argument invoqué, appuyé sur des comparaisons internationales qui font écho à l'« heureuse influence catholique » de la langue allemande en Suisse, cherche à convaincre le lecteur que sa « pratique fréquente » et sa propre expérience de la langue anglaise ne peut conduire qu'à admettre cette « constatation nationale ». Ce procédé sophistique cherche l'adhésion à une vérité toute faite, à consentir sans réserve à un accord supposé et même à lui conférer un caractère *national*, ce qui renforce la généralité de l'éditorial, comparé à l'article d'actualité et à la chronique d'opinion.

+

Cette première analyse du journal *Le Droit* pour l'année 1913 permet de dégager des constats, en ce qui concerne les modes opératoires (effets textuels, choix posturaux des locuteurs) en regard du lecteur-modèle que les journalistes essaient de convaincre. Au-delà du contenu, centré surtout sur la question scolaire (sans exclure d'autres topoï, tels le mariage mixte, le suffragisme, la franc-maçonnerie, la colonisation américaine, etc.), ce sont surtout les dispositifs rhétoriques qui retiennent l'attention et éclairent les choix sémantiques préconisés, les visées argumentatives et pragmatiques de la direction du *Droit* et la posture de ces premiers rédacteurs par rapport aux discours, à leurs sources et aux lecteurs. L'articulation stratégique du discours emprunte une matrice idéologique commune à trois genres journalistiques (l'article d'actualité, la chronique d'opinion, l'éditorial) repérables grâce aux dispositifs d'énonciation (effets de langage, champ lexical militaire) qui l'établissent.

3. Discours journalistiques sur la jeunesse et discours littéraires pour la jeunesse

Avant d'aborder le discours littéraire pour la jeunesse dans le contexte de la crise scolaire entourant le Règlement XVII, rappelons, à la suite de Danielle Thaler, qu'une définition cohérente de la littérature jeunesse ne doit pas se centrer uniquement sur l'objet ou le destinataire de cette littérature, mais aussi sur ce qui se trouve « en amont, du côté des destinateurs, là où, partenaires indissociables, ils restent les meilleurs représentants d'une société dont ils incarnent les valeurs, valeurs qu'ils voudraient voir pérenniser et dont ils se font donc les propagateurs » (34). Nous étudierons ainsi ces discours mis à la disposition des garants de l'éducation des enfants (parents, clergé, instituteurs) à l'intérieur des pages du journal *Le Droit* pour l'année 1913. Nous relèverons ainsi dans *Le Droit* tout discours susceptible de préparer l'émergence d'une littérature pour la jeunesse. Cette façon de procéder n'est pas étrangère à la conception de la littérature de la fin du XIXᵉ siècle et du début du XXᵉ de Micheline Cambron (*De l'importance*, 1995), pour qui le journal brouille les frontières génériques, et où il est difficile de séparer ce qui est littéraire de ce qui ne l'est pas. Dans le même esprit que l'analyse du discours journalistique, nous analyserons aussi l'articulation énonciative, les visées intentionnelles, les figures rhétoriques, les tropes, les schémas fictionnels qui cherchent à construire des schèmes idéologiques au lieu de refléter des réalités dans leur essence. Nous proposons par la suite de centrer notre regard critique sur trois productions littéraires destinées à la jeunesse où s'immisce le moment discursif qui nous occupe, afin d'étudier l'articulation du discours social dans le discours littéraire pour la jeunesse.

a. Le discours journalistique sur la jeunesse

Une remarque s'impose à la lecture et relecture des textes dépouillés, soit l'importance que les nouvellistes accordent à l'enfance, celle-ci se déclinant sous plusieurs angles, soit l'éducation des enfants, le rôle des parents, l'importance de la femme au foyer, les dangers de l'urbanité, le manque général de piété et les malheurs du suffragisme. Les titres relevés dans *Le Droit* parlent d'eux-mêmes : « Mère modèle » (12 avril 1913), « La jeune fille mondaine » (11 avril 1913), « Votre devoir, parents » (5 avril 1913), « Qualités de la femme » (2 avril 1913), « La femme de ménage » (28 mars 1913), « Enfants misères » (28 mars 1913), « Protection de l'enfance » (23 avril 1913).

Le texte « Mère Modèle » signé par A. Dury évoque la disparition de la discipline chez les enfants. L'auteur accorde une importance démesurée à l'éducation de l'enfant, ce qui a deux conséquences : la consolidation d'une éducation stricte dès le plus jeune âge et le changement d'attitude des parents et des familles à l'égard des enfants. Il en va tout autrement dans une chronique signée par « Un professeur » et intitulée « Votre devoir, parents » (5 avril 1913). Dès la première phrase, voire dans le titre, l'auteur identifie clairement son destinataire et invite par le fait même ce coénonciateur à participer à la production du sens de l'énoncé : « Ce n'est à personne autre qu'à vous, parents, familles, qu'il appartient d'éduquer vos enfants. Quiconque le fait, le fasse [*sic*] en votre nom et de par là votre autorité ». Il faut comprendre par ce « quiconque » toute personne morale autre que l'État, car en situation de crise scolaire, l'État peut se montrer le « tyran violateur » qui outrepasserait sa mission et deviendrait « l'usurpateur méprisable ». Il semble alors qu'il faut laisser croire au lecteur qu'il en va de sa responsabilité d'éduquer ses enfants lui-même, et surtout que les délégués qui le feront à sa place (institutrice, clergé) répondent de son autorité. Un parent qui ne contesterait pas l'application du Règlement XVII conférerait à l'État un pouvoir « usurpateur » sur le contenu des apprentissages, échouerait à son devoir. C'est en citant des extraits d'un ouvrage de Mgr Louis-Adolphe Pâquet (*L'Église et l'Éducation*, 1909) que le chroniqueur en vient à subordonner le pouvoir des parents à l'autorité supérieure de l'Église :

> Une seule autorité leur [aux parents] est en cela supérieure et peut leur commander, c'est l'Église. Quant à l'État, « toute tentative » faite par

lui contre le libre exercice et les libres déterminations, en matière scolaire, de la puissance paternelle, « mérite le nom de vexation et
d'oppression. »

Ainsi le chroniqueur ne cherche pas tant à discourir sur le rôle ou
le devoir des parents envers l'éducation de leurs enfants que de
faire comprendre au lecteur-modèle que les parents contrevien-
draient au mandat que le « Très-Haut » leur a confié, si ceux-ci
remettaient « à d'autres le souci de faire ouvrir ces fleurs » qu'ils
ont fait germer.

Dans un éditorial anonyme intitulé « Protection de l'enfance » (23 avril 1913), l'auteur s'en prend au « défaut de sur-
veillance » de la mère qui peut exposer les jeunes âmes « aux
pires tentations et influences » : « la rue », les « affiches scanda-
leuses », « les journaux pornographiques », « la camaraderie du
ruisseau » et « les promiscuités des maisons ouvrières mal-
saines ». À défaut de religion et de vigilance parentale, l'enfant
est exposé aux vices que des remèdes simples peuvent contrer.
Parmi ceux-ci, « le patronage », soit une forme organisation-
nelle proche de l'école, qui peut se décliner en cercles d'étude,
ligues ou associations : « Le patronage c'est un groupe plus
vivant, moins artificiel, d'organisation moins impérative que
l'école. On y vient par goût, librement, on y lie des amitiés plus
vivantes ». Cette extension du milieu scolaire, libérée des
contraintes académiques, agit à titre de défense morale, tout
comme le sont l'école, la famille et l'église, soit l'ensemble du
milieu social dans lequel baigne l'enfant.

Au-delà de « la formation à la piété » (11 avril 1913) et des
règles de discipline, il y a un autre aspect dont les parents sont
aussi les garants : la langue française. Le pathos ne manque pas
pour rappeler au destinataire responsable des enfants que « lui
faire abandonner sa langue [ce que propose le Règlement XVII],
c'est lui faire renier la chair et le sang qui ont fait toute sa vie
d'enfance » (*ibid.*). Et l'auteur de rajouter en guise de rappel aux
responsabilités parentales : « Est-ce là de l'Éducation ? ». Une
question qui, bien entendu, interpelle le coénonciateur et tend à
le mener vers une évidence : ce n'est pas ainsi qu'on éduque des

enfants. Le champ sémantique utilisé pour décrire les souffrances subies par les enfants dans les écoles bilingues couvre l'univers de la torture : « mutilation morale » (*ibid.*), « vile tyrannie » (*ibid.*), « arracher sa propre substance » (*ibid.*), « sa chair et son sang » (*ibid.*), « mutation physique et morale » (*ibid.*). Ce procédé mnémotechnique proche de la répétition rend ainsi naturel le lien établi entre les instigateurs du Règlement XVII et la torture. Cette rhétorique, qui paraît si naïve d'un point de vue contemporain, n'en demeure pas moins un exemple typique de cooptation qui a connu sans doute une certaine efficacité chez un lectorat peu éduqué[17] et pour qui la justification par l'expérience (« L'expérience en cela vient appuyer de faits incontestables et sans nombre les conclusions théoriques » [*ibid.*]) peut venir appuyer les dires du chroniqueur... à défaut même de véritables expériences.

Faut-il s'étonner de l'extrême insécurité morale dont témoignent la plupart des textes qui cherchent à catéchiser le lecteur quant à la bonne morale à adopter ? Dans son insistance, cette insécurité ne cache-t-elle pas un besoin de renforcer la foi en une nation menacée ? Ce discours de soumission cache une inquiétude incalculable en regard de la génération montante :

> Apprenez donc à vos filles, mères chrétiennes, à vivre en présence de Dieu, à pratiquer la mortification, à réciter avec ferveur la prière du matin et du soir, à fuir le péché, à faire volontiers la Sainte Communion ; chaque jour faites-leur faire une bonne lecture dans un livre bien choisi : formez-les aux pensées sérieuses ; faites-leur bien comprendre que ce qui rend une jeune fille aimable, ce n'est pas sa chevelure ou sa robe,

---

[17] Selon Jean-Pierre Proulx (*Système éducatif*, 2009) le taux de scolarisation des Canadiens français est léthargique à partir de 1875. Rappelons qu'en 1960 seulement 3 % des Canadiens français de 20 à 24 ans fréquentent l'université, comparativement à 42,1 % en 2008. (Voir Claude Corbo, *L'éducation pour tous ? : une anthologie du Rapport Parent*, Presses de l'Université de Montréal, 2002 ; et *Indicateurs de l'éducation 2008* du MELS à <http://www.mels.gouv.qc.ca/sections/indicateurs/index.asp?page=annexe>, consulté le 17 février 2011.) Selon Jean-Pierre Charland (*Entreprise éducative*, 349) le taux de fréquentation des enfants âgés entre 5 et 19 ans est de 49,34 % au Québec et 55,46 % en Ontario en 1844 et 1901 : « Il est permis de croire que la population de langue anglaise et de religion protestante connaissait des taux de fréquentation scolaire plus élevés, cela tant à cause des valeurs favorisant l'éducation que de son niveau de richesse » (*ibid.*, 351).

mais bien sa « douceur », sa « bonté », sa « patience », sa bonne « humeur », sa « pitié ». (« Qualités de la femme », 2 avril 1913)

Les impératifs nombreux, les interpellations directes aux destinataires (« mères chrétiennes ») et le militantisme catholique attestent un combat qui n'affiche pas explicitement ses couleurs, mais qui permet de mesurer l'étendue de l'équation qu'il essaie de formuler : une éducation défaillante quant à la moralité et la langue pourrait mettre en péril l'effort de survie en offrant un terreau fertile à des valeurs qui vont à l'encontre du catholicisme et donc du peuple qui s'en réclame[18].

Voyons comment la littérature pour la jeunesse incorpore des fragments du discours social sur la jeunesse, tout en configurant autrement le social pour ses propres besoins. Nous proposons trois textes publiés dans la foulée du Règlement XVII, soit « Terre-neuve et fiançailles » de J.H. Courteau (1916), « Le "sou" des écoles ontariennes » de Lionel Groulx (1916) et « Les petits héros d'Ontario » de Joseph Gérin Gélinas (1918). Nous justifions ce choix à partir de quatre principes : d'abord ces textes conservent une trace tangible du moment discursif qu'est le Règlement XVII ; ensuite ils sont conçus à l'intention des enfants ; bien que parfois publiés originellement dans des journaux, ces textes sont publiés sous forme de livre, un média qui traverse plus facilement les frontières géographiques que le journal et qui peut ainsi rejoindre les petits Canadiens français éloignés des centres ; enfin Le Droit étant à ses débuts en 1913, il ne saurait être question de trouver dans le journal des textes aux allures

---

[18] Françoise Lepage soulignera cet effort de « canadianisation » de la jeunesse en parlant de la naissance de la revue L'Oiseau bleu en 1920, alors née dans le « désir de contrer le déferlement de l'illustré américain sur le marché canadien et d'annihiler ses effets néfastes sur les jeunes âmes » (Lepage, Histoire, 105). Dans la perspective du peuple canadien-français établi en Ontario, le « déferlement » est perçu dans sa réalité quotidienne ; il n'est donc pas étonnant d'y voir naître très tôt un fort sentiment d'insécurité.

littéraires qui seraient destinés à la jeunesse[19]. Il faut comprendre que le recours à des auteurs du Québec (Groulx, Gérin Gélinas, Courteau) se justifie par les échanges culturels qui rapprochent les communautés canadiennes-françaises de cette époque, pour qui la nation canadienne-française ne se limite pas uniquement au Québec. D'ailleurs l'identité canadienne-française, comme le rappelle Marcel Martel, « se rattache à une pensée nationaliste susceptible de protéger les droits des Canadiens français, quel que soit le lieu d'établissement de ces derniers au Canada » (Martel, *Deuil*, 25). Bien que cette cohésion de la nation s'effrite au cours des années pour en arriver à une dislocation à la fin des années soixante, le discours littéraire produit dans les centres semble circuler dans l'ensemble du territoire, comme on peut l'observer à partir des catalogues et publicités des libraires de Saint-Boniface[20] ou d'Ottawa, ainsi que des manuels scolaires des Frères de l'instruction chrétienne qui garnissent les classes de la nation et que nous proposons d'étudier dans le troisième chapitre de ce livre.

b. Terre-neuve et fiançailles

J.H. Courteau (pseudonyme), sur qui on ne connaît aucun détail biographique, est l'un des six auteurs à recevoir une mention

---

[19] Toutefois, une auteure pour la jeunesse d'Ottawa que nous n'avons pas retenue à cette étape-ci de l'analyse mérite mention : A. B. Lacerte (née Emma-Adèle Bourgeois), connue pour ses romans populaires publiés aux Éditions Édouard Garand de 1917 à 1933, a publié *Contes et légendes (dédié aux enfants)* en 1915. Il s'agit surtout d'un assemblage de légendes chrétiennes retranscrites en vers. En Ontario, il faudra attendre la parution des chroniques et contes de Marie-Rose Turcot dans *L'Oiseau bleu* à partir de 1930 pour parler d'émergence de littérature de jeunesse dans cette province.

[20] Nous nous référons notamment au fonds de la librairie Keroack déposé aux archives de la Société historique de Saint-Boniface. Fondée par Maximilien Aimé Le Brice de Keroack, libraire de Saint-Hyacinthe, au Québec, la librairie Keroack comptera deux succursales au Manitoba, dont la première à Saint-Boniface en 1891, sur la rue Dumoulin, et une autre à Winnipeg (SHSB, 4512). Le fonds est riche en catalogues qui indiquent les livres accessibles à l'achat et témoigne de la circulation interprovinciale, voire internationale de certains titres identifiés pour la jeunesse, dont en 1926 *L'appel de la race* d'Alioné de Lestres (Lionel Groulx), *Récits laurentiens* du Frère Marie-Victorin, *Miettes d'histoire canadiennes* d'Edouard Zotique Massicotte, le roman *Le filleul du roi Grollo* de Marie-Claire Daveluy, ainsi que des ouvrages classiques de Perrault, Anderson, Grimm, la Comtesse de Ségur et Jonathan Swift. La librairie reçoit aussi des abonnements de journaux et de revues tels *Le Figaro*, *l'Écho de Paris*, *L'Action française*, *la Revue des deux mondes*, *l'Illustration*, *Je sais tout* et « les journaux de Montréal et Québec » (SHSB, 4512).

au deuxième concours littéraire organisé par la Société Saint-Jean-Baptiste (SSJB) ; c'est le frère Marie-Victorin qui remportera la palme de ce concours lancé l'année précédente dans un esprit d'éducation patriotique. Les textes des gagnants étaient alors publiés dans *Le Petit Canadien*, organe de la SSJB, avant d'être repris en recueil aux fins de distribution dans les écoles comme prix de fin d'année (Michon, *Histoire*, vol. I, 413). Étant donné que le texte du frère Marie-Victorin a été republié dans *La Liberté* du 18 avril 1917, il ne serait pas étonnant qu'il ait également circulé dans d'autres journaux de la diaspora. Ce concours littéraire se donne pour but d'encourager les jeunes auteurs et d'enrichir la littérature « d'œuvres destinées à perpétuer les nobles traditions et les poétiques et touchantes coutumes de chez nous » (*La Corvée*, 8). À noter que la plupart des auteurs de ces concours sont originaires du Québec (Berthierville, Valleyfield, Joliette, Québec, Montréal). Toutefois trois auteurs du deuxième concours, sur le thème de *La Corvée*, sont originaires d'Ottawa, ce qui laisse supposer le caractère pancanadien de cet exercice. La republication de certains textes du *Petit Canadien* de la SSJB dans les journaux canadiens-français[21], tout comme d'autres appels à contribution en vue de concours littéraires pour la jeunesse organisés par la SSJB[22], corroborent au demeurant le caractère national du concours.

La nouvelle de J.H. Courteau ne brille pas par excès d'originalité ni par profusion de rebondissements. Elle s'inscrit dans le genre du croquis, difficile à circonscrire, mais très pratiqué

---

[21] Voir les livraisons du 17 août 1915, du 18 avril 1917, du 5 septembre 1917 et du 13 mars 1918 de *La Liberté*.

[22] Les « contes historiques » sollicités par la SSJB figurent parmi les premières initiatives éditoriales d'envergure en faveur de la littérature canadienne-française pour la jeunesse. Fidèle à sa mission pour le progrès du peuple canadien-français, la SSJB fera la promotion de l'éducation au patriotisme et de l'histoire nationale à l'intention des enfants. Elle publiera de 1919 à 1923 les *Contes historiques*, qui retracent la vie des « héros canadiens », d'Étienne Brûlé à Mgr Langevin, sans oublier Champlain, Cartier, Montcalm et Papineau. Ces contes ont remporté un succès considérable, si l'on en juge d'après des tirages ayant atteint 400 000 exemplaires (Lepage, *Oiseau bleu*, 26). Nous avons pu trouver des appels à contribution en vue des concours d'écriture des « contes historiques » lancés dans *La Liberté* du 28 octobre 1919, ainsi que du concours « Gloire à la langue française » dans *La Libre Parole* du 15 mars 1917. *La revue nationale*, organe de la SSJB, souligne également l'aspect national de l'entreprise (vol. 1, n° 3, mars 1919, p. 128).

à l'époque dans l'esprit des textes régionalistes préconisant des « évocations, qui [...] rappellent un souvenir et le représentent à travers la description d'un objet traditionnel dans un mélange de discours objectif et essayistique, voire à caractère autobiographique » (Saint-Jacques et Lemire, *Vie littéraire*, V 404). C'est la description du cadre dans lequel se déroule la nouvelle qui la rend pertinente pour notre propos. L'enjeu de l'intrigue peut se résumer au trophée machiste (une demoiselle à épouser) que « remportera » le « vainqueur » de la « courvée », soit le défrichement de la terre de Pascal Viau. Dans le contexte canadien-français, la corvée ou « courvée » sous la plume de J.H. Courteau, désigne un « mode généralisé d'entraide qui, grâce à la mise en commun des efforts et parfois des biens de chacun, permet de résoudre rapidement un problème ou d'achever une besogne avec célérité » (Provencher, 171). Les corvées se déclinent en plusieurs variétés : construction d'école, de presbytère, de grange, épierrement, défrichement, semailles, récolte, etc. La participation à une corvée est de mise pour celui qui la reçoit et son refus peut provoquer son ostracisme par les autres membres de la communauté. Elle ne dure généralement qu'une journée et se paie par un repas convivial préparé par la maîtresse de la maison.

Dans « Terre-neuve et fiançailles », le lecteur est plongé au cœur du village naissant de Laflèche, « un hameau perdu sur la terre ontarienne » (77). Mais au-delà de la fonction ornementale de la description, sa fonction mathésique permet à son auteur d'y inscrire des savoirs. Selon Gilles Bonnet, « la description est le lieu privilégié de l'inscription dans le texte des savoirs (*mathesis*) maîtrisés par l'auteur » (Bordas, 115). Cette fonction présuppose des connaissances de la part du narrateur et se pose dans une relation pédagogique avec le lecteur. De cette manière, le défrichement acquiert une plus grande importance en raison des luttes linguistiques inhérentes à l'environnement géopolitique du village : « Jamais on ne refuse d'aller à la courvée chez nous, encore moins sur cette terre en train de redevenir française ; à cause même des luttes vives et des persécutions de toutes sortes, on s'entraide joyeusement » (77). Ces savoirs prennent trois formes : le sentiment d'appartenance à la terre ; les coutumes : religion, repas, « trille » ou « sauterie » (soirée dansante) ; et l'environnement scolaire. Ainsi ces nouveaux habitants de Laflèche qui défrichent leur « terre toute à eux » (79) sont décrits comme des « envahisseurs pacifiques » (*ibid.*), ce qui accuse par contraste la force et le nombre contraignants des envahisseurs belliqueux « de race étrangère » (80). Il s'agit des Anglais, qui planent comme des ombres sur l'établissement des Canadiens français en territoire hostile, et accentuent en contre-partie les traits identitaires des Canadiens français, dont le « verbe français » (*ibid.*) se caractérise par sa « vigueur irrésis-tible » (*ibid.*), sa fierté et sa souplesse, et dont « l'entraide » (77) s'exerce « joyeusement » (*ibid.*) au milieu « des luttes vives et des persécutions » (*ibid.*). Ces glissements mathésiques font ainsi de l'accomplissement de la *courvée* un acte de résistance. La référence à des coutumes distinctes vient illustrer la description sociale, qu'il s'agisse d'une scène de prière (82), de salutations champêtres (86) ou « d[u] repas de la courvée » (88). Enfin, l'école possède un caractère éminemment français (84) et l'usage des mots y est grave (*ibid.*), vibrant (85), en plus de remuer les cœurs (*ibid.*). Tous ces savoirs concourent à une façon d'appré-hender l'intelligibilité du texte en y reconnaissant la « terre de souffrances et d'énergies » (84) spécifiquement canadienne-française.

c. Le « sou » des écoles ontariennes

En 1916, Lionel Groulx, historien et chef de fil des nationalistes canadiens-français, publie un ouvrage qui connaîtra une illustre carrière, *Les rapaillages*. C'est avec l'épithète « conte bleu ou gris » qu'il présente les textes de ce recueil « pour les enfants » au rédacteur en chef du journal *Le Devoir*, Omer Héroux (Hébert, 37). De l'édition originale à la réédition en 1978 par un cinquième éditeur (Leméac), l'ouvrage se serait écoulé à plus de 60 000 exemplaires (*ibid.*, 38). Il s'agit d'une œuvre d'évocation inspirée du terroir et rattachée à la littérature régionaliste, dont le critique littéraire et professeur Camille Roy se fera le promoteur dans ses études sur la littérature canadienne et qu'on retrouve autant dans les *Concours* de la Société Saint-Jean-Baptiste, que chez Adjutor Rivard (*Chez nous*, 1914; *Chez nos gens*, 1918), Laure Conan (*L'obscure souffrance*, 1919) ou encore dans les *Récits* (1920) et les *Croquis laurentiens* (1919) du Frère Marie-Victorin.

« Le "sou" des écoles ontariennes » est tiré des *Rapaillages*. Il s'inscrit dans la foulée d'un discours social marqué par des crises scolaires, celle de l'Ontario et du Manitoba, qui mobilise la pensée canadienne-française en 1916 pendant la guerre européenne qui sévit[23]. Ces deux provinces sont le théâtre de « champs de bataille » (« Soyons patriotiques », *Le Bien public*, 9 mars 1916) pour lesquels les Canadiens français, particulièrement ceux du Québec, sont invités à prodiguer aide matérielle et dévouement à leurs « frères » (« La dernière classe », *La Liberté*, 28 mars 1916). Les sollicitations monétaires sont les symptômes des calamités qui font rage et de la peur que les maux des « nôtres » se transmettent par contagion aux « centres » de la nation.

Si l'intérêt d'un récit réside dans sa situation finale ou dans l'élément perturbateur censé entretenir le suspense, « Le "sou" des écoles ontariennes » pondère ces éléments structurels par le respect de la déférence qu'il s'efforce d'éveiller. C'est en se servant du prétexte, aux allures de procession solennelle, d'une fête de la langue française dans une école de rang que l'auteur évoque en narrateur omniscient un faux souvenir que quelqu'un lui aurait raconté (« qui donc me l'a racontée », 35; « je me suis laissé dire [...] », 37). On y découvre d'abord la sacralisation d'une fête de village ayant pour objet de culte la langue française, déclamée en apostrophes poétisantes (« ô belle, ô pure, ô noble, ô délectable langue française », 36). La cérémonie évoquée s'accomplit au son de discours dans lesquels l'on peut entendre « l'amour qu'il faut porter à la langue française » (37), de chansons, d'« épisodes épiques » (*ibid.*) de l'histoire canadienne, d'une dictée corrigée « faite de verbes doux, d'adjectifs émus, de substantifs pieux » (36) comme un cortège d'épithètes prêts à

---

[23] Pour l'étude du discours de guerre tenu aux enfants durant cette période, on lira à profit le mémoire de maîtrise de Sophie Cardinal, « Le discours de guerre tenu aux enfants montréalais au sujet de la Première Guerre mondiale entre 1914 et 1918 », Université de Montréal, 2009, 131 feuillets.

convertir, ou du moins à conforter les conversions, aguerrir la foi belliqueuse des camarades de lutte, en ciblant les plus jeunes d'entre eux et en légitimant par le fait même ceux qui se portent garants de cette lutte, les intellectuels et hommes d'action, auxquels Lionel Groulx n'est pas étranger. Mais l'apogée de cette histoire, ou du moins l'élément central autour duquel gravitent les séquences de consécration de la langue française, se situe lors du défilement devant un plateau d'argent sur lequel des enfants déposent leur sou symbolique, leur « obole » (38), en entonnant un chant de délivrance de l' « âme de la Nouvelle-France » (38). L'amplification de la charge symbolique de ce sou pour les écoles s'accentue quand, à la toute fin, un fils de patriote de 1837, le père Landry, dépose « d'un geste lent » (39) et « pieux » (*ibid.*) ce que l'on devine comme « une étincelante pièce d'or » (39). Dans cette prolifération du symbole, nous constatons non seulement les manifestations de la sacralité, mais aussi cette insistance avec laquelle sont soulignés les rapports analogiques entre la langue, le chant, l'histoire, le lieu où intervient le sacré (l'école) et le moyen dont disposent les Canadiens français pour imposer une cohésion aux individus et à un groupe, soit le versement d'un don. Ce qui est donné, ce n'est pas de l'argent, mais une certaine confiance en ce que cet argent pourra apporter. Se dégage alors la détention d'un certain pouvoir, celui de secourir les compatriotes au seuil d'une perte essentielle. Le don substitue le viatique d'un secours concret par un secours extratemporel, à la manière de la grâce de la théologie chrétienne, contre lequel l'ennemi ne pourra intervenir dans le monde réel. En fonctionnant comme un comportement exemplaire qu'il faut suivre, le don lie les individus entre eux, il crée de la continuité, de la cohésion sociale, apte à rompre l'humiliation et le cycle de la souffrance (Caillé, 9).

d. Les petits héros d'Ontario

La chronique historique intitulée « Les petits héros d'Ontario » (1918) de l'abbé Joseph-Gérin Gélinas (1874-1927)[24] sera d'abord publié à Trois-Rivières dans les colonnes du « Foyer » du journal *Le Bien public* le 11 juillet 1918 et repris en volume en 1919. *Le Bien public* est un hebdomadaire catholique fondé en 1909 par l'évêque de Trois-Rivières, Mgr François-Xavier Cloutier, dans la foulée de l'encyclique du pape Pie X en 1905 (*Il fermo proposito*) exhortant les fidèles à user de la presse catholique pour contrer l'influence de la presse neutre. Le journal est né également du vide dans la presse régionale laissé par la disparition du bihebdomadaire *Le Trifluvien* fondé en 1888, qui avait été le porte-parole du milieu ecclésiastique et dont l'imprimerie avait été ravagée par l'incendie qui consuma 800 bâtiments de la ville pendant trois jours à la veille de la Saint-Jean-Baptiste du mois de juin 1908. C'est le fils d'un ancien zouave, l'avocat Joseph Barnard, qui dirige d'abord le périodique sous la tutelle morale de l'évêque, jusqu'à ce que la Corporation épiscopale reprenne la gérance du journal en décembre 1913. Le journal exhibe sans détour sa piété et son conservatisme, dont témoignent les discours virulents contre la lecture de romans (« Gare ! Les romans »,

---

[24] L'abbé Joseph-Gérin Gélinas (1874-1927) naît à Louiseville en 1874. Il est le neveu d'Antoine Gérin-Lajoie, célèbre poète (« Le Canadien errant ») et romancier canadien (*Jean Rivard*). Ordonné prêtre en 1899, il travailla comme prêtre-éducateur au Séminaire Saint-Joseph de Trois-Rivières de 1896 jusqu'à son décès en 1927. Il se consacra à l'enseignement de l'histoire et de la rhétorique. Au début du XXe siècle, il est l'un des instigateurs du mouvement de propagande en faveur de l'étude de l'histoire nationale ainsi que du courant d'histoire régionaliste inspiré par l'auteur français et prix Nobel de littérature Frédéric Mistral (1830-1914), le chantre du régionalisme provençal, qu'incarnera par la suite l'abbé Albert Tessier, le poète Nérée Beauchemin et l'avocat Louis-Delavoie Durand, entre autres. Il signa de nombreux articles et chroniques historiques dans *Le Bien public* (dont il sera un des actionnaires de 1914 à 1915) et dans l'*Écho de Saint-Justin*, sous les pseudonymes de « Un Canadien » et « Jacques Hertel ». Il en rassembla un certain nombre dans deux recueils longtemps populaires dans les écoles : *Au Foyer, causeries historiques pour les petits de chez nous* et *En veillant avec les petits de chez nous*, 1 : *Régime français* et 2 : *Régime anglais*. Hector Héroux, premier directeur du journal *La Liberté* en 1913, fut un de ses élèves. Certaines chroniques historiques de Joseph-Gérin Gélinas sont republiées dans les journaux de la diaspora. (Jean Panneton, 111-112 ; Roux-Pratte, 65 et 321 ; Verrette *Régionalisme*, 31-32 ; J. Barnard, « M. l'abbé Joseph-G. Gélinas », *Le Bien public*, 27 janvier 1927 ; Gélinas, « Madame de Champlain », *Le Patriote de l'Ouest*, 29 octobre 1930 ; Gélinas, « Histoire du Canada », *Le Patriote de l'Ouest*, 4 janvier 1931).

23 mars 1916) et la fréquentation des salles de vues animées (« Suicide d'une fillette : une habituée des cinémas », 22 juin 1916), et ne cesse de prêcher la tempérance, comme c'est le cas généralement pour l'ensemble de la presse catholique (*Le Devoir, L'Action catholique, Le Droit* et *La Revue nationale*). C'est sous la direction du poète Clément Marchand que le journal connaîtra ses dernières heures en 1978 et que sera vendue l'entreprise de presse, pourvue d'un service d'édition et d'une imprimerie.

Le recueil d'historiettes de l'abbé Joseph-Gérin Gélinas se caractérise par plusieurs points. Il contient d'abord quarante-quatre contes historiques portant entre autres sur Jacques Cartier, Champlain, Louis Hébert, Dollard des Ormeaux et Monseigneur Grandin. La plupart des historiettes sont illustrées chacune d'une vignette peignant le personnage présenté. Le frontispice met en scène le combat de Dollard des Ormeaux dont le mythe connaîtra une importante consécration par Lionel Groulx en 1919[25] ; on y aperçoit Dollard et ses compagnons du haut d'une palissade en train d'annihiler une dizaine d'Autochtones. Cette illustration met en lumière la relation défensive qu'entretient le Canadien français avec autrui. Il se sait menacé, mais si collectivement il dresse une palissade et s'engage au combat, il a toutes les chances de vaincre l'ennemi. Les termes d'adresse exprimés au destinataire du conte, de même que les appellations données à la partie adverse permettent d'identifier le lecteur ciblé : « mes petits amis » (284), « mon enfant »

---

[25] Le nom d'Adam Dollard, sieur des Ormeaux, est associé à une bataille survenue en mai 1660 au pied du Long-Sault, une série de rapides sur la rivière des Outaouais. Le combat opposa une armée de 600 à 800 guerriers iroquois à une troupe composée de 40 Hurons de la région de Québec, de 4 Algonquins de Trois-Rivières et de 17 Français de Ville-Marie (Montréal). Cet événement est souligné progressivement dans les écrits historiques, et notamment ceux d'Étienne-Michel Faillon (*Histoire de la colonie*, 388-426) et prend la forme d'un mythe stipulant que les Iroquois ont cherché à éradiquer la colonie française par une invasion soudaine et que Dollard et ses 16 compagnons ont voulu contrer cette attaque en allant à la rencontre des Iroquois dans le but de les retenir au Long-Sault. La commémoration du héros atteint son apogée lors de l'inauguration de deux monuments, en 1919 à Carillon (lieu présumé de la bataille) et surtout en 1920 à Montréal, au parc La Fontaine. Lionel Groulx se révélera l'un des instigateurs de cette consécration grâce à une conférence en 1919 (*Si Dollard revenait*, 1919). Groulx utilisera également le pseudonyme d'un des compagnons du commandant Dollard, le chaufournier Alonié de Lestres, pour la signature de ses romans *L'appel de la race* (1922) et *Au cap Blomidon* (1932).

(279), « mes enfants » (285), « enfants de chez nous » (10), « vaillants soldats » (277), « braves jeunes gens » (259), « vaillants petits champions » (288), « petits soldats de la langue française » (289), par opposition à « barbares » (284), « infidèles » (*ibid.*), « fanatiques » (185, 234, 243, 246, 250, 287, 288), « des gens [pas] commodes » (175), « des gens intraitables » (227), « ces gens-là » (273, 234), des « gens qui, pour un peu d'argent, semaient la ruine et la mort autour d'eux » (20), « pires adversaires » (233), « tyrans » (234), « persécuteurs » (175, 277) « des brigands » (255), « des usurpateurs » (*ibid.*), « des mécréants » (263). Pas moins de quatorze occurrences désignent les ennemis : « ennemis de la foi » (94), « ennemis de nos âmes » (102), « ennemis des Canadiens français » (233), « ennemis du Pape » (260), « l'ennemi anglais et protestant » (287). Tous ces termes, qui tentent de valoriser ou de dévaloriser chacun des camps correspondent au champ lexical militaire que nous avons déjà relevé dans *Le Droit*. Par la suite, plusieurs procédés rhétoriques mobilisent l'affectivité des destinataires, dont l'utilisation du pronom « nous » qui met en branle un processus d'adhésion au discours, de même qu'un dispositif plaçant le lecteur dans une posture d'écolier :

> Debout, mes chers enfants, et disons ensemble : « O Canada, terre de nos aïeux, nous t'aimons bien fort ! En ces jours de malheur et de deuil, tu souffres, mais nous souffrons avec toi. Ah ! quand nous serons grands, oui, nous porterons vaillamment ton drapeau, le drapeau de la patrie. Gare alors aux mécréants qui oseront insulter à la mémoire de nos missionnaires, de nos soldats, de nos fondateurs, à la mémoire de nos mères venues de France ; gare aux mécréants qui s'attaqueront à nos institutions, à notre langue, à notre foi ! Nous voulons être avant tout Catholiques et Canadiens toujours ! » Très bien ! Je suis content de vous. Et pour vous prouver que je suis content de vous, je vous laisse à décider de quel sujet je vais vous entretenir ce soir. Cinq minutes pour vous consulter... Ça fait cinq minutes...

Cet exemple de cooptation est particulièrement efficace, car il met littéralement en bouche ce que le lecteur doit dire et penser, et ce, dans le contexte reconnaissable de l'école. L'ensemble du livre mériterait une étude plus approfondie, mais nous nous limiterons à quelques remarques concernant l'avant-dernier récit historique, intitulé « Les petits héros d'Ontario » et daté du 11 juillet 1918. Le texte est loin de relater l'ensemble des événements, mais il met en scène les élèves franco-ontariens aux prises avec les inspecteurs protestants. Le narrateur y relate entre autres l'incident de Haileybury où les élèves ont dû sortir de l'école par les fenêtres à l'arrivée de l'inspecteur. Les termes désignant la partie adverse demeurent les mêmes : l' « ennemi anglais » (287), les « fanatiques » (288) et « l'espion salarié », sous le signe de la traîtrise. La comparaison utilisée pour désigner les élèves franco-ontariens est révélatrice de la cooptation exercée sur de jeunes lecteurs : ces enfants sont « comme vous autres » (288), ce que confirme avec insistance l'appellation « vos petits frères ». Le texte cherche enfin à définir la relation que les jeunes canadiens-français doivent entretenir, qu'ils soient de Trois-Rivières, où paraît « Les petits héros d'Ontario », ou des « provinces anglaises et des États-Unis » : « Et tous ces champions de la langue française, mes petits amis, ce sont vos petits frères. Demain, comme vous ils seront des hommes, et la patrie comptera sur eux comme elle comptera sur vous » (291).

4. BILAN SOMMAIRE

Quelques points de repère que nous venons d'analyser guideront la prochaine étape de cette recherche. On peut d'abord affirmer que la crise scolaire en Ontario, après l'entrée en vigueur du Règlement XVII, est omniprésente dans les pages du journal *Le Droit* et catalyse en tant que moment discursif un ensemble de discours. On y trouve plusieurs appellations récurrentes qui confirment le lecteur dans son rôle de citoyen, de parent ou d'enseignant qu'il est censé exercer contre ses opposants, qualifiés de fanatiques, mécréants, persécuteurs, tyrans, etc. De plus, il doit endosser les revendications que l'élite nationaliste fera à sa place et ne pas protester, par exemple, contre le fait que les enfants doivent sortir de l'école à l'arrivée des *espions salariés*, sous peine d'une assimilation collective qui engloutirait la nation. Les appels négatifs à la stigmatisation (lâche, traître) sont autant de signes d'un désir de cohésion, même s'ils sont faits dans l'insécurité et la peur. Quant au discours portant sur la jeunesse, au-delà du fait qu'il cible son public (mères, parents), il insiste sur l'éducation des enfants en ce qui a trait à la discipline, les bonnes mœurs (allant de pair avec la piété) et la langue. Les auteurs anonymes semblent chercher à y encadrer le rôle des parents pour contrer une peur certaine d'anéantissement, car l'espace social, culturel et politique est si fragile que l'indiscipline, l'assimilation et l'impiété auraient le même effet dévastateur. Les auteurs rappellent souvent que l'État ne peut se porter garant de l'éducation, car l'enfant possède une vie naturelle et une vie surnaturelle sur laquelle les parents et l'Église ont des droits. Dans le discours littéraire que nous avons abordé dans un conte (*Terreneuve et fiançailles*), une œuvre d'évocation (*Le "sou" des écoles ontariennes*) et un récit historique (*Les petits héros d'Ontario*), nous avons constaté l'importance de la mise en contexte ontarienne et canadienne-française, ainsi que des descriptions faites par des figures d'autorité (abbé, maître d'école) enseignant à de jeunes lecteurs cooptés des savoirs tendancieux sur l'espace social ontarien, la culture, la langue et l'école. La cooptation recherchée dans « Les petits héros d'Ontario » s'appuie sur la répétition de l'appellation « petits frères » et de la comparaison « ils sont comme vous autres », qui rappellent aux jeunes lecteurs trifluviens du *Bien public* le lien de sang les unissant à ces enfants éloignés. La cooptation visée dans la nouvelle de J.H. Courteau se décline quant à elle en l'image communautaire de la corvée, qui renvoie par métaphore à l'engagement collectif qu'exige le Règlement XVII et qui montre qu'on peut sortir vainqueur d'un combat avec ses compatriotes et réussir sa vie (le futur beau-père donnant la main de sa fille au plus vaillant des défricheurs).

DEUXIÈME PARTIE : 1916 – LA LOI THORNTON

Ce sont deux oiseaux qui nichent dans le même nid ;
l'oiseau manitobain est plus brutal que l'autre, mais qu'on
nous pardonne l'expression, les deux sont des sales oiseaux.
« Le règlement XVII et la loi Thornton »,
La Liberté, 20 février 1923

1. RAPPEL HISTORIQUE DES ÉVÉNEMENTS

Quand la crise scolaire éclate en 1916, les Canadiens français du
Manitoba sont au faîte des déboires qui les consument depuis
les débuts tumultueux de leur province en 1870. Pourtant les
articles 22 et 23 de la constitution du Manitoba avaient fixé le
statut scolaire des confessions protestante et catholique et garanti
les droits des francophones (Raymond Hébert, 8). Une commission avait été créée, composée de deux sections, l'une catholique
et l'autre protestante, contenant un nombre égal de membres.
Des membres du clergé formaient le premier conseil, parmi lesquels les évêques catholiques de Saint-Boniface et de la Terre de
Rupert. L'on vit la création de vingt-quatre districts scolaires, soit
douze pour chaque confession, et la nomination de deux directeurs. Chaque section de la Commission gérait ses propres écoles,
ses examens, l'accréditation de ses enseignants et la sélection des
manuels d'instruction, et avait droit à une part égale de la subvention allouée à l'éducation par le gouvernement provincial. La
structure de ce système est restée en place jusqu'en 1890 (Friesen
et Potyondi, 62). Mais dès 1876 de mauvais augures menacent les
institutions qui appuient les Canadiens français quand le Conseil
législatif qui avait à charge de protéger les minorités est aboli,
avec l'accord regretté de la majorité de la députation francophone
(Blay, 19). De même en 1879, après de nombreuses attaques en
chambre, une législation viole l'article 23 qui assurait l'impression en langue française des documents officiels, en supprimant
cette obligation pour la Chambre haute manitobaine... par souci
d'économie (Groulx, *Enseignement français*, 86). De même,
en 1888, le Bureau d'éducation se voit retirer sa responsabilité

financière. Les historiens ont souvent noté à bon escient les mouvements de peuplement du Manitoba qui n'ont pas ménagé les francophones qui comptaient pour la moitié de la population en 1870 et seulement 7 % en 1890, en raison d'une immigration ouverte à la population d'origine allemande (Lacoursière et coll., *Canada-Québec*, 366) et d'un refroidissement des ardeurs de migration interprovinciale de la part du Québec. Il serait périlleux de croire que seuls quelques extrémistes anglo-saxons manitobains s'en prennent à la légitimité du français dans les institutions publiques. La décennie qui commence en 1880 est parsemée de crises antifrancophones nationales qui soulèvent l'indignation des Canadiens français, dont l'insurrection métisse à Batoche et l'assassinat orchestré de Riel le 16 novembre 1885 par le gouvernement canadien. Quelques années plus tard, en 1888, un autre événement enflamme cette fois la colère de l'ordre d'Orange et fait monter la tension entre les protestants anglais et les catholiques français, soit l'Acte relatif au règlement de la question des biens des Jésuites ; la crainte de la création d'un État québécois indépendant sous la gouverne d'Honoré Mercier inquiète alors les Canadiens anglais (*ibid.*, 371).

C'est le gouvernement du libéral Thomas Greenway qui concrétisera l'abolition du système scolaire des francophones en 1890, ainsi que la suppression des articles 22 et 23 de la constitution manitobaine en adoptant le *Manitoba Official Language Act* faisant de l'anglais la seule langue officielle au sein des institutions législatives et judiciaires[1]. Le gouvernement manitobain contraint alors les Canadiens français à contribuer au système d'écoles protestantes (déguisé en système d'école neutre selon l'opinion de l'élite canadienne-française) et à affronter ce que

---

[1] Voici le libellé approuvé par la législature le 22 mars 1890 : *Act to provide that the English Language shall be the Official Language of the Province of Manitoba (Assented to 30 March, 1890) Her Majesty, by and with the advice and consent of the Legislative Assembly of Manitoba, enacts as fellows: English language in assembly and courts. (1) Any statute or law to the contrary notwithstanding, the English language only shall be used in the records and journals of the Legislative Assembly of Manitoba, and in any pleadings or process in or issuing from any court in the province of Manitoba. Statutes. (2) The Acts of the Legislature of Manitoba need be printed and published only in the English Language. R.S.M. c.187 s.l. Act to apply only within jurisdiction of Legislature. This Act applies only so far as the Legislature has jurisdiction to enact.*

Jacqueline Blay appellera « les pires adversités législatives depuis la fondation de la province » (25). Mais pour les francophones du Manitoba, les lois spoliatrices de 1890 sont reçues comme des coups de semonce :

> C'est tout le rêve d'un Manitoba bilingue, où se serait prolongée la vieille civilisation française et catholique de la vallée du Saint-Laurent, qui se voit brusquement anéanti, transformant en assiégés les conquérants de naguère, en étrangers ceux qui croyaient avoir une patrie. (Ricard, 25)

L'élite francophone entreprendra « d'épuiser tous les recours, toutes les juridictions » (Groulx, *Enseignement français*, 94), tant auprès du lieutenant-gouverneur du Manitoba, que du gouvernement canadien, de la Cour suprême, du pape Léon XIII et du Conseil privé de Londres, qui déclarera à la fin que la Législature du Manitoba a le droit d'adopter la loi, et que celle-ci a laissé intacts les droits et privilèges de la minorité catholique. Les Lords du Conseil privé indiquent également que le gouvernement fédéral peut voter une loi réparatrice (Lacoursière et coll., *Canada-Québec*, 366), ce qu'il fera en 1896 en 112 articles connus sous l'appellation du Règlement Laurier-Greenway. Le Règlement, qui maintient toutes les dispositions de la loi de 1890, se résume à trois éléments : on y ajoute d'abord la possibilité d'une demi-heure d'enseignement religieux par jour après l'école, le droit pour les parents d'exiger au moins un instituteur catholique par école quand le nombre des élèves le justifie, et l'autorisation de l'enseignement bilingue dans les écoles de plus de dix élèves (Raymond Hébert, 12). Lionel Groulx résume bien les doléances de l'élite francophone au sujet de cette loi réparatrice « défectueuse, imparfaite, insuffisante » (126) selon les mots employés par le Pape Léon XIII dans une lettre qui viendra clore ce premier chapitre de lutte scolaire :

> Un seul article dispose brièvement de l'enseignement, non du français, comme on l'eût cru d'abord, mais de la langue maternelle. Dans les écoles fréquentées par dix enfants parlant le français ou une autre langue que l'anglais, l'enseignement pourra être donné en anglais et dans la

langue maternelle, d'après le système bilingue. [...] le nouveau Règlement offrait aux catholiques quelques miettes de liberté, d'une liberté instable, sans le moindre appui dans la constitution, à la merci des caprices des politiciens. [...] Le Règlement réservait une autre humiliation non moins sensible : celle de voir leur langue, hier encore l'une des deux langues officielles de leur parlement et l'une des deux langues nationales de l'État canadien, reléguée par Ottawa au même rang que les idiomes des nouveaux immigrés. (Groulx, *Enseignement français*, 123)

Relégués au rang de groupe ethnique parmi d'autres, les Canadiens français n'auront d'autre choix, pour maintenir leurs écoles, que de soutenir financièrement leur propre réseau scolaire, tout en étant obligés de payer une taxe scolaire qui ne leur rapporte rien. Quant à la qualité du système d'éducation mis en place, certains parlementaires ont posé sur elle un regard intransigeant, tel celui de Herbert Samuel en 1913 qui aurait remarqué que « *in matter of education Manitoba was a generation behind the civilized world* » (Morton, 333). Ce constat fut débattu dans une série de soixante-quatre articles publiés dans le *Manitoba Free Press* en 1913, qui exposèrent les défauts du système d'écoles bilingues et rendirent incontournables les changements à venir (*ibid.*).

C'est dans cet état de profond malaise nourri par de longues « comédies judiciaires » (Groulx, *Enseignement français*, 97) qu'est accueillie la loi du Dr Robert Stirton Thornton[2], ministre de l'Éducation, qui supprime dans les écoles manitobaines l'enseignement de toute autre langue que l'anglais, sous prétexte d'améliorer le système d'éducation de plus en plus écartelé par la présence de communautés de langue allemande, polonaise, ukrainienne et française. Le 12 janvier 1916, le ministre de l'Éducation présente la teneur d'un amendement à la loi sur l'instruction publique, suivant les recommandations du rapport du directeur général de l'éducation, Charles K. Newcombe :

The first essential to individual progress in any land is to know the language of the country. In an English-speaking country, as this is, a knowledge

---

[2] Né à Edinburgh en 1863 et décédé à Vancouver en 1936.

of English is more necessary than a knowledge of arithmetic. No matter what a man's attainments may be, the doors of opportunity are closed to him if he has not a knowledge of English, the common tongue. (Sissons, 150)

Présenté en première lecture le 18 février 1916, le projet de loi engendre de vigoureuses réactions de la part des francophones. Un comité de vigilance avait été formé quelques jours plus tôt, mais la soirée du 25 février 1916 canalise l'énergie qui sera déployée pour défendre la cause de l'enseignement catholique français. Cette soirée d'organisation, présidée par le Dr Fortunat Lachance, accueille 1500 hommes[3] au Collège de Saint-Boniface. Parmi les discours prononcés, celui de l'avocat Joseph Bernier souligne la nécessité de protester autrement qu'en faisant appel à la justice. Selon lui, il faut organiser « une résistance complète et effective » (*La Liberté*, 29 février 1916) en suivant l'exemple des compatriotes ontariens, pour qui l'éducation des enfants passe par les parents et l'Église et non par l'État. L'orateur Victor Mager propose de « préparer et [d']adopter une constitution et des statuts » en vue de la formation d'un comité permanent de résistance, auquel feront partie des représentants de chaque arrondissement scolaire bilingue. L'abbé Portelance jette par la suite les bases de ce qui deviendra l'Association d'éducation des Canadiens français du Manitoba (AECFM), fondée officiellement lors d'un congrès les 27 et 28 juin 1916. Ce mouvement de résistance, qui réunira quatre cents délégués, opère à la manière d'un ministère d'Éducation officieux et s'occupe de gérer le programme d'études, d'organiser le perfectionnement des enseignants et d'assurer la rémunération des inspecteurs et l'organisation de concours, festivals et bourses scolaires. Calqué sur le cursus du Québec, le stratagème qu'était devenue l'AECFM n'a pu poursuivre ses activités qu'avec l'assentiment tacite de certains hauts fonctionnaires du ministère de l'Éducation, dont le sous-ministre Robert Fletcher, qui aurait fermé les

---

[3] N'ayant pas été invitées, faute de place, à la première réunion, les femmes le seront à celle du 23 mars 1916 afin, d'une part, qu'on « leur indiqu[e] leur place dans la bataille » (*La Liberté*, « Jeudi soir », 21 mars 1916) et, d'autre part, qu'elles demeurent « fidèle[s] à la mission patriotique que [leur] ont léguée les aïeules » (*ibid.*).

yeux sur cette situation (Jaenen, 14 ; R. Hébert, 13 ; Leblanc, 35).
Fait notable : aucun procès ne fut intenté contre ceux qui enfrei-
gnirent la loi de 1916 (Leblanc, 37) et dont les réunions ont
pendant longtemps eu lieu au bureau de la mairie dans l'ancien
hôtel de ville de Saint-Boniface. Contrairement à l'Association
canadienne-française d'éducation d'Ontario (ACFEO), ayant
voulu que les directions d'école refusent aux inspecteurs l'accès
aux salles de classe sous peine de voir sortir les enfants, l'AECFM
se montrera conciliante à l'égard du ministère de l'Éducation et
des inspecteurs, bien consciente de sa position illégale et dési-
reuse d'éviter toute controverse[4]. On peut lire dans une lettre de
Mgr Béliveau, archevêque de Saint-Boniface, envoyée au cardinal Bégin, archevêque de Québec, le *modus vivendi* qui régnera
jusqu'à la Seconde Guerre mondiale (Leblanc, 34), soit « d'enseigner le français en violation de la loi, de le faire sans bruit, d'y
mettre de la dissimulation au besoin » (Béliveau, *Lettre*). Les
témoignages recueillis par Monique Hébert lors d'une enquête
sur le rôle des femmes dans la survie de la collectivité francophone au Manitoba confirment cet accommodement illégal :
« Y'avait l'règlement qui disait qu'on avait rien qu'un' heure
de français par jour... Mais c'est pas ça qu'y faisaient. (*rires*) On
avait ben plus d'français qu'ça ! » (R. Hébert, 15). Bien que plusieurs enseignantes aient reçu des menaces de la part d'inspecteurs protestants, il semble que jusqu'en 1927 aucune institutrice
n'ait « perdu son diplôme parce qu'elle avait enseigné du français » (Leblanc, 43). Les conséquences de la loi Thornton se
sont répercutées dans plusieurs volets constitutionnels et juridiques, mais ce sont les mentalités qui ont grandement souffert et amené les Canadiens français à un repli sur eux-mêmes, à

---

[4] À propos de la permissivité relative des inspecteurs d'école, on peut lire une anecdote
révélatrice de la part du Dr Henri Marcoux, premier président du comité de parents provincial du Manitoba en 1976, racontant son expérience de la visite d'un inspecteur dans les
années cinquante : « Après avoir convaincu de [*sic*] mes collègues de classe, en septième et
huitième année, nous étions prêts à confronter l'inspecteur du gouvernement s'il y avait
question [*sic*] de descendre nos images religieuses et nos écriteaux en français postés sur
les murs de notre classe. Avec l'aide de plusieurs copains j'avais organisé un plan d'action.
Heureusement les inspecteurs et surintendants [*sic*] qui nous visitaient [*sic*] étaient sympathiques au fait français et ne "voyaient pas nos murs" » (Bédard, 42).

une aliénation selon Lionel Groulx (*Mémoires*, 27-28), au détriment d'une ouverture d'esprit envers les causes ethnoculturelles
qui les animaient pourtant avant 1916 (R. Hébert, 14). Le sentiment d' « être trait[é] en inférieu[r] », selon le célèbre mot de
Gabrielle Roy (*Détresse*, 11), pénètre alors fortement les esprits.
Les occasions ne manqueront pas de leur rappeler la supériorité
anglo-saxonne, telle la disparition de l'École normale de Saint-
Boniface, qui, après l'entrée en vigueur de la loi Thornton, oblige
les futurs enseignants à fréquenter la Provincial Normal School,
où « bon nombre de professeurs, dont le directeur de l'établissement, sont des Écossais [...] connus chez les Franco-Manitobains
pour leur "fanatisme" antifrançais » (Ricard, 123). De cette
situation d'accommodement organisé n'émaneront somme toute
que peu de revendications pour que le statut du français comme
langue d'enseignement soit amélioré. Il faudra attendre jusqu'en
1967 avant que ne soit votée une loi qui autorisera l'emploi du
français comme langue d'enseignement (Loi 59, avril 1967)
et 1970 pour qu'un amendement à la loi des écoles publiques
(Loi 113, juillet 1970, sous le gouvernement néo-démocrate
d'Edward Schreyer) permette l'enseignement, à égalité, de l'anglais et du français. Quant à la Division scolaire franco-manitobaine, elle ne sera fondée qu'en 1994.

Le 6 janvier 1916, six projets de loi sont présentés à l'ouverture de la session parlementaire par le premier ministre libéral
Tobias Crawford Norris, élu l'année précédente à la suite de la
démission du conservateur Sir Rodmond Palen Roblin, impliqué dans un scandale financier en rapport avec la construction
du nouveau Palais législatif. Parmi ces projets, « plusieurs plats
détestables », aux dires d'un journaliste de l'hebdomadaire *Le
Manitoba* (« La Législature », 12 janvier 1916), dont l'instruction obligatoire. S'engage alors, dans les journaux et parmi les
citoyens canadiens-français, un mouvement de protestation dont
l'écho sera national, comme l'avaient été auparavant les réactions
à la pendaison de Riel et au Règlement XVII. En témoigne une
résolution du secrétariat de la Société Saint-Jean-Baptiste de
Montréal, qui, le 11 mars 1916, déclare à l'occasion de son
congrès annuel « son ardente sympathie » et « sa haute

admiration » pour le courage et la persévérance des Canadiens français de l'Ontario et du Manitoba dans leur lutte pour la reconnaissance de leur droit constitutionnel (« Un précieux appui », *Le Manitoba,* 5 avril 1916). Les journaux *Le Manitoba* et *La Liberté* s'offrent alors, non seulement comme témoins directs de ce conflit scolaire, mais aussi comme des acteurs engagés dans la mobilisation citoyenne, tandis qu'en Saskatchewan, *Le Patriote de l'Ouest* tire de l'expérience des compatriotes manitobains une inspiration pour affronter les luttes qui s'engageront intensivement à partir de 1918.

2. Discours journalistiques
a. Considérations historiques

Fondé en 1871 par le conservateur Joseph Royal, le journal *Le Métis* est renommé *Le Manitoba* en 1881 par son nouveau propriétaire, Alphonse Larivière. L'orientation conservatrice du journal semble acquise puisqu'il est considéré comme « trop sélectif dans le choix des nouvelles et reportages » (« *La Liberté* – 80 ans », 6) et parfois insensible « dans ses pages éditoriales aux orientations prises dans les mouvements nationaux et à l'archevêché » (*ibid.*), bien que, « sous la direction du député Larivière, le journal se veu[ille] conservateur au fédéral et neutre au provincial » (« *La Liberté* – 80 ans », 1). L'aspect commercial du journal se remarque aisément, et ce, dès son nouveau départ en 1881, où la première page du journal *Le Métis* dans sa dernière édition du 29 septembre est entièrement consacrée à de la publicité, comme le sera aussi dans un rapport similaire les éditions du *Manitoba* du mois d'octobre 1881. Cet aspect commercial propre aux journaux à grand tirage et à une presse populaire – guère comparable, toutefois, à *La Presse* de Montréal en 1884, emblème du journal d'information à grand tirage défini par Jean de Bonville – sera encore présent en 1916, notre année de référence. Le journal disparaîtra en 1925.

Né sous l'impulsion de Mgr Ovide Charlebois, évêque du Keewatin en 1910, et de l'abbé Pierre-Elzéar Myre, curé de Saint-Isidore-de-Bellevue, *Le Patriote de l'Ouest* paraît pour la première fois le 22 août 1910 à Duck Lake, avant d'être publié à

Prince Albert de 1913 à 1941. Le journal recourt à deux symboles nationaux : la devise « Notre Foi ! Notre Langue ! » et l'emblème national que constitue le drapeau du Sacré-Cœur[5]. Un incendie détruit l'atelier du journal quelques mois après son lancement le 15 novembre 1910, mais le journal reprendra ses activités le 1er juin 1911. Le père Adrien-Gabriel Morice[6], historien et ethnographe d'origine française, dirige douze numéros du journal et doit rapidement céder la place au père Achille-Félix Auclair[7] à la suite de conflits idéologiques, le père Morice ayant appuyé avec trop de franchise les libéraux (Huel, *Association*, 9). Des difficultés financières forceront le journal à fusionner avec *La Liberté* en 1941. En 1916, le journal s'attribue toujours le rôle de « drapeau qui rallie les combattants » (« Sixième année », 16 mars 1916), preuve supplémentaire de la circulation d'un lexique militaire à travers la presse canadienne-française, et reste fidèle, en tant que journal catholique, à sa « mission d'apostolat » (*ibid.*) qui défend « la victoire des armées de Dieu contre celle de Satan » (*ibid.*). À partir de 1915, le journal se présente aussi comme l'organe officiel de l'Association catholique

---

[5] C'est en plein débat sur l'impérialisme britannique en 1903 que les projets de drapeau se multiplient au Canada français. Les abbés Baillargé et Filiatrault et Édouard Fortin avancent l'idée d'utiliser la bannière qui aurait été portée par la milice canadienne-française sous la gouverne du général Louis-Joseph de Montcalm, à la victoire de Bataille de Fort Carillon, le 8 juillet 1758. En s'inspirant de la proposition de l'ultramontain Jules-Paul Tardivel, qui suggère d'y intégrer l'image du Sacré-cœur, un comité de la ville de Québec adopte à l'unanimité le projet de drapeau national pour les Canadiens français le 24 mars 1903.

[6] Adrien-Gabriel Morice (1859-1938) arrive au Canada en 1880. Il passe vingt ans en Colombie-Britannique à titre de missionnaire au centre de la province, d'abord à William Lake Mission et à Saint-James Mission. Explorateur, il dessine la première carte complète de la province, en plus d'écrire une cinquantaine d'ouvrages scientifiques de nature historique et anthropologique. Arrivé en Saskatchewan en 1910, il obtient le premier baccalauréat et la première maîtrise de l'Université de Saskatchewan, et recevra de la même institution un doctorat *honoris causa* en 1933.

[7] Achille-Félix Auclair fait ses études classiques à Ottawa et est ordonné prêtre en 1905. D'abord enseignant, il s'oriente vers le journalisme en cofondant le journal *L'Étincelle*, avant de rejoindre l'équipe du *Patriote de l'Ouest* à titre d'éditeur-adjoint et de directeur jusqu'en 1925. Il quitte la Saskatchewan en 1927 en raison de problèmes de santé.

franco-canadienne de la Saskatchewan (ACFC)[8], un « ministère d'action nationale » (Groulx, *Enseignement français*, 190) dont la direction générale est assurée par le rédacteur A.-F. Auclair, jusqu'à l'arrivée de Donatien Frémont[9] en 1916. Frémont assure la direction du journal en 1922, mais devra quitter la Saskatchewan pour le Manitoba l'année suivante, dans un contexte où *Le Patriote de l'Ouest* ne réussit plus à renflouer ses coffres et à rémunérer convenablement ses rédacteurs.

Le journal *La Liberté* paraît pour la première fois le 20 mai 1913, soit trois ans après la fondation du *Patriote de l'Ouest* de la Saskatchewan et quelques mois après celle du *Droit* d'Ottawa, grâce à la mise sur pied en 1907 par des oblats d'une presse catholique en vue de la publication de journaux de langue anglaise, allemande, polonaise et ukrainienne (« *La Liberté* – 80 ans », 3). Dans sa première livraison, le journal se présente comme un journal catholique et français, libre de toute attache politique. Ce désir d'affranchissement de la sphère politique s'expliquerait selon Lucien Chaput par « un désaccord entre le député Joseph Bernier, propriétaire du *Manitoba*, et Mgr Langevin » (« *La Liberté* – 80 ans », 5). Il faut savoir qu'en 1897 l'archevêché était devenu copropriétaire du journal *Le Manitoba* avec l'avocat Joseph Bernier, et comme ce dernier fut élu député conservateur en 1913, il s'attire une forte désapprobation de la part de l'archevêque, ce qui expliquerait le désir

---

[8] Comme son nom l'indique, cette association fut fondée dans la foulée du premier congrès de langue française organisé par la Société du Parler Français à Québec en juin 1912. Les Canadiens français de la Saskatchewan voulaient se regrouper en dehors des cercles de la Société Saint-Jean-Baptiste, jugée centrée sur le Québec et peu adaptée à la Saskatchewan, composée de divers groupes ethniques : Canadiens français, Acadiens, Franco-Américains, Français, Belges, Suisses (*Le Patriote de l'Ouest*, 13 juin 1912 et 30 janvier 1913). Cette autonomie recherchée de la part d'une minorité est un signe précurseur des bouleversements de la nation canadienne-française qui culmineront dans les années soixante.

[9] Né en France, Donatien Frémont (1881-1967) arrive au Canada en 1904 et s'installe sur un homestead près de Prince-Albert. Il rejoint *Le Patriote de l'Ouest* en 1916 et est élu chef du secrétariat de l'Association catholique franco-canadienne la même année. Il quitte la Saskatchewan en 1923 pour assumer les fonctions de rédacteur en chef de *La Liberté* à Saint-Boniface. Pendant la Deuxième Guerre mondiale, il œuvre à la section française des services d'information en temps de Guerre et rejoint ensuite l'équipe du journal *Le Canada*. Il sera reçu Chevalier de la Légion d'honneur et membre de la Société Royale du Canada. Voir Hélène Chaput, *Donatien Frémont, journaliste de l'Ouest canadien*, Saint-Boniface, Éditions du blé, 1977.

de créer un journal indépendant de toute politique (et privé pour cette raison d'une source de financement importante). Toutefois, il faut rester très prudent face à ce genre de déclaration d'indépendance, comme le recommande Jean de Bonville : « Un nombre important de journaux se proclament indépendants des partis politiques. Cette déclaration ne signifie nullement qu'ils s'abstiennent d'appuyer un parti, mais révèle simplement l'absence de lien officiel entre le journal et les partis politiques » (De Bonville, 48). Hector Héroux, frère d'Omer Héroux, rédacteur du *Devoir* de Montréal, en est le premier directeur, jusqu'à l'arrivée de Donatien Frémont en 1923.

Nous proposons d'analyser le discours journalistique de ces trois hebdomadaires pour l'année 1916. Nous porterons notre attention sur les textes à forte valeur pragmatique, c'est-à-dire ceux qui prétendent instituer une relation avec le lecteur, en l'incitant à se conformer à une action. Nous savons qu'à partir de la promulgation de la loi Thornton en 1916, certaines instances institutionnelles, dont le journal, cherchent à mobiliser la population canadienne-française pour contrer les effets d'une uniformisation de l'enseignement en faveur d'une seule langue, d'une seule culture et d'une seule religion. Comme nous l'avons vu précédemment, il nous semble prudent d'aborder séparément *Le Manitoba* et *La Liberté*, car l'un recèle une influence conservatrice et l'autre l'autorité religieuse de son fondateur, l'archevêque Langevin. En ce sens, nous nous rallions aux observations de Jean de Bonville : « Chaque journal occupe dans l'espace et dans le temps une position qui implique des contraintes particulières [...] [C]es variables et d'autres encore modèlent un contexte qui fait de chaque journal un cas particulier » (*ibid.*, 114). Notre prudence est aussi motivée par le fait qu'un journal modèle une certaine manière d'être, un éthos, qui le positionne différemment dans la presse manitobaine et que les textes publiés peuvent, d'un journal à l'autre, mettre en scène des registres verbaux distincts qui font apparaître cet éthos. Nous pouvons en revanche affirmer que ces deux journaux ne s'ignorent pas et profitent parfois du travail de l'un et de l'autre. En raison de la difficulté de collecter et de transmettre des nouvelles, ils sont obligés de mettre leurs ressources en commun sans l'avouer, suivant une habitude qui remonte aux origines de la presse. Comme l'a constaté Jean de Bonville à ce sujet, « une portion importante du contenu du journal provient toujours des emprunts des rédacteurs à d'autres publications, y compris les feuilles concurrentes » (De Bonville, 170). Par exemple, le 23 février 1916, *Le Manitoba* rapporte un entretien d'un correspondant de *La Liberté* avec un commandant de l'armée canadienne en mission en France. *Le Manitoba* reprend aussi parfois des textes déjà publiés par son concurrent (voir « Valeur du bilinguisme », 8 mars 1916). Toutefois, on peut lire dans *Le Manitoba* du 14 juin 1916 que le rédacteur fait des « efforts pour maintenir la paix dans la presse francophone du Manitoba » à la suite des remarques désobligeantes de la part d'un rédacteur concurrent non identifié. Ces échanges journalistiques se mesurent aussi à la création en octobre 1916 du Comité de presse d'un cercle de patronage, celui de La Vérendrye, du chapitre manitobain de l'Association catholique de la jeunesse canadienne-française (ACJC), fondée par Émile Chartier et Lionel Groulx en 1904. Ce « comité de presse La Vérendrye », formé probablement de quatre à cinq rédacteurs, diffuse ses textes surtout dans *La Liberté* (1er novembre 1916), mais également dans *Le Manitoba* (25 octobre 1916) et *La Libre Parole* (4 mai 1916).

Par souci de concision, nous n'analyserons pas *La Libre Parole* (1916-1919) parce que ce journal libéral lancé le 4 mai 1916 par Auguste-Henri de Trémaudan (1874-1931) n'existe pas encore au moment de la promulgation de la loi Thornton le 10 mars 1916. De même, nous avons écarté pour les mêmes raisons *Le Soleil de l'Ouest* qui est publié pour la dernière fois le 2 mars 1916, ainsi que des journaux éphémères comme *Le Démocrate* (1914-1916) et *Le Fanal de Saint-Boniface* (1916-1918)[10], tous

---

[10] Marquant une période faste du journalisme au sein de la minorité française manitobaine, pas moins de cinq périodiques sont publiés entre 1916 et 1918, dont l'un trilingue (français, anglais, flamand) dans le cas du *Démocrate*, et un autre bilingue dans la cas du *Fanal de Saint-Boniface*, les trois derniers étant *La Liberté*, *La Libre Parole* et *Les Cloches de Saint-Boniface*, la revue diocésaine lancée par Mgr Adélard Langevin (Pénisson, 269-277).

deux dirigés par le « rimeur » et enseignant Pierre Lardon, né à Lyon en 1855[11], et dont il ne subsiste guère de traces archivistiques. Nous avons aussi écarté le bulletin de l'Archevêché, *Les Cloches de Saint-Boniface*, dont le genre relève peu du journalisme.

b. *Le Manitoba*

Après l'assassinat à Sarajavo de l'archiduc autrichien François-Ferdinand en 1914, la guerre éclate et continue à faire subir ses affres en 1916, dont la célèbre bataille de Verdun. Le journal *Le Manitoba* n'est pas étranger aux nouvelles en provenance d'Europe portant sur le premier conflit mondial. De fait, ces nouvelles de guerre proviennent le plus souvent de sources de seconde main, en provenant de journaux canadiens tels que *La Presse* et *La Revue canadienne*, de sources voisines tel l'abonnement au réseau télégraphique du Dominion (« Verdun », 1er mars 1916), mais aussi de sources difficiles à identifier (« La Guerre », 12 janvier 1916), qui font état de nouvelles en provenance de Paris ou de Bruxelles. Le réseau d'images et le vocabulaire propres au conflit armé (« duels », « artillerie », « munitions », « ennemis ») circulent ainsi durant toute l'année à l'étude. Apparaissent aussi des inquiétudes quant à la perception anglo-saxonne de la participation canadienne-française au conflit européen, ce qui alimentera le discours anticonscriptionniste qui bousculera la presse canadienne l'année suivante (12 janvier 1916, 26 janvier 1916, 8 mars 1916, 12 avril 1916). L'éditorial intitulé « Verdun » et publié le 8 mars 1916 présente pour nous un intérêt particulier, car il est placé sous un texte ayant pour titre « La loi Thornton ». Au-delà de leur contenu sémantique respectif, ces deux textes mettent en parallèle les deux conflits de portée nationale, l'un

---

[11] L'historien et ancien directeur des Éditions du Blé, Lionel Dorge, aujourd'hui décédé, a découvert au cours de ses recherches que Pierre Lardon avait été condamné à quatre mois de travaux forcés et à vingt-cinq coups de fouet le 26 mai 1899 pour agression sexuelle contre des élèves de la région de Notre-Dame-de-Lourdes (« La vie secrète du "poète de Saint-Boniface" », *La Liberté*, vol. 97, n° 26, 13-19 octobre 2010, p. 15). Selon le *Morning Telegram* qui rapporte l'événement, Lardon, alors âgée de 44 ans, n'en n'était pas à ses premières frasques sexuelles contre des mineurs (« City and general », *Morning Telegram*, 2 mai 1899).

mondial, l'autre provincial. Tout comme celui sur le conflit européen, le discours sur la crise scolaire met en contraste les protagonistes. Autant les Français et les forces alliées s'opposent aux Allemands durant le conflit européen, autant les Canadiens français affrontent les Anglais pendant la crise scolaire. Le parallélisme est recherché par touche et vise à s'insinuer dans l'esprit du lecteur. La vaillance militaire des compatriotes français est soumise à une « périlleuse et glorieuse entreprise » (« Le colonel Ducharme », 23 février 1916), comme sera celle, dans un contexte fort différent, des Canadiens français du Manitoba après l'abolition de l'enseignement en français dans les écoles publiques de la province. Lorsque le ministre influent Sir George Foster demande « à toutes les races au Canada d'ajourner leurs disputes jusqu'après la guerre » (« De la conciliation », 26 avril 1916), la presse établit une équivalence entre les deux conflits, en lui donnant une portée jusqu'à la Chambre des communes. Ainsi, quand nous lisons dans le journal *La Liberté* que le rôle d'un comité de presse à l'Association catholique de la jeunesse canadienne-française (ACJC) exprime « la vie des tranchées... intellectuelles » et que la lutte pour la reconnaissance des droits des Canadiens français est une « lutte non contre les Boches, mais avec les cabochés » (« L'ACJC au Manitoba », *La Liberté*, 1er novembre 1916), on ne peut qu'observer la finalité du discours journalistique : convaincre que la Première Guerre mondiale et la crise scolaire ne font qu'une. Dans certains textes du *Manitoba*, l'exhortation, adressée à la jeunesse, à un engagement dans des causes communes va plus loin et s'exprime sans détour. C'est le cas d'un article intitulé « À la jeunesse héroïque » (9 février 1916), qui reprend la préface d'un livre pour la jeunesse du Belge Gustave Fraipont[12]. Directement adressée aux « enfants » et « jeunes garçons », cette préface rappelle que « pour la cause commune, ils [frères aînés] ont donné leur sang, leur chair, ils ont donné leurs membres et leurs yeux, l'espoir de leur jeunesse, et leurs amours, leurs ambitions, tout ce qu'ils allaient être ».

---

[12] *La jeunesse héroïque : histoires vraies*, préface de Edmond Haraucourt, Paris, F. Lointier éditeur, s.d. [vers 1916].

L'expression « cause commune », en première page d'un journal qui relate quotidiennement la lutte pour la « cause commune » qu'est l'école française[13], n'est pas anodine ; l'action recherchée non plus. Une exhortation à la défense d'une cause commune peut mobiliser le lecteur au profit d'un engagement dans une guerre scolaire. De même, la figure honorée du « frère aîné » rejoint les ancêtres et pionniers exemplaires dont les journalistes canadiens-français sont friands. Fernand Dumont associera d'ailleurs ce genre de réminiscence au « rappel d'une continuité de sens » (Dumont, *Début*, 9) nécessaire à la fondation d'un destin et constitutif, en l'occurrence, des discours que *Le Manitoba* republie (« Fières paroles », 23 février 1916 ; « Assemblée de protestation », 1er mars 1916). Le parallélisme des discours de guerre tient parfois en une seule phrase : « Pendant qu'en ce moment les Canadiens-Français se battent dans les tranchées pour l'Angleterre, la législature d'Ontario défend l'usage de la langue française à nos enfants dans les écoles » (« Les Canadiens-Français d'Ontario », 8 mars 1916). Les journalistes se servent parfois de ce parallélisme pour justifier le faible enrôlement de leurs compatriotes québécois, en raison des droits spoliés dans l'ouest du pays (« L'enrôlement dans Québec », 12 avril 1916). Et lorsque les préparatifs s'engagent pour établir le ministère de l'Éducation parallèle que sera l'Association d'éducation des Canadiens français du Manitoba (AECFM), le champ sémantique utilisé rejoint celui qui circule dans des articles consacrés au conflit outre-atlantique. L'orateur Victor Mager fait à l'assemblée des 27 et 28 février l'allocution suivante : « Il va falloir jeter les bases de la résistance » (*Le Manitoba*, 1er mars 1916), et Horace Chevrier poursuit dans la même veine : « Disons-le, nous avons été trop faibles en face de l'ennemi ; on nous a pris pour des brebis » (*ibid.*). En somme, le champ sémantique militaire identifié dans le journal *Le Droit* en 1913 se déplace dans les journaux *Le Manitoba* et *La Liberté* en se mettant au diapason du contexte de guerre dans lequel baignent les événements de la loi Thornton.

---

[13] La livraison du 9 février n'y faisant pas exception, voir l'article « Une voix courageuse et intelligente ».

De fait, la véhémence des propos n'est pas la même. Les échecs subis dans la lutte scolaire depuis l'entrée du Manitoba dans la Confédération ont donné une nouvelle direction aux ardeurs de la lutte. Quand le révérend père Portelance qualifie la chambre manitobaine de « chambre boche », un référent désobligeant envers les Allemands, il le fait pour y opposer non pas une force brutale, mais un projet d'organisation rassembleur « au-dessus des partis politiques » (1er mars 1916). L'association boche / caboche ne vise pas nécessairement un engagement aussi brutal que celui qu'impose un conflit armé, mais elle stimule l'organisation, un principe inhérent aux troupes militaires. Cette similitude se repère aussi dans l'organisation régionale de sous-comité, voire de comités divers au sein de la nouvelle Association d'éducation qui cherche encore à se nommer officiellement en ce début du mois de mars 1916. Tout cela de façon bénévole et pour une période que d'aucuns ne prétendent être courte.

Voyons comment le journal *Le Patriote de l'Ouest*, dont la fondation se situe chronologiquement entre la naissance du *Manitoba* et celle de *La Liberté*, aborde les enjeux qui façonnent l'année 1916 et dans quelle optique interdiscursive il le fait, étant donné qu'il a une certaine parenté géographique et historique avec la presse manitobaine après la pendaison à Regina de Riel, fondateur du Manitoba.

c. *Le Patriote de l'Ouest*

> *Tous le savent, nous passons par des temps difficiles.*
> *La lutte contre le français qui se faisait dans l'Ontario*
> *vient de commencer au Manitoba. Elle se fera bientôt ici.*
> *Il nous faut la prévoir, nous y préparer, nous unir*
> *afin d'y tenir tête.*
> « Nos syndics d'école », *Le Patriote de l'Ouest*,
> 9 mars 1916

Par sa taille imposante, *Le Patriote de l'Ouest* a au premier abord une envergure qui peut étonner le regard contemporain. Une fois ouvert, il se déploie sur une largeur de près d'un mètre, un format conforme au standard de l'époque[14], mais qui contraste avec les journaux canadiens-français d'aujourd'hui (*La Liberté*, *L'eau vive*, *L'Express du Pacifique*) au format réduit presque du tiers. Le contraste s'accentue quand on considère le contenu du journal qui accorde une place prépondérante aux actualités internationales, alimentées par la guerre, ce qui pourrait témoigner du désir du *Patriote de l'Ouest* de concurrencer les publications de son milieu et de laisser croire au lecteur fraîchement débarqué en Saskatchewan que la communauté connaît une ampleur comparable aux centres canadiens-français que sont Montréal, Québec ou Trois-Rivières. On peut aussi mesurer ce désir d'envergure aux concours d'abonnement organisés par *Le Patriote de l'Ouest* et *La Liberté*, dont les tirages n'offrent rien de moins qu'une voiture Ford ou Chevrolet d'une valeur de 900 $ à 1000 $ (*Le Patriote de l'Ouest*, 31 janvier 1922 ; *La Liberté*, 5 mars 1930)[15]. Toutefois ce genre de concours susceptible d'augmenter le nombre d'abonnés peut aussi servir de moyen de renflouement, dans la mesure où les journaux catholiques désireux de rester indépendants, tels *La Liberté* et *Le Patriote de l'Ouest*, ne pouvaient compter ni sur un financement de la part d'un parti politique, ni sur la réclame jugée immorale.

En 1916, la situation des écoles en Saskatchewan demeure sous l'effet de l' « attitude mitoyenne » (« La loi des écoles reste la même », *Le Patriote de l'Ouest*, 2 mars 1916) du gouvernement Laurier, qui maintient les districts scolaires par dénomination religieuse après la création de la Saskatchewan et de l'Alberta en provinces distinctes en 1905. Mais vu que les loges orangistes enveniment la situation scolaire de l'Ontario et que le Manitoba subit les affres de la loi inique de son ministre

---

[14] Le format du *Patriote de l'Ouest* est de 38 cm de large par 56 cm de haut, soit même légèrement plus petit que le journal *La Liberté* qui lui fait 42,5 cm de large par 56,5 cm de haut.

[15] Le concours du journal *La Liberté* en mars 1930 est particulièrement impressionnant, puisque le tirage de la voiture Chevrolet Sedan d'une valeur de 1026 $ n'est que l'un des 120 prix offerts, dont le gros lot comprenant un montant de 14 $ par mois à vie ou 2000 $. Pour participer, les lecteurs sont invités à calculer le nombre de pierres que contient la cathédrale de Saint-Boniface à partir d'un dessin constitué de chiffres. À propos de ce concours, voir aussi « Pourquoi attendre à la dernière semaine pour répondre à l'appel de la chance ? », *La Liberté*, 25 février 1930.

d'Éducation, les Canadiens français de la Saskatchewan sont sur leurs gardes. Certaines assemblées adoptent des résolutions qui présentent un profil du fanatisme inquiétant, comme celles, irréalistes, stipulant « qu'aucune personne ne soit admise à voter aux élections fédérales et provinciales à moins qu'elle puisse parler, lire et écrire l'anglais » (« Encore cette fameuse résolution », *Le Patriote de l'Ouest,* 12 octobre 1916). L'opinion publique anglo-saxonne de la province souhaite aussi que la loi des écoles soit réformée. Thomas Walter Scott (1867-1938), premier ministre et ministre de l'Instruction publique, invite un jour férié ses concitoyens à débattre de la question des écoles séparées et plus globalement des « choses d'éducation » le 30 juin 1916 (« Un mouvement à suivre », *Le Patriote de l'Ouest,* 8 juin 1916). Mais la question des écoles séparées est « débattue avec acharnement » (« Violente discussion », *Le Patriote de l'Ouest,* 20 janvier 1916) tout au long de l'année. On craint qu'un amendement à la loi des écoles oblige les parents qui envoient leurs enfants dans une école séparée à payer leurs taxes au système public, que « l'anglais soit la seule langue [des] écoles publiques », tel que proposé au congrès des instituteurs du district de Saskatoon au début d'octobre 1916 (« Encore cette fameuse résolution », *Le Patriote de l'Ouest,* 12 octobre 1916), et que la loi Thornton au Manitoba contamine rapidement les débats en Saskatchewan, voire dans l'ensemble du Canada, en rendant l'école publique obligatoire et en éliminant toute autre forme de structure éducative, telles les écoles séparées qui peuvent enseigner la langue et la religion de leur choix. En contrepartie, *Le Patriote de l'Ouest,* fondé et dirigé par des ecclésiastiques, défend les positions qui sont les leurs et astreint en quelque sorte sa communauté de lecteurs à relayer son discours :

> [...] *l'école publique obligatoire,* c'est-à-dire l'école neutre, l'école sans Dieu, le plus terrible instrument de persécution et de démoralisation qui puisse être mis aux mains d'un État. [...] Pour que l'instruction soit une bonne chose, il faut qu'elle ne soit que l'enseignement de la vérité. Or la vérité est une, et la neutralité n'est qu'un mensonge. En matière de religion, la vérité ne se trouve que dans l'Église catholique. [...] Ces vérités

sont contenues dans un tout petit livre qui s'appelle le catéchisme. [...] Donc, quand l'État s'arroge le pouvoir d'enseigner, *il fait tout simplement acte de tyrannie* (« L'école publique obligatoire », *Le Patriote de l'Ouest*, 13 janvier 1916).

Cet éditorial constitue un bel exemple de la rhétorique en vogue. Il suit une structure argumentative où des mots-liens permettent d'agencer la démonstration (mais, or, donc, sinon). Il martèle trois fois l'expression « acte de tyrannie » en caractères italiques et en majuscules. Tout en soulignant les « artifices », « trompe-l'œil » et « sophismes » du discours de l'adversaire qu'est l'État, l'auteur de cet éditorial use de figures rhétoriques pour persuader son lectorat catholique du devoir qu'il se doit d'accomplir. En affirmant de « ne pas laisser les malfaiteurs avancer plus loin », il associe d'une façon toute sophistique les catholiques à des défenseurs intrinsèques de la cause des écoles séparées (« L'école publique obligatoire », *Le Patriote de l'Ouest*, 13 janvier 1916). D'autres articles n'hésitent pas à comparer les luttes ontariennes aux luttes manitobaines et affirment que la loi Thornton manifeste une « brutalité encore plus cynique que le Règlement Ferguson[16] » (« Nos vaillants compatriotes du Manitoba », *Le Patriote de l'Ouest*, 6 avril 1916), car, en supprimant l'enseignement du français au Manitoba, elle constitue un « étranglement pur et simple » (*ibid.*) de la nation. Globalement, *Le Patriote de l'Ouest* conditionne le lecteur à une éventuelle mobilisation en suivant l'exemple du Manitoba et de son Association d'éducation. Par exemple, un fait divers rapporte le succès d'un bazar à Saint-Léon au Manitoba ayant pour but d'aider à la constitution de divers fonds de réserve pour l'Association d'éducation du Manitoba nouvellement créée (« Voilà du vrai patriotisme », *Le Patriote de l'Ouest*, 23 novembre 1916). L'article n'implore pas ses lecteurs d'en faire autant dans l'immé-

---

[16] Howard Ferguson est alors ministre ontarien de l'éducation du parti conservateur. Il sera le premier ministre de l'Ontario de 1923 à 1930 et contribuera à dénouer la crise scolaire ontarienne en créant une commission d'enquête analysant l'efficacité des écoles bilingues et en s'alliant au premier ministre du Québec Louis-Alexandre Taschereau, qui cherchait comme lui à promouvoir les compétences provinciales vis-à-vis du gouvernement fédéral.

diat, mais il les prépare à adopter une certaine attitude en valorisant cet « exemple de patriotisme et d'esprit social » qualifié de « vraiment magnifique », de « prodigieux », de « superbe », de « coup de maître » en l'espace de quelques paragraphes. La citation placée en exergue témoigne aussi de l'état latent dans lequel les Canadiens français de la Saskatchewan doivent « prévoir » et « préparer » la lutte (« Nos syndics d'école », *Le Patriote de l'Ouest*, 9 mars 1916). Ce même article amorce également l'approche préconisée pour la préparation des troupes en lançant des accusations de lâcheté et de faiblesse contre les francophones absents de la dernière réunion annuelle des syndics d'école de la province. L'auteur de l'article déplore le « trop petit nombre de membres vraiment dévoués, sincèrement désintéressés » et recourt à la métaphore du puits rempli d'eau, mais qui, « faute de bras ou de bonne volonté », se desséchera, ce qui pourrait advenir à la communauté et à ses « œuvres », en raison de l'enrôlement timide des Canadiens français. Ces manquements au « devoir » sont également reprochés aux femmes canadiennes-françaises qui s'apprêtent à participer pour la première fois aux élections provinciales, car, même si la perception sociale du vote des femmes recèle à l'époque des ambiguïtés quant au rôle de ces dernières, que l'on préférerait confinées au foyer, elles ne peuvent se payer le luxe de braver la nouvelle loi. Celle-ci doublerait le nombre de votants au moment où les Canadiens français sont « attaqués de toute part » (« Un devoir qui s'impose », *Le Patriote de l'Ouest*, 28 septembre 1916).

On retrouve dans une moindre mesure les connotations « prussiennes » des opposants « anglicisateurs à outrance » (« Ce que font ces gens-là », *Le Patriote de l'Ouest,* 30 mars 1916). Elles sont surtout présentes dans des articles publiés à l'origine dans des journaux ontariens, à l'occasion par exemple du congrès des Canadiens français en février 1916 (« Congrès des Canadiens français de l'Ontario à Ottawa », *Le Patriote de l'Ouest,* 24 février 1916). On y trouve des expressions comme la « tyrannie prussienne du gouvernement d'Ontario », ce qui laisse croire que le discours journalistique de l'Ontario n'est pas exempt de cette amplification discursive.

Enfin les chroniques du *Patriote de l'Ouest* en cette année 1916 visent surtout à éclairer les causes de la Première Guerre et à dénoncer les progrès techniques de la modernité qui risquent de contaminer sournoisement les familles canadiennes-françaises par de nouvelles pratiques sociales et culturelles contraires à ce que l'Église valorise. Toutefois, le chroniqueur partage ses craintes sur les questions d'éducation le 23 mars 1916. Il compare la minorité francophone de la Saskatchewan à la minorité anglophone du Québec en reprenant un discours sur la générosité québécoise vis-à-vis de sa minorité. C'est son pseudonyme qui attire surtout l'attention, car le chroniqueur signe « Un Sauvage », un terme connoté dont la définition a beaucoup fluctué depuis les débuts de la colonisation, surtout dans un environnement sociopolitique où celui qui a des ascendances indigènes, le Métis, est associé à un passé historique trouble : la Rébellion du Nord-Ouest de 1885. Si l'on se fie aux recherches sur la pseudonymie (Vinet, 256), le « Sauvage » en question cacherait le père Jean-Marie Pénard, identifié comme un missionnaire à Portage la Loche, à Île-de-la-Crosse et à Beauval de 1890 à 1939 (D. Levasseur, 160), dont la mission en 1893 est « d'évangéliser les sauvages » (Pénard, 285)[17]. Ce pseudonyme rappelle aussi un ouvrage à succès, publié au début du XVIIIe siècle, de Louis Armand de Lom d'Arce (plus connu sous le nom de baron de Lahontan), les *Dialogues avec un Sauvage*, dans lesquels il met en scène une discussion entre le sauvage Adario et lui afin de démontrer la supériorité des sociétés

---

[17] Jean-Marie Pénard (1864-1939) est né en France et a rejoint la congrégation oblate du Canada en 1888. Il est l'auteur de plusieurs publications tombées dans l'oubli, dont la biographie de Mgr Ovide Charlebois, pilier du journal *Le Patriote de l'Ouest* (*Mgr Charlebois : notes et souvenirs*, Montréal, Beauchemin, 1937, 243 pages), d'un essai nationaliste paru initialement dans *Le Devoir*, *Les langues et les nationalités au Canada*, signé « Un Sauvage » et préfacé par Henri Bourassa (Montréal, Éditions Le Devoir, 1916), ainsi que trois ouvrages d'apostolat en langue syllabique chippewyan, dont un guide complet du parfait Autochtone converti (*Yomti titrossi : prières, catéchisme, cantiques à l'usage des Montagnais du Vicariat apostolique du Keewatin*, Hobbema, Alta, Imprimerie du Journal cris, 1923, 224 pages). Sur le père Pénard et sa conception des Métis et des « Sauvages », on consultera avec profit la thèse de Timothy Paul Foran, « "Les gens de cette place" : Oblates and the evolving concept of Métis at Île-à-la-Crosse, 1845-1898 », thèse de doctorat en histoire, Université d'Ottawa, 2011.

amérindiennes sur les européennes. Bien que les rapports de mission du père Pénard témoignent de sa condescendance envers les Métis et les Autochtones, il n'est pas exclu qu'une posture de « Sauvage » dans l'espace d'une chronique, marquée du sceau d'un savoir à partager et de l'opinion propre à cette catégorie générique, cherche à asseoir sa légitimité en prenant appui sur l'attitude de liberté et de désinvolture que véhicule l'image du sauvage. Le rapport ambigu entre la fonction de missionnaire et celle du chroniqueur signant « Un Sauvage » n'est peut-être pas perceptible pour le lecteur, mais cette signature peut aider à installer une connivence, un rapport de sympathie favorisant un processus de cooptation.

d. *La Liberté*

1- CONSIDÉRATIONS GÉNÉRALES

La Liberté de 1916 (tout comme *Le Patriote de l'Ouest*) s'étend sur huit pages, alors que *Le Manitoba* n'en a que quatre avec de la publicité dans une proportion de 40 %, comparée à une proportion d'environ 10 % dans le cas de *La Liberté*. L'espace consacré à des articles de fond est donc doublement supérieur dans *La Liberté*. De par son origine cléricale, et ne serait-ce que par le fait que le rédacteur en chef (Hector Héroux) entretient des liens fraternels avec le rédacteur du *Devoir* (Omer Héroux), il serait loisible de croire que *La Liberté* défend la cause « des amis de la langue française » d'une façon plus mesurée, en évitant de moduler violemment ses éclats de désapprobation concernant la « question bilingue ». Tout porte à croire le contraire. Le désir d'engagement organisationnel tel qu'il se présentait dans *Le Manitoba* est non seulement plus marqué dans *La Liberté*, mais il est plus fortement souligné par la dynamique guerrière qui sévit en Europe. Un article central pour comprendre le développement de l'Association d'éducation paraît sous le titre « La résistance s'organise » le 28 juin 1916. Outre l'usage commun du mot « résistance » dans la langue militaire, c'est l'un des sous-titres qui retient l'attention : « Nous resterons sur nos positions jusqu'à la mort ». Ces insinuations de mort interpellent les lecteurs cooptés, car elles expriment le funeste résultat d'un engagement des plus fermes. L'expression « jusqu'à la mort » peut s'interpréter à la manière d'une conviction qui ne disparaîtra pas avant l'échéance propre à tous les hommes, mais aussi comme un chemin que prescrit l'engagement pour la résistance advenant que la mort fasse partie de la solution. L'heure est donc grave et le moment discursif qui implose dans les pages de *La Liberté* en 1916 est bien celui des écoles bilingues, loin devant le conflit mondial ou le suffragisme. Selon les circonstances de cette crise scolaire, il importe de considérer l'usage du mot « arme », puisque le sens littéral de ce terme connaît une forte accentuation dans les pages du journal en 1916 et que des glissements métaphoriques peuvent moduler des interprétations qui inciteraient à la brutalité. Soyons clair, il n'y a pas d'appel répété aux armes comme on pourrait le constater lors d'une rébellion contre un assaillant. Mais l'ampleur de l'utilisation du mot « arme » permet de répondre par des dispositions sociales à toute éventualité. D'abord l'utilisation du terme dans son sens littéral présente une constance dont témoigne le récit d'un officier blessé (« Guerre souterraine », *La Liberté,* 13 septembre 1916) pour qui le mot « arme » prend le sens de grenade, baïonnette, couteau, browning (pistolet automatique), liquide corrosif, barricade et piège. Quant à son utilisation dans le contexte de la loi Thornton, on peut lire des expressions comme « fourbissez vos armes » (15 février 1916, 28 juillet 1916) ou encore « [prendre] les armes » (15 février 1916), mais on est loin d'un appel direct. Voici une explication d'une citation non signée :

> Ici comme ailleurs les semences d'injustice lèvent en fruits de tempêtes et la tempête est d'autant plus violente que la justice se fait plus longtemps attendre. En définitive, ce n'est pas la force brutale qui doit l'emporter, mais le droit qui repose sur la raison et les contrats [...] Notre pays est encore trop jeune pour prendre ses risques. (« Honneur et civilisation », *La Liberté,* 18 janvier 1916)

La mention de « ici comme ailleurs » atteste cette conscience des liens à établir entre les conflits d'ici et ceux d'ailleurs, d'autant que le paragraphe précédent fait référence à la Belgique écrasée par les Allemands. Mais l'opposition arme / droit est claire : il ne s'agit pas de faire appel à la « force brutale » comme c'est le cas « ailleurs », mais de revendiquer la force du droit, ce qui laisse entendre que, pour le moment, le pays est trop jeune pour risquer des tentatives de résolution plus musclées. Ainsi l'appel aux armes au sens littéral est mis en réserve, et s'offre comme une possibilité advenant des circonstances qui l'imposeraient.

Voyons maintenant comment les effets stylistiques et pragmatiques s'élaborent dans *La Liberté* en 1916.

2- Gradation de la force de cooptation

Le premier article qui ouvre l'année met en évidence les relations qui existent entre les Prussiens et les Britanniques. Il s'agit d'un article d'Omer Héroux du *Devoir* intitulé « Les Prussiens d'Europe et le Règlement XVII » (4 janvier 1916), où il fait état des « méthodes plus prussiennes que britanniques employées dans l'Ontario » (*ibid.*), dont la centralisation des pouvoirs qui aurait été empruntée à la Prusse par les Ontariens. Évidemment, il n'est pas de notre ressort de valider une telle affirmation, mais l'article introduit déjà une logique de la comparaison, une tendance observée auparavant dans les pages du *Manitoba,* qui s'accentuera comme nous pourrons le constater. L'éditorial intitulé « Pour nos écoles » (1er février 1916) exprime une grande part des doléances des Canadiens français du Manitoba à la première lecture de la loi du ministre de l'Éducation, le Docteur Thornton. On y trouve d'abord l'idée de violation des droits constitutionnels, soit ceux du Traité de Paris de 1763, de l'Acte Britannique de l'Amérique du Nord de 1867 et de la Constitution manitobaine de 1870. Vient ensuite l'identification d'un adversaire, le *Free Press*, qui suit, aux dires du journaliste, « les méandres de sa lutte venimeuse et rampante contre notre race et nos écoles » (« Pour nos écoles », *La Liberté,* 1er février 1916). Cet opposant est associé sans ménagement aux « Boches » traitant les Canadiens français comme des « Belges ». Rappelons que c'est à Ypres en Belgique l'année précédente que les Allemands avaient introduit dans les tranchées pour la première fois des gaz asphyxiants qui firent près de 100 000 morts. L'intensité des propos de cet éditorial va encore plus loin et l'auteur ne se gêne pas pour poursuivre ses comparaisons et qualifier de similaire ce qu'entreprennent les tenants de la loi Thornton et le « Kaiser et ses spadassins ». À propos des « journalistes boches » du *Free Press*, on peut lire : « Croient-ils vraiment que nous ne crierons pas bientôt "aux armes", s'il le faut ! ». Ce cri annoncé en faveur de la prise des armes habite la conscience du journaliste pseudonyme de *La Liberté* ; il montre que la sémantique qu'il utilise, comme celle de ses adversaires du *Free Press*, peut porter à conséquence advenant que le mot d'ordre soit lancé et recueille la sympathie des Canadiens français. Quant à l'auteur de ces propos, il faut savoir que les éditoriaux de cette époque sont anonymes, mais « du temps d'Hector Héroux, c'était Mgr Béliveau qui composait tous les éditoriaux », si l'on se fie à Hélène Chaput (70-71). Mgr Béliveau s'occupe également de la page agricole de 1929 à 1931. L'analogie se poursuit avec « les frères et sœurs d'Ontario », dont l'imitation dans la lutte par les Franco-Manitobains est inévitable aux yeux du journaliste. Ce régime de comparaison va jusqu'à citer l'inscription mystérieuse sur les murs de Babylone (*Mane, Thecel, Phares*) qui menaça jadis le roi orgiaque Baltazar de la prise de sa ville par les Perses et Médès dans l'Ancien Testament, comme il menace en ce 1er février 1916, les « messieurs anglicisateurs, voleurs de droits naturels et consacrés ». Le 8 février, un éditorial annonce un « projet dangereux » et prépare les « pères de famille » à ne pas se laisser mener par une nouvelle législation qui contreviendrait à leur rôle parental dans l'éducation de leurs enfants et au prolongement de ce rôle qu'offre l'école. La semaine suivante, l'éditorial du 15 février, « Soyons prêts », lance le mot d'ordre en vigueur, soit la préparation « à la bataille », en fourbissant les armes. Ces expressions, bien qu'elles n'appellent pas à une réalité déclarée, sollicitent l'action qu'on attend des pères et des mères canadiennes-françaises dans un proche avenir. De fait, la semaine suivante, l'article du 22 février, « C'est la lutte », fait part du projet de loi annoncé à la « chambre boche » (« C'est la lutte », *La Liberté*, 22 février 1916) le vendredi 18 par le « seigneur Thornton » (*ibid.*), qui veut faire « entrer de force » la langue anglaise « à la manière prussienne, dans le gosier [des] enfants » (*ibid.*). Il semble que l'association entre l'idée solda-tesque de l'Allemand ainsi que ses diminutifs (Prusse, Teuton, Boche, Germain, cousins d'Outre-Rhin, Saxons-Germains) occupe l'éthos le plus abject dans l'esprit d'un lecteur de jour-naux au Manitoba français en 1916, voire peut-être dans le dis-cours de la presse écrite au Canada français de cette époque. Des recherches restent à faire pour vérifier le déploiement de cette association d'idées dans la presse canadienne-française. Pour l'heure, on peut interpréter cette association – qui fait aussi dire que le Docteur Thornton porte un nom « bien prussien » proche du nom du dieu germain Thor (« Pour la liberté sco-laire », *La Liberté*, 29 février 1916) – comme un procédé ser-vant à mettre en rapport deux maux contemporains. Elle peut aussi s'expliquer par ce qu'un journaliste appelle « les lois de l'histoire » (« Par l'union », 7 mars 1916) qui sont à ses yeux « aussi rigides que les lois de la physique » (*ibid.*), autrement dit, l'attitude et les gestes des Allemands vis-à-vis des Belges, des Alsaciens, des Polonais, des Serbes et des Français enseignent ce qu'il adviendra des Canadiens français aux prises avec leurs conquérants anglo-saxons. La « force immanente de la loi d'in-violabilité des races » (*ibid.*), responsable, selon l'auteur de l'ar-ticle, de la vigueur de la pensée grecque malgré la conquête de la Grèce par les Romains, permettra d'éviter l'assimilation de la « race française » (*ibid.*). Ces explications tordues, qui pèchent par généralisation outrancière, s'en remettent à des forces pro-videntielles qui cherchent à s'imposer par l'étonnement pour offrir au lecteur une réconciliation fantasmatique propre à mettre un baume sur ses souffrances. Ce procédé fit la gloire du mélodrame au XIXe siècle, car il établit une rhétorique de l'excès évacuant l'espace critique du lecteur aux prises avec une masse d'énoncés exclamatifs difficilement gérables par la raison.

D'autres formes d'excès illocutoires peuvent être observées dans la reprise d'un article du journal *L'Action catholique* inti-tulé, « Jusqu'au bout ! » (*La Liberté*, 19 avril 1916), devise attri-buée à Dollard des Ormeaux (Pouliot et Roussel, 54). Cet article répète avec emphase son *modus vivendi* en soulignant la

« résistance inlassable » aux empiétements que subissent les francophones de l'Ontario et du Manitoba. Le journaliste suggère avec insistance que le « jusqu'au bout » doit être assimilé à un engagement de la part de l'ensemble des Canadiens français envers cette cause. La répétition de ce discours n'a pas d'assise dans un discours rationnel ; elle vise simplement à rejoindre des lecteurs cooptés qui n'auront de cesse de se répéter dans leur routine mentale le « jusqu'au bout » de leurs actions.

❖

Loin de nous l'idée de reconstruire l'ensemble du réseau canadien-français de l'époque ayant pu influer sur les discours journalistiques[18], mais il nous semble à propos à cette étape-ci de la recherche de prendre en compte le discours sur la crise scolaire dans *Le Bien public* de Trois-Rivières, dans lequel l'un des récits historiques que nous avons analysés (« Les petits héros d'Ontario », de Joseph Gérin Gélinas) a d'abord paru dans l'édition du 11 juillet 1918. Il importe de vérifier s'il existe une circulation interprovinciale de discours et d'idéologèmes dans l'espace journalistique canadien-français avant d'entreprendre l'analyse des répercussions de ces activités sémantiques et pragmatiques dans le discours littéraire pour la jeunesse en 1916. On pourra y observer la charge discursive des crises scolaires en Ontario et dans l'Ouest, comprendre comment des communautés francophones éloignées perçoivent celles-ci et ce qu'elles font pour diminuer les effets des lois assimilatrices. L'année 1916 paraît toute désignée pour un dépouillement puisqu'elle se situe en aval de la crise scolaire ontarienne et au début de la crise scolaire manitobaine.

---

[18] À cet effet, on peut consulter les travaux de Marcel Martel, dont le chapitre « Le projet du Canada français et la mise en place d'un réseau institutionnel national », dans *Le deuil d'un pays imaginé*, Ottawa, Presses de l'université d'Ottawa, 1997, p. 25-42, et l'article du même auteur, intitulé « Le Canada français à l'œuvre. Les réseaux institutionnels, 1920-1960 », dans *Atlas historique du Québec : La francophonie nord-américaine*, sous la direction d'Yves Frenette, Étienne Rivard et Marc Saint-Hilaire, Sainte-Foy, Presses de l'Université Laval, 2011. Voir aussi l'article de François Dumas, Louis Garon et Marie Léveillé, « Les archives du réseau institutionnel canadien-français conservées au Québec et à Ottawa, 1834-1973 », dans *Archives*, vol. 36, n° 1, 2004-2005, p. 29-66.

Que notre choix se soit arrêté sur un journal régional de Trois-Rivières n'est pas anodin. Des liens unissent les communautés francophones de l'Ontario et de Saint-Boniface à Trois-Rivières. La ville qui servira de berceau à Maurice Duplessis (premier ministre du Québec de 1936 à 1939 et de 1944 à 1959) a aussi donné naissance à La Vérendrye (1685-1749), l'intrépide découvreur de l'Ouest canadien. C'est également dans son église paroissiale de Trois-Rivières que Mgr Provencher (né le 12 février 1787 à Nicolet), premier évêque de Saint-Boniface, a été consacré le 12 mai 1822. L'évêque de Trois-Rivières, Mgr Louis-François Laflèche (né à Saint-Anne-de-la-Pérade en 1818), fut également mandaté pour poursuivre des activités de missionnariat dans le Nord-Ouest en 1844 en compagnie d'Alexandre Taché, sacré évêque de Saint-Boniface en 1853[19]. Né à Mont-Carmel en 1870, Arthur Béliveau, qui succéda à Mgr Langevin en 1915, était également originaire de la région trifluvienne[20]. Fait notable, un des collaborateurs du *Trifluvien* (1888-1909) de 1888 à 1893, Pierre McLeod, tint une chronique du procès de Riel (Vallée, 54). De même, un autre journaliste, Hector Héroux, occupe le poste de rédacteur à *La Liberté* de 1913 à 1923 et passe par la suite au journal *Le Nouvelliste* de Trois-Rivières, où

---

[19] L'arrière grand-mère de Louis-François Laflèche était une autochtone du Nord-Ouest. L'évêque de Trois-Rivières ne se gênait pas pour rappeler qu'il « av[ait] du sang sauvage dans les veines » (R.P. Adélard Dugré S.J., *Monseigneur Laflèche*, Montréal, L'œuvre des tracts, n° 58, s.d.), ce qui a sans doute aidé à son intégration dans les populations métisses et autochtones où il a exercé son apostolat.

[20] Voici la liste des évêques de Saint-Boniface et les années de leur sacerdoce : Mgr Joseph Norbert Provencher (1847-1853) ; Mgr Alexandre-Antonin Taché, o.m.i. (1853-1894) ; Mgr Vital-Justin Grandin, o.m.i. (1857-1871) ; Mgr Louis-Philippe-Adélard Langevin, o.m.i. (1895-1915) ; Mgr Arthur Béliveau (1915-1955) ; Mgr Maurice Baudoux (1955-1974) ; Mgr Antoine Hacault (1974-2000) ; Mgr Emilius Goulet, p.s.s. (2001-2009) et Mgr Albert LeGatt (2009-).

son frère Onésime travaille et où il restera jusqu'en 1948[21] ; sa contribution sera reconnue entre autres grâce à une rue et un parc portant son nom. Enfin les ouailles trifluviennes seront les premières à répondre à l'exhortation de leur évêque au financement de la reconstruction du majestueux Collège de Saint-Boniface consumé par un incendie mortel le 25 novembre 1922. Ces échanges sont signalés dans les journaux, tant du côté de Saint-Boniface (*Les Cloches de Saint-Boniface, La Liberté*) que d'Ottawa (*Le Droit*) et de Trois-Rivières (*Le Bien public*)[22].

e. *Le Bien public* en 1916 : des moments discursifs transprovinciaux

> *L'Ontario et le Manitoba sont les champs de bataille où l'on dispute notre langue et puisque nous ne pouvons aller au front, envoyons les munitions requises si nous ne voulons pas que la lutte s'étende jusqu'à nos portes.*
>
> « Soyons patriotiques », *Le Bien public*, 9 mars 1916

Cette prescription pécuniaire, qui prend parfois des appellations telles que « le petit sou » ou « sou de la pensée française », est signée par Alide Garceau, trésorier du comité régional trifluvien

[21] Hector Héroux (1889-1981) est décédé à l'âge de 91 ans après une carrière de près de 60 ans en journalisme. Il est le fils de Louis Dolor Héroux et d'Adélaïde Neault, résidants de Saint-Maurice près de Trois-Rivières à partir de 1875. Son frère aîné, Omer Héroux (1876-1963), marié en premières noces à Alice Tardivel (fille de Jules-Paul Tardivel), fut de l'équipe de fondation du *Devoir* en 1910. Éditorialiste-phare, Omer Héroux entretenait des relations dans l'ensemble des communautés canadiennes-françaises de son temps. Il avait débuté sa carrière à *L'Action sociale catholique* et publié son premier article dans *Le Trifluvien* en mars 1896. Omer collabore à ses débuts aux périodiques *Le Journal, La Patrie* et *Le Pionnier*, puis, à Québec, à *L'Action sociale* et à *La Vérité* (de 1904 à 1907), journal de son beau-père. Hector avait aussi passé du temps au *Devoir* avant de joindre l'équipe du journal *La Liberté* en 1913, à la demande de Mgr Langevin. Il a épousé Marie Saint-Pierre à Winnipeg en 1916 et l'aîné de ses trois fils, Roland, naîtra au Manitoba, et fera carrière en journalisme, tout comme son frère Claude (Roland Héroux, 6-8).
[22] Quelques exemples : « L'église de Saint-Boniface, que tant de liens unissent toujours à la chère église de Trois-Rivières [...] » (« S.G. Mgr Cloutier Evêque des Trois-Rivières », *Le Bien public,* 23 mars 1916, article repris des *Cloches de Saint-Boniface*). Voir aussi : « La lutte au Manitoba », *Le Droit*, 29 août 1916 ; « La cause française au Manitoba » *Le Droit*, 1er septembre 1916, « Notre Dame du Cap sauvez nos écoles », *Le Droit*, 13 septembre 1915 ; « Le Droit », *Le Manitoba,* 5 avril 1916 ; « Le Manitoba et Québec », *La Liberté,* 14 février 1917 ; « Trois-Rivières et Saint-Boniface », *La Liberté,* 8 mai 1923.

de l'Action catholique de la jeunesse canadienne-française (ACJC). Cet organisme est lancé en 1904 sous l'impulsion de l'ultramontain Jules-Paul Tardivel, directeur du journal *La Vérité* (de 1881 à 1905), et de quatre étudiants, dont Lionel Groulx. L'ACJC se veut un mouvement de militantisme patriotique, voire de propagande, de la jeunesse catholique et se ventile sous forme de cercles, dont les branches institutionnelles s'étaleront dans tout le Canada français, soit plus de 2000 *camarades* en 1912 répartis en une soixantaine de cercles (150 en 1924). Son action mobilisatrice est puissante, d'abord par la voix de son journal *Le Semeur* (1904-1935), ses congrès, ses pétitions en faveur du fait français (6000 signatures en 1905, 1 700 000[23] en 1908, 600 000 en 1917), ses rassemblements nationaux, ses diffusions de livres et revues, ses manifestations ponctuelles (pèlerinage à l'Oratoire Saint-Joseph, campagne de fermeture de cinémas le dimanche), enfin ses demandes de souscriptions (Lamonde, *Idées*, 68-73).

La citation en exergue explicite bien le déploiement des crises scolaires ontariennes et manitobaines en tant que moments discursifs ; on y note le souci envers les communautés ontarienne et manitobaine et le fort réseau sémantique militaire (« champs de bataille », « dispute », « aller au front », « munitions », « lutte »), que nous avons déjà relevé dans *Le Droit, Le Manitoba, La Liberté* et *Le Patriote de l'Ouest* et où l'expression « jusqu'à nos portes » témoigne d'une peur de la persécution qui alimente des justifications infondées. Enfin, les « munitions requises » réfèrent bien entendu à une aide monétaire, dont il est difficile d'évaluer l'étendue et l'usage[24], mais qui atteste une sollicitude de la part des *grands frères*, ou *frères d'armes*, du

---

[23] Selon Armand Lavergne, il s'agirait de la « pétition la plus considérable [...] qui ait jamais été envoyée au parlement. Il fallut sept pages de la Chambre pour la transporter au pupitre du greffier » (Lavergne 125).

[24] De fait, la plupart des campagnes de souscription sont destinées financièrement aux associations d'éducation, telle l'Association canadienne-française d'éducation de l'Ontario. Nous soupçonnons que les registres des délibérations de la Société Saint-Jean-Baptiste et celles de l'Action catholique de la jeunesse canadienne-française (ACJC) contiennent de précieux renseignements à ce sujet, tout comme les registres et états de compte des associations d'éducation. Le journal *Le Droit* a certainement bénéficié lui aussi de ces campagnes.

Québec pour apaiser une tragédie dans des provinces majoritairement anglophones. C'est avec constance que les articles dépouillés expliquent cette sollicitude envers « les nôtres dans l'Ontario et le Manitoba » (« Les deux races du pays », *Le Bien public*, 22 juin 1916). Or cet intérêt pour les « frères » et « leur inlassable courage et [...] leur généreux héroïsme » (*ibid.*) cache l'altruisme forcé des donateurs, « [...] [s'ils] ne v[eulent] pas que la lutte s'étende jusqu'à [leurs] portes ». Il est évident que la configuration politique et économique du Québec en 1916 peut laisser croire à une menace d'anglicisation, mais cette dernière est somme toute moindre « dans les centres » (*ibid.*) majoritairement canadiens-français. L'emploi du *nous* (« nous devons nous élever en face des assimilateurs », [*ibid.*]) ne semble pas chercher à recruter des combattants, mais à faire comprendre que le Québec n'est pas protégé de l'assimilation par un rempart linguistique infranchissable. On lit sous la plume d'Émile Girard, trésorier de l'ACJC, que

> même écrasés, anéantis, tout ne serait pas fini [...] tous nos champs, nos fleuves, nos maisons, nos arbres, tout ce qui est français sur cette terre du Canada, ou qui se souvient de l'avoir été, se lèveraient contre vous [les assimilateurs canadiens-anglais] et, chaque chose dirait, à sa manière que ce pays fut d'abord français et qu'il l'est encore et qu'il le sera toujours. (*ibid.*)

Cette remarque est d'importance, car non seulement elle indique la conséquence funeste de l'engagement que les Canadiens français (ou du moins l'élite nationaliste) sont prêts à prendre, mais aussi elle revendique un espace qui resterait français aux yeux de l'Histoire, dans l'éventualité utopique de l'anéantissement du peuple. Cet argument tend aussi à appuyer l'idée d'un repli stratégique de la majorité canadienne-française en Laurentie (terme dont l'usage commence alors à se répandre et qui désigne à l'époque le territoire des Canadiens français de la vallée du fleuve Saint-Laurent). Émile Girard est également l'un de ceux qui signent des textes exhortant les Canadiens français à des actions concrètes, et notamment l'appui, qui récoltera 600 000 signatures, à la requête en désaveu du Règlement XVII présentée au gouvernement canadien par le sénateur Philippe Landry :

> Le seul moyen d'arriver à un résultat digne de notre cause, c'est de consacrer nos loisirs, nos moyens d'action et notre dévouement en vue d'obtenir la libération des Canadiens français de l'Ontario. (« Pour les "blessés" de l'Ontario », *Le Bien public,* 30 mars 1916)

L'ACJC, la Société Saint-Jean-Baptiste, d'autres mouvements et associations nationalistes ainsi que plusieurs journaux, dont *Le Devoir* et bien sûr *Le Droit,* appuieront cette démarche colossale. Les sollicitations pressantes d'Émile Girard se répandent au-delà du *Bien public* et sont reprises dans la presse canadienne-française[25].

La requête de désaveu par le sénateur Landry, de même que la parution le 18 septembre 1916 de l'encyclique *Commissio divinitus* par le pape Benoît XV, qui précise la position compromissoire de Rome face au Règlement XVII (Rumilly, *Histoire,* 188), semble monopoliser davantage le discours journalistique en faveur des compatriotes ontariens que ne pourraient le laisser supposer les événements entourant la loi Thornton au Manitoba à la même époque. Le pape Benoît XV avait alors recommandé l'union des catholiques anglophones et francophones et laissé aux évêques canadiens le choix de se prononcer sur le conflit. Cette position relativement convenue, qui marque une préférence pour un catholicisme majoritairement anglophone, ne favorisa guère les Franco-Ontariens et contribua à augmenter le désarroi des minorités françaises[26]. Étant donné que les deux crises scolaires se recoupent, les journalistes semblent mettre davantage l'accent sur la lutte contre le Règlement XVII, qui constitue un moment discursif plus étendu dans le temps que

---

[25] « Pour les blessés de l'Ontario », *La Liberté,* 4 janvier 1916 ; voir aussi « La dernière classe », *La Liberté,* 28 mars 1916 et « Les petits canadiens-français », *La Liberté,* 29 février 1916.

[26] Sur les positions de Rome et du Vatican à l'égard du Canada français, voir Yvan Lamonde, « Rome et la Vatican : la vocation catholique de l'Amérique française ou de l'Amérique anglaise ? » dans *Allégeances et dépendances : l'histoire d'une ambivalence identitaire,* Québec, Éd. Nota bene, 2001, p. 201-227.

celle contre la loi Thornton. L'Ouest n'est pourtant pas oublié, mais il est clair que la « libération des Canadiens français de l'Ontario » est jugée prioritaire avant que la minorité française du Manitoba ne puisse être secourue (« Pour les "blessés" de l'Ontario », *Le Bien public*, 30 mars 1916)[27].

Pour l'éditorialiste Joseph Barnard, l'Ouest est également soumis à un autre défi : « l'immigration à outrance, et faite hâtivement de tous les rebuts d'Europe[28] », alors qu'« aucune faveur n'[est] accordée aux colons partis de Québec » (« Les Événements », *Le Bien public*, 30 mars 1916). Ces *déchets de l'immigration*, ces « crapules déversées à pleins paquebots » (*ibid.*) sont identifiés d'une manière peu gracieuse : « [...] les Doukoborhs, les Galiciens, les bandits de la Calabre et les assidus des bouges de Londres » (*ibid.*). Cet éditorial souligne la « haine » anti-française avec un vocabulaire et un pathos eux-mêmes violents. Les villes d'Ottawa, de Toronto et de Winnipeg sont taxées de « fanatisme », et qualifiées d'« étroit[es] » et d'« ignare[s] » au superlatif. La haine qui se manifeste ici sert à appuyer l'autorité de l'éditorialiste pour que la masse des lecteurs force les politiciens à agir. Enfin ce forum de démocratie qu'est l'éditorial semble se transmuer en un espace de faire-valoir entre politiciens et journalistes. L'utilisation de l'embrayeur *nous*

---

[27] Cette observation rejoint celle de Jeffrey Marcil émise pour l'année 1905 au moment de la création de la Saskatchewan et de l'Alberta et de leurs lois scolaires, et basée sur trois journaux québécois (*La Presse*, *Le Canada*, *La Patrie*) : « Les communautés canadiennes-françaises de l'Ouest occupent une place moins considérable dans la presse, ce qui reflète sans doute leur nombre inférieur et leur position moins imposante. [...] Tout en ayant de temps en temps une présence directe et de nature quotidienne dans la presse, les groupes de langue française de l'ouest figurent surtout dans les débats au sujet de l'avenir du pays et de la race française » (*Les nôtres*, 82). Marcil note également une donnée que nous pourrions aussi faire nôtre : « Les Métis sont peu présents dans la presse québécoise, et malgré une certaine sympathie à leur égard, les journaux ne semblent pas vraiment les voir comme compatriotes français et catholiques, mais comme une autre race plus proche des amérindiens ». L'absence des Métis est notable dans *Le Bien public* en 1916.

[28] Le Canada accueillait 402 432 immigrants en 1913 dont seulement 2 755 en provenance de la France contre 150 542 de la Grande-Bretagne. En 1914, l'immigration chute à 384 878 nouveaux arrivants et l'année suivante l'immigration connaîtra une baisse importante à 144 789 personnes nouvellement arrivées, dont 1 206 Français. Seulement 48 537 personnes immigrent au Canada en 1916 sur une population de 8 140 000 (*Canada Year Book 1918*, Ottawa, J. de Labroquerie Taché, 1919). Inutile de remarquer que les commentaires de l'éditorialiste du *Bien public* ne sont pas en accord avec les chiffres officiels.

comme sujet collectif compact et ses variations possessives (« notre participation à la guerre [...], notre agriculture, notre industrie, notre commerce [...] ») exprime « une personne amplifiée et diffuse » (Benveniste, 234-235) dans lequel un *je* sous-jacent se fait sentir. Le rapport entretenu avec les compatriotes éloignés semble se nourrir d'un va-et-vient entre la pitié et la solidarité. La tradition aristotélicienne de la pitié définit celle-ci comme un chagrin qui cause un malheur capable d'affliger une personne qui ne le mérite pas et d'atteindre ses proches (*Rhétorique*, VIII, 218). La pitié suscite donc des sentiments d'identification, éveille la conscience de l'injustice et inspire la peur d'être aux prises avec le même malheur. La compassion rejoint ainsi les procédés argumentatifs dans des discours qui se veulent *a priori* rationnels et exempts de pathos. Les portraits des protagonistes sont aussi fortement péjoratifs, voire haineux. La diabolisation des uns et la victimisation des autres peuvent influer sur le déroulement des crises scolaires et empêcher le lecteur d'en comprendre les enjeux. Le pathos oriente donc le débat et mine la réflexion. Il entretient la polémique en présentant le journaliste comme un acteur d'un combat et un propagandiste, dont le nom du journal trahit des intentions orientées (vouloir *le bien public*), ce qui empêche le lecteur de prendre position en dehors de la doxa sans risquer l'ostracisme de la communauté.

3. DISCOURS JOURNALISTIQUES SUR LA JEUNESSE ET DISCOURS LITTÉRAIRES POUR LA JEUNESSE

a. Le discours journalistique sur la jeunesse

En 1916, le journal *La Liberté* contient en ses pages la rubrique « Le coin des dames », sous laquelle on trouve des articles sur la mode et « les questions enfantines » destinés à la gent féminine. Le professeur d'histoire Luc Côté (1960-2015) de l'Université de Saint-Boniface en a fait une analyse historique fort pertinente, où il montre l'élaboration d'un discours féminin de résistance aux manifestations de la modernité. Les chroniqueuses se font les porte-étendards d'un intégrisme ethnoculturel façonnant un modèle de femme idéale conforme à l'idéologie clérico-nationaliste de la survivance du Canada français (Côté, 1-90). De facture plus modeste, le journal *Le Manitoba* ne renferme pas de tels espaces dédiés au public féminin, mais nous nous arrêterons à un discours publicitaire récurrent conçu pour les femmes de sorte qu'elles soient à même de transmettre des valeurs, puisqu'elles « veillent à la santé de leurs enfants » (« Les pilules rouges », *Le Manitoba*, 8 mars 1916).

« Les pilules rouges pour femmes pâles et faibles » de la Compagnie chimique franco-américaine du Dr Émile Simard établie à Montréal sont particulièrement intrigantes à nos yeux contemporains. Ce charlatanisme d'un autre temps paraît trivial, et pourtant les remèdes et toniques douteux pullulent encore dans le discours médiatique actuel. La publicité en question, publiée sous deux formes comparables les 8 et 22 mars 1916 dans *Le Manitoba*, déploie un éventail de procédés pour séduire d'éventuelles acheteuses. La publicité du 8 mars 1916 présente les témoignages de deux adolescentes, dont les portraits, noms et adresses figurant dans le journal ajoutent à la vraisemblance du propos. Comme le sous-titre de la publicité l'indique, il s'agit de deux preuves vivantes des bienfaits que procure ladite pilule rouge « chez les jeunes filles faibles, chétives et maladives ». D'entrée de jeu, le texte principal, réparti sur quatre colonnes, rappelle la valeur sur laquelle s'appuie l'argumentation : la conscience morale du parent qui veille à la santé de ses enfants. Le texte se développe à la manière de conseils en soins hygié-niques que les lectrices de pages féminines peuvent aisément reconnaître ; sur un ton bien-pensant et moralisateur à souhait, il souligne les peurs qui peuvent consumer la jeunesse, « comme la consomption et le beau mal », et oppose à la blancheur mala-dive, que la médecine du XIXe siècle associait à la chlorose, la scrofule ou même la tuberculose, la couleur de peau d'une per-sonne en santé. La publicité du 22 mars vante elle aussi l'efficacité des pilules rouges, mais met l'accent plutôt sur la maternité. Elle culpabilise la mère qui, avant même d'affronter les « rigueurs de la maternité », n'aurait pas empêché son corps de transmettre à sa progéniture le mal qui pourrait l'accabler. C'est sous le signe de la prévention que s'appuie l'argumentation, afin de parer aux objections de lectrices qui pourraient n'y voir que futilité.

Cette médication populaire témoigne des espoirs engendrés par les nouvelles thérapeutiques qui bouleverseront la médecine du XXᵉ siècle (vaccins, sérum, insuline, sulfamide, médicaments anti-infectieux) et par la médicalisation soutenue par les pouvoirs publics sous l'inspiration de Thomas C. Douglas (1904-1986). Les historiens du corps expliquent le paradoxe de la médecine préventive au XXᵉ siècle, (dont participent les « pilules rouges ») par cet art subtil de la dénonciation chez tout un chacun d'un « désordre secret », dont les proportions deviennent drolatiques dans le cabinet du docteur Knock, le personnage de la pièce de Jules Romains (*Knock ou le Triomphe de la médecine*, 1923) pour qui « tout bien-portant est un malade qui s'ignore » (Moulin, 18). De fait, comme les conditions sanitaires s'améliorent en Occident à la fin XIXᵉ siècle, l'expérience de la maladie est « diluée sous la forme d'une angoisse à l'égard de maux indéchiffrables » (*ibid.*, 17). Il n'est donc pas surprenant que le discours publicitaire portant sur les « pilules rouges » récupère cette angoisse dans le contexte manitobain de 1916 et la projette sur la mère canadienne-française et ses enfants. Cette forme de manipulation incitant à la précaution par l'ingurgitation de « la pilule rouge » rejoint le profond souci patriotique qui anime la société canadienne-française, aux prises avec une loi scolaire contraignante, car elle fait reposer l'argumentation sur la crainte que la génération montante ne puisse pas affronter les turpitudes de l'existence, si l'un des aspects de la santé de l'enfant n'est pas au rendez-vous. Nous avons affaire à un syllogisme qui pourrait s'énoncer ainsi : les Canadiennes françaises doivent être en santé ; des efforts seront à déployer pour préserver la sauvegarde de leur foi et de leur langue, pourvu que leur corps soit sain ; donc, elles doivent prendre des « pilules rouges » pour ne pas tomber malades.

Le « coin des dames » du journal *La Liberté* en 1916, ainsi que les textes qui l'environnent, conviennent à un public précis et l'entretiennent de sujets qui le confortent dans la vie quotidienne des mères au foyer : la mode, l'instruction et la santé des enfants, *les petites choses de la vie intime*, la bienséance, sans oublier les sujets de l'heure, tels l'école, la langue et le rôle de l'épouse en temps de guerre. Ces chroniques féminines prolongent une tradition dont l'essor au Canada français remonte à la fin du XIXe siècle, sous l'impulsion des « Chroniques du lundi » de Françoise dans le journal *La Patrie* entre 1891 et 1895, celles de Joséphine Marchand parues dans *Le coin du feu* (1893-1896) et disséminées dans d'autres périodiques à partir de 1900 (*Le monde illustré, Le journal de Françoise*), celles de Fadette, qui consacrent le genre dans *Le Devoir* de 1914 à 1922, et celles de Gaétane de Montreuil (pseudonyme de Georgina Bélanger, 1867-1951) à la même époque dans *La Presse* (Saint-Jacques et Lemire, *Vie littéraire*, V, 288-290). Le précepte qui guide Gertrude (Emma Royal, née Gelley), Françoise des Bois et Jacqueline des Érables (Alice Raymond, née Gagnon) dans leurs chroniques est le suivant : « Veiller sur soi, afin de mieux veiller sur l'enfant » (« Le coin des dames », *La Liberté*, 4 avril 1916). On apprend dans ces chroniques la faveur accordée à la musique classique plutôt qu'au *ragtime*, le « pianotage à la mode » (« Le coin des dames », *La Liberté*, 29 février 1916), l'avantage d'une collection de timbres pour « l'achat de petits Chinois », destiné au financement des missions des sœurs grises en Afrique et en Chine[29] (« Timbres oblitérés », *La Liberté*, 8 février 1916), et l'importance de développer des connaissances littéraires en consa-

---

[29] Il existe peu d'études complètes sur ces campagnes de souscription pour les petits Chinois. Toutefois, les témoignages et souvenirs d'élèves canadiens-français dans les années 1940 et 1950 permettent d'éclairer cette œuvre de bienfaisance, dont celle du dramaturge et romancier Michel Tremblay qui explique le raffinement commercial de la démarche en salle de classe : « [Les sœurs] nous ont donné chacun un beau dessin d'avion découpé en cent petites cases... Chaque fois qu'on achète un petit Chinois, on remplit une case de la couleur qu'on veut » (M. Tremblay, 163-175.) Les sous ramassés (de 10 cents à 25 cents le Chinois) devaient servir à convertir un des petits Chinois, « nés dans l'idolâtrie, de parents pervers et dénaturés » (Dionne, 162) et ainsi les sauver des limbes éternelles. Concrètement, les sous servaient à financer l'œuvre missionnaire de la Sainte-Enfance créée en 1843 par Pauline-Marie Jaricot et Mgr de Forbin-Janson, évêque de Nancy et vicaire général du diocèse de Montréal en 1840 (Gautier, 735-737). Des similitudes entre cette collecte de fonds et celles dédiées aux Canadiens français du Manitoba et de l'Ontario ne sont pas exclues. Enfin, Léon Dion a noté à bon escient que ces achats de petits Chinois et les récits des missionnaires ont sans doute servi de première ouverture sur le monde à nombre de Canadiens français (Dion, *Québec*, 93).

crant « quelques heures de chaque jour à la correspondance et à la lecture » (« Le coin des dames », *La Liberté*, 3 mai 1916) pour donner « une impulsion saine et chrétienne [...] [aux] enfants vers le bien, le beau et le vrai » (« Questions enfantines », *La Liberté*, 19 avril 1916). Le tout est saupoudré d'effets rhétoriques divers : usage de dictons[30], recours à l'Histoire, interpellation par des termes d'adresse[31], injonctions en style indirect libre introduites par « que[32] », et surtout cooptation du lecteur au moyen de possessifs et de pronoms personnels sujets à la première personne du pluriel, comme l'exemplifie la chronique du 7 mars 1916 :

> [...] indignation de nos époux, nos pères, nos fils [...] nos ennemis [...] notre belle langue, [...] nos enfants [...] sur nos genoux [...] bannie de nos écoles [...] Nous ne pouvons traduire [...] ce que nous ressentons [...], mais nous aurons un amour [...] nous ferons tout pour conserver notre belle langue [...] Notre devoir, à nous, mères canadiennes-françaises, est tout tracé. Nous laisserons à nos époux le droit de se définir une ligne de conduite [...] Pour nous, au foyer, nous continuerons à apprendre à nos enfants à balbutier, en français, le nom de Jésus ; nous inculquerons, avec plus d'ardeur, dans leur jeune intelligence, les premières notions de notre langue [...] nous leur en montrerons la beauté [...] nous leur apprendrons dès maintenant l'histoire des luttes passées [...] Nous répondrons en français [...] nous ferons de plus reconnaître à nos ennemis les Anglais qu'il est impossible de nous forcer à parler et à écrire en anglais et que nous emploierons la langue de nos adversaires que quand bon nous semblera. [...] Voilà nos devoirs et nos obligations. Alors ne fléchissons pas, mais sachons être fermes et résolues [nous soulignons]. (*ibid.*)

Cette harangue donne le ton à la relation que la chroniqueuse établit avec ses lectrices. Elle exalte le patriotisme comme une évidence, au point où, malgré sa réticence à appuyer le vote des

---

[30] *Cf.* « tels parents, tels enfants » (*La Liberté*, 21 mars 1916), « la femme est la gardienne du foyer » (*La Liberté*, 7 mars 1916), « point d'autorité possible à défaut de sanctions » (*La Liberté*, 4 avril 1916).

[31] *Cf.* « mes chères amies » (15 février 1916), « mères de famille » (1er février 1916), « nous mères canadiennes-françaises » (7 mars 1916).

[32] *Cf.* « que la vie serait douce et belle si on savait seulement se contenter de son sort » (21 mars 1916) et les huit autres exemples dans la chronique du 4 avril 1916.

femmes nouvellement promulgué au Manitoba (« Mes chères amies, je sens bien que cette idée d'aller voter vous révolte : elle me répugne à moi et à bien d'autres aussi », *La Liberté*, 15 février 1916), elle invite ses lectrices à se « servir de cette arme », moins d'un mois plus tard (*La Liberté,* 7 mars 1916), puisque la crise du système scolaire l'exige.

Enfin, comme l'ambition de participer aux efforts de guerre pourrait tourmenter certaines lectrices, Gertrude les coopte dans l'argumentation du 14 juin 1916 : « Non, la guerre ne nous appelle pas [...], le champ de bataille est ici au milieu des nôtres [...] [dans] notre horizon domestique [...], notre cher foyer ». Cette fermeté de ton caractérise aussi les prescriptions éducatives faites aux mères (« Questions enfantines », *La Liberté*, 20 septembre 1916). Qu'il soit familial, religieux ou national, le sens moral du devoir attendu de la femme francophone catholique, n'est pas sans trahir un sentiment d'inquiétude, un manque d'emprise sur le réel et un fatalisme devant un tourbillon de forces politiques (guerres, défis des écoles francophones) et de pratiques culturelles modernes (le *ragtime*). D'où, pour contrer les influences extérieures, l'insistance sur la transmission des valeurs franco-catholiques au *foyer, lieu* de reproduction biologique, cela va sans dire, mais aussi lieu de protection socioculturelle de la nation. Voyons maintenant comment la littérature pour la jeunesse transpose les mêmes tensions idéologiques.

b. La dernière classe

Le 27 septembre 1916, paraît dans le journal *La Liberté* le célèbre conte d'Alphonse Daudet, *La dernière classe : récit d'un petit alsacien*, tiré des *Contes du lundi*, un recueil de nouvelles publié originellement en feuilleton[33] et inspiré des événements de la guerre franco-prussienne (du 19 juillet 1870 au 28 janvier 1871). Née de

---

[33] « La dernière classe » paraît dans le journal français *L'Événement* le 13 mai 1872, avant d'être publié en recueil chez Alphonse Lemerre en 1873.

la rivalité franco-allemande relative à la succession d'Espagne[34], la guerre franco-prussienne de 1870-1871 est un désastre militaire pour la France : elle y perd l'Alsace et assiste à l'invasion de la Lorraine et au siège de la ville de Metz. La bataille de Sedan entraîne la chute du Second Empire sous Napoléon III et la proclamation de la République. L'armée de Paris a aussi à subir le siège de la ville ainsi que son bombardement. La guerre prendra fin après la capitulation de Paris le 28 janvier 1871.

« La dernière classe » par l'auteur de *La chèvre de monsieur Séguin* est accolé au « Coin des dames » à la deuxième page du numéro du 27 septembre 1916. C'est l'un des rares textes littéraires insérés dans *La Liberté* à cette époque[35], de quoi attirer l'attention du lecteur n'ayant pas eu jusqu'alors l'habitude de lire un conte dans les pages féminines.

Le conte débute par les inquiétudes de Frantz en retard à l'école et peu préparé à la récitation du jour. Quand il arrive en classe, un calme inhabituel y règne ; des villageois ont pris place au fond de la classe, ce qui accentue les appréhensions du jeune garçon. L'instituteur, monsieur Hamel, annonce qu'il s'agit de la dernière classe de français, conformément aux directives de Berlin, et que seul l'allemand sera désormais enseigné en Alsace. Frantz est bouleversé et réalise que l'apprentissage du français qui lui semblait ennuyeux et lourd lui manquera. Appelé à réciter sa leçon de français, il s'embrouille, mais monsieur Hamel ne le réprimande pas et tient plutôt un discours sur le désintérêt généralisé en Alsace pour l'apprentissage du français et, incapable,

---

[34] L'Espagne se cherche un roi en 1868 après le renversement de la reine Isabelle d'Espagne. Le ministre-président de la Prusse, Otto von Bismarck, presse la candidature de Léopold de Hohenzollern-Sigmaringen à la couronne d'Espagne, un cousin du roi Guillaume Iᵉʳ de Prusse. Cette désignation partisane compromet les forces d'équilibre de l'Europe, car le fait de placer un Hohenzollern sur le trône espagnol place la France dans une situation d'encerclement similaire à celle qu'elle avait vécue à l'époque de Charles Quint, empereur du Saint-Empire romain germanique (1519-1558).

[35] Toutefois il est à noter que *La Liberté* fait place, dès sa première livraison le 20 mai 1913, à des poèmes et des feuilletons, dont le tout premier est *Restez chez vous* de Pierre L'Ermite (pseudonyme du père Edmond Loutil [1863-1959]). Ce roman moral raconte la vie de deux garçons : l'un, paysan, quitte sa province pour aller vivre à Paris, et l'autre fait l'inverse pour exercer la médecine et découvrir le bonheur au sein du foyer chrétien. Le roman prône ainsi la vie agricole, modeste et simple, en s'opposant à la désertion des campagnes et à la vie corruptrice dans les capitales.

sous le coup de l'émotion, d'achever sa dernière phrase, termine son cours en inscrivant « Vive la France » au tableau.

Le récit, autodiégétique, est pris en charge par l'écolier alsacien, auquel le jeune lecteur canadien-français pouvait s'identifier dans le contexte manitobain de 1916. Cela dit, les habituées du « Coin des dames » (mères, institutrices) furent vraisemblablement les premières à tirer une leçon de ce conte exemplaire sur un sujet d'actualité, l'enseignement du français en péril, qui se retrouve au cœur du discours journalistique sur la loi Thornton.

Le texte s'appuie sur un déictique (« Ce matin-là ») qui conduit le lecteur à noter ce qui est inhabituel dans le quotidien de l'écolier alsacien (*cf.* « il y avait du monde arrêté près du petit grillage aux affiches », « ce jour-là, tout était tranquille, comme un matin de dimanche », « toute la classe avait quelque chose d'extraordinaire et de solennel »). Le récit avive la sensibilité du jeune lecteur en particulier, dont le titre explicite du conte capte dès le départ l'intérêt. Les réprimandes auxquelles Frantz s'attendait à cause de son retard ne viennent pas, ce qui le surprend et peut étonner également le jeune lecteur, jusqu'à ce que l'instituteur s'adresse une dernière fois à ses élèves :

> Mes enfants, c'est la dernière fois que je vous fais la classe. L'ordre est venu de Berlin de ne plus enseigner que l'allemand dans les écoles de l'Alsace et de la Lorraine. Le nouveau maître arrive demain. Aujourd'hui, c'est votre dernière leçon de français. Je vous prie d'être bien attentifs. (Daudet, *La Liberté*, 27 septembre 1916)

À la lecture de ce passage, le lecteur de *La Liberté* en 1916 est sensibilisé à une situation scolaire qui pourrait être la sienne après la promulgation de la loi Thornton. Ce n'est d'ailleurs pas la première fois que la direction de *La Liberté* tente d'établir une comparaison entre le contexte manitobain et la situation scolaire en Alsace. Le 4 janvier 1916, *La Liberté* reproduit la conférence sur l'annexion de l'Alsace à l'Allemagne et la persécution du peuple alsacien donnée par le professeur Frelin, de l'Université du Minnesota, à l'Alliance française du Manitoba, créée peu de temps auparavant. Or le récit de Daudet ne se limite pas à présenter la mauvaise fortune de la langue française et du peuple alsacien ; il montre aussi que, pour éviter d'agir et de penser en sujets allemands (Brault, 68), Frantz et ses camarades doivent connaître leur langue maternelle « parce que, quand un peuple tombe esclave, tant qu'il tient bien sa langue, c'est comme s'il tenait la clef de sa prison » (Daudet, *La Liberté*, 27 septembre 1916). Cet état d'esclavage, auquel l'asservissement à la politique scolaire du ministre Thornton correspond, peut éveiller l'espoir que l'identité canadienne-française puisse être préservée dans la mesure où la langue ne sera pas oubliée. Comme le texte a été écrit au début de l'oppression allemande en 1872 et que celle-ci se poursuit en 1916, la portée analogique du conte de Daudet n'en est que plus forte. Les trémolos du professeur Hamel, qui peine à terminer sa dernière classe, poussent l'émotion à une hauteur proportionnelle à la douleur encore ressentie à cette époque par les Alsaciens. Monsieur Hamel, embrouillé par l'émotion, s'empare d'une craie et, rappelons-le, inscrit au tableau : « Vive la France », avant de clore la séance de récitation avec une fatalité déconcertante : « C'est fini... allez-vous-en ». Il y a peu à dire sur ce « c'est fini » qui, bien entendu, indique la fin de la classe, mais tend aussi à suggérer que la culture française subit aussi ce dénouement funeste. Même s'il réfère à un contexte historique différent du Manitoba français en 1916 (l'Alsace annexée à la Prusse en 1871), ce discours littéraire adressé à la jeunesse canadienne-française, directement ou par l'entremise d'intermédiaires (mères, institutrices), cherche en 1872 à tirer parti d'une charge émotive s'accordant en 1916 avec le dilemme linguistique et culturel auquel la promulgation de la loi Thornton expose le jeune lecteur de *La Liberté*. Ce dernier peut ainsi en déduire que non seulement ce qui s'est produit en Alsace peut aussi lui arriver, mais que, pire encore, c'est en train de lui arriver. Il semble même que la résistance alsacienne prônée dans le conte d'Alphonse Daudet ait pendant longtemps servi d'exemple aux classes canadiennes-françaises, comme en témoigne un souvenir d'enfance du professeur franco-américain Gérard Brault :

I first read Daudet's « La dernière classe » more than half a century ago [les années 1940] when I was attending Assumption High School in Worcester, MA. At the time, Assumption was a bilingual institution whose student body was entirely made up of the children or grandchildren of French-Canadian immigrants. [...] Daudet's story had plainly been assigned to us, young Franco-Americans, as a cautionary tale: Work hard to maintain and improve your French or something very precious would be lost. Many of my classmates and I became convinced that preserving our mother tongue and cultural heritage was a worthwhile endeavor, although no one to my knowledge ever equated our situation in New England with slavery. (Brault, 76, [note 28])

Le conte de Daudet fut, au demeurant, inscrit aux programmes de français de la 9ᵉ à la 12ᵉ année en Saskatchewan en 1931 et 1932 (« Programme de français », *Le Patriote de l'Ouest*, 9 septembre 1931).

c. Mes chers petits amis

Le second texte que nous aimerions soumettre à l'analyse est signé par Annette Saint-Amant et publié le 5 juin 1918 dans la page féminine créée peu de temps auparavant (le 15 mai 1918) dans le journal saskatchewanais *Le Patriote de l'Ouest*. Cette rubrique, intitulée « En famille », peut être rapprochée du « Coin des dames » du journal *La Liberté*, car elle se fonde elle aussi sur les valeurs canadiennes-françaises conservatrices pour construire un idéal féminin teinté de patriotisme, de moralité et de devoirs familiaux.

Née à L'Avenir (Québec) le 1ᵉʳ juillet 1892, Annette Saint-Amant était la fille de Marie Dionne et Joseph-Charles Saint-Amant, un notaire qui avait jadis collaboré au *Courrier du Canada* dirigé par Thomas Chapais et qui est l'auteur de deux ouvrages historiques sur sa région[36]. Enseignante de formation, Annette Saint-Amant répond en 1914, avec sa sœur Maria, à l'appel lancé

---

[36] Joseph-Charles Saint-Amant, *L'Avenir: townships de Durham et de Wickham: notes historiques et traditionnelles avec précis historique des autres townships du comté de Drummond*, Arthabaskaville, L'Écho des Bois-francs, 1896; et *Un coin des Cantons de l'Est: histoire de l'envahissement pacifique mais irrésistible d'une race*, Drummondville, La Parole, 1932. Disponibles en ligne sur les portails www.ourroots.ca et www.archive.org.

par l'abbé Pierre Gravel, missionnaire fondateur de Gravelbourg (Saskatchewan), qui cherche des institutrices. Impliquée dans sa communauté d'accueil, elle signe des articles dans *Le Patriote de l'Ouest* rapidement remarqués par le père Auclair qui lui offre de s'occuper de la page féminine. C'est à ce journal qu'elle rencontre un jeune intellectuel français, Donatien Frémont. Après avoir été propriétaire d'un homestead en 1906 avec peu de succès, Frémont rejoint la petite équipe du *Patriote de l'Ouest* au mois de mai 1916. Le 26 décembre 1918, Annette Saint-Amant devient Madame Donatien Frémont. De santé fragile, elle meurt le 4 août 1928 à l'âge de 36 ans, quelques années après son arrivée au Manitoba où son époux avait accepté le poste de rédacteur en chef du journal *La Liberté*. L'année suivante, son époux recueille trente-sept de ses chroniques féminines sous le titre *L'art d'être heureuse* (Librairie d'Action canadienne-française, 1929), dont la préface est signée par Lionel Groulx.

Le texte d'Annette Saint-Amant que nous proposons d'étudier ne porte aucun titre et se présente sous la forme d'une lettre adressée à « mes chers petits enfants », sous la rubrique « Le coin des enfants » du *Patriote de l'Ouest* (5 juin 1918). Le texte doit être replacé dans le contexte social et politique de la Saskatchewan du début de juin 1918, où les Canadiens français de la Saskatchewan font l'expérience des luttes qui se poursuivent dans les autres communautés canadiennes-françaises. Donatien Frémont souligne l'urgence de la situation dans son éditorial du 8 mai 1918 : « Avant-hier, c'était dans l'Ontario que la bataille faisait rage ; hier c'était au Manitoba, et c'est maintenant le tour de la Saskatchewan ». Depuis longtemps, les francophones de la Saskatchewan exercent leur droit d'établir des écoles et d'y enseigner le catéchisme, mais la guerre qui débute en 1914 change la donne[37]. Le Canada est divisé en rai-

---

[37] En Saskatchewan, les premières écoles officielles datent du tournant des années 1870, telle celle des pères Alexis André, o.m.i, et Vital Fourmond, o.m.i, à Saint-Laurent de Grandin en 1875. Les *Ordonnances des Écoles* adoptées le 6 août 1884 prévoyaient le droit à un cours primaire en français dans les districts scolaires où les commissaires avaient voté une résolution en faveur de l'enseignement du français. De même, la religion pouvait être enseignée une demi-heure par jour en français. Le premier district scolaire public catholique des Territoires du Nord-Ouest est mis sur pied à Bellevue en 1885.

son de la conscription promulguée en 1917. La majorité de la population anglo-saxonne souhaite l'envoi de soldats de l'Empire britannique en Europe, alors que la majorité canadienne-française s'y oppose. Un débat s'enflamme à Regina en mars 1917 lors de la réunion annuelle des commissaires d'école, regroupés en Saskatchewan School Trustees Association (SSTA). Certains groupes anglophones désirent mettre un terme à l'enseignement des langues étrangères, dont le français. Bien que la résolution d'abolir les livres bilingues des écoles ait été bloquée, l'animosité éclate entre les délégués anglo-saxons et ceux des communautés francophones et allemandes. Le compte à rebours est lancé en vue de la réunion de l'année suivante. Un témoin privilégié, Raymond Denis[38], alors secrétaire général de l'Association catholique franco-canadienne (ACFC), rapporte dans ses mémoires l'atmosphère surchauffée de la réunion annuelle de la SSTA qui attira 3000 délégués et dans laquelle « les bagarres se multiplièrent dans la salle » (38). *Le Patriote de l'Ouest* parle d'« orgie du fanatisme » (27 février 1918) pour décrire la convention qui avait eu lieu à Saskatoon une semaine plus tôt. Lors du discours du trône du 11 décembre 1918, l'Assemblée législative de la Saskatchewan, sous l'autorité du premier ministre libéral William Melville Martin, annonce les amendements apportés aux *Ordonnances des Écoles*, dont la disparition de l'enseignement des langues étrangères. Curieusement, le jour précédent, le Collège catholique de Gravelbourg (Collège Mathieu) avait accueilli ses premiers étudiants. La résistance s'organise autour de trois organismes : l'Association catholique franco-canadienne de la Saskatchewan (ACFC), qui est fondée à Duck Lake en 1912 et dont la direction est assumée par Donatien Frémont à partir de 1916 ; l'Association des commis-

---

[38] Raymond Denis (1885-1965), agriculteur et agent d'assurance pour la compagnie *La Sauvegarde*, est né en France et arrive au Canada en 1904. Il travaille d'abord à Saint-Léon au Manitoba, avec l'aide de l'agent colonisateur Léon Roy, père de la célèbre romancière Gabrielle Roy, et par la suite à Montréal, avant de s'établir en 1909 sur un homestead à Saint-Denis en Saskatchewan, où il habite jusqu'en 1934. Sa participation active, à titre de directeur de l'Association interprovinciale, de l'Association catholique franco-canadienne et de l'Association des commissaires d'école franco-canadiens de la Saskatchewan lui vaudra d'être reçu Chevalier de la légion d'honneur.

saires d'école franco-canadiens de la Saskatchewan (ACEFC), créée en 1918 par Raymond Denis, le père Achille-Félix Auclair, Donatien Frémont et le père Émile Gravel; et l'Association interprovinciale dirigée par Raymond Denis, dont le but était de former du personnel enseignant ou d'en recruter au Québec. C'est l'Association des commissaires d'école franco-canadiens qui met en œuvre la première « journée des écoles » le 24 juin 1918, afin de recueillir des fonds destinés à couvrir les coûts de transport des institutrices du Québec[39]. Cette « journée des écoles » n'est pas sans rappeler l'expression privilégiée de l'identité nationale que constitue la journée de la Saint-Jean-Baptiste, commémorée dans l'ensemble du Canada français le 24 juin de chaque année, depuis que l'éditeur de journaux Ludger Duvernay convia une soixantaine de personnes à un banquet champêtre le 24 juin 1834.

Publié, rappelons-le, le 5 juin 1918, le texte d'Annette Saint-Amant précède cette journée patriotique, une occasion annuelle pour les Canadiens français de la Saskatchewan de remplir leur « unique devoir national du moment » (Frémont, 8 mai 1918), soit de mettre la main à leur « gousset » (*ibid.*), car leur salut en dépend, selon Frémont. Le texte en question brille par sa stratégie de propagande et doit être interprété à la lumière des événements en 1918 qui assaillent les Canadiens français de la Saskatchewan pendant plusieurs mois. Saint-Amant explique sa démarche pédagogico-patriotique à l'intention des enfants qui suivent la rubrique leur étant dédiée dans le journal. Ces jeunes lecteurs sont nombreux, si on en juge par leur courrier, que Saint-Amant reproduit dans ses chroniques, et par leur participation au concours qu'elle contribue à lancer. Le discours qu'elle leur adresse est réglé sur celui que le journal tient à la mère de chacun, sur laquelle se concentre un « apostolat [...] où la femme a sa place marquée par la Divine Providence » (Auclair, 8 mai 1918). Ce discours porte sur une thématique centrale, la

---

[39] Cette journée permit de ramasser 2000 $ et d'aider trente-deux institutrices du Québec à suivre les cours d'une école normale en Saskatchewan. Au terme de huit années d'existence (1918-1925), l'Association interprovinciale a procuré une aide financière de 10 200 $ à plus d'une centaine d'institutrices (Rottiers, 50).

sauvegarde de la langue, sur lequel d'autres sujets viennent se greffer : l'éducation française des enfants, « la disette d'institutrices » (« La Journée des écoles », 22 mai 1918), le sentiment patriotique, les boissons enivrantes et l'influence pernicieuse des salles de vues animées. Le tout est conforme à la croyance en une vocation spirituelle de la nation canadienne-française et en une survivance providentielle du fait français en Amérique du Nord[40]. Selon cette croyance, les Canadiens français appartiennent « à la première race du monde » et doivent « mépriser les insultes ou les moqueries de ceux qui valent moins qu['eux] » (« Coin des enfants », 19 juin 1918). Cette forme d'ethnocentrisme catholique se manifeste dès la première phrase de l'entretien d'avec les « chers petits amis » du 5 juin 1918, où l'on peut lire que « des méchantes gens » veulent « à tout prix contraindre les Canadiens français à devenir anglais, dans l'espoir d'en faire, plus tard, de bons protestants orangistes comme eux ». La chroniqueuse recourt à un discours rapporté (celui des « méchantes gens ») qui a l'avantage de brosser la situation et de favoriser l'imaginaire du jeune lecteur. Celui-ci est amené d'abord à s'identifier au groupe des « petits Canadiens français » et par la suite à lire leur réaction verbale, posée à la manière d'une bravade : « Vous pouvez nous faire souffrir et nous persécuter comme les écoliers de l'Ontario, mais nous garderons notre langue et nous resterons catholiques et français ». En inspirant l'émulation, le discours rapporté peut sans doute ouvrir

---

[40] On retrouve cette idée de la survivance providentielle de la « race » canadienne-française notamment chez Rameau de Saint-Père, Edmond de Nevers, le curé Labelle, Mgr Louis-Adolphe Pâquet et Lionel Groulx, entre autres. Cette idée selon laquelle Dieu a fait des Canadiens français un peuple de prédilection investi d'une mission en Amérique s'implante dans le discours de l'élite ecclésiastique à partir de 1875 et se nourrit du phénomène de migration américaine des Canadiens français que ceux-ci entreprennent de 1840 à 1930 et qui poussera 900 000 d'entre eux à « partir pour les États », selon la formule alors employée. Aux dires d'Yves Roby, cette perception « traduit le désarroi et sublime l'impuissance des élites devant l'exode des Canadiens français » (Roby, 39). Sur le sujet, voir Philippe Masson, *Le Canada-Français et la Providence*, Québec, Atelier typographique de Léger Brousseau, 1875, p. 26 ; Edouard Hamon, *Les Canadiens-Français de la Nouvelle-Angleterre*, Québec, Hardy Librairie-Éditeur, 1891, p. 5. ; Georges Bellerive, *Orateurs canadiens aux États-Unis : conférences et discours*, Québec, Imprimerie H. Chassé, 1908 ; Pierre-Philippe Charette, *Noces d'or de la Saint-Jean Baptiste : compte rendu officiel des fêtes de 1884 à Montréal*, Montréal, Le Monde, 1884.

chez certains lecteurs la possibilité de faire leurs ces paroles. Le texte se poursuit par des explications concernant le manque d'institutrices dans les écoles et les conséquences que cela peut entraîner, dont celle de parler « très mal » la langue. Apparaissent alors quelques personnages (Henri, ses compagnons et son père), ce qui aide à créer des effets de réel, en liant ce qui est raconté à l'expérience quotidienne du lecteur. Le narrateur rapporte les paroles du jeune Henri expliquant à ses camarades ce que son père lui a dit à propos de la journée des écoles, conçue « pour recueillir beaucoup d'argent, pour faire venir des maîtresses de la province de Québec ». Le texte se conclut par un retour à la parole de l'auteur, qui enjoint sans détour aux « petits amis du *Coin des enfants* » d'imiter les personnages du récit en contribuant eux aussi à la journée des écoles. Le texte profite donc de ce que le lecteur a pu lui-même entendre à la maison à propos de cette journée spéciale, pour accentuer sa visée pragmatique. Non seulement Saint-Amant fait appel au discours sur la survivance canadienne-française pour écrire son récit, mais elle manipule des pratiques discursives en vue d'une persuasion délibérée, propagandiste, ayant pour cibles les enfants. Le lecteur s'en trouve alors d'autant plus coopté.

4. Bilan sommaire

Nous avons pu constater dans la première partie de ce chapitre comment le Règlement XVII a réveillé la conscience patriotique de toute la nation canadienne-française. Nous avons remarqué qu'en 1916 cet éveil s'intensifie en temps de guerre et monopolise l'attention gouvernementale en détournant l'attention de la question des écoles. Or la Première Guerre s'immisce dans la sémantique du discours journalistique, qui met en parallèle les « manières prussiennes » du « Boche », l'ennemi des Alliés en Europe, et les opposants anglo-protestants dans les luttes scolaires au Canada français, tout en ralliant les Canadiens français à une seule cause. En effet, les lecteurs du *Manitoba* et de *La Liberté* suivent en 1916 l'exemple héroïque des compatriotes ontariens après la promulgation du Règlement XVII en 1912 : ils établissent une stratégie de désobéissance civile à la loi Thornton en créant l'Association d'éducation des Canadiens français du Manitoba (AECFM). Dans ce dernier cas, l'éloignement géographique du centre décisionnel qu'est Ottawa, où se situent le Parlement et les principaux ministères, polarise l'effort de négociation des Canadiens français du Manitoba et favorise du même coup la mise en œuvre d'une action communautaire.

Tout en ayant pour tâche de débusquer les « âmes lâches et méprisables » (Saint-Amant, *Le Patriote de l'Ouest*, 12 novembre 1919), à savoir ceux et celles qui ont « sacrifi[é] leurs convictions » (*ibid.*) et qui rougissent de leur langue (*ibid.*), et de conforter les croyants dans leur cause, le discours journalistique (tant celui de *La Liberté* que du *Bien public* ou du *Patriote de l'Ouest*) génère des sollicitations monétaires, dont nous avons pu constater les effets dans « Le "sou" des écoles ontariennes » de Lionel Groulx. Même un discours en amont de la littérature pour la jeunesse comme la publicité des « pilules rouges » témoigne de l'équivalence entre ce type de réclame commerciale et les appels à contribution de l'Association catholique de la jeunesse canadienne-française (ACJC), cherchant à assurer la santé culturelle et physique des enfants. Les textes exigent donc de la part du Canadien français de mettre d'urgence la main à son « gousset » pour le bien-être de la nation. Tous ces discours, y compris l'analogie entre la guerre et la lutte scolaire dans la presse, intensifient dans la littérature pour la jeunesse un discours de lutte. Ce dernier, que nous n'osons à peine qualifier de « scolaire », puisque la lutte en question semble englober l'ensemble des sphères conflictuelles de la nation, change même la nature du récit d'Annette Saint-Amant que nous avons étudié, qui mêle deux genres : la lettre et le conte. La lettre lui permet d'adresser directement des recommandations à un lectorat ciblé (« mes chers petits amis »), tandis que le conte présente, à titre d'exemple, une situation vraisemblable à laquelle le jeune lecteur peut s'identifier. Les suppliques de l'épistolière récupèrent ensuite la force de l'imaginaire pour qu'il se concrétise en acte lors de la journée des écoles.

Après avoir analysé comment les Canadiens français surmontent les crises scolaires des années 1910, d'après la presse et la littérature pour la jeunesse, nous étudierons au chapitre suivant comment ils font face à la grande crise économique du siècle au début des années trente.

CHAPITRE DEUX • LA FIN DES ACCOINTANCES
1931 – LES AMENDEMENTS SCOLAIRES
DU GOUVERNEMENT ANDERSON (SASKATCHEWAN)

1. PROLÉGOMÈNES

Ce deuxième chapitre tentera de saisir l'évolution de la littérature pour la jeunesse au Canada français au début d'une crise scolaire majeure en Saskatchewan et d'une situation économique mondiale tendue. La démarche diffère peu de la méthodologie suivie au premier chapitre : l'analyse du discours journalistique appelle une mise en lumière des modes opératoires et des dispositifs rhétoriques déployés à l'intention du lecteur canadien-français en 1931. De plus, nous cherchons à identifier les répercussions du discours journalistique dans le discours littéraire pour la jeunesse au cours de cette même période. Cette étude de l'articulation du discours journalistique et du discours littéraire pour la jeunesse est précieuse, car elle permet d'identifier les valeurs que la société canadienne-française et ses élites souhaitent proposer à la génération montante et d'observer leur évolution au prisme de « moments discursifs » (Moirand), c'est-à-dire, rappelons-le, de moments historiques précis et générateurs de discours. À la lumière de notre étude des discours tenus dans la foulée du Règlement XVII (1912) et de la loi Thornton (1916), il y a lieu de croire que ceux relatifs à des moments discursifs comme les crises scolaire et économique en Saskatchewan ont en commun les valeurs qu'ils ancrent respectivement dans le langage.

Comme le rappelle le sociocriticien Pierre Zima, « les unités lexicales, sémantiques et syntaxiques articulent des intérêts collectifs et peuvent devenir des enjeux de luttes sociales, économiques et politiques » (Zima, 141). Il s'agira pour nous de relever ces entités textuelles et d'analyser la manière dont elles articulent l'ensemble des valeurs, ou idéologies, que la littérature pour la jeunesse peut récupérer pour ses propres besoins. Or la conjoncture sociale, économique, politique et culturelle en 1931 diffère largement du contexte d'où sont surgis le Règlement XVII et la loi Thornton. Dans cette perspective, comment le discours dominant, celui sur la survivance de la nation canadienne-française[1], ainsi que la pléiade des discours sur les valeurs connexes (conservation de la langue et de la foi, sauvegarde du mode de vie rural, importance accordée à la famille, mission providentielle en Amérique) se transforment-ils au cours des années ? Comment évoluent-ils dans la presse et dans la littérature pour la jeunesse en regard de moments discursifs comme la crise scolaire en Saskatchewan et la crise économique mondiale ? Et comment concurrencent-ils une foule d'autres discours de toutes sortes (économique, politique, social, culturel, commercial) ?

Pour déterminer l'évolution des discours canadiens-français dans l'Ouest dans les années trente, posons d'abord comme hypothèse que la crise économique modifie le rapport des communautés canadiennes-françaises minoritaires avec la Laurentie, désignation popularisée à la même époque pour évoquer le Québec de la vallée du Saint-Laurent. Selon notre hypothèse, l'instabilité économique à partir de 1929 obligerait en retour ces minorités à recentrer le discours sur la survivance, voire à l'intensifier, en le marquant d'une conscience aiguë d'exiguïté (François Paré) en marge du Québec majoritairement francophone. Cette conscience d'habiter « une culture minoritaire et largement infériorisée » (Paré, *Exiguïté*, 19) se signale, en l'occurrence, par des *actes d'autonomie*, comme peuvent en témoigner la

---

[1] Nous nous référons à *Idéologies au Canada français*, sous la direction de Fernand Dumont, Jean-Paul Montminy et Jean Hamelin, Québec, Presses de l'Université Laval, 4 volumes, de 1971 à 1981.

mise en place d'associations[2], de stations de radio[3], d'organes de presse[4] et d'institutions d'enseignement supérieur[5].

Le discours journalistique en 1931 se développe dans un contexte socioéconomique qu'il est impératif d'esquisser, car bien que plusieurs livres et articles sur cette période aient été publiés, peu d'entre eux examinent les effets de la crise économique des années trente sur les communautés francophones du Canada. De même, le rappel des événements entourant les modifications à la loi scolaire en Saskatchewan faites par le gouvernement de James Thomas Milton Anderson (1878–1946) permettra d'interpréter plus adéquatement le discours journalistique sur ce moment discursif, qui a entraîné la suppression du programme élémentaire en français et l'interdiction de l'affichage de symboles religieux et du port de l'habit religieux dans les écoles.

L'immensité du corpus à traiter, autant du côté journalistique que du côté littéraire, exige de s'en tenir à des publications précises. Pour la période de 1931, le dépouillement du *Patriote de l'Ouest* s'impose de lui-même puisqu'il forme l'organe de protestation de la communauté canadienne-française de la Saskatchewan. Il en va de même du journal *Le Devoir* en raison des affinités avec la cause canadienne-française de son rédacteur en chef Omer Héroux, qui accepte de publier de nombreuses lettres de Raymond Denis, directeur influent de l'Association catholique franco-canadienne (ACFC) de la Saskatchewan. Enfin, notre dépouillement de *La Liberté* nous permettra de

---

[2] L'Association canadienne-française d'éducation d'Ontario (1910), l'Association catholique franco-canadienne de la Saskatchewan (1912), l'Association d'éducation des Canadiens français du Manitoba (1916), l'Association canadienne-française de l'Alberta (1925), l'Association nationale de l'Ouest (1936), le Comité permanent de la Survivance française en Amérique (1940).

[3] CKCH-Ottawa/Hull (1933), CKSB-Saint-Boniface (1946), CHNO-Sudbury (1947), CHFA-Edmonton (1949), CFCL-Timmins (1951), CFRG-Gravelbourg (1952), CFNS-Saskatoon (1952).

[4] Près d'une soixantaine de journaux ont vu naissance en Ontario selon le décompte de Paul François Sylvestre (*Journaux*, 1984). Le Manitoba en a connu seize selon le calcul de Bernard Pénisson (*D'Hellencourt*, 1987).

[5] Le Junioriat Saint-Jean (1908), le Collège du Sacré-Cœur de Sudbury (1913), le Collège Mathieu (1918), le Petit séminaire d'Ottawa (1925), l'École normale de l'Université d'Ottawa (1927).

constater l'évolution du discours journalistique après 1916 et de considérer la relation du Manitoba français avec la minorité française de la Saskatchewan durant les crises des années trente. Comme nous le démontrerons en détail dans le dernier chapitre de ce livre, ces communautés mettent en œuvre progressivement des stratégies d'autonomisation qui, à partir de la Deuxième Guerre, les distingueront de l'élite nationaliste montréalaise et les conduiront, elles aussi, « à valoriser leur régionalité, leur minorisation et à la convertir en dynamisme » (Dubois, 137), parallèlement à l'institution littéraire naissante au Québec.

En ce qui concerne les œuvres littéraires pour la jeunesse, dont la « lecture est à la mesure de l'intérêt que l'adulte porte à son propre passé et à son histoire » (Perrot, 5), nous avons établi un corpus qui pouvait être connu de la jeunesse canadienne-française issue des minorités de l'Ouest canadien et de l'Ontario.

2. RAPPEL HISTORIQUE DES ÉVÉNEMENTS

a. Le cadre économique du Canada vers 1931

Les historiens s'accordent pour dire que la Première Guerre mondiale a bouleversé la situation économique au XXe siècle, particulièrement pour l'Europe qui a subi d'importantes pertes en vies humaines (Marcel et Taieb, 130-131 ; Galbraith, 46 ; Gilles, 150). Les années vingt verront la montée de la production industrielle de pays dit « neufs », comme le Japon, l'Australie et le Canada, ainsi que la domination économique des États-Unis, devenus un pays créancier. Le rétablissement de l'ordre économique après la guerre donnera lieu à une inflation causée en partie par des emprunts des pays fragilisés par la guerre (Allemagne, Autriche, Grande-Bretagne, France). Cette inflation débouchera dans les années 1921 et 1922 sur une dépression mondiale qui laissera les agriculteurs économiquement affaiblis par une baisse des prix de leurs produits. Une fois la dépression passée, les grandes économies capitalistes reprendront de la vigueur dans les secteurs de l'automobile et de la construction, à la différence de l'agriculture, du textile et du chemin de fer (Galbraith, 46 ; Marcel et Taieb, 133-141). Selon Marcel et Taieb, les causes exactes qui provoquent l'effondrement de l'économie en 1929 restent difficiles à expliquer et doivent être interprétées à la lumière de l'évolution économique de la période précédente (146). Les causes du krach boursier du jeudi 24 octobre 1929 apparaissent aussi dans l'étude des courbes de l'indice de production industrielle américaine qui périclitait bien avant la journée fatidique (Galbraith, 145). Les conséquences et les effets de cette crise, surtout au Canada, interpellent notre compréhension du cadre dans lequel évoluent les discours journalistiques canadiens-français en 1931. Pendant que le Canada exportait une grande partie de sa production de blé, de pâtes et papiers et de bois avant la crise, le prix de ces matières premières chuta, ce qui provoqua des fermetures d'usines et des faillites chez les agriculteurs pendant une décennie.

b. La situation dans l'Ouest

De 1930 à 1931, la crise économique s'aggrave dans l'Ouest du pays. Comme on peut aisément le remarquer dans des journaux comme *Le Patriote de l'Ouest*, *La Liberté* et *Le Devoir*, les débats à la Chambre des Communes à Ottawa se focalisent presque exclusivement sur cette crise. Étant donné la place qu'occupe la question de la colonisation dans les relations journalistiques entre l'Ouest et le Québec, la crise économique se pose comme un enjeu national dans les années trente, et notamment dans les discours nationalistes tenus respectivement par les minorités canadiennes-françaises et par les élites montréalaises. La mévente du blé oblige les premiers ministres des provinces du Manitoba, de la Saskatchewan et de l'Alberta à solliciter auprès du premier ministre Bennett une intervention de l'État pour assurer la stabilisation des prix (Héroux, « La crise du blé », *Le Devoir*, 17 novembre 1930). Ces interventions se présentent sous plusieurs formes : des projets de développement hydraulique en Saskatchewan, une loi pour faciliter l'ajustement des dettes pour les fermiers qui risquent de perdre leur terre, et la création d'une commission royale d'enquête sur la commercialisation du blé qui mènera en 1935 à la création d'une coopérative de mise en marché (« Une loi pour faciliter le règlement des dettes », *La Liberté*, 15 avril 1931 ; « La commission royale d'enquête sur le grain siège à Winnipeg », *La Liberté*, 15 avril 1931). Ces malaises économiques créent des tensions au sein du discours journalistique, et certains agriculteurs de la région de Wilkie agitent la menace de sécession du Canada, « soit un état indépendant à l'ouest des Grands Lacs, ou une annexion volontaire des provinces de l'Ouest aux États-Unis » (Denis, *Menace*, [en ligne]). L'augmentation des interventions gouvernementales, qui s'intensifieront à la suite de l'élection pour la troisième fois du libéral William Lyon Mackenzie King (1874-1950), en octobre 1935, suscitera des discours parfois extrémistes, voire fascistes[6], pour contrer un libéralisme qui mènerait, selon les auteurs des articles, au communisme ou au « péril bolchéviste » (« Comment faire face au bolchévisme », *La Liberté,* 20 mai 1931; Frémont « Le danger communiste au Canada », *La Liberté,* 22 avril 1931). En 1931, une récolte désastreuse ruine 50 000 fermiers de la Saskatchewan, ce qui forcera le gouvernement de cette province à emprunter au gouvernement fédéral près de deux millions de dollars pour instituer un bureau de secours destiné à venir en aide aux 300 000 victimes de la crise économique et à fournir des aliments, du combustible, des vêtements, du fourrage et des grains de semence. L'argent aida aussi les municipalités à procurer de l'emploi aux chômeurs, grâce à l'adoption d'un vaste programme de travaux publics et de construction de routes (« La campagne électorale », *Le Patriote de l'Ouest,* 6 juin 1934). Curieusement, la situation catastrophique des fermiers de l'Ouest n'empêche pas la valorisation d'un retour à la terre auprès des chômeurs des villes[7] : « Il faut souhaiter qu'un grand nombre de nos compa-

---

[6] Le fascisme canadien-français de cette époque s'articule surtout autour de la figure du journaliste et homme politique Adrien Arcand, « fasciste marginal » (Lamonde, *Modernité*, 57), fondateur en 1934 du Parti national social chrétien (PNSC) et de plusieurs hebdomadaires sympathiques aux idées anticommunistes et antisémites (Jean-François Nadeau, *Adrien Arcand, führer canadien*, Montréal, Lux Éditeur, 2010, 408 p.).

[7] Le retour à la terre est encouragé par le Bureau des commissaires-colonisateurs et préconisé par le gouvernement québécois de Louis-Alexandre Taschereau, qui diffuse cette propagande via le ministère de l'Agriculture du Québec. Voir par exemple les appels de l'abbé Joseph Payette, du Bureau des commissaires-colonisateurs, dans *Le Bien public* du 24 mars 1931 (« Où s'établir », page 7), qui n'hésite pas à vanter les terres de l'Ouest malgré la crise économique et la mévente du blé, tout en soulignant qu'il y a plusieurs familles canadiennes-françaises qui y sont établies, et qu'ils possèdent leur église et leurs écoles. Les difficultés concernant les écoles, malgré la crise en Saskatchewan à son plus haut niveau en mars 1931, ne sont nullement mentionnées.

triotes de l'Est profitent de ces occasions uniques pour venir voir les chances d'établissement que nous avons à leur offrir dans nos centres français » (Frémont, « Chômage et retour à la terre », *La Liberté*, 24 juin 1931 ; « La situation n'est pas si mauvaise, assure M. Bennett », *La Liberté*, 29 avril 1931). Toutefois, ces discours sont contrebalancés par le constant rappel des difficultés des fermiers expérimentés aux prises avec des conditions économiques peu enviables. Il importe de ne pas occulter le drame humain qui se tapit notamment dans les témoignages émouvants colligés par Barry Broadfoot (1973).

C'est dans cette atmosphère sociale et économique tragique qu'il faut situer les modifications à la loi scolaire en Saskatchewan par le gouvernement d'Anderson. Ce gouvernement était pressé d'unir les concitoyens dans une même langue et une même culture afin de *canadianiser les étrangers*, ou d'accélérer l'assimilation, la seule avenue de l'ethnocentrisme capable d'engendrer une harmonie sociale en une période économique difficile. Ces modifications scolaires replongeront les Canadiens français dans une crise aux dimensions nationales particulières, et pour laquelle on constatera un certain effritement d'intérêt de la part d'un Québec aux prises avec ses propres défis (colonisation, faillite de l'industrie papetière, modernisation du réseau routier, débats sur le vote des femmes).

c. Crise scolaire en Saskatchewan

La crise scolaire qui déferle au Canada français en provenance de la Saskatchewan en 1931 s'inscrit dans un mouvement d'évolution sociale nourri, à partir de la fin du XIXe siècle, par une immigration massive. L'accueil fait aux nouveaux arrivants est teinté d'une idéologie qui prône leur intégration et leur assimilation, selon les idéaux anglo-saxons de la société canadienne. Cette idéologie s'inscrit aussi dans une crise de fanatisme, soit des attitudes de justification sociale et politique basées sur l'émotion, ce que Patrick Kyba appelle en anglais *emotionalism* (*Ballots*, 108), et dont les manifestations politiques les plus visibles découlent du résultat des élections de 1929 :

> *Materially the province was better off than ever before; yet in 1929 the
> Government suffered a stunning setback. In that year it was toppled, not
> because Saskatchewan electors were economically depressed, but because
> they were emotionally aroused, and these emotions were stirred over issues
> fundamental to social and political harmony in the province.*
> (*ibid.*, 107-108)

L'une des figures clefs des divers courants idéologiques qui animent la Saskatchewan à partir de 1920 est un ancien inspecteur d'école, James Thomas Milton Anderson, proche du mouvement extrémiste de fraternité chrétienne, le Ku Klux Klan[8], qui avait fait son apparition dans la province en 1926. Anderson est né dans la région de Toronto le 23 juillet 1878, d'une mère

---

[8] L'ordre des chevaliers du Ku Klux Klan est une fraternité protestante née en 1866 au Tennessee, au terme de la Guerre de Sécession. Dissoute en 1871, le Klan renaît de ses cendres en 1915, se répand sur l'ensemble du territoire américain et regroupe trois millions de membres (294 000 membres en Indiana, 300 000 en Ohio et 131 000 en Illinois, selon un sondage de 1923 [Calderwood, 103]). On reconnaît ses membres par leur longue tunique blanche surmontée d'un capuchon pointu. Au Canada, l'Empire invisible s'installe à Montréal en 1921, en Colombie-Britannique en 1922, en Ontario et dans les Maritimes en 1923, et à la fin de 1926 on la retrouve au Manitoba, en Alberta et en Saskatchewan (*ibid.*). Toutefois, la période 1927-1930 en Saskatchewan est celle qui a le plus d'impact au Canada selon William Calderwood (*ibid.*). Le credo de l'organisation saskatchewanaise s'énonce ainsi : *The Klan believes in Protestantism, racial purity, gentile economic freedom, just laws and liberty, separatism of church and state, pure patriotism, restrictive and selective immigration, freedom of speech and press, law and order, higher moral standards, freedom from mob violence and [in] public school.* («Klan organization in Saskatchewan was flourishing», *The Gazette* [Montréal], 9 juillet 1928, p. 13.)
En Saskatchewan, les premiers organisateurs, Lewis A. Scott et Patrick Emmons, arrivent des États-Unis en 1927 et implantent l'organisation en vendant des cartes de membre à 13 $ pour ensuite s'enfuir avec le magot estimé à plus de 100 000 $. À l'été 1928, ils feront face à des accusations de fraude. La procédure judiciaire sera largement diffusée dans la presse et permettra d'en apprendre sur les relations du Klan avec le gouvernement Anderson. Emmons avoue sous serment « *that Dr. Anderson and other Conservatives had approached him several times to interest the Klan in politics, and that he had been forced to leave Saskatchewan because they had finally secured control of the Klan and were using it for political purposes* » (Kyba, *J.M.T. Anderson*, 116). Bien entendu, les Conservateurs ont toujours nié cette apparence de collusion ; toutefois, selon Patrick Kyba (*ibid.*) ils ont toujours insisté sur leur appui à quiconque était opposé aux Libéraux de James Garfield Gardiner, le parti au pouvoir après la création de la province en 1905. À l'aube des élections de 1929, le Ku Klux Klan fomente une campagne raciale dirigée contre ceux qui refusent de s'assimiler à la culture anglo-saxonne, appelés péjorativement les « aliens », principalement les Catholiques perçus comme de possibles traîtres au Dominion de par leur allégeance à Rome (Waiser, 250). En 1928, le Klan diffuse ses idées parmi ses 125 cercles disséminés sur le territoire de la Saskatchewan, ses 25 000 membres et *The Sentinel*, son organe de publication tiré en 1924 à 39 000 exemplaires (Calderwood, 104-106 ; Archer, 208 ; Waiser, 251).

de descendance russe et serbe. Éducateur de formation, il poursuit sa carrière d'enseignant au Manitoba et en Saskatchewan et obtient une maîtrise en droit à l'Université du Manitoba et un doctorat en pédagogie de l'Université de Toronto. Il devient chef du parti conservateur provincial en 1924, après une courte carrière à titre de directeur de l'éducation au bureau ministériel, où il est démis de ses fonctions. Il est aussi membre de l'Ordre d'Orange, de la fraternité Kiwanis et de l'Église Anglicane (Kyba, *J.T.M. Anderson*, 110). Après la défaite du gouvernement libéral minoritaire de J.G. Gardiner, Anderson est désigné comme chef d'un gouvernement de coalition en septembre 1929. Il se retire de la politique deux ans après sa défaite électorale de 1934 et intègre une compagnie d'assurance avant d'administrer l'école pour sourds de Saskatoon. Il meurt en 1946. En 1918, Anderson publie sa thèse de doctorat, un manuel d'assimilation raciale intitulé *The Education of the New-Canadian: a treatise on Canada's greatest Educational Problem*. La lecture de cet ouvrage est précieuse pour comprendre les motivations qui conduiront ce futur premier ministre et ministre de l'Éducation de la Saskatchewan à prendre des décisions pour promouvoir l'immigration en provenance de la Grande-Bretagne[9], modifier la loi scolaire en vue d'une sécularisation des écoles confessionnelles et réduire au minimum leur influence qualifiée à l'époque de sectaire. Des extraits de son essai lapidaire lèvent toute équivoque quant aux intentions qui motiveront son action politique. Il s'agit pour Anderson d'affermir la « *great national task of assimilating the thousands who have come to settle in Canada from various lands across the seas* » (7) et de leur servir « *the highest Anglo-Saxon ideals* » (8). La condition *sine qua non* d'une telle entreprise est d'imposer une langue commune aux nouveaux arrivants par le biais de l'école (« *the greatest agency in racial assimilation* », [114]) : « *There must be one medium of communication*

---

[9] En janvier 1930, Anderson créera une commission d'enquête pour examiner les politiques fédérales en matière d'immigration et pour recommander une stratégie pour la Saskatchewan. Six mois plus tard, la commission recommandera que les règles d'immigration soient plus sélectives et qu'elles accordent un traitement préférentiel aux colons britanniques (Waiser, 253).

from coast to coast, and that [is] the English language » (93). Pour Anderson, le Manitoba d'avant 1916 souffrait de la tolérance envers l'enseignement des langues étrangères, notamment le français. L'article 258 de la loi scolaire manitobaine accordait, avant la loi Thornton, le droit d'enseigner dans une langue étrangère lorsque dix élèves parlaient cette langue, un droit hérité du règlement Laurier-Greenway de 1896. Le 30 juin 1915, le Manitoba possédait 126 écoles bilingues (une appellation qui désignait à l'époque les écoles françaises), 61 écoles de langue allemande, 11 écoles ruthènes et polonaises, soit le quart des écoles rurales de la province : « *As a result of this unwise legislation thousands of children have grown up in this province [Manitoba] in comparative ignorance of the English language* » (109). C'est dans cet esprit de « *canadianization of the foreigner* » (230) qu'il faut situer les prises de position d'Anderson, qui prendra la tête de la coalition conservatrice formée en Saskatchewan à la suite des élections printanières de 1929. La plate-forme électorale d'Anderson fait la promotion « de l'interdiction de symboles et d'habits religieux dans les écoles publiques et de la suppression des manuels scolaires contenant des éléments de nature confessionnelle ou anti-patriotique » (Huel, *Association*, 54), et donne l'occasion à une certaine presse d'alimenter la peur que la Saskatchewan devienne « un second Québec » (*ibid.,* 55). Le *Regina Daily Star*[10] du 7 janvier 1929 annonce à ce sujet les discussions de ministres fédéraux et de membres du clergé canadien-français qui ont eu lieu à Ottawa. Aux dires du journal, cette rencontre aurait porté sur les moyens à prendre pour inciter 250 000 concitoyens francophones à s'établir dans l'Ouest (*ibid.,* 54). Dans son édition du 29 février, l'organe officiel de l'Ordre d'Orange, le *Sentinel*, rapporte les révélations du *Daily Star* et le félicite de l'avoir éclairé sur ce « *gigantic movement* » (*ibid.,* 55). De son côté, Raymond Denis, de l'Association catholique franco-canadienne (ACFC),

---

[10] Le *Daily Star* de Regina effectue sa première livraison au mois de juillet 1928. Il est financé au départ par le chef du parti conservateur fédéral Richard Bedford Bennett, futur premier ministre du Canada aux élections de 1930 qui enverront le parti libéral de William Lyon Mackenzie King sur les bancs de l'opposition. Le journal a indéniablement servi les intérêts du Dᵣ Anderson et de son parti (Kyba, *J.T.M. Anderson*, 116).

ne manque pas de rappeler avec vigueur l'importance du vote annoncé pour le 6 juin :

> Franco-Canadiens, debout ! Vous savez quels sont vos insulteurs ! À votre bulletin de vote de leur donner la réponse. Personne n'a le droit de se désintéresser de la lutte. Personne n'a le droit de s'abstenir. Ce serait une lâcheté. (« Franco-Canadiens, debout ! », *Le Patriote de l'Ouest,* 29 mai, 1929)

Aucun parti n'obtiendra la majorité et une coalition formée de conservateurs, de progressistes et d'indépendants renverse les libéraux de Gardiner le 6 septembre 1929 sur une motion de censure. Anderson accepte de diriger la coalition et s'attribuera également les responsabilités de ministre de l'Éducation.

Dès le 27 septembre, le nouveau premier ministre annonce la suppression de l'échange de brevets d'enseignement avec le Québec en prétextant leur infériorité par rapport à ceux de la Saskatchewan (*Star-Phoenix,* 28 septembre 1929, p. 3), ce qui a pour effet « de réduire singulièrement le recrutement d'enseignants bilingues pour les districts scolaires francophones » (Huel, *Association,* 56). Le 26 octobre, un autre coup dur atteint la communauté canadienne-française : le prélat le plus influent, Mgr Olivier-Elzéar Mathieu, meurt à l'âge de 75 ans après avoir été terrassé l'année précédente d'une crise cardiaque ; il laisse au seul autre évêque catholique de la province, Mgr J.-H. Prud'homme, le soin d'opérer un rapprochement avec le gouvernement. En décembre, une mesure s'avère encore plus néfaste, soit l'obligation d'enseigner la religion en anglais (Frémont, « En Saskatchewan », *Le Patriote de l'Ouest,* 1er janvier 1930). Le 23 janvier 1930, Raymond Denis et des membres de l'ACFC rencontrent le premier ministre Anderson pour discuter de la question. Ce dernier leur suggère ironiquement de contourner la législation en enseignant la religion à l'heure du dîner ou après les heures de classe (Denis, « L'instruction religieuse dans nos écoles », *Le Patriote de l'Ouest,* 29 janvier 1930).

Entretemps, l'amendement à la loi scolaire par le projet de loi 222a [1] entre en vigueur le 1er juillet 1930 ; il interdit la présence des symboles religieux et le port de l'habit religieux dans les écoles publiques, afin, comme l'explique Anderson dans un discours électoraliste, de ne pas « laisser influencer l'esprit de nos enfants par aucune personne enseignant dans un costume religieux, fût-elle romaine, anglicane, juive ou autre » (« École non confessionnelle », *Le Patriote de l'Ouest*, 9 octobre 1929). Et Anderson d'ajouter que ses compatriotes et lui « d[oivent] faire disparaître l'esprit sectaire de [leurs] écoles publiques et [qu'ils] [vont] le faire » (*ibid.*). À Ottawa, la mesure provoque la démission d'Armand Lavergne, membre de l'exécutif du parti conservateur, devant le refus de son parti de désavouer Anderson (Robillard, *Baudoux*, 177). La protestation s'étend dans l'ensemble du Canada français, comme le rappelle Denise Robillard :

> D'Ottawa, de Québec, de Trois-Rivières, de Montréal, de Sherbrooke, de Saint-Boniface parviennent des lettres d'appui et d'encouragement. De Le Pas, au Manitoba, le vicaire apostolique du Keewatin, Mgr Ovide Charlebois, donne son « entière adhésion » à la fière attitude de l'évêque [de Prince Albert, Mgr Prud'homme] « en face du fanatisme aveugle et de l'esprit sectaire ». D'Ottawa, son frère, le belliqueux Charles Charlebois, manifeste son indignation devant les accusations du *Regina Daily Star* et suggère de poursuivre le journal au criminel. (*ibid.*)

L'Association catholique franco-canadienne (ACFC) poursuit ses protestations en envoyant des lettres aux journaux de l'Est (*Le Devoir, La Presse, Le Droit, Le Canada, L'Action catholique*) et tient un congrès des commissaires d'école en mars 1930 afin d'unifier l'opposition catholique. Mgr Prud'homme envoie une circulaire aux prêtres de son diocèse « invitant à faire prier leurs paroissiens pour obtenir de Dieu lumière et force, dans l'épreuve qui menace l'éducation catholique » (« Injuste et indigne », *Le Patriote de l'Ouest*, 5 février 1930). Celle-ci sera perçue par le *Daily Star* comme une menace de renversement du gouvernement (*ibid.*). La tension ne cesse de grimper dans la presse francophone et anglophone. Lorsque le nouvel archevêque de Regina, Mgr James Charles McGuigan, entre en poste après le décès de Mgr Mathieu, les autorités religieuses assouplissent leur position, afin de se conformer aux instructions du Saint-Siège qui prône la bonne entente entre les évêques catholiques de l'Ouest et surtout le refus de tout acharnement envers un gouvernement qui ne s'était pas encore attaqué directement à la langue française[11]. Comme l'explique Raymond Huel,

> les communautés religieuses modifièrent leurs habits en revêtant une toge qui dissimilait l'uniforme religieux, et remplacèrent leurs coiffes par des bonnets que les inspecteurs appelèrent des "French widow's bonnets" [bonnet de veuve à la française]. Étant donné que l'amendement de la loi scolaire ne se rapportait qu'aux écoles publiques, les religieuses enseignantes n'avaient pas à modifier leur uniforme, ou à enlever les emblèmes religieux, dans les écoles séparées qui leur étaient confiées. (Huel, *Association*, 59)

Au Couvent Jésus Marie à Gravelbourg, les religieuses revêtirent un costume laïque, mais, comme l'explique Raymond Denis dans ses *Mémoires*, la plupart d'entre elles, dont celles de Duck Lake, Saint-Brieux, Ponteix et Domrémy, « se contentèrent de modifier leur costume, assez pour qu'on puisse dire que l'on respectait la loi puisque ce n'était plus un habit religieux, mais pas trop, pour que l'on sache fort bien que cet habit, pas religieux, était quand même porté par une religieuse » (vol. 24, n°s 11-12, 312). Sept ou huit religieuses sur quatre-vingt-sept qui enseignaient dans les écoles publiques quittèrent la province en guise de protestation (Lapointe et Tessier, 230 ; Carrière, 205). La communauté catholique canadienne-française se sentit alors « humili[ée] et indign[ée] », selon les mots de Mgr Ovide Charlebois (Carrière, 204). Lorsqu'Anderson fait envoyer sa photo aux institutrices, *Le Patriote de l'Ouest* souligne avec un humour noir la portée symbolique du geste :

---

[11] Dans une lettre publiée dans *Le Devoir*, Raymond Denis explique aussi « qu'il fallait avant tout sauver les écoles » et qu' « il aurait été possible d'adopter des tactiques plus brillantes sur cette question. Un appel aux tribunaux semblant hors de question, nous aurions pu avoir recours à la grève scolaire, par exemple, ou à la résistance ouverte et active. Nos chefs ont pensé que ce qu'il fallait chercher avant tout, ce n'était pas le bruit, ou la satisfaction d'accomplir de beaux gestes, mais le résultat à atteindre » (Denis, « La situation en Saskatchewan », *Le Devoir*, 13 avril 1931).

La place de cette photo est d'ailleurs tout indiquée. Elle remplacera le Christ, que par ses amendements scolaires, M. Anderson met en dehors des écoles. Ceux qui s'objectent à la présence du divin crucifié seront heureux de le voir si majestueusement remplacé par le profil de notre premier ministre. (« La photographie d'Anderson », *Le Patriote de l'Ouest*, 14 mai 1930)

Le 20 mai 1930, G.A. Brown et J.A. Gagné, tous deux de l'école normale de Moose Jaw, sont chargés par Anderson, à la demande du Ku Klux Klan, d'une enquête sur la situation du français dans les arrondissements francophones (Huel, *Association*, 59). Le rapport, intitulé *Report on the Inquiry into Conditions in Schools in French-speaking Settlements*, est remis quelques mois plus tard le 15 janvier 1931 et les conclusions reposent sur une évaluation partielle des soixante-dix écoles visitées sur cent soixante, dans lesquelles la langue d'enseignement est le français. Les deux auteurs allèguent le court délai qui leur avait été imparti pour réaliser leur enquête, mais recommandent néanmoins que « *the primary course in the French language be abolished because it was an impediment to the acquisition of "an adequate knowledge of English"* » (Huel, *Secularization*, 72). En conséquence, Anderson propose en Chambre le 27 février 1931 un amendement à la loi scolaire qui prévoit l'abolition de l'usage du français comme langue d'enseignement en première année d'études. Le projet est adopté le 9 mars, de sorte que le français soit enseigné seulement en tant que matière d'étude, à raison d'une heure par jour à tous les niveaux (Lapointe et Tessier, 231 ; Huel, *Association*, 60 ; « Physionomie d'une séance », *Le Patriote de l'Ouest*, 11 mars 1931). *Le Patriote de l'Ouest* rappelle la séance historique du 9 mars dans ses moindres détails :

> Voici enfin le vote. Le président décide que les oui et les non étant en nombre sensiblement égal, un vote nominal doit être pris. Bientôt, en faveur de la mesure, tous les ministériels se lèvent, et à l'appel de leurs noms, tous conservateurs, indépendants et progressistes, répondent oui. Chaque oui tombe comme un glas funèbre, sonnant la condamnation de notre langue. (« Physionomie d'une séance », *Le Patriote de l'Ouest*, 11 mars 1931)

L'ACFC, malgré son impuissance à renverser les lois gouvernementales, adopte d'abord l'attitude des confrères manitobains et demande aux enseignants d'ignorer les nouvelles directives et de continuer d'enseigner en français en première année (Denis, « À nos commissaires scolaires », *Le Patriote de l'Ouest*, 1er avril 1931 ; republié tel quel dans *Le Devoir* le 7 avril 1931). Toutefois, l'ACFC obtempère par la suite à la loi, comme en fait foi le rapport d'activités publié dans *Le Patriote de l'Ouest* à la rentrée scolaire : « La loi scolaire nous accorde une heure par jour pour l'enseignement du français. Prenez-la toute et faites en sorte que vos élèves n'en perdent pas une seule seconde » (2 septembre 1931). Les mères sont elles aussi sollicitées pour combler les lacunes de l'école publique non confessionnelle :

> À la mère donc de transformer chaque soir et dimanche, le foyer en salle de classe où elle romprera [*sic*] aux petits le pain de la religion – enseignement du catéchisme – et apprendra quelques bribes de français – lecture en famille du journal français et de livres où vibre l'âme de notre race – afin de contrebalancer la double influence de l'école non confessionnelle, la plaie du vingtième siècle. (« La rentrée », *Le Patriote de l'Ouest*, 26 août 1931)

Selon Raymond Huel, cette attitude de soumission devant le fait accompli s'expliquerait non seulement par la vigilance des inspecteurs d'école qui veillaient à l'application de la loi, mais aussi par la crise économique, qui contraignait les écoles publiques à ne pas risquer de perdre le financement de l'État (*Secularization*, 72).

Ce dernier amendement à la loi scolaire suscita des inquiétudes sur la scène politique fédérale. Un télégraphe du secrétaire personnel du premier ministre Bennett envoyé au procureur général de la province fit état de la difficulté pour le gouvernement fédéral de défendre une telle position qui risquait de diviser le pays et de renverser le gouvernement (*ibid.*, 73). Il n'en fallait pas plus pour que les Canadiens français interprètent ces spoliations successives comme une attaque en règle contre leur religion, leur langue et leur culture, et leur fournissent une preuve supplémentaire de l'impossibilité de protéger le fait français en dehors de l'espace laurentien. À la suite de la défaite du

gouvernement Anderson aux élections de 1934, le gouvernement Gardiner s'empressa de rétablir l'enseignement du français,
sans que l'administration des programmes ne fût déléguée au
ministère de l'Instruction publique. L'ACFC continua alors de
s'en charger en rédigeant les programmes d'étude et en organi-
sant les examens de fins d'année jusqu'à la création du Bureau de
la minorité de langue officielle en 1974 (Lapointe et
Tessier, 231-232).

Grâce à leur isolement (à Bellevue, à Ferland, à Prud'homme
et à Gravelbourg par exemple) et à la ruse des institutrices, « qui
enseignai[ent] les cours d'anglais, d'histoire et de géographie
dans la langue de Shakespeare tout en donnant les instructions
aux jeunes dans la langue de Molière » (Gareau, *Banc*, 17), les
Canadiens français de la Saskatchewan réussirent à survivre,
mais dans des conditions assimilatrices certaines. C'est ce que
révèle également en 1942 le futur archevêque de Saint-Boniface,
l'abbé Maurice Baudoux (1902-1988)[12], dans un article où il
soulève la difficulté d'utiliser adéquatement le terme « nos
écoles », même en ce qui concerne les écoles séparées,

> parce que leur autonomie est trop restreinte, parce que leur personnel
> enseignant a dû passer par le même moule que celui des écoles publiques ;
> parce que leur programme et leur matériel scolaire ne diffèrent point
> essentiellement de celui des écoles publiques ; parce que, enfin, elles sont
> visitées par les mêmes inspecteurs. (Baudoux, *Écoles des minorités*, 18)

Il faut aussi savoir que, contrairement à la situation scolaire
ontarienne où les élèves francophones fréquentent surtout des
écoles privées, dites « séparées », les élèves francophones de la

---

[12] Maurice Baudoux est né à La Louvière (Belgique) le 10 juillet 1902. Il arrive avec sa
famille dans l'Ouest canadien en 1911 et est ordonné prêtre en 1929. Impliqué dans l'enseignement de la religion et de la formation de la jeunesse, Baudoux luttera pour l'obtention
de postes de radio français dans les quatre provinces de l'Ouest, ce qui lui vaudra d'être
reconnu comme le « père de la radio française dans l'Ouest ». Ces efforts porteront fruits :
la station CKSB à Saint-Boniface est ouverte en 1946, CHFA-Edmonton en 1949, et
CFRG-Gravelbourg et CFNS-Saskatoon en 1952. Appelé à poursuivre sa vocation à titre
d'évêque du diocèse de Saint-Paul en Alberta en 1948, il sera coadjuteur de l'archidiocèse
de Saint-Boniface quatre ans plus tard et archevêque en titre de 1955 à 1974. Il s'éteint en
1988.

Saskatchewan fréquentent principalement l'école publique, celle-ci étant d'abord l'école de la majorité locale (Héroux, 1931). Les amendements de Anderson les affectent directement.

En 1944, l'arrivée de l'ancêtre du Nouveau Parti Démocratique, le parti socialiste démocrate Cooperative Commonwealth Federation (CCF) dirigé par T.C. Douglas, accélère l'assimilation des jeunes francophones. Le gouvernement de Douglas implante un système de grandes unités scolaires, le *Greater School Units Act,* qui entraîne la disparition des petites écoles de campagne et du contrôle par les francophones de leurs écoles, désormais minoritaires dans les écoles centralisées, à quelques exceptions près (Bellevue, Zénon Park, Gravelbourg, Bellegarde). La situation s'améliore en 1964 lors de l'élection du parti libéral de Ross Thatcher, qui met sur pied une commission d'enquête recommandant d'encourager l'enseignement de l'allemand, de l'ukrainien et du français. La loi scolaire est modifiée à cet effet en 1967 et 1968 et autorise la désignation de la vocation française de certaines écoles, ce qui n'empêche pas des anglophones d'inscrire leurs enfants à ces écoles désignées. Ce n'est qu'en 1993 que les parents francophones de la Saskatchewan reprennent le contrôle de la gestion scolaire de leurs écoles à la suite de l'adoption de la loi 39.

d. Quelques statistiques

Des quelque « dix mille écoliers » (« Raymond Denis », *Le Patriote de l'Ouest*, 20 mai 1931) qui apprennent sur les bancs d'école leur langue, leur catéchisme et leur histoire en 1931, selon un calcul approximatif [13], il n'en restera que 998 en 1972 dans 13 écoles désignées (« L'école désignée, où en est-elle ? », *L'Eau vive* [14], 5 septembre 1972) et 1131 en 2008 (sur 174 206 inscrits, soit 0,65 %) dans 12 écoles francophones (ACELF, 2008). À ce propos, les chiffres de 2006 du célèbre statisticien de l'Université d'Ottawa, Charles Castonguay, confirment l'assimila-

---

[13] On retrouve également un chiffre de « 10 000 petits Canadiens français » dans un article de l'abbé Maurice Baudoux en 1942 (Écoles des minorités, 18).

[14] L'actuel journal des francophones de la Saskatchewan a été fondé en octobre 1971 à Saint-Victor et se trouve à Regina depuis 1975.

tion de plus de 75 % des francophones de la Saskatchewan tous âges confondus, qui parlent maintenant le plus souvent l'anglais à la maison (Laniel et Castonguay, 5). En 2006, à la question : Quelle est la langue la plus souvent parlée à la maison ?, 0,4 % répondent le français, soit 3 855 personnes sur une population de 953 850[15]. Ce pourcentage mérite d'être rapproché du fait que la population d'origine française représentait 5,5 % de la population saskatchewanaise en 1931, comparativement à 1,8 % selon le recensement de 2006[16]. Cet écart s'explique par le fait que l'origine française et la langue parlée à la maison sont deux choses bien distinctes. À défaut de statistiques en 1931 sur la langue parlée à la maison (une question ajoutée au recensement de 1971), on peut s'autoriser à conclure que l'assimilation fut foudroyante si on estime que 5,5 % des Saskatchewenais d'origine française en

---

[15] On peut ajouter à ce pourcentage les 860 personnes qui disent parler les deux langues officielles à la maison. Voir le tableau thématique « Langue parlée le plus souvent à la maison » sur le site de Statistique Canada : <http://www40.statcan.ca/l02/cst01/demo61b-fra.htm>, consulté le 24 juin 2011. Il s'agit des chiffres relatifs à la question de la langue le plus souvent parlée à la maison ; d'autres statistiques portant sur la première langue officielle parlée, la langue maternelle et la langue de travail sont également disponibles. En ajoutant aux réponses uniques « français » la moitié des réponses doubles « français et anglais » et « français et autre », ainsi que le tiers des réponses triples « français, anglais et autre », on obtient pour 2006 : 16 791 personnes de langue maternelle française et 4 311 personnes parlant le plus souvent français à la maison. Dans un même ordre d'idées, on notera qu'en Saskatchewan, 94,4 % de la population utilisait l'anglais comme principale langue parlée à la maison en 2006.

[16] Le recensement de 1931 indique qu'il y a 50 700 personnes d'origine française en Saskatchewan sur une population de 921 785 (*Seventh Census of Canada 1931*, vol. II, Ottawa, J.O. Patenaude, 1933, tableau 31, p. 294-295) ; et celui de 2006, 16 791 sur 953 850. La donnée la plus récente est peu fiable puisque Statistique Canada fait figurer « Canadian / canadienne » en tête des réponses que propose la question de recensement sur l'origine ethnique ; il n'est donc plus possible de savoir combien de personnes en Saskatchewan sont d'origine française. Le recensement de 1991 est le dernier où la question est posée correctement, sans « canadian » ou « canadienne » parmi les réponses proposées. Selon ce recensement, seuls 7 155 des 66 648 Saskatchewanais d'origine française utilisent leur langue maternelle, ce qui correspond à un taux d'anglicisation de près de 90 % (Voir Charles Castonguay, « Call me Canadian! », dans *Le Devoir*, 30 avril 1999 et le site de Statistique Canada, « Langue – Faits saillants en tableaux, Recensement de 2006 » : <http://www12.statcan.ca/census-recensement/2006/dp-pd/hlt/97-555/Index-fra.cfm>, consulté le 24 juin 2011).

1931 parlaient encore la langue de leurs ancêtres, comparativement à 0,4 % en 2006[17].

À ceux qui seraient tentés, à l'instar de Charles Trenet, de
poser la question « Que reste-t-il de tout cela ? », voici un élément de réponse. En 2006, 243 enfants entre 0 et 4 ans avaient le
français comme langue d'usage, selon les statistiques[18]. Ce chiffre
préoccupant ne rend pas compte de la tragédie silencieuse que
constitue l'anglicisation et force à bâtir d'autres modèles inter-
prétatifs que l'assimilation, comme le suggère François Paré,
pour comprendre ces « individus *alingues* et *sans territoire* [qui]
ne gardent plus de leur passé que la hantise d'une inexplicable
culpabilité » (Paré, *Distance*, 93-94).

---

[17] Il faut toutefois apporter des précisions à la lumière d'un entretien qui nous a été
accordé par Charles Castonguay le 29 juin 2011. La population d'origine française en
1931 est bien de 50 700 personnes, soit 5,5 % de la population (921 785 personnes). Selon
Castonguay, « [i]l ne s'agit pas de "parlants français", mais de personnes d'ORIGINE
ETHNIQUE française, dont une bonne partie parlaient sans doute l'anglais à la maison ».
En effet, on trouve au tableau B.36 dans *La situation démolinguistique au Canada : évolution
passée et prospective* signé par Réjean Lachapelle et Jacques Henripin (Montréal, Institut de
recherches politiques, 1980) un total de 42 283 personnes de langue maternelle française.
Selon Castonguay, « [l]e total [pour la] langue d'usage à la maison est toujours inférieur à
celui pour la langue maternelle parmi les minorités en proie à l'assimilation ». Autrement
dit, la population d'origine française qui parle encore la langue française en 1931 est infé-
rieure à 5,5 %, voire à 4,6 %. Laurier Gareau (*Banc*, 18) estime quant à lui que la population
française est restée stable entre 1930 et 1960, soit approximativement cinquante mille personnes, mais que l'implantation des grandes unités scolaires par le gouvernement de Tommy
Douglas du parti de la Cooperative Commonwealth Federation (CCF) vit, jusqu'au retour
des écoles bilingues au début des années 1970, la disparition des petites écoles de campagne,
ce qui enleva aux francophones le contrôle de leurs institutions d'enseignement et amena
les élèves francophones à « se fondre dans la masse » (*ibid.*), le français étant devenu un
symbole de honte plutôt que de fierté. Richard Lapointe et Lucille Tessier partagent cet
avis (269).

[18] Voir le tableau thématique « Langue parlée le plus souvent à la maison » sur le site
de Statistique Canada : <http://www12.statcan.gc.ca/census-recensement/index-fra.cfm>,
consulté le 24 juin 2011.

3. DISCOURS JOURNALISTIQUES
a. *Le Patriote de l'Ouest*

> *Notre peuple canadien-français est une race agricole.*
> *Mais ce n'est plus comme autrefois. [...] Il nous faut des*
> *professionnels dans toutes les branches.*
> « La rentrée des classes », *Le Patriote de l'Ouest*,
> 27 août 1930

> *Au moment du danger, on sent davantage le besoin*
> *de se rapprocher les uns des autres et de s'entraider.*
> « Un appel général », *Le Patriote de l'Ouest*, 29 avril 1931

Notre dépouillement du journal *Le Patriote de l'Ouest* s'est surtout concentré sur l'année 1931, soit au début d'une crise scolaire majeure en Saskatchewan. Toutefois, comme le premier amendement interdisant la présence des symboles et habits religieux dans les écoles publiques entre en vigueur le 1er juillet 1930, nous nous référerons parfois à des articles antérieurs à 1931. Nous nous sommes attardé à l'ensemble des textes porteurs de discours faisant écho aux amendements scolaires. De plus, nous nous sommes concentré sur le texte d'actualité, la chronique et l'éditorial. Ces genres journalistiques manifestent des intentions pragmatiques similaires : ils cherchent à convaincre le lecteur du bien-fondé des luttes qu'affronte sa communauté et de l'y conforter. Les distinctions génériques sont en conséquence moins opératoires, même si les genres en question ont, nous le verrons, une force de cooptation variable.

1- UNE SOCIÉTÉ EN TRANSFORMATION

Il est indéniable que la crise économique modifie les rapports des individus entre eux, de même qu'elle force la canalisation des énergies face aux défis du moment. Cette crise accentue, d'après notre hypothèse de départ, le désintérêt des Canadiens français du Québec pour les minorités canadiennes-françaises, ce qui oblige chacune d'entre elles à recentrer le discours de la survivance sur un devenir communautaire qui lui est propre et susceptible de favoriser des formes d'autodétermination culturelle et sociale en rupture avec le modèle d'un Canada français uni et homogène. Les deux épigraphes citées plus haut corroborent ce changement de paradigme. L'éditorial « La rentrée des classes » (*Le Patriote de l'Ouest*, 27 août 1930) montre explicitement le changement produit. L'auteur, anonyme, soutient d'abord que la formation intellectuelle doit être réorientée, bien que l'école canadienne-française « adaptée à l'âme chrétienne [...] ne [fasse] pas abstraction du surnaturel » et que les « parents canadiens saisissent admirablement bien cette vérité ». Exit, en partie, l'agriculture, au profit du commerce et « des professionnels dans toutes les branches » :

> Notre peuple s'adonne surtout à l'agriculture. Mais ne nous faut-il pas aussi des commerçants ? N'est-il pas vrai que, dans plus d'un cas, nos difficultés scolaires nous sont venues de certains commerçants, non des nôtres, qui prennent régulièrement notre argent tous les mois ! Sans perdre le goût de l'agriculture, nos gens devraient trouver dans leurs rangs des commerçants honnêtes et habiles. (*ibid.*)

À la même époque, Donatien Frémont fera dans *La Liberté* des observations similaires sur les qualités intellectuelles des Canadiens français et leur faible goût pour la *chose* économique, et en appellera lui aussi à une éducation nationale :

> Ces déficiences ont des causes profondes contre lesquelles il n'est pas toujours aisé de réagir. Nous subissions les conséquences inéluctables des dures conditions faites à nos ancêtres. Presque tous fils, petits-fils ou arrière-petits-fils d'ignorants et d'illettrés, faut-il s'étonner que nous ayons une sainte horreur des livres ? (Frémont, « Instruction ou éducation », *La Liberté*, 28 janvier 1931)

Cet appel à une formation intellectuelle plus avancée rappelle, à la suite d'Édouard Glissant (*Discours antillais*, 1981) et de François Paré (*Exiguïté*, 1992), que l'accès à l'écrit est susceptible de légitimer une culture minoritaire, alors qu'une culture uniquement orale court le risque de la folklorisation et, ultimement, de l'extinction, contrairement aux cultures dominantes fondées sur l'écrit et consacrées par lui. Il s'agit donc de passer de coutumes ancestrales à la connaissance de la réalité moderne qui, elle, ne cesse de rappeler la situation exsangue de l'économie. Autrement dit, les mentalités évoluent. Le discours journalistique n'est, de fait, pas étranger à des visions matérialistes du monde qui, même si elles sont dénoncées par l'élite canadienne-française, marquent une série de points de non-retour vers lesquels se dirigent la société, sa démocratie et ses écoles. Dans ce contexte, les malaises économiques, tout comme les progrès de « ces monstrueuses machines qui ont supprimé [...] l'utilisation du cheval », appellent « un remède énergique et efficace » : la coopération fermière. Récurrente dans le discours journalistique de l'époque, cette réflexion favorable à un cartel du blé rejoint au reste d'autres formes de coopération sur lesquelles s'appuiera la communauté canadienne-française de la Saskatchewan, déjà fragilisée par la crise scolaire[19]. L'« appel général » du 29 avril 1931 exhortant à « se rapprocher les uns des autres et [à] s'entraider » (« Un appel général », *Le Patriote de l'Ouest*, 29 avril 1931) constitue dès lors la solution à « la vague de paganisme qui nous inonde » (« Éducation », 30 avril 1930), au « nivellement égalitaire » (« Encyclique sur l'éducation chrétienne de la jeunesse », 9 avril 1930), à la « politique d'athéisme dans l'école » (« L'erreur fondamentale », 16 avril 1930), à la « terreur communiste » (« Sommes-nous leurs pupilles », 4 mars 1931), sans compter le bolchévisme et le léninisme (« M. Lavergne accepte le défi », 25 mars 1931).

Or la modernité tant débattue s'implante en Saskatchewan, comme en font foi les publicités en français du magasin d'alimentation Safeway qui annoncent en grande pompe les commodités « ultra-modernes » (*Le Patriote de l'Ouest*, 30 avril et 14 mai

---

[19] Les Canadiens français de la Saskatchewan ont participé activement au développement de caisses populaires (à Albertville en 1916, à Laflèche en 1938, à Saskatoon en 1942, à Bellevue en 1944), du *Wheat Pool* (1924), et des Coopératives franco-canadiennes de la Saskatchewan (1920), qui sont devenues en 1947 le Conseil canadien de la coopération : section Saskatchewan (CCCSS) et en 1952 le Conseil de la coopération de la Saskatchewan (CCS). À ce sujet, voir Romulus Beaulac, *Coopération en Saskatchewan : de la campagne à la ville*, s.l., s.éd., 1944 ; et Maxime Thibault-Vézina, *Un peuple de coopérateurs : l'histoire du CCS et des institutions économiques fransaskoises*, Regina, La Société historique de la Saskatchewan, 2009.

1930), et finit par pousser les défenseurs des écoles séparées dans leurs derniers retranchements. L'éditorial « L'erreur fondamentale » du 16 avril 1930, qui précède l'amendement du 27 février 1931 prévoyant l'abolition de l'usage du français comme langue d'enseignement en première année d'études, trahit une fatigue argumentative symptomatique de cette période de mutation. Le texte tente de défaire l'athéisme à l'origine des amendements scolaires, mais sa rhétorique simpliste et émotive est en porte à faux avec la société en transformation qu'elle ne peut conjurer autrement que par la peur. Ainsi la « nation athée » se verra « jeté[e] dans les griffes du monstre *anarchie*, avec bientôt toutes ses cruautés et ses horreurs », car « une nation athée, c'est la pauvre Russie actuelle, le Mexique de ces dernières années, la France de Robespierre et de Danton ». Ce mélange d'exemples de déroute économique (la Russie et le Mexique) à la critique ultramontaine du libéralisme des Lumières (la Révolution française) essaie de construire un enthymème, soit une démonstration d'apparence logique, mais dont la conclusion tient davantage du sophisme que de la logique. Ainsi l'athéisme mènerait à la pauvreté et la pauvreté à l'anarchie. L'éditorialiste poursuit sa démonstration en citant un auteur anonyme (« un auteur français de date récente ») ayant invoqué la récusation de l'école laïque par un haut-commissaire de Metz. Enfin, il s'adresse à M. Anderson, en citant Napoléon, dans un souci de *pathos* dont on peut trouver la force dialectique discutable, tellement l'argument est grossier : « L'homme sans Dieu, je l'ai vu à l'œuvre depuis 1793. Cet homme-là, on ne le gouverne pas, on le mitraille ». En fait, cette rhétorique à l'emporte-pièce n'est pas l'apanage de tous les journalistes du *Patriote de l'Ouest* en 1931 et ne constitue qu'une des stratégies discursives employées à cette époque. Parmi celles-ci, l'hybridation générique et l'ironie retiendront tout particulièrement notre attention en raison de leur récurrence.

2- HYBRIDATION GÉNÉRIQUE DU JOURNAL

L'hybridation générique, qui peut se définir par l'intrusion d'un genre dans un autre, répond à une stratégie discursive qu'il importe d'interroger pour comprendre comment l'imbrication des genres et des discours s'opère, pour quelles raisons et en quoi elle participe à l'argumentation. Il s'agit de mettre en évidence un déploiement discursif et une force argumentative. Comme le souligne Mikhaïl Bakhtine, les genres

> peuvent être directement intentionnels ou complètement objectivés, c'est-à-dire dépouillés entièrement des intentions de l'auteur, non pas « dits », mais seulement « montrés », comme une chose par le discours ; mais le plus souvent, ils réfractent, à divers degrés, les intentions de l'auteur [...] (Bakhtine, *Esthétique*, 142).

L'éditorial du 18 mars 1931 constitue un exemple emblématique ; il porte un titre qui annonce une rupture apparente, quoique calculée, avec le réel : « Un rêve ». Le texte débute par le récit d'un rêve qui « a traversé plus d'un cerveau protestant et orangiste » et qui « hante le cerveau de M. Anderson » :

> Un jour, un homme du commun des inspecteurs fit un rêve. Il vit le combat titanesque d'un colosse et d'un pygmée. La lutte durait, durait... Sans cesse terrassé, toujours le pygmée se relevait, aussi tenace, aussi résolu. Le colosse suait et se fatiguait en vain. Le vil insecte ne concluait de trêve, qu'après avoir reçu la garantie de certaines revendications : droit d'héritage, de tradition, de coutume. Chaque fois et en quelque endroit du Canada qu'ils se rencontraient – partout et toujours le pygmée était établi là où passait le colosse – c'était la bataille, bataille sanglante. Les rudes poings du géant étourdissaient momentanément le pygmée. Lorsque la partie semblait gagnée, le bonhomme de pygmée se relevait et harcelait de nouveau son terrible adversaire.

Nous pouvons présumer que les indices de narration permettent au lecteur d'identifier d'emblée le jeu auquel s'adonne l'éditorialiste qui valorise différemment ses modalités argumentatives. Dès les premières phrases, le déictique temporel (« Un jour »), l'identification des personnages (« un homme du commun des inspecteurs », « un colosse », « un pygmée »), le temps du récit (l'imparfait et le passé simple) et le motif d'action (« la lutte ») permettent aisément de contextualiser le récit et ses modèles vraisemblables (le colosse étant Anderson et le pygmée le Canadien français). L'auteur transpose la situation sociale de crise scolaire dans l'univers du carnaval, défini par Bakhtine comme un affranchissement de la conscience qui « perme[t] de jeter un regard neuf sur le monde ; un regard dénué de peur, de piété, parfaitement critique, mais dans le même temps positif et non nihiliste » (*Rabelais*, 273). Dans « Un rêve », qui réécrit l'histoire de la bataille de David contre Goliath, le regard carnavalesque permet à l'énonciateur de valoriser une force utopique (celle du pygmée s'opposant, malgré sa petitesse, à un colosse) et de démystifier l'imperfection de sa réalité, afin de se débarrasser des contraintes qui pèsent sur lui, quoique temporairement seulement, car le rêve, comme le carnaval, ne consistent pas, par nature, en des transgressions définitives de l'ordre établi. De son côté, le lecteur est chargé de décoder l'ambivalence d'un texte qui connote du vraisemblable à l'intérieur d'un récit fictionnel. Il assiste donc à une tentative de gommage de l'instance observante (l'éditorialiste), qui contribue à la fictionnalité du texte et à son plaisir de lecture, certes, mais concourt surtout à rendre compte allégoriquement du réel par le truchement d'un univers carnavalesque où peuvent s'exprimer sans gêne autant la condamnation d'Anderson (« Le colosse suait et se fatiguait en vain ») que la consécration du Canadien français victorieux (« Le vil insecte ne concluait de trêve, qu'après avoir reçu la garantie de certaines revendications : droit d'héritage, de tradition, de coutume »). En retournant au mode démonstratif de l'éditorial, l'auteur du texte s'appuie sur le « rêve » précédemment raconté pour déconstruire la soi-disant unité des *New-Canadians* que préconise Anderson. En soulignant à nouveau le rapport pygmée contre colosse, l'éditorialiste réussit à insérer dans son texte un jeu dialectique qui consiste à substituer l'empire de l'imagination et la sensibilité à celui de la raison. Sa recherche d'images excessives suscite colère, répulsion, indignation, ce qui donne une dynamique fantaisiste et émotionnelle à son discours. L'hybridation générique apparaît donc comme une stratégie de cooptation qui offre un exutoire au lecteur, poussé à rire avec l'éditorialiste de leur sort de « pygmées » aux prises avec un « colosse », ce qui ne laisse pas de trancher avec le ton alarmant des discours journalistiques antérieurs sur le Règlement XVII et la loi Thornton.

3- Le mode ironique

L'ironie est une figure complexe de la rhétorique classique, en partie parce que le lecteur d'un texte ironique ne sait pas toujours si l'énonciation est à prendre au sérieux ou non. Elle exige donc une connivence entre l'ironiste et l'observateur de l'ironie. Comme elle communique au second degré une charge critique dans le discours de l'ironiste, elle implique de la part du destinataire une participation à la compréhension des différentes stratégies discursives employées pour la produire. Nous nous appuierons surtout sur les travaux théoriques de Philippe Hamon (*Ironie littéraire*, 1996) pour en donner une définition et en analyser le fonctionnement, ainsi que les effets, dans *Le Patriote de l'Ouest* de 1931, dans le contexte des amendements scolaires d'Anderson.

i. Considérations théoriques

Historiquement, l'ironie est à l'origine un procédé oratoire qui utilise l'antiphrase et des jeux de fausse adhérence aux propos, ce que La Bruyère appelait « une raillerie dans la conversation » (16). Elle se transforme à partir des XVIIIᵉ et XIXᵉ siècles et devient l'expression d'un esprit habile qui n'hésite pas à douter et à remettre en question la réalité. Pour Jankélévitch, elle est d'abord une « conscience » (38), un « pouvoir d'envisager les choses sous un certain aspect » (172), en se développant comme « une sorte de prudence égoïste » (34). L'ironie se distingue par sa tonalité sérieuse ou gaie, voire les deux à la fois (61). Elle inquiète et provoque un inconfort de lecture parce que sa visée stratégique attaque une cible de laquelle elle se distancie.

Hamon distingue deux types d'ironie : une ironie paradigmatique et une ironie syntagmatique. La première est perçue comme un mode d'inversion et est fréquemment reliée à la figure privilégiée de l'antiphrase (l'arroseur arrosé). La deuxième s'attaque « à la logique des déroulements et des enchaînements, aux dysfonctionnements des implications argumentatives comme à ceux des chaînes de causalité » (Hamon, 70). L'ironie syntagmatique ne porte pas sur le mot, ni sur la phrase, mais consiste en un effet textuel transversal (par exemple, les échecs successifs des protagonistes de *Bouvard et Pécuchet*, qui apportent respectivement un démenti aux discours sur les savoirs constitués).

Les signaux de l'ironie, qui peuvent être perceptibles sur le visage de l'orateur en régime oral, peuvent apparaître à l'écrit à tous les niveaux de la langue (morphologique, typographique, rhétorique, syntaxique, rythmique, lexical). Pour Hamon, les endroits les plus voyants sont dans le péritexte (titre, incipit, typographie, cadre global du texte), dans le corps du texte, au sein de ses images et figures, et surtout des portraits de personnages, des descriptions et des « nœuds normatifs », ou vecteurs idéologiques (Hamon, 80). L'ironie met en scène un questionnement sollicitant le « lecteur comme un complice partageant quelque chose – et notamment un système de valeurs – avec l'émetteur de cette communication ainsi montée » (*ibid.,* 12). Dans ce contexte, l'adversaire, qui peut être la cible ou le naïf, correspond à cette figure de l'étranger, qui « doit être ridiculisé, pour pouvoir être maintenu à l'écart du territoire communautaire et pour que continuent à être affirmées une frontière, des distinctions, et des différences » (*ibid.,* 114). L'ironie sert donc à maintenir des idéologies et entretient en ce sens la relation entre l'ironiste et l'observateur de l'ironie, qui ont des valeurs en commun. Elle joue aussi une fonction cathartique, puisqu'elle marque la supériorité de l'ironiste par rapport à la cible de l'ironie en dépeignant cette dernière sous un jour défavorable.

ii. Exemples et effets

Les exemples d'ironie les plus manifestes dans *Le Patriote de l'Ouest* sont en grande partie dus à l'éditorialiste, le père Joseph Valois. La connivence ironique établie par le père Valois avec son lecteur se reflète dans le choix des titres d'éditorial, des qualificatifs attribués à la cible de l'ironie (le premier ministre Anderson) et des effets dans la structure phrastique des éditoriaux (ou ironie syntagmatique). L'ensemble de ces signaux révèle ce que Hamon appelle le « corps sémaphorique » (72), soit une convergence d'indices de l'effet ironique. Ce corps remplace « la figure de l'orateur absent » (108), associées à l'ironie verbale, dont Socrate représente la figure éponyme.

Dans l'éditorial « Quelle drôle de façon ! » du 15 avril 1931, l'antiphrase du titre exprime une négation qui amène d'emblée le lecteur à lire l'article pour mettre au jour la « drôle de façon » dont il est fait mention. Les premiers mots de l'article (« Monsieur notre premier ministre ») sont d'une politesse obséquieuse qui, en gommant l'aversion pour Anderson, s'exprime de telle sorte que le lecteur puisse y déceler l'ironie de l'éditorialiste. La cible de l'ironie reçoit d'ailleurs dans l'éditorial des qualificatifs marqués par l'exagération, dont l'hyperbole « notre illustrissime Grand Maître ». Les déclarations du premier ministre, qui se qualifiait lui-même d' « anti-français », sont, quant à elles, considérées ironiquement par l'éditorialiste comme une « drôle de façon de penser et d'agir », de la part d'un « docteur ès lettres ».

Sous une apparence d'accalmie, ces élans de politesse camouflent une hargne, que le lecteur au fait des amendements du premier ministre sait reconnaître. Cette hargne renforce la connivence entre l'éditorialiste et lui : elle provoque de part et d'autre un rire jaune qui aide à l'enchaînement argumentatif de l'éditorial, à la reconnaissance mutuelle des acteurs sociaux et, surtout, à la sanction idéologique de ce qu'il faut penser des bons et des méchants. Précisons que ce dispositif se distingue de la cooptation, car il exige de la part du lecteur de reconnaître les feintes qui lui sont présentées, alors que la cooptation réduit au minimum sa participation réflexive en lui imposant ce qu'il doit penser. L'ironie, au contraire, lui fait confiance en lui accordant un petit espace démocratique de liberté pour penser. Bien qu'elle oriente sa lecture en fonction d'un décodage univoque, elle table sur son intelligence, ce qui n'est pas sans rappeler l'appel dans *Le Patriote de l'Ouest* à une formation intellectuelle plus avancée.

Dans l'éditorial « Plus anglais que les Anglais ! » (22 avril 1931), le père Valois rapporte l'opinion des Anglais, pour qui les

Français sont une « meute endiablée de fanatiques ». Cette hyperbole sert non seulement à désigner ceux contre qui les amendements ont été portés, mais aussi à rappeler ironiquement au lecteur la malveillance du premier ministre Anderson et de ceux qui l'appuient dans sa chasse fanatique aux Canadiens français. Elle relève à cet égard d'une ironie syntagmatique, puisqu'elle s'applique obliquement aux pourfendeurs des Canadiens français. L'éditorialiste invoque d'ailleurs le respect que porte l'élite anglaise envers la langue française et sa littérature pour décrier ironiquement l'« étroitesse d'esprit inconcevable » de ce docteur ès lettres qu'est le premier ministre : « Pourtant l'Angleterre est bien le pays anglais par excellence. Là, il y a aussi des docteurs en pédagogie, des gens très cultivés, supérieurs en cela à M. Anderson, parce qu'ils savent l'anglais tout aussi bien, si non mieux que lui, et le français en plus » (22 avril 1931). Qu'un diplôme de doctorat ne soit pas un gage de sages décisions dans le cas d'Anderson tient du cliché dans l'argumentation de l'éditorialiste, certes, mais cet effet ironique possède une force persuasive appréciable puisque par définition le cliché charrie les valeurs du discours social « sous une apparence de familiarité et de naturel » (Amossy, *Argumentation*, 193).

L'ironie des éditoriaux du *Patriote de l'Ouest* reflète une attitude critique et désillusionnée face aux changements apportés à la loi scolaire qui paraissent irréversibles. Elle cible le premier ministre, orchestrateur des bouleversements, en feignant de valoriser sa personne, sa formation et « ses nombreuses et importantes occupations » (« Plus anglais que les Anglais ! », *Le Patriote de l'Ouest*, 22 avril 1931) dans le but de les dévaloriser. En invitant le lecteur à décoder ce qui est implicite dans les éditoriaux, l'ironie accentue la stratégie discursive visant à provoquer chez le lecteur une aversion pour le gouvernement d'Anderson et à le placer dans une position de supériorité momentanée en riant de lui.

4- Persécution salutaire

> *C'est la maladie qui rend la santé agréable ;*
> *le mal qui engendre le bien ; c'est la faim*
> *qui fait désirer la satiété, et la fatigue le repos.*
> Héraclite d'Éphèse, « Fragments 111 », *Les penseurs grecs*
> *avant Socrate, De Thales de Milet à Prodicos*

> *La persécution est salutaire. C'est à elle que nous*
> *devons la fédération des forces catholiques.*
> « Une date », *Le Patriote de l'Ouest*, 2 avril 1930

> *De l'épreuve, les Canadiens français sont sortis*
> *plus français que jamais et les catholiques,*
> *plus catholiques encore.*
> « Un rêve », *Le Patriote de l'Ouest*, 18 mars 1931

Héraclite d'Éphèse, philosophe grec du Ve siècle avant notre ère, appelle l'harmonie des contraires la nécessité d'accepter de manière stoïque les maux qui accablent la vie, car ils insufflent un dynamisme singulier et donnent un sens à nos actes. L'épreuve, la difficulté et la persécution, une fois reconnues comme telles, participent à une dynamique qui engendre elle-même une énergie réactionnelle. Il peut donc paraître aberrant que la persécution soit salutaire. Pour nous, qu'elle le soit importe moins que le discours qui le laisse entendre, car il fournit avant tout l'indice d'une intention. Celle-ci n'est pas étrangère à l'esprit d'unification déjà décelé dans la coopération, voire dans la relation communautariste qu'entretiennent l'ironiste et l'observateur de l'ironie. Dans *Le Patriote de l'Ouest* de 1931, le désir et le besoin de « mobiliser [les] énergies nationales » (« L'Association d'éducation du Manitoba », *Le Patriote de l'Ouest*, 16 juillet 1930) sont décelables dans la volonté de se regrouper, de faire appel au grand frère de la « grande famille française du Dominion » (« Physionomie d'une séance », *Le Patriote de l'Ouest*, 11 mars 1931) et de repenser l'appellation identitaire.

i. Besoin de regroupement

> *Plus que jamais nous avons besoin*
> *de cette union qui fait la force.*
> Raymond Denis, « Nouvelles menaces »,
> *Le Patriote de l'Ouest*, 25 février 1931

Ce besoin se décline en plusieurs facettes : les congrès d'éducation (le congrès des commissaires d'écoles catholiques, du 26 mars 1930 et du 7 au 19 juillet 1931), les relations institutionnelles (l'ACFC, le Collège Mathieu, les cercles paroissiaux), les concours de français et une tournée en région du journal.

Le congrès de l'Association d'éducation du Manitoba tenu à Saint-Boniface les 8 et 9 juillet 1930, auquel Raymond Denis participa en tant que représentant des Canadiens français de la Saskatchewan et dont les tenants et aboutissants sont relatés dans *Le Patriote de l'Ouest* du 16 et du 23 juillet 1930, sert inévitablement d'exemple aux Canadiens français de la Saskatchewan qui cherchent à unir leurs forces devant le *danger national* : « Bon congrès, beau congrès, important congrès. Peu de discours, et sous ce rapport il faut admettre que le Manitoba nous dépasse » (« Autour d'un Congrès », *Le Patriote de l'Ouest*, 23 juillet 1930). Pour la Saskatchewan, la situation du Manitoba se distingue plus par des détails de nature géographique que par « une différence de conception » (*ibid.*). Toutefois, ces détails géographiques sont d'importance, car ils influent sur l'action mobilisatrice à entreprendre face à des « groupements délaissés » (« L'Association d'éducation du Manitoba », *Le Patriote de l'Ouest*, 16 juillet 1930), comme le rappelle Henri Lacerte, président du congrès, à propos des régions au nord et à l'ouest du Manitoba : « Il existe dans certains cas des conditions lamentables. [...] Pas d'organisation paroissiale, le prêtre [rend visite] [à la communauté] à peine dix fois l'an, [nous sommes] privés de facilités de communications avec nos groupements [...] disséminés sur un vaste territoire, au milieu d'une population qui leur est étrangère par la foi et la langue » (*ibid.*). Ces défis s'insèrent dans d'autres, dont la crise financière, et sont discutés lors du « congrès du sacrifice » (« Congrès du sacrifice », *Le Patriote de l'Ouest*, 22 juillet 1931), tenu à Regina du 7 au 9 juillet 1931. La rhétorique passionnelle employée pour mobiliser les troupes laisse peu de place à la désobéissance. La présence des commissaires d'école, des représentants des paroisses et des instituteurs est sollicitée sans ménagement à coup d'appels au devoir envers la cause et par l'emploi proleptique de verbes au futur :

> Commissaires d'école malgré la crise, vous **devez** être là – **vous y serez**. Les paroisses **doivent** avoir de nombreuses délégations. [...] Leur absence serait une désertion ; aucune ne **voudra** s'en rendre coupable. Les instituteurs, les institutrices, dont un bon nombre se trouveront en congé seront largement représentés à Regina. Ils le **doivent** à des organisations envers lesquelles le personnel enseignant a une profonde dette à acquitter. Une absence serait sans excuse. C'est un sacrifice nouveau qui vous est demandé aux uns et aux autres. Ce sacrifice, vous **l'accomplirez sans hésiter** [...] Franco-Canadiens de la Saskatchewan, le **devoir** vous appelle à Regina. La cause réclame votre présence. Vos chefs comptent sur vous. Vous **serez fidèles** au rendez-vous. (Raymond Denis, « Franco-Canadiens », *Le Patriote de l'Ouest*, 17 juin 1931) [Nous soulignons en caractères gras]

Au retour du congrès qui attira 636 délégués, Raymond Denis souligne « non seulement [le] succès, mais [le] triomphe » de l'événement (« Un triomphe », *Le Patriote de l'Ouest*, du 15 juillet 1931). Il ne manque pas de mettre en parallèle l'union énergique des congressistes et la volonté de regroupement nécessaire de tous les Canadiens français de la Saskatchewan :

> On sentait, dans l'atmosphère, le désir, la volonté de s'entendre et de s'entraider [...] C'est pourquoi il n'y eut aucune opposition aux différentes résolutions qui demandèrent au gouvernement de rappeler les amendements injustes envers le français. Ce fut à l'unanimité que le Congrès demanda au même gouvernement de répandre plus largement l'enseignement du français dans les écoles primaires de cette province. (*ibid.*)

Cette volonté unificatrice, qui s'exprime par les termes « entraider », « aucune opposition », « unanimité », « sans une seule voix discordante », et qui avait permis au Manitoba et à l'Ontario de parachever l'action mobilisatrice, prend toutefois une tonalité différente en raison de la crise économique. C'est dans ce contexte que le congrès de l'Association d'éducation des Canadiens français du Manitoba appréhende le « fléchissement de la vie » dans l'Ouest canadien :

> C'est que nos gens viennent de Québec, de France ou d'ailleurs, où le danger national n'existe pas, et où, par conséquent, la nécessité de lutter n'apparaît pas. Ils ne sont pas habitués à faire des sacrifices financiers pour la défense de leurs écoles, de leur langue, pour leur survivance nationale, et ils ne sont pas encore arrivés à comprendre qu'ils ont le devoir strict, dans les provinces de l'Ouest, de soutenir leurs organisations, en leur payant chaque année la dîme du patriotisme, comme ils paient chaque année leur dîme à l'Église. (« Autour d'un Congrès », *Le Patriote de l'Ouest*, 23 juillet 1930)

Ce « fléchissement » installe une nouvelle dynamique, celle d'une autonomisation progressive, face à un délaissement graduel des « amis de l'Est » (« Un triomphe », *Le Patriote de l'Ouest*, 15 juillet 1931).

ii. L'appel au Québec

> *C'est un geste que la race française n'oubliera pas et restera dans l'histoire. Nous le signalons à la province de Québec.*
> *Il lui appartient de payer les dettes de la grande famille française du Dominion, comme il lui appartient de venger les insultes que cette race reçoit.*
> « Physionomie d'une séance », *Le Patriote de l'Ouest*,
> 11 mars 1931

> *Si vous êtes avec nous, nous aurons la victoire ; sinon, nous connaîtrons des jours comme en connurent nos pères lorsque la France nous eut abandonnés.*
> Jean-Marie Tavernier, « La solidarité des groupes français d'Amérique », *Le Patriote de l'Ouest*, 3 juin 1931

L'appel à l'aide de la Saskatchewan provient principalement de deux sources : Raymond Denis, secrétaire général de l'Association catholique franco-canadienne (ACFC), et Jean-Marie Tavernier, directeur du *Patriote de l'Ouest*, auteur de l'opuscule *Les troubles scolaires de la Saskatchewan* (Montréal, *Œuvres des tracts*, 1931, 16 pages).

Au nom de l'Association catholique qu'il dirige, Raymond Denis envoie une missive le 4 mars 1931 à la Société Saint-Jean-Baptiste de Montréal (SSJB). Celle-ci répond sans tarder le 12 mars suivant par une résolution lançant un appel national

> aux gouvernements, aux associations nationales, aux groupes de citoyens, à toutes personnes qui exercent de l'influence sur l'opinion par la plume ou par leurs conseils autorisés, de manière que l'on comprenne dorénavant sur toute l'étendue du pays que le Canada veut sincèrement assurer la paix des consciences et protéger l'enseignement des deux langues officielles du pays. (Rottiers, 53-55)

Ces appels de la SSJB semblent repris dans certains journaux (*Le Devoir, Le Droit, La Presse*), si l'on se fie à leur republication dans *Le Patriote de l'Ouest,* bien qu'ils soient absents dans d'autres (*L'Action catholique, Le Bien public*)[20]. Une lettre signée J.L. et envoyée à Omer Héroux, en réponse à un article consacré à la situation en Saskatchewan, fait d'ailleurs référence au mouvement séparatiste qui reçoit de plus en plus d'appui au Québec ; l'auteur réclame « la plus complète attention du public montréalais » et insiste pour protéger les avant-postes (à savoir les communautés francophones éloignées du Québec), « si nous ne voulons pas nous faire cantonner sur les bords du Saint-Laurent, mais continuer à exercer nos droits de Canadiens français sur tous les territoires où cela fut convenu » (« *Le Patriote de l'Ouest* », *Le Devoir*, 6 avril 1931, republié dans *Le Patriote de l'Ouest* le 22 avril 1931). C'est également au cours de cette période que Raymond Denis publie des lettres dans la presse canadienne-française (*Le Devoir, Le Droit, Le Canada, L'Action catholique*) et entretient une correspondance avec des

---

[20] Voir *Le Patriote de l'Ouest* du 22 avril, 19 août, 16 septembre et 30 septembre 1931. Le journal *Le Droit* appuie particulièrement les revendications des Canadiens français de la Saskatchewan, notamment sous la plume du rédacteur en chef Charles Gautier (L. Tremblay, 142).

parlementaires conservateurs du Québec, dont l'honorable Arthur Sauvé, ministre des Postes, dans l'espoir que le premier ministre R.B. Bennett intervienne auprès du premier ministre de la Saskatchewan (Huel, *Association*, 60). Ces articles abordent la situation économique difficile des agriculteurs de l'Ouest (*Le Devoir,* 31 janvier 1931, 28 février 1931) et la crise scolaire (*Le Devoir,* 11 avril 1931, 13 avril 1931). Ils essaient visiblement d'entretenir des liens avec la population du Québec, ce qui fera dire à Omer Héroux dans *Le Devoir* du 2 avril 1931 que ses « lecteurs savent, en gros tout au moins, ce qui s'est passé ces derniers temps en Saskatchewan » (Héroux, « Le plus efficace des plébiscites », *Le Devoir,* 2 avril 1931), un commentaire qui trahit en partie la dilution au Québec du discours sur les crises scolaires nationales.

L'appel au Québec est également lancé par le père Jean-Marie Tavernier, un envoyé des trois évêques de l'Ouest (Prud'homme, Villeneuve, Charlebois), « avec mission de solliciter [des] compatriotes et coreligionnaires de là-bas des secours pécuniaires qui permettraient au *Patriote* [...] de traverser la crise économique actuelle » (Tavernier, « Nos amis du Québec et le "Patriote" », *Le Patriote de l'Ouest,* 4 novembre 1931)[21]. Ce « mendiant officiel » (*ibid.*) profite d'un appui logistique de la Société Saint-Jean-Baptiste, alors sous la présidence de l'avocat Guy Vanier, pour multiplier ses interventions publiques qui en « appel[lent]

---

[21] Le périple vers le Québec de Jean-Marie Tavernier s'inscrit dans la foulée de trois importants « voyages de la survivance » en 1925, 1926 et 1928, sous les auspices de l'Association catholique franco-canadienne (ACFC) de la Saskatchewan. Ces voyages qui réunirent entre 300 et 400 voyageurs des trois provinces de l'Ouest (l'Alberta, la Saskatchewan et le Manitoba) avaient pour but, selon les explications de Raymond Denis, de « faire de la publicité dans Québec [*sic*], montrer que nous étions encore bien vivants et que nous continuions à parler français, ensuite y faire connaître nos luttes, dont dans Québec [*sic*] on n'avait qu'une bien faible idée, faire comprendre l'importance des sacrifices que nous devions consentir et suggérer qu'on nous accorde une aide financière et morale qui serait bien appréciée. Ensuite faire connaître [le] Québec à nos jeunes qui ont grandi dans l'Ouest, qui dans nos écoles ont étudié une histoire qui ressemble bien peu à celle qui est enseignée dans Québec [*sic*], leur montrer que dans Québec [*sic*] on est aussi civilisé que dans l'Ouest. Les rendre plus fiers enfin d'être Canadiens-français » (Raymond Denis, « Mes mémoires », *Vie française,* vol. 23, nᵒˢ 9-10, mai-juin 1969, p. 255). Le train s'arrêtait dans plusieurs villes (Regina, Winnipeg, Hearst, Ottawa, Montréal, Saint-Jean, Sherbrooke, Thetford Mines, Lévis et Québec). La crise économique mettra fin à cette initiative (Gareau, *Voyages,* en ligne).

à la solidarité française » (« La solidarité des groupes français d'Amérique », *Le Patriote de l'Ouest*, 3 juin 1931). Les conférences du père Tavernier ont lieu, par exemple, au sous-sol de l'église Notre-Dame-des-Sept-Douleurs de Verdun, au parc Lafontaine et sur les ondes de la radio CKAC (« La question des écoles de la Saskatchewan », *Le Patriote de l'Ouest*, 16 septembre 1931). Ces appels se traduisent surtout par des sollicitations monétaires pour renflouer les coffres du *Patriote de l'Ouest*, mais dont les résultats semblent avoir été mitigés puisque la Société Saint-Jean-Baptiste abandonnera cette idée (Robillard, *Baudoux*, 179), ce qui fera dire à Raymond Denis : « Cette campagne de souscription ne donna pas tout ce que nous en attendions » (« Mémoires », *Vie française*, vol. 24, n°ˢ 11-12, juillet-août 1970, 320). Dans une perspective différente, des initiatives de secours humanitaire viendront à la rescousse des « diocésains affamés » de Gravelbourg, dont l'envoi de seize wagons contenant des victuailles (pois, fruits, sirop, lard, beurre, sucre) et des vêtements grâce aux Chevaliers de Colomb de Saint-Hyacinthe, Sorel, Granby et de Farnham (« L'Est au secours de l'Ouest », *Le Patriote de l'Ouest*, 25 novembre 1931)[22].

Mais l'activité qui retient davantage l'attention de la « *doulce* province » (Tavernier, « Nos amis du Québec et le "Patriote" », *Le Patriote de l'Ouest*, 4 novembre 1931) se présente sous la forme de concours de français, « le plus puissant et le plus sûr moyen que possèdent les Franco-Canadiens de la Saskatchewan de garder leur langue maternelle » (« Concours de français », *Le Patriote de l'Ouest*, 19 août 1931). Ces concours se déclinent en tournois littéraires (rédaction française et questions grammaticales)[23] et tiennent lieu, à partir de leur lancement en 1925, d'examens de fin d'année servant à uniformiser l'enseignement de la langue française limité à une heure par jour, ainsi qu'à motiver les élèves et institutrices. Cette pratique durera jusqu'en 1967 (Gareau, *Banc*, 51-57). L'ACFC en fait son cheval de

---

[22] Les Canadiens français de l'Ontario feront de même en 1932 avec l'envoi de cinq wagons contenant « près de 40 000 livres de légumes, fruits, conserves, grains, vêtements, chaussures, etc. » (Lapointe et Tessier, 231).

[23] Voir l'exemplaire du concours de 1930 dans Lapointe et Tessier (224).

bataille pour regrouper autour d'une même activité rassembleuse l'ensemble de la communauté et des écoles (un peu plus de mille élèves répartis dans 133 écoles françaises, de la 4ᵉ à la 12ᵉ année). La convergence des forces que le concours produit explique que la journée du 6 juin 1931 (celle du septième concours annuel) remplace en importance la Saint-Jean-Baptiste :

> Le jour du concours de français est, sans contredit, la date la plus impor-
> tante de toute l'année, pour le groupe franco-canadien de la
> Saskatchewan. Il marque le degré d'intérêt que les Franco-Canadiens de
> la province portent à leur propre cause, et les chances qu'ils ont de sur-
> vivre dans l'avenir (*ibid.*).

Le concours entraîne aussi une intensification des sollicitations monétaires, que ce soit au Québec, dont les noms des bienfaiteurs sont publiés[24], ou dans la communauté locale : « Qui peut honnêtement se réclamer de la race canadienne-française, s'il n'est prêt à verser quelques sous de contribution à la cause nationale » (*ibid.*). Malgré la crise économique, le concours survit non sans des rappels de sa disparition éventuelle, qui « serait véritablement un désastre au point de vue national » (« Le concours de français », *Le Patriote de l'Ouest*, 13 août 1930). Cette formulation sera reprise telle quelle l'année suivante (« Résultats », *Le Patriote de l'Ouest*, 5 août 1931).

Les résultats de ces appels au Québec, qui ont pour but de faire connaître les problèmes et les luttes des minorités francophones de l'Ouest et de solliciter l'appui monétaire des compatriotes québécois, montrent une certaine variation de l'intérêt pour la cause française dans l'Ouest. Le mélange des enjeux (la

---

[24] Voir l'édition du 20 mai 1931 du *Patriote de l'Ouest* dans lequel on trouve des mentions de volumes donnés par des éditeurs (Édouard Garand, Eugène Achard, Albert Lévesque), la Banque nationale, le ministère québécois d'Instruction publique et la Société Saint-Jean-Baptiste, de même que des dons en argent de la part de particuliers provenant surtout du Québec, mais aussi de l'Ontario, de la Colombie-Britannique et du Manitoba, dont ceux d'ecclésiastiques (Jean Bruchési, J.A. Morisette), de politiciens (Armand Lavergne, Onésiphore Turgeon, Cyrille Delâge, Raoul Dandurand), de hauts-fonctionnaires (Charles Joseph Magnan), sans oublier la Chancellerie des Commandeurs de l'Ordre de Jacques-Cartier d'Ottawa. En 1930, c'est le journal *Le Devoir* qui agit à titre d'intermédiaire entre les donateurs et l'Association catholique franco-canadienne (« Pour nos enfants », *Le Patriote de l'Ouest*, 11 juin 1930).

cause française *versus* la crise économique) raréfie l'aide que les frères québécois peuvent apporter dans un contexte économique éprouvant. D'un côté, l'aide sollicitée avec l'appui de la Société Saint-Jean-Baptiste se concentre dans le journal *Le Patriote de l'Ouest* et l'Association catholique franco-canadienne (ACFC) avec un succès peu concluant; de l'autre, le secours humanitaire porte fruit, mais en raison du souci économique envers les habitants des plaines de l'Ouest. Quant au concours de français, le réseau institutionnel canadien-français réussit à recevoir l'appui d'une certaine élite québécoise (éditeurs, banques, ecclésiastiques, politiciens), suivant la tradition au Québec de la distribution de prix de fin d'année scolaire instituée par l'abbé Casgrain en 1876, mais ne réussit pas à rejoindre totalement la majorité de la population du Québec. Cette tendance accentue le délaissement par le Québec de la minorité francophone. Ce déplacement d'intérêt se manifeste également dans le discours journalistique par des changements d'appellation identitaire.

iii. Changements d'appellation et glissement identitaire

En Saskatchewan, la question de l'appellation de la communauté française surgit assez tôt après la création de la province en 1905. Des traces de ce débat apparaissent dans un article consacré à l'Association franco-canadienne de la Saskatchewan le 30 janvier 1913. En ce qui concerne la raison pour laquelle l'Association a adopté le qualificatif « franco-canadienne » plutôt que « française » ou « canadienne-française », l'auteur de l'article déclare qu'une « situation spéciale » appelle « un terme nouveau » :

> Ici dans l'Ouest, la population de langue française étant constituée d'éléments aux origines diverses, un terme nouveau s'imposait pour les représenter tous. Canadiens de la province de Québec, ou des autres provinces, Franco-Américains, Acadiens, Français, Belges, etc. ce sont tout autant de nuances que le terme général « franco-canadien » signifiera avec plus de justesse. (« L'Association franco-canadienne de la Saskatchewan », *Le Patriote de l'Ouest*, 30 janvier 1913)

C'est donc dans un souci d'union de « tous les éléments de langue française de la province » (*ibid.*) que l'association nouvellement créée se donne ce nouveau patronyme. La naissance de cette association intervient aussi dans un contexte où, selon le comité fondateur, la Société Saint-Jean-Baptiste, « qui était la société traditionnelle du Québec, était peu appropriée à la Saskatchewan » (Huel, *Association*, 14).

Bien que ce « nouveau terme » reflète une attitude à vouloir définir une communauté particulière, il ne témoigne pas de l'usage au quotidien du terme « franco-canadien » au détriment de l'appellation traditionnelle « canadien-français », dont l'usage découlerait, selon certains chercheurs, de l'anglicisme *French Canadian* (Godin, 110 ; Brunet, 32 ; Lacoursière, *Histoire populaire,* 11 ; Joncas, 26). Il paraît toutefois indéniable que le terme « franco-canadien », phonétiquement proche du terme fréquemment rencontré « franco-américain », commence à s'implanter en Saskatchewan à partir de 1912, année où les activités de l'Association franco-canadienne de la Saskatchewan sont relatées de façon hebdomadaire dans *Le Patriote de l'Ouest*. Une recherche exhaustive qui dénombrerait les différentes appellations identitaires utilisées permettrait d'évaluer la progression dans le discours journalistique de l'emploi des termes qui définissent une nation et, par le fait même, les changements de perception de la communauté. Ces recherches deviennent de plus en plus possibles grâce à la numérisation des journaux qui facilite cette tâche fastidieuse. Malheureusement, à l'heure actuelle, les moteurs de recherche existants restent pour la plupart imprécis. C'est le cas pour *Le Patriote de l'Ouest*. Une recherche informatique préliminaire permet de relever 129 occurrences du terme « franco-canadiens » pour la seule année 1913[25], tandis que le dépouillement manuel du *Patriote de l'Ouest* pour l'année 1931 permet d'évaluer ce changement d'appellation des francophones de la Saskatchewan et l'usage en cours. On trouve aisément « Franco-Canadiens de la Saskatchewan » (29 avril 1931, 13 mai 1931, 19 août 1931), et parfois « groupe franco-canadien de la Saskatchewan » (3 juin

---

[25] Voir le site de l'University of Alberta : http://peel.library.ualberta.ca/newspapers/PDW/.

1931), ou encore « groupe de notre race et de notre foi » (4 novembre 1931). Cette utilisation de « Franco-Canadiens de la Saskatchewan », dérivée en grande partie de la naissance en 1912 de l'association de défense de la minorité française de la Saskatchewan, est décidément bien implantée en 1931 et reprise dans les journaux québécois (*Le Devoir, La Presse, Le Droit*)[26]. De cet emploi on peut conclure une position beaucoup plus affirmée des spécificités du « groupe » francophone de la Saskatchewan que ne l'était le terme « Canadien français » avant 1912, ainsi qu'une volonté incontestable de distinction et d'indépendance[27].

✢

L'autonomisation progressive du groupe francophone de la Saskatchewan et son délaissement graduel par ses compatriotes québécois soulève une série de questions qu'une analyse transversale des discours journalistiques tenus en 1931 peut aider à résoudre. Outre les nombreux articles décriant l'immigration canadienne-française vers l'Ouest publiés principalement dans *L'Action française* à partir des années vingt, et dont Yvan Lamonde a dressé une liste exhaustive[28], la tendance entrevue dans le *Le Patriote de l'Ouest* est-elle récurrente dans d'autres lieux de discours ? Par exemple, comment les Canadiens français du Manitoba, qui suivent le déroulement des crises scolaires

---

[26] Respectivement le 2 avril, le 19 août et le 30 septembre 1931.

[27] Nos recherches ont aussi permis de relever dans les journaux de la diaspora canadienne-française les premières apparitions d'appellations identitaires distinctes du vocable traditionnel « Canadien français ». Ainsi en Ontario, le terme « Franco-Ontarien » a été repéré dans *Le Patriote de l'Ouest* du 4 décembre 1918, mais l'usage devient plus régulier à partir des années 1930. Le terme « Franco-Albertain » a été détecté sous la plume d'Omer Héroux dans un article du *Devoir* republié dans la première livraison de *La Survivance*, le 16 novembre 1928. Les appellations « Franco-Manitobain » et « Franco-Colombien », quant à elles, apparaissent dans *La Survivance* respectivement le 31 juillet 1930 et le 29 août 1945. Quant à « Fransaskois », il apparaît à la suite d'un concours d'appellation organisé en 1972 par le journal *L'Eau vive*, fondé l'année précédente. Pour connaître l'évolution du terme Fransaskois, voir Frédéric Roussel Beaulieu, « De Franco-Canadien à Fransaskois : l'émergence d'une nouvelle identité francophone », *Revue historique*, vol. 16, n° 2, décembre 2005, p. 1-8 ; « *L'Eau vive* lance une "enquête épithète" », *L'Eau vive*, 25 juillet 1972, p. 12. ; « Désormais Fransaskois », *L'Eau vive*, 2 novembre 1972, p. 1-2.

[28] Yvan Lamonde, *Histoire sociale des idées au Québec : 1896-1929*, Montréal, Fides, 2004, p. 299-300 [note 15].

de la province voisine et qui subissent eux aussi les contrecoups du marasme économique, entrevoient-ils leur avenir collectif[29] ? Dans ce premier cas de figure que nous envisagerons, la parenté des problématiques et la proximité des deux provinces imposent une relecture du journal *La Liberté*, d'autant plus que l'éditorialiste Donatien Frémont fut l'un des premiers acteurs du *Patriote de l'Ouest* aux côtés du père Achille-Félix Auclair jusqu'à son départ pour le Manitoba en 1923, et qu'il fut à même de partager les vues de ses compatriotes de la Saskatchewan.

b. *La Liberté*

1- ESPRIT NATIONAL DU MANITOBA FRANÇAIS

> *Aussi l'esprit national n'est-il plus à créer chez les Canadiens français du Manitoba. Il a été créé au cours des ans par les diverses violations de nos droits auxquelles s'est livrée une majorité fanatisée. Il a été créé et développé à chaque atteinte portée par elle à notre religion et à notre langue.*
>
> Jean Martin, « La vitalité nationale »,
> *La Liberté*, 4 mars 1931

Le 23 février 1931, s'ouvre à l'Académie Provencher de Saint-Boniface la treizième convention des commissaires d'école de langue française au Manitoba. Les notables canadiens-français sont au rendez-vous : Mgr Béliveau, le père Henri Bourque, recteur du collège de Saint-Boniface et visiteur des écoles, ainsi que de nombreux commissaires et présidents d'associations. Un certain Jean Martin de Saint-Claude[30] prononce un discours qui ne passe pas inaperçu, comme le rapportera *La Liberté* du 4 mars 1931 : « Un excellent travail, de très haute portée, sur la

---

[29] Sur la question, voir Raymond-Louis Thuot, *Les Franco-Manitobains et la grande dépression, 1930-1939*, Saint-Boniface, Collège universitaire de Saint-Boniface, 1981.

[30] Nos recherches nous ont permis de découvrir que Jean Martin est d'origine française et s'est installé depuis 1904 dans le hameau de Saint-Claude situé à une centaine de kilomètres de Winnipeg. Selon Donation Frémont, Jean Martin a bénéficié d'une formation intellectuelle républicaine. Il a également collaboré au journal *La Liberté* sous le pseudonyme de « Saint-Claude » et écrit des articles informés sur la question scolaire (Frémont, *Les Français*, 50-51).

vitalité nationale. » L'intervention de Martin est digne d'intérêt, car elle interroge la culture intellectuelle des Canadiens français du Manitoba, le développement de leur littérature et la manifestation de leur esprit national. Adressé à un public d'éducateurs, le discours de Jean Martin établit les composantes sur lesquelles la communauté doit miser pour assurer son développement. À commencer par l'esprit national qu'il définit de la façon suivante :

> L'esprit national est cette disposition, cette mentalité chez les individus d'une même race qui fait qu'aucun d'eux ne perd de vue les intérêts généraux de la collectivité et que tous sont prêts à consentir tout sacrifice légitime capable de bénéficier au progrès de la nation. (Jean Martin, « La vitalité nationale », *La Liberté*, 4 mars 1931)

Il s'agit d'un engagement dont on perçoit la contingence (« tous sont prêts »), mais aussi la contrainte pour ceux et celles qui doivent être disposés à « consentir [à] tout sacrifice ». Aux dires de l'orateur, « l'esprit national, si difficile à maintenir chez les peuples arrivés à leur plein développement, germe, se développe et fructifie naturellement chez les minorités persécutées » (*ibid.*). Martin rappelle que, quinze ans après la loi Thornton, les Canadiens français du Manitoba se sont « rapprochés davantage[,] [ils ont] mieux fait corps, [ils ont] pris le sens national » (*ibid.*), ce qui constitue pour Jean Martin « un pas de géant dans [la] marche vers la liberté » (*ibid.*). En outre, il soutient, que mise à part la religion, l'argent et la culture intellectuelle sont des « voies nouvelles pour les jeunes » (*ibid.*) que l'Église catholique ne peut condamner, car « elle en bénit le bon usage » (*ibid.*). Les éducateurs doivent, selon lui, faire œuvre nationale afin « d'éveiller et d'aider les vocations [des] jeunes gens pour les laboratoires, l'éducation universitaire, pour la finance, l'administration et toutes les spécialités rémunératrices qu'exigent les temps nouveaux » (*ibid.*), car la minorité française est arrivée « à un tournant important de l'histoire du Manitoba » (*ibid.*). Aussi réclame-t-elle davantage de géologues, d'ingénieurs électriques et de chimistes pour faire profiter les Canadiens français des « richesses phénoménales » (*ibid.*) que renferment les terres du nord de la province, riches en « nickel, cuivre, zinc, argent et

or » (*ibid.*). Ces propos de tendance libérale apparaissent auda-
cieux pour l'époque dans la mesure où ils semblent s'opposer au
discours traditionnel canadien-français sur l'intégrité culturelle
intimant à la conscience un devoir à remplir : assurer la survie de
la race canadienne-française dans le respect des traditions rurales
et agricoles. Ils contreviennent à la consolidation de la paroisse
considérée comme la « forteresse de la race » (Roby, 34) offrant
des remparts capables de sauvegarder la religion catholique et la
langue française. Dans ce cas-ci, la rhétorique employée prend
appui sur une terminologie sacrificielle de la nation pour renverser l'image de l'habitant dominé, dépossédé de son pays, de son
passé, de sa culture et de sa langue, et impuissant à diriger son
sort. Le discours de Martin n'incite pas les Canadiens français du
Manitoba à former la classe prolétarienne miséreuse de la ville,
soumise aux contremaîtres anglo-saxons, mais encourage leur
affranchissement du mode de vie rural, afin qu'ils participent
pleinement à l'industrialisation. Le besoin et la volonté d'adaptation à la société majoritaire motivent chez Martin un désir
de transformation de l'exiguïté paroissiale, sans se défaire, sous
peine de s'apostasier, du cadre d'intégration sociale qu'offrent la
paroisse, le lieu de culte, le centre communautaire et les écoles.
Il s'agit de permettre à une stratégie de survie, en des temps économiques défavorables à l'agriculture, de se déployer en un territoire majoritairement anglophone considéré pendant longtemps
comme hostile et de créer une brèche dans un espace culturel ren-
fermé sur lui-même, au nom de la prospérité économique et du
développement intellectuel des nouvelles générations. Cela dit,
les Canadiens français nés dans l'Ouest n'ont évidemment pas
le même comportement linguistique que leurs compatriotes originaires de la France, de la Belgique ou du Québec ; il en est de
même de leur attitude à l'égard de la cellule paroissiale et de ses
institutions. Comme le signale un article de *La Liberté* du 13 mai
1931, il est de plus en plus fréquent de voir de jeunes Canadiens
français converser entre eux en anglais : « La facilité des communications multiplie les contacts et demain fera douloureusement
sentir [aux] enfants ce que représente [...] dans tous les domaines,
la perte de la langue ancestrale » (« Si les parents pouvaient

comprendre », *La Liberté*, 13 mai 1931). Certes, les effets néfastes de la culture anglo-protestante sur la culture franco-catholique sont connus, et Donatien Frémont, rédacteur en chef du journal, s'évertue à le rappeler à ses lecteurs (« Mariages civils », *La Liberté*, 11 février 1931). Mais pour Martin, orateur invité à parler devant un parterre de notables, les dangers extérieurs – l'anglicisation – ne doivent pas être appréhendés, puisque la « vitalité nationale » est acquise, les conflits linguistiques ayant joué un rôle unificateur. Bien que certains maux envisageables soient absents de sa conférence, il n'en demeure pas moins que pour lui le « succès des nôtres » (*op. cit.*) et leur avenir au Manitoba dépendent de leur contribution dans « tous les domaines : littérature, art, science, industrie, commerce » (*ibid.*).

2- Convergence pragmatique vers la majorité

Loin d'être isolé et propre à ce citoyen de Saint-Claude, le discours libéral de Jean Martin se retrouve en 1931 dans le journal *La Liberté* sous plusieurs formes. D'abord par l'entremise de son rédacteur en chef, Donatien Frémont, d'allégeance conservatrice. Par exemple, le 17 juin 1931, Frémont signe un éditorial portant sur la fin de l'année scolaire et sur les dangers que peuvent entraîner la « liberté désordonnée et [les] fréquentations douteuses » des enfants pendant leurs vacances. Sa réflexion le conduit à valoriser la formation scolaire, dont les lacunes, qui s'expliquent, d'après lui, par la tendance des parents à retirer leurs enfants tôt de l'école pour qu'ils travaillent à la ferme, se font sentir même en ville : « À Saint-Boniface, dans deux grandes écoles considérées comme françaises, on serait étonné de connaître la faible proportion des nôtres dans les cours supérieurs » (Frémont, « Fin d'année scolaire », *La Liberté*, 17 juin 1931). Le prolongement des études se justifie selon lui par une nécessité d'époque : la modernisation. Mais, à son avis, les études peuvent surtout servir à enrayer la tendance injuste suivant laquelle « l'administration ou [les] services publics » sont occupés par d'autres, alors que fréquemment les Canadiens français se plaignent de ne pas y être représentés. Comme il l'affirme, « la préparation de l'élite de demain » dépend de ces « sacrifices inévitables » consistant à laisser à l'école « un grand garçon ou une grande fille quelques années de plus ». Frémont souligne par ailleurs l'importance du lien qu'entretient la minorité avec la majorité : « Nous coudoyons d'autres races dont l'ardeur au travail et les succès scolaires devraient être pour nous une leçon et un stimulant[31]. » Ses observations ont été republiées en Saskatchewan dans l'édition du 8 juillet 1931 du *Patriote de l'Ouest*, car, aux dires de la rédaction saskatchewanaise, « ce qu'il [Frémont] dit du Manitoba s'applique parfaitement [aux] compatriotes de la Saskatchewan ».

Dans l'éditorial « Qui veut être Maître-Fermier ? » (11 mars 1931), Frémont ne cherche pas à inciter les jeunes travailleurs à épouser les vertus de la terre, mais plutôt à conquérir la juste part des Canadiens français au titre de *maîtres-fermiers*, un certificat honorifique décerné par la province. En d'autres mots, Frémont insiste pour que les Canadiens français se taillent une place parmi les autres, au sein de la majorité : « L'important est que nous figurions au tableau d'honneur ». Non que l'honneur soit un signe de salut ou un acte de résistance, mais il permet à un éthos particulier de s'affirmer.

D'autres types de texte, dont des articles faisant état de l'actualité de la colline parlementaire fédérale, insistent sur la coopération des partisans « de l'entente entre les deux races » (« On parle encore de M. Anderson », *La Liberté*, 22 avril 1931). Ces articles illustrent la tendance des journalistes en milieu minoritaire à débusquer chez l'Anglais un partisan. Ces exemples d'efforts linguistiques partagés révèlent le dilemme de toute communauté canadienne-française minoritaire, qui est perpétuellement en état de négocier son rapport linguistique à la majorité anglophone et qui ne peut se permettre de se replier sur elle-même. Un article consacré au Gouverneur général du Canada, Lord Bessborough, qui devant des élèves d'Ottawa « a

---

[31] En 1931, 55 % des jeunes âgés de seize ans et plus ont quitté l'école pour travailler, une statistique confirmant l'attrait du marché du travail au détriment de l'école (Oddson, 81). Monique Hébert a démontré pour sa part que les jeunes filles ne pouvant payer leur pension nécessaire ou ayant obligation d'aider leur famille terminaient leurs études à 14 ans en moyenne, soit après leur huitième année d'étude. Pour Hébert, ce facteur a contribué indirectement à la survie de la nation, puisque n'acquérant pas ou peu la langue anglaise, elles contraient les menaces d'assimilation (M. Hébert, *Génération*, 10-11).

fort éloquemment parlé des avantages de connaître la langue française », est particulièrement révélateur de cette nouvelle dynamique de conciliation entre les deux groupes culturels (« Apprenez du français et encore du français – Lord Bessborough », *La Liberté*, 17 juin 1931). Un article sur Émile Nelligan originellement publié dans le *Manitoban*, journal de l'Université du Manitoba, et republié dans *La Liberté* témoigne aussi d'un esprit d'ouverture qui n'est pas sans rappeler que le poète est né « de père irlandais et de mère canadienne-française » (Gérard Léveillé, « Émile Nelligan », *La Liberté*, 21 janvier 1931). Ainsi, les spécificités de la culture canadienne-française, telles « leur régionalité [...] [et] leur minorisation » (Dubois, 137), sont converties en un dynamisme bilingue et biculturel propre à renforcer l'autonomisation des groupes minoritaires.

3- Réactions de la province mère

> *Il ne faut pas se payer de mots. Le français se meurt d'inanition là-bas ; que dis-je, il est mort.*
> « Ce que disent les journaux », *La Liberté*, 15 avril 1931

La Liberté suit depuis le début les événements entourant les amendements du gouvernement Anderson en Saskatchewan. Elle republie plusieurs articles du *Patriote de l'Ouest* (les 4 et 18 mars 1931), les lettres de Raymond Denis sur la question, et intervient parfois dans le débat pour éclairer la situation. Toutefois, le discours de hargne auquel nous avait habitués la loi Thornton en 1916 semble apaisé. La raison qui peut expliquer cette accalmie se trouve dans un éditorial de Donatien Frémont (« Choses de la Saskatchewan », 12 février 1930), où les expressions « comme il fallait s'y attendre », « bien entendu », « on a pu s'étonner », « il est de tradition constante », « il vaut mieux ne pas entretenir d'illusions », témoignent d'une résignation partagée face à des événements prévisibles. La hargne se manifeste timidement par des expressions telles « nous refusons de croire », « cet étrange gouvernement coopératif », « une mesure aussi discutable », mais culmine aussitôt que l'avis de l'Association catholique franco-canadienne de la Saskatchewan sur l'enseignement de la langue maternelle, « un point sur lequel elle ne peut céder », est rapporté. Tout ce qui déchirait les entrailles d'un peuple il n'y a pas si longtemps semble ici se condenser en un « point » technocratique qui résume à lui seul la dimension nouvelle et fort réduite de la lutte contre les amendements. Republiée dans *La Liberté*, la réaction de la province mère (le Québec) à ces bouleversements est d'une teneur inquiète. L'attitude défensive face à la menace anglo-saxonne des premières décennies du siècle s'estompe, comme le laisse entendre l'extrait cité en exergue, publié originellement à Montréal dans le journal *Le Canada* et annonçant littéralement la mort de la langue française. Selon *Le Progrès du Saguenay*, il s'agirait pour le premier ministre du Québec Alexandre Taschereau de faire « du bruit un peu partout, sans excepter le Parlement fédéral » pour qu'Anderson revienne sur ses positions. Cette suggestion souligne le peu d'écho au Québec de la situation scolaire en Saskatchewan (« M. Anderson est distrait », *La Liberté*, 18 mars 1931). Thomas Poulin de *L'Action Catholique* suggère quant à lui de mettre un terme à l'envoi d'argent dans l'Ouest sous prétexte de solidarité nationale (« La persécution nuit à son auteur », *La Liberté*, 18 mars 1931). Enfin, Mgr Jean-Marie-Rodrigue Villeneuve (1883-1947), évêque de Gravelbourg, dans une « importante lettre » (*Le Devoir*, 31 janvier 1931) envoyée à Omer Héroux du *Devoir* et republiée dans *La Liberté* du 28 janvier 1931, lève le voile sur « les regrettables orientations », « certains courants d'idée » et l'autre péril que constituent « la cassure » entre l'Ouest et l'Est, la rupture de la confédération et le « séparatisme[32] ». Ces orientations d'indépendance de la nation canadienne-française feront irruption sur la scène politique québécoise à partir de 1934, lors de la fondation du parti de l'Action libérale nationale de Paul Gouin. Mais la mouvance *séparatiste* s'inscrit aussi dans des mouvements de jeunesse, dont Jeune-Canada, formé d'étudiants de l'Université

---

[32] Également à ce sujet, voir l'article « Séparatisme » publié à l'origine dans *La Liberté* sous le pseudonyme Boniface dans *Le Patriote de l'Ouest* du 29 février 1936.

de Montréal et considéré par Lionel Groulx dans ses mémoires comme la « chiquenaude » qui a permis le renouveau nationaliste au début des années trente (*Mémoires*, tome III, 274-289) et dont *Le Devoir* consacrera de larges colonnes par l'intermédiaire d'Omer Héroux (Chouinard, 10)[33].

Dans son ensemble, le discours de *La Liberté* en 1931 se distingue par une finalité éthique progressive. En effet, les instances de production d'informations traitent des événements sociopolitiques perturbateurs avec une crédibilité et une objectivité qui se différencient nettement des positions idéologiques rigides prises dans le même journal en 1916. Ce nouveau discours établit un rapport de convergence entre la communauté francophone minoritaire et la communauté anglo-saxonne majoritaire, comme en témoignent les tentatives de rapprochement que propose un Jean Martin (« La vitalité nationale », *La Liberté*, 4 mars 1931) ou un Donatien Frémont (« Fin d'année scolaire », *La Liberté*, 17 juin 1931). Il permet de remarquer des similitudes avec la volonté d'indépendance entrevue dans *Le Patriote de l'Ouest* et de constater les accommodements de certains ou les signes de résignation chez d'autres, mais dans tous les cas de prendre acte d'une volonté d'évoluer dans un esprit d'intégration qui ne soit pas assujetti à une dénégation culturelle ni de soi ni de l'autre.

c. *Le Devoir*

Le dépouillement du *Devoir* pour l'année 1931 requiert quelques mises au point contextuelles. Comme à ses débuts en 1910, *Le Devoir* est encore en 1931 le principal véhicule de la pensée nationaliste canadienne-française dans l'ensemble du Canada et dans les communautés franco-américaines. Il conserve un certain intérêt pour le sort des minorités françaises au Canada, un intérêt

---

[33] Voir « Manifestation des jeunes hier au Gésu », *Le Devoir*, 20 décembre 1932. Voir aussi les éditions du 7 mars, 7 avril et 21 avril 1933. Sur le sujet voir Yvan Lamonde, « Les Jeune-Canada ou les "Jeune-Laurentie"? La recherche d'un nationalisme (1932-1938) », *Cahiers des Dix*, n° 63, 2009, p. 175-215 ; et Denis Chouinard, « Des contestataires pragmatiques : les Jeune-Canada, 1932-1938 », *Revue d'histoire de l'Amérique française*, vol. 40, n° 1, 1986, p. 5-28.

qui va toutefois en s'effritant des années trente à la Révolution tranquille, où le journal recentre sa mission au profit du Québec et de la région montréalaise en délaissant la vision continentale de son fondateur Henri Bourassa et de ses premiers artisans. Comme l'explique Pierre Anctil :

> [c]e passage du Canada français pancanadien à un Québec défini d'abord par ses frontières provinciales s'effectua progressivement au cours des années 1930 et 1940, lorsqu'il devint évident que les francophones dits « québécois » bénéficiaient d'avantages décisifs qui échappaient aux minorités canadiennes-françaises ailleurs au pays ou aux États-Unis. Le premier signe de ce glissement se manifesta lors de la crise des écoles ontariennes de 1912 à 1927. (Anctil, *Journal*, [en ligne])

Ces « glissements », dont nous étudions la portée dans le discours journalistique et les répercussions dans le discours littéraire pour la jeunesse, nous les avons nommés « moments discursifs », suivant la terminologie de Sophie Moirand. Ils se définissent, rappelons-le, comme des faits du monde réel qui deviennent *par* et *dans* les médias des « événements » (4), qui « donn[ent] lieu à une abondante production médiatique » (*ibid.*) et dont des traces subsistent dans les discours « à plus ou moins long terme [...] à propos d'autres événements » (*ibid.*). En 1931, les moments discursifs de la crise économique et des amendements Anderson occupent une place importante dans *Le Devoir*, quoique amoindrie par une foule d'autres discours, souvent à caractère économique, dont ceux sur la modernisation du réseau routier du Québec (loi des grands ponts), sur la colonisation du territoire, sur la faillite de l'industrie papetière, et sur le secours direct apporté à des familles québécoises, voire par d'autres qui ne relèvent pas a priori de l'économie : les débats sur le vote des femmes, l'entente scolaire pour la communauté juive ou la coupe Stanley, que les Canadiens de Montréal remportent pour une deuxième année consécutive en avril 1931 au détriment des

« Éperviers noirs », comme on appelait alors l'équipe de hockeyeurs de Chicago[34].

1- HENRI BOURASSA : LA FIN D'UNE ICÔNE

Selon son biographe Robert Rumilly, Henri Bourassa « n'écrit plus que très rarement dans *Le Devoir* [après 1922]. Il se consacre aux médiations religieuses et aux grandes questions politiques » (Rumilly, 639). À partir de 1919, Bourassa connaît de nombreux épisodes personnels douloureux, dont la perte de son épouse Joséphine le 26 janvier 1919 et de son grand ami Wilfrid Laurier quelques semaines plus tard, le 17 février. Une des ses filles, Thérèse, mourra l'année suivante, à l'âge de cinq ans. Sa rencontre avec Pie XI en 1922 le transfigure littéralement (M. Cardinal, 354). À son retour, il constate la montée du séparatisme qui s'étale sans ménagement dans *L'Action française*, revue mensuelle fondée par l'abbé Groulx en 1917 : « Ce qui l'a bouleversé par-dessus tout, c'est que ses meilleurs amis, dont Omer Héroux, se retrouvaient parmi ceux qui prônaient un nationalisme plus affirmé » (*ibid.*). Il se présente à titre de candidat indépendant dans la circonscription de Labelle et est élu aux élections du 29 octobre 1925, de même qu'à celles de 1926 et de 1930. Embarqué pour l'Europe douze jours après l'élection du 14 septembre 1926, il rencontre le dictateur italien Benito Mussolini. Informé de sa visite, le pape Pie XI sollicite un entretien avec lui et l'avise que le premier devoir du catholique « est de défendre les causes de Dieu et de l'Église » avant celle du nationalisme (Rumilly, *Bourassa*, 639). Bourassa explique sa foi dévote, aux racines familiales profondes, dans une conférence en avril 1935 : « C'est à Rome que j'ai trouvé la lumière et ce que je crois être la vérité, non seulement la vérité surnaturelle [...], mais encore les notions les plus justes, les plus raisonnables, les mieux balancées,

---

[34] La plupart des équipes de hockey et de baseball sont d'ailleurs francisées jusque dans les années soixante, ce qui ne va pas sans marquer une insécurité linguistique. Ainsi on retrouve dans la presse de cette époque les Habitants, les Ours, les Feuilles d'Érable, les Ailes rouges, désignant respectivement les équipes de hockey de Montréal, Boston, Toronto et Détroit avant que leurs noms anglo-saxons ne soient utilisés, à l'exception des équipes dites « francophones » comme les Canadiens de Montréal, ou autrefois les As et les Nordiques de Québec.

sur les choses humaines » (*Le Devoir*, 30 avril 1935). Lionel Groulx, idéologiquement opposé au nationalisme canadien de Bourassa, avoue dans ses *Mémoires* : « Le scrupule religieux – point d'autre hypothèse possible – a égaré l'esprit de Bourassa en 1926 » (tome II, 228). Béatrice Richard parlera d' « évasion mystique » pour expliquer le revirement idéologique de Bourassa à cette époque (81). L'impact de son évolution intellectuelle sur *Le Devoir* se fait d'ailleurs sentir. En 1932, les administrateurs du journal, subissant des pressions de l'archevêché de Montréal, confient à Gérard Pelletier la tâche de réclamer le départ d'Henri Bourassa, dont la réputation nuit à celle du journal dans les milieux catholiques – et par conséquent à son tirage – à la suite de déclarations controversées sur les relations d'affaires qu'entretiennent les communautés religieuses québécoises. Lors d'une conférence le 4 mars 1932 intitulée « Honnêtes ou canailles », Bourassa met en cause les investissements de l'Église dans un intérêt strictement financier (Rumilly, *op. cit.*, 729 ; Gingras, 101 ; M. Cardinal, 364-365). Ce revirement abrupt du grand nationaliste refroidit les ardeurs des minorités françaises, puisque dorénavant ses discours appellent à la résignation chrétienne plutôt qu'à la résistance. À ce sujet, un éditorial anonyme du *Patriote de l'Ouest* s'en prend directement à Henri Bourassa :

> Que l'on ne vienne [...] pas nous dire, après la tragique expérience de ceux qui ont vécu dans l'Ouest depuis les derniers vingt-cinq ans, où la perte de la langue a donné libre cours à tant de mariages mixtes qui ont élevé tant d'enfants sans idéal religieux et national, que nous faisons du racisme hitlérien ou que nous faisons passer la langue avant la foi. [...] Nous ne voyons pas en quoi ce nationalisme serait répréhensible. (« Pourquoi nous luttons », *Le Patriote de l'Ouest*, 29 mai 1935)

Le célèbre tribun sera d'ailleurs accueilli avec froideur lors de sa visite à Prince Albert en 1937 durant sa tournée de conférence dans l'Ouest lorsqu'il annoncera sans gêne le *déclin de la race*[35].

Dans un entrefilet rédigé par lui-même, Henri Bourassa

---

[35] Raymond Denis, « Mémoires », *Vie française*, vol. 24, n°s 1-2, septembre / octobre 1969, p. 21.

annonce sa démission à la direction du *Devoir* le 3 août 1932. Il a alors soixante-quatre ans. Balayé par une vague libérale, il met fin à sa carrière de politicien aux élections de 1935. Il sortira de sa retraite aux élections provinciales du 8 août 1944 pour appuyer un parti politique de courte vie, le Bloc populaire canadien, un mouvement politique fédéral et provincial du Québec qui est créé en septembre 1942 en réaction contre la conscription et attirera des intellectuels et hommes d'action tels André Laurendeau, Michel Chartrand, Jean Drapeau et le jeune Pierre Elliott Trudeau. Henri Bourassa décède dans sa demeure d'Outremont le 31 août 1952, la veille de son 85ᵉ anniversaire.

2- OMER HÉROUX : « PREMIER JOURNALISTE FRANÇAIS D'AMÉRIQUE »

En 1931, c'est donc un journal en transformation que supervise le conseil d'administration de l'Imprimerie populaire sous la présidence d'Oscar Dufresne. Au sein de l'élite des minorités francophones, son rédacteur Omer Héroux est considéré comme son principal défenseur sur la scène journalistique. Selon Pierre Savard, *Le Droit* d'Ottawa l'aurait même « surnommé le "secrétaire de la survivance française en Amérique du Nord", tandis que Gérard Filion l'appelait affectueusement "le confesseur des minorités" » (246). En 1947, l'Association canadienne-française d'éducation d'Ontario lui décerne même l'Ordre du mérite scolaire franco-ontarien avec la mention « très méritant » (*ibid.*). Sa carrière de journaliste engagé lui vaut aussi trois doctorats honorifiques[36]. Héroux débute une carrière de journaliste à Trois-Rivières en mars 1896 et travaille par la suite à Québec pour *L'Action sociale* et *La Vérité* (de 1904 à 1907), le journal de Jules-Paul Tardivel dont il épouse la fille Alice en premières noces, et intègre l'équipe fondatrice du *Devoir* en 1910. Pour André Bélanger, Omer Héroux représente avec Georges Pelletier « l'esprit du journal, sa continuité » (28), notamment après la mise en quarantaine de son fondateur Henri Bourassa et la démission de

---

[36] De l'Université Laval en 1937, de l'Université d'Ottawa en 1939 et de l'Université Saint-Joseph du Nouveau-Brunswick en 1957.

ce dernier en août 1932. Il nous apparaît donc opportun à cette étape-ci de notre recherche d'analyser les interventions éditoriales d'Omer Héroux.

L'action d'Omer Héroux envers les communautés de la minorité française ne se limite pas à la publication d'éditoriaux. Héroux entretient une étroite correspondance avec les piliers institutionnels du Canada français (politiciens, évêques, présidents d'association)[37]. Les lettres reçues sont parfois publiées dans *Le Devoir*. Le plus souvent sans destinataire nommé, elles comprennent une mention du genre : « L'un des nos amis, qui connaît particulièrement l'Ouest, nous écrit » (*Le Devoir*, 6 avril 1931). Des articles d'actualité concernant les minorités et provenant de fils de presse et de journaux de la diaspora s'insèrent dans le journal par l'intermédiaire de son rédacteur, « dont c'est plus particulièrement le domaine » (Héroux, « La tâche du rédacteur en chef », *Le Devoir*, 23 février 1935). Comme il l'explique lui-même, « le rédacteur en chef fait des articles, deux, trois ou quatre par semaine et de multiples notes et articulets » (*ibid.*). À la lecture du *Devoir* de 1931, la responsabilité de faire connaître aux lecteurs les « affaires de la Saskatchewan » (*Le Devoir*, 2 avril 1931) incombe à Omer Héroux, comme le sont les questions municipales pour Louis Dupire et les problèmes économiques pour Georges Pelletier (Héroux, *op. cit.*). En portant l'attention sur quatre éditoriaux de sa plume, on constate sans hésitation l'entier dévouement du journaliste pour informer ses lecteurs du Québec de chacun des « coups du premier ministre de la Saskatchewan » (« Monsieur Anderson contre le français », *Le Devoir*, 27 février 1931). Contrairement à ce que nous aurions pu croire à la lecture du *Patriote de l'Ouest* à la même époque, on peut affirmer, sans l'ombre d'un doute, qu'Omer Héroux n'a pas laissé tomber qui que ce soit. L'intérêt pour les affaires de l'Ouest n'est d'ailleurs pas si différent de ce que nous avons pu lire dans *Le Bien public* de 1916, où l'éditorialiste affirme qu'un effet d'entraînement

---

[37] Voir le Fonds Omer Héroux à la Bibliothèque et archives nationales du Québec, cote CLG56.

pouvait porter à conséquence dans l'Est si aucun n'intérêt n'était porté à l'Ouest (« Soyons patriotiques », *Le Bien public*, 9 mars 1916). Il en va de même de la situation économique grave en Saskatchewan (« parce que l'état des choses dans l'Ouest réagit et ne peut manquer de réagir d'une façon très vive sur celui de l'Est » [« La crise du blé », *Le Devoir*, 17 novembre 1930]), ainsi que de la situation scolaire, car les actions de M. Anderson peuvent « provoquer une agitation dont les échos retentiront bien au-delà des limites de son domaine propre » (*ibid.*). Pour Héroux, la « singulière attitude de M. Anderson » (*ibid.*) permet d'appréhender une crise nationale, d'où le fait de s'y intéresser, d'autant plus qu'elle s'inscrit en 1931 dans une tradition de crises, dont celle qui s'est amenuisée en 1927 en Ontario et qui « a été discutée de long en large » (« M. Anderson contre le français », *Le Devoir*, 27 février 1931). L'éditorialiste ne va pas sans susciter cet intérêt national, dans l'espoir que le bruit ainsi causé se répande du cabinet Taschereau au provincial à celui de Richard Bennett au fédéral, et que ce conservateur, dont les appuis du Québec ont permis de consolider sa victoire aux élections fédérales du 28 juillet 1930 en lui fournissant 24 des 134 sièges au parlement, modère les ardeurs d'un premier ministre provincial de la même allégeance. Il s'agit d'opposer un contrepoids national et patriotique au « courant fanatique » (*Le Devoir*, 2 avril 1931) qui balaie la Saskatchewan. L'éditorial « Le plus efficace des plébiscites » (*Le Devoir*, 2 avril 1931) offre un bel exemple d'un appel à la solidarité des « Franco-Canadiens de la province de Québec » envers les « Franco-Canadiens de la Saskatchewan ». Par le biais d'un champ sémantique proche du vandale ou du terroriste (« extrémistes », « sectaire », « saccagé », « massacre », « destruction », « dégâts », « menaces », « attaque », « l'assaut présent »), l'éditorialiste construit une image abjecte de crime pour ensuite rappeler que la minorité française de la Saskatchewan « n'[a] pas l'intention de se coucher pour mourir », et que, « l'argent [étant] le nerf de la guerre », « toutes les bonnes volontés » doivent offrir aux « chefs de la Saskatchewan » ce fameux nerf monétaire. Son ardeur à stimuler la résistance marque ses quelques articles portant sur les amendements du gouvernement Anderson au plus fort de la crise au printemps 1931 (les mois de mars et d'avril). Mais il le fait à contrecœur, car les déboires que ces flux de fanatisme peuvent causer apparaissent comme prévisibles et s'ajoutent à une longue liste de récriminations contre l'autre « rac[e]-mèr[e] » (« Le plus efficace des plébiscites », *Le Devoir*, 2 avril 1931). De fait, Omer Héroux répond à ces attaques par le même vocabulaire militaire dont le discours était littéralement miné aux premières décennies du siècle et qu'on peut relever dès l'annonce de la mission du journal par Henri Bourassa en 1910 (« Avant le combat », *Le Devoir,* 10 janvier 1910). Si la virulence marque le discours journalistique de cette époque, le regret d'Omer Héroux en raison des conséquences prévisibles d'une nouvelle crise scolaire sur « la paix nationale » (« Le plus efficace des plébiscites », *Le Devoir*, 2 avril 1931) trahit la fatigue du journaliste. Qui plus est, la crise économique éloigne la main du *gousset*, comme nous l'avons déjà relevé dans *Le Patriote de l'Ouest* pour l'année 1918 (8 mai 1918), aussi bien que dans *Le Devoir*. Quand Héroux soutient que « dans un mouvement pareil, toutes les bonnes volontés devraient s'associer » (« Le plus efficace des plébiscites », *Le Devoir*, 2 avril 1931), il prêche aux convertis qui peuvent encore contribuer à l'organisation de la défense en ces temps difficiles. En fait, cette association des « bonnes volontés » n'est plus le secours généralisé offert autrefois par la province protectrice des minorités. Pourtant, à l'initiative d'Omer Héroux (Lafortune, 71), *Le Devoir* organise en grande pompe un pèlerinage en Louisiane, une occasion pour le journal de rappeler aux lecteurs les liens, mais aussi les défis, qui les lient aux Acadiens déportés dans le sud de l'Amérique.

3- La mère patrie et ses minorités : un pèlerinage en Louisiane

i. Le service des voyages du Devoir

Le voyage en Louisiane qu'organise le journal *Le Devoir* du 12 au 28 avril 1931 s'inscrit dans une suite d'autres périples qui ont connu d'énormes succès, notamment en Acadie en 1924

(Rumilly, *op. cit.*, 651-652), en Ontario en 1925 (*ibid.*, 661-662), et de nouveau en Acadie en 1927. C'est sans compter les fréquentes tournées d'Henri Bourassa dans l'Ouest, dont on a pu retrouver la trace[38], de même que celles en Nouvelle-Angleterre, où certains milieux subissent « l'influence bourassiste » (*ibid.*, 697). De fait, par leur « gravité pieuse » (*ibid.*, 652), les excursions du *Devoir* prennent des allures de pèlerinages et servent à resserrer les liens qui unissent les différents groupes franco-canadiens et franco-américains. En Acadie (1924) et en Ontario (1925), ces pèlerinages en train attirent près de trois cents personnes (*ibid.*, 652 et 662). Le pèlerinage du *Devoir* en Louisiane le 12 avril 1931 attire quant à lui quatre-vingts[39] Canadiens français en provenance de Montréal et fait suite aux voyages l'année précédente de représentants d'institutions acadiennes de la Louisiane (« Les pèlerins du *Devoir* sont en route pour la Louisiane », *Le Devoir*, 13 avril 1931). Ces pèlerinages sont à l'origine du développement d'un service complet de voyage, sous l'égide du journal et sous la direction de Napoléon Lafortune. Outre les pèlerinages chez les minorités francophones, les services d'agence du *Devoir* se sont étendus de 1924 à 1947 sur l'ensemble du globe (Lafortune, 71) et proposaient des voyages organisés dans les grandes villes du monde, à l'occasion d'événements religieux comme les Congrès eucharistiques (Chicago en 1926, Sydney en 1928, Carthage en 1930, Dublin en 1931, Buenos Aires en 1934, Manille en 1937). Ces voyages s'accordaient avec l'orientation idéologique du journal en permettant aux voyageurs « d'acquérir une connaissance plus intime des différents groupes de la famille française d'Amérique, pour mieux comprendre leurs luttes, leurs espoirs, et les

---

[38] Des tournées de Bourassa dans l'Ouest ont lieu en 1913 (Gingras, 63), en 1924 (Rumilly, 657), en 1927 (*ibid.*, 701) et en 1937. De par ses fonctions journalistiques et ses activités politiques, Bourassa a parcouru le pays à plusieurs reprises. Voici un extrait du *Devoir* qui en témoigne : « M. Henri Bourassa traversa tout le Canada en 1927. À l'été, il était allé jusqu'à l'Île-du-Prince-Édouard, en passant par la Nouvelle-Écosse et le Nouveau-Brunswick ; à l'automne, il se rendit jusqu'à Victoria en s'arrêtant dans les principales villes de l'Ouest » (« L'actualité » : "un conte de fée" », *Le Devoir*, 23 février 1935).

[39] Cent-vingt-cinq selon Omer Héroux si on ajoute les pèlerins acadiens partis de Moncton sous l'égide du journal *L'Évangéline* (Héroux, « En Louisiane », *Le Devoir*, 11 mai 1931).

mieux appuyer au besoin » (*ibid.*), et en offrant aux Canadiens français « de se joindre aux catholiques du monde entier [...] pour affirmer la fidélité du Canada français à sa foi ancestrale » (*ibid.*) lors des Congrès eucharistiques. Ces voyages organisés connurent un si grand succès dès le premier voyage en Acadie en 1924, qualifié « d'événement historique » (*ibid.*), que *Le Devoir* « décida petit à petit de s'occuper également de voyages individuels, allant des simples déplacements d'affaires aux séjours culturels en Europe ou sur d'autres continents » (Bennett, [en ligne]). Le service des voyages fut officiellement démantelé, de même que le service de librairie[40], après l'accession de Gérard Filion (1909-2005) à la direction du journal en 1947.

ii. Le « pèlerinage » en Louisiane

L'excursion du mois d'avril 1931 se donne pour but de « resserrer les liens de la fraternité française avec [les] cousins les plus éloignés et les moins connus d'Amérique », autrement dit « de fortifier entre les groupes français d'Amérique les liens formés par la communauté de Foi, de sang et d'histoire » (« Les pèlerins du *Devoir* sont en route pour la Louisiane », *Le Devoir*, 13 avril 1931; Héroux, « Notre voyage en Louisiane », *Le Devoir*, 31 janvier 1931). Le voyage prévoit une rencontre à La Nouvelle-Orléans d'une autre délégation de voyageurs partis le même jour de Moncton et comprenant « un contingent de jeunes Acadiennes qui [...] porteront pour ce pèlerinage le poétique et légendaire costume d'Évangéline » (Héroux, « Au

---

[40] Le service de librairie du *Devoir*, dont le commencement coïncida avec la fondation du journal, débuta par la publication des brochures de son fondateur Henri Bourassa et devint une véritable librairie après la reprise de fonds d'éditeurs. Ce service bénéficia de réclames dans *Le Devoir*, de même que dans le magazine pour la jeunesse de la Société Saint-Jean-Baptiste, *L'Oiseau bleu*, et rendit accessibles à sa clientèle des livres canadiens ou français, des ouvrages de prière et des livres de récompense. Il pouvait se « procurer tout ce qui est digne d'être vendu » (Dupire, *Le Devoir*, 23 février 1935), à condition que le livre commandé soit disponible en France ou à Montréal. Les achats pouvaient s'effectuer au comptoir ou par la poste. Comme l'avoua Omer Héroux, cet auxiliaire du *Devoir* permit au journal d'élargir sa palette de revenus : « Jamais le journal, en tant que journal, n'a réussi à boucler son budget. Aux heures de prospérité relative, il y en eut, ce sont les services auxiliaires qui nous ont fait flotter » (Héroux, « La tâche du rédacteur en chef », *Le Devoir*, 23 février 1935).

tour de Natchez », *Le Devoir*, 30 mars 1931). Parmi les représentants officiels qui accompagnent la délégation, on retrouve Mgr Camille Roy, Lionel Groulx, l'évêque de Prince Albert et Saskatoon, Mgr Prud'homme, le président de la Société Saint-Jean-Baptiste de Montréal, Guy Vanier, ainsi que des notables canadiens-français provenant de Montréal, Nicolet, Saint-Hyacinthe, Chicoutimi, Ottawa, Sudbury, Warren (Ontario), Alida (Saskatchewan) et même du Massachussetts (*ibid.*). Les « Frères du Sud » auront aussi droit aux messages des quatre archevêques de langue française[41] désirant saluer l'entreprise qui permet de revivre une « glorieuse page d'histoire » et d'inspirer la fierté « à une race élue de Dieu pour implanter le catholicisme dans cette partie du Nouveau Monde » (« Le message des quatre archevêques de langue française », *Le Devoir*, 13 avril 1931).

Au premier abord, ce qui étonne à la lecture de ce dépouillement concernant le voyage organisé en Louisiane, c'est son caractère éminemment religieux, voire sacral. Déjà le terme « pèlerinage » indique la voie dans laquelle les organisateurs cherchent à rallier les Canadiens français au cours de cette excursion américaine. Or, en contexte canadien-français, les trois saints auxquels on consacre généralement des « pèlerinages » sont Anne, Marie et Joseph, respectivement dans des lieux érigés à cet effet (Saint-Anne de Beaupré, Notre-Dame du Cap, l'Oratoire Saint-Joseph), sans oublier la figure de saint Jean Baptiste et des saints martyrs canadiens[42], auxquels un sanctuaire est dédié à Midland en Ontario. Cette terminologie religieuse vient rejoindre les objectifs premiers de cette « reprise de contact » avec les descendants suppliciés des déportés de 1755, tels que formulés par Omer Héroux : « Nous comptons bien que ces prises de contact entre groupes, qui non seulement possèdent

---

[41] Il s'agit de lettres adressées à Omer Héroux, republiées dans le journal et signées par le cardinal Raymond-Marie Rouleau de Québec, Mgr Gauthier de Montréal, Mgr Guillaume Forbes d'Ottawa et Mgr Arthur Béliveau de Saint-Boniface. Les commentaires sur la « race élue de Dieu » apparaissent sous la plume du cardinal Rouleau.

[42] Il s'agit de huit missionnaires jésuites (Jean de Brébeuf, Noël Chabanel, Antoine Daniel, Charles Garnier, René Goupil, Isaac Jogues, Jean de La Lande, Gabriel Lalemant) torturés et tués entre 1642 et 1649 lors des guerres franco-iroquoises qui mèneront aux massacres de Lachine le 5 août 1690. Ils sont fêtés au Canada le 26 septembre.

des communes traditions historiques, mais professent la même Foi, serviront d'abord leurs intérêts religieux » (Héroux, « Notre voyage en Louisiane », *Le Devoir*, 31 janvier 1931). L'aspect sacral du voyage se retrouve dans les activités des voyageurs, qui comprennent en 1931, outre les banquets, les messes, les visites historiques (le monument du père Jacques Marquette à Chicago, les vestiges du Fort de Charles en Illinois, le cimetière national de Vicksburgh) et autres « promenades en auto », une « très grande manifestation » à Saint-Martin-Ville et le dévoilement d'une statue d'Évangéline, auquel dix mille personnes auraient assisté (« Notre voyage en Louisiane », *Le Devoir*, 14 mars 1931). Ces activités s'apparentent à d'autres pèlerinages qui ont lieu à partir de 1924, tel le voyage en 1925 à Pembroke (Ontario) où de la terre prélevée des Plaines d'Abraham et bénie par le cardinal Bégin est répandue autour de l'école du village (Rumilly, 662).

De plus, *Le Devoir* n'hésite pas, avec une logistique des plus expertes, à réduire la distance entre les différents groupes minoritaires. La couverture de l'événement encense bien entendu le projet de voyage, parfois dans un langage extatique surprenant, truffé de superlatifs et d'exclamations (Héroux, « En Louisiane », *Le Devoir*, 11 mai 1931). Le journal profite de l'enthousiasme qu'il crée afin de rappeler l'histoire des Acadiens en republiant par exemple des extraits de l'ouvrage *Le Canada héroïque et pittoresque* (Éditions Desclée de Brouwer, 1927) du père Alexis de Barbezieux[43] (*Le Devoir*, 24 janvier 1931) ou un article historique d'Antoine Bernard[44] (*Le Devoir*, 21 mars 1931). Ce n'est qu'au retour des voyageurs que les souvenirs de voyage laissent apparaître quelques malaises (l'assimilation des Acadiens de la Louisiane), ce dont témoigne un article d'Omer Héroux publié sous forme d'avertissement aux parents canadiens-français et repris dans *La Liberté* (Héroux, « Si les parents pouvaient comprendre », *La Liberté*, 13 mai 1931). Le

---

[43] Georges Derouzier de son vrai nom, né en France en 1854, mort à Pointe-aux-Trembles en 1941.

[44] Antoine Bernard naît à Maria en 1890 et meurt à Montréal en 1967. De 1926 à 1948, il occupe la chaire d'histoire de l'Université de Montréal.

pèlerinage en Louisiane sera le dernier d'une série de quatre voyages consacrés aux minorités françaises. Ces tentatives de « rapprochement entre membres épars de [la] famille de langue française » (Lafortune, 71) mettent en lumière, non seulement les distances géographiques qui séparent les groupes français, mais aussi le manque de compréhension réciproque. Quand Héroux indique qu'il faut nouer avec la Louisiane « de plus intimes relations », il laisse sous-entendre leur effritement en 1931 (Héroux, « Notre pèlerinage en Louisiane », *Le Devoir*, 13 novembre 1930 ; Héroux, « Notre voyage en Louisiane », *Le Devoir*, 31 janvier 1931). De même, un commentaire compris dans une lettre signée par un simple Arthur et envoyée à Omer Héroux par l'archevêque de Saint-Boniface, Mgr Arthur Béliveau, nous permet de jauger la valeur de la relation des Canadiens français avec la famille acadienne éloignée : « [...] leurs frères d'ici [du Canada français] [...] gardent bon souvenir et souhaitent de les voir [Acadiens de la Louisiane] heureux » (« Le message des quatre archevêques de langue française », *Le Devoir*, 13 avril 1931). Cette formule impersonnelle condamne « le bon souvenir » à une impuissance de volonté et d'action.

÷

Le discours journalistique que nous venons de parcourir révèle une relation ambivalente entre le Québec et les minorités françaises. La « bonne volonté » dans la promotion d'un nationalisme canadien s'exprime par des souscriptions et des pèlerinages. Toutefois, elle ne suffit pas à réduire le fossé entre les groupes concernés et à relancer l'intérêt pour les minorités. Une nouvelle génération de Canadiens français du Québec assiste avec impuissance aux forces assimilatrices inquiétantes, notamment aux États-Unis. Yvan Lamonde l'évoque dans un ouvrage récent : « La crise n'est pas que financière, économique et sociale ; elle est tout autant religieuse, spirituelle et politique » (Lamonde, *Modernité*, 37). L'essoufflement de la pensée nationaliste d'Henri Bourassa, qui prêche la pureté catholique, marque à sa façon une rupture entre deux univers, entre deux façons de configurer l'espace canadien-français. Pour les minorités françaises, l'effritement de leur rapport avec le Québec ouvre la voie à l'élaboration de nouveaux modèles de relations et un désir d'autodétermination.

À la lumière des changements qui s'opèrent dans le discours journalistique, où nous avons pu vérifier certaines hypothèses à partir d'un moment discursif générateur de discours (les amendements en Saskatchewan du gouvernement Anderson) en Saskatchewan (*Le Patriote de l'Ouest*), au Manitoba (*La Liberté*) et au Québec (*Le Devoir*), il importe de vérifier comment agissent dans la littérature les différentes forces du discours social qui tendent à donner une impulsion à des mouvements de distanciation et d'autonomisation de la part des minorités francophones. À cet égard, la littérature pour la jeunesse nous est précieuse, car, comme l'explique Françoise Lepage (*Histoire*, 16), son schéma hiérarchique, du fait que ceux qui l'écrivent tâchent de former ceux qui la lisent, nous permet d'en dégager des valeurs et des idées – intentions didactiques obligent – plus finement que ne pourrait le faire la littérature réservée aux adultes.

4. Le discours littéraire pour la jeunesse

a. Survol de la littérature pour la jeunesse (1920 à 1930)

En 1931, la littérature pour la jeunesse a beaucoup évolué après ses premiers balbutiements dans la presse écrite. Des inventaires (Lemieux, 1972 ; Potvin, 1981) dénombrent plus d'une cinquantaine d'ouvrages destinés à la jeunesse et publiés avant 1920. Edith Madore rappelle toutefois

> [qu']au XIXe siècle et jusque vers 1920, on proposait aux jeunes lecteurs non pas des œuvres créées à leur intention [...], c'est-à-dire qu'on choisissait des ouvrages écrits au départ pour les adultes, mais susceptibles de plaire à un jeune public. Plus tard, ces ouvrages s'inséreront dans des collections pour la jeunesse, dans leur version intégrale ou après avoir subi une adaptation. (Madore, 17)

C'est le cas des *Légendes canadiennes* (1861) de l'abbé Casgrain, des *Anciens Canadiens* (1863) de Philippe Aubert de Gaspé, de *Jacques et Marie* (1866) de Napoléon Bourassa, d'*Une de perdue, deux de trouvées* (1874) de Pierre-Georges Boucher de Boucherville, de *L'Oublié* (1900) de Laure Conan (Félicité Angers), comme cela sera le cas également plus tard de *L'appel de la race* (1922)[45] de Lionel Groulx ou des romans historiques de Robert de Roquebrune (*Les habits rouges, D'un océan à l'autre*). Tel que nous l'avons présenté dans le premier chapitre, nos recherches nous ont permis de démontrer l'intense circulation dans la presse écrite d'un discours sur la jeunesse à l'intention des adultes, qui se manifeste en amont d'une littérature pour la jeunesse émergente (*Les rapaillages*, de Groulx ; *En veillant avec les petits de chez nous : causeries historiques*, de l'abbé Gélinas et les contes des *Concours littéraires* de la SSJB). Dans le même esprit, François Lepage rappelle à bon escient dans son *Histoire de la littérature pour la jeunesse* (2000) que « le terrain est plus riche qu'on ne le pense » (27), ne serait-ce que par la présence depuis le début de la colonie d'une tradition de contes et de chansons (118). Comme le résume bien Suzanne Pouliot,

> [l]a publication de la « Bibliothèque canadienne » de Beauchemin en 1912, les lancements des concours littéraires de la Société Saint-Jean-Baptiste en 1915, remplacés par les *Contes historiques* en 1919-1920, tout comme diverses publications éditées entre 1900 et 1919, vont contribuer progressivement à la constitution d'une production pour le jeune public. (Pouliot, *Éditeurs*, 363)

Les années vingt voient la presse enfantine s'accélérer. Déjà en France, on compte soixante-deux revues pour la jeunesse (Lepage, 113) dont s'inspireront les premières revues canadiennes-françaises (*L'Oiseau bleu*, [1921-1940] ; *L'Abeille*, [1925-1964] ;

---

[45] Le célèbre roman de Lionel Groulx fera aussi l'objet d'une adaptation sous forme de bande dessinée signée par Victor Barrette, rédacteur au journal *Le Droit*, illustrée par Jules Paquette, préfacée par Omer Héroux du *Devoir*, commanditée par la section trifluvienne de l'Association catholique des voyageurs de commerce du Canada et publiée à la Librairie Beauchemin de Montréal en 1935. *Le Patriote de l'Ouest* publiera également cette bande dessinée à partir de son édition du 19 juin 1935 jusqu'au 13 novembre de la même année. D'autres romans d'abord destinés aux adultes subiront le même sort, dont *Une de perdue, deux de trouvées* de Pierre-Georges Boucher de Boucherville (également publié dans *Le Patriote de l'Ouest* à partir du 25 décembre 1935), *Jean Rivard* d'Antoine Gérin-Lajoie (*La Liberté*, 6 juillet-14 septembre 1932), *La campagne canadienne* d'Adélard Dugré et *Les Anciens Canadiens* de Philippe Aubert de Gaspé.

La Ruche écolière, [1927-1934] ; *La Ruche littéraire*, [1934-1945] ; *Jeudi*, [1923]). En règle générale, on y trouve un assortiment de « contes, [de] fables, [de] poèmes, des feuilletons, des biographies de saints, les matières enseignées à l'école, mais aussi des articles sur les traditions populaires, la géographie, l'histoire et la littérature » (Madore, 19). Des éditeurs se lancent aussi à l'assaut de la production de livres pour la jeunesse, d'abord timidement, et plus intensément à partir de 1925, où la loi Choquette, exigeant que la moitié des sommes allouées aux prix scolaires soit consacrée à des livres canadiens, entre en vigueur au Québec (Pouliot, *op. cit.*, 377). La librairie de l'Action canadienne-française, la Librairie générale canadienne, les éditions Beauchemin, Albert Lévesque, Granger et Édouard Garand, la Bibliothèque de l'Action française, les Clercs de Saint-Viateur et les Frères des écoles chrétiennes enrichissent le répertoire de livres pour la jeunesse de plus de soixante-dix ouvrages entre 1920 et 1930. Mais c'est surtout la revue *L'Oiseau bleu*, « diffusée dans tout le Canada et les États-Unis » (*ibid.*, 368), qui catalyse les énergies des auteurs et s'offre comme un laboratoire d'écriture qui stimule la création (Lepage, *L'Oiseau bleu*, 27 n ; *Vie littéraire au Québec*, tome VI, 419), notamment pour les femmes (Marie-Claire Daveluy, Michelle Le Normand, Juliette Lavergne, Marie-Louise d'Auteuil, Marie-Rose Turcot), dont les éditeurs n'hésiteront pas à republier certaines contributions sous forme de livres. À la fin de la décennie, l'afflux des livres provenant de la France et l'intérêt qu'ils suscitaient jadis en raison du manque de livres canadiens diminuent :

> L'ère des gros bouquins cartonnés de Mame et de Beauchemin véhiculant d'austères monographies religieuses et historiques est ainsi remplacée par une nouvelle vogue de petits volumes brochés, plus modestes, plus maniables, et dont les couvertures illustrées se rapprochent davantage des publications offertes dans l'édition commerciale. (Pouliot, *op. cit.*, 384)

Le contenu évolue également, non que leur conception éducative, religieuse et morale disparaisse complètement ou que leurs thèmes historiques s'amenuisent de façon significative, mais les images et surtout le langage deviennent plus familiers. Les enfants intègrent l'univers de la fiction et deviennent « des personnages à part entière, ils participent pleinement à l'action » (*ibid.*). Les valeurs chrétiennes, véritables chapes de plomb d'une société assiégée par un despotisme clérical, fraient la voie à une plus grande liberté d'expression, ce qui fait dire à Françoise Lepage que, tranquillement, même les « romans d'aventures compatibles avec l'idéologie dominante » (*Histoire*, 514) n'auront plus pour « objectif [...] d'éduquer, mais de divertir (*ibid.*).

b. Paramètres du corpus à analyser

Les enjeux idéologiques et commerciaux liés à la circulation des écrits canadiens-français qui mettent la jeunesse en discours obligent à se livrer à un travail considérable, d'autant plus que certains textes, datés et oubliés, placent la question de l'éducation au cœur des préoccupations sociales et politiques. Cette littérature est produite par une génération d'écrivains encline à dire comment former la jeunesse et à peindre des héros servant de modèles d'action aux lecteurs. Dans ce contexte, quels sont les traits constitutifs du rôle discursif de l'écrivain ? Quels choix de registre et d'énonciation le caractérisent-ils ? Que révèle l'imaginaire qu'il met en scène ? Comment la littérature pour la jeunesse déplace-t-elle les valeurs idéologiques de son époque ?

De la production jeunesse qui émerge au tournant des années trente et particulièrement en 1931, notre année de référence, nous avons retenu quelques textes représentatifs pour les besoins de notre démonstration. L'un des premiers critères qui nous a guidé dans notre échantillonage consiste en la popularité et l'accessibilité de notre corpus auprès de la jeunesse issue des minorités françaises. Nous privilégierons dans un premier temps l'étude de discours qui circulent dans les pages écolières du *Patriote de l'Ouest*, conçues par l'équipe du journal pour suppléer au manque d'accès à du matériel scolaire en français. Nous soupçonnons qu'elles ont été lues avec plus d'assiduité que toute autre publication, puisque ces pages ont été étudiées dans des salles de classe, elles-mêmes composées d'élèves placés au cœur du débat sur les amendements Anderson (Boileau, « La Page écolière », *Le Patriote de l'Ouest*, 8 mai 1929). Nous nous pencherons dans un deuxième temps sur trois auteurs qui ont des affinités avec les communautés françaises minoritaires, notamment celles de l'Ontario, pour y avoir vécu et évolué ; c'est le cas d'Emma-Adèle Lacerte, née à Saint-Hyacinthe en 1870 et ayant vécu en Ontario de 1891 jusqu'à son décès en 1935, de même que de Marie-Rose Turcot, née à Laurierville (Québec) en 1887 et décédée à Orléans (Ontario) en novembre 1977. Nous avons aussi choisi deux auteurs qui ont appartenu à la grande famille canadienne-française et dont les œuvres ont circulé dans les communautés françaises minoritaires, via au moins deux des trois canaux de communication du texte littéraire pour la jeunesse : le magazine (*L'Oiseau bleu*, dont on peut attester la circulation dans les communautés francophones minoritaires[46]), les journaux de la diaspora (*La Survivance, Le Patriote de l'Ouest, La Liberté, Le Droit*, etc.) et le livre. C'est le cas des *Mémoires d'une souris canadienne* de Marie-Louise d'Auteuil, dont une première version a paru en feuilleton dans *L'Oiseau bleu* en 1927 et sous forme de livre en 1933 chez Albert Lévesque à Montréal, de même que du « roman le plus connu de "Maxine[47]" » (Lemire, *DOLQ II*, 861), *Le petit page de Frontenac*, publié à la Librairie d'Action canadienne-française en 1930. Cette publication sera soulignée avec éloge dans *Le Patriote de l'Ouest* (30 juin 1930), et le roman sera republié en feuilleton dans ce même journal à partir du 13 juin 1934.

c. Les pages écolières du *Patriote de l'Ouest*

Ces pages s'insèrent dans un journal qui comprend aussi certains

---

[46] Les livraisons de la revue sont annoncées dans les journaux de la diaspora. Voir *La Liberté* du 22 mai 1923 et du 18 décembre 1929 ; *Le Patriote de l'Ouest* du 17 juin 1931 (vingt-cinq abonnements offert par la SSJB pour le concours de français), du 11 novembre 1931, du 3 février 1932 ; *La Survivance* du 16 mai 1929, du 31 octobre 1929, du 14 novembre 1929, du 14 octobre 1931, du 4 novembre 1931, du 8 juin 1932 (don au concours de français). Nous avons relevé également des annonces publiées entre 1932 et 1938. Au nombre des achats d'une bibliothèque scolaire en Saskatchewan à cette époque, figurent aussi les revues *L'Oiseau bleu* et *La Ruche écolière* (« Les écoles de Ponteix », *Le Patriote de l'Ouest*, 15 mai 1929).

[47] Pseudonyme de Marie-Caroline-Alexandra Taschereau-Fortier, née Bouchette.

éditoriaux qui exhortent les mères, les pères et parfois directement les enfants (fait rare dans un éditorial) à affirmer la « volonté droite et virile » des plus jeunes à l'arrivée des vacances estivales (« À nos écoliers en vacances », *Le Patriote de l'Ouest*, 9 juillet 1930). La crise économique amène son lot de recommandations parentales, dont celle de sauver les orphelins qui par définition n'ont pas de parents qui peuvent contribuer à payer leur pension à l'orphelinat (« Sauvons nos orphelins », *Le Patriote de l'Ouest*, 3 décembre 1930), ou encore celle qui encourage, sur un air connu « comme la cigale du bonhomme Lafontaine » (« Un bon placement », *Le Patriote de l'Ouest*, 8 avril 1931), les petites économies : « Mettez en réserve une part de votre argent. Un peu moins de cigarettes, un peu moins de friandises, un peu moins de cinéma [...] un peu moins de gazoline » (*ibid.*). Certains auteurs empruntent d'autres formes que l'éditorial pour faire part de leurs intentions. C'est le cas de Mgr Rodrigue Villeneuve (1883-1947), nommé évêque de Gravelbourg en 1930 et archevêque de Québec l'année suivante, avant d'être promu cardinal en 1933[48], au sommet de la hiérarchie catholique au Canada. Il publie un texte de prose poétique où son insatisfaction vis-à-vis

---

[48] Jean-Marie Rodrigue Villeneuve est ordonné prêtre en 1907 et sera professeur au scolasticat Saint-Joseph d'Ottawa pendant vingt-trois ans. Il est détenteur de trois doctorats (philosophie, théologie, droit canonique) et en obtiendra cinq autres à titre honorifique (Laval, McGill, Toronto, de l'Alberta, Queen's). Il est l'ami de Lionel Groulx et évaluera *L'appel de la race* avant sa publication en 1922. Le personnage est aussi connu pour ses idées en faveur de la conscription des Canadiens français, au grand dam de la majorité canadienne-française du Québec, de même que pour son opposition au suffrage féminin et à la liberté de la presse (voir « Canada United Behind Britain, Cardinal Villeneuve Says Here », *The Washington Post*, 17 novembre, 1939 ; « Canada: Quebec: It Is the End », *Time*, 27 janvier 1947 ; Choquette, *Foi*, 223-226). Le cardinal Villeneuve est également responsable de la mise à l'Index en 1934 du roman annonciateur de la Révolution tranquille, *Les demi-civilisés* de Jean-Charles Harvey, rédacteur en chef du *Soleil de Québec* duquel il doit démissionner après l'interdiction de son roman. Outre ses nombreux sermons, conférences et écrits doctrinaux publiés principalement à Québec à la Librairie de l'Action catholique, on lui connaît des talents d'auteur pour la jeunesse. La Société Saint-Jean-Baptiste de Montréal a publié un conte historique en images du cardinal Villeneuve (vignettes historiques illustrées) intitulée « Monseigneur Langevin, l'archevêque patriote 1855-1915 ». *L'Oiseau bleu*, de même que d'autres journaux, dont *Le Patriote de l'Ouest*, republieront ce conte illustré (*L'Oiseau bleu*, octobre 1926, vol. VII, n° 8, p. 8-9 ; *Le Patriote de l'Ouest*, 30 novembre 1927 ; Lepage, *Histoire*, 108-112).

de la jeunesse est flagrante[49]. On peut y lire un commentaire sur les ardeurs patriotiques changeantes de la nouvelle génération :

> Il nous faut une jeunesse [...] qui porte en sa poitrine un cœur, en ses flancs une force, sur sa tête une gloire « à la Dollard ». [...] Qui veuille sauver la patrie en souffrance, en péril. [...] Il nous faut une jeunesse qui « combat » sans trêve, la hache d'une main, un simple bouclier d'occasion pour l'autre : une jeunesse qui monte à l'assaut, une jeunesse incorruptible, une jeunesse sacrifiée, une jeunesse qui sache mourir. Et non point mourir en beauté, mais loin de la gloire, dans la torture, pour la race et l'humanité. (« La jeunesse qu'il nous faut », *Le Patriote de l'Ouest*, 27 mai 1931)

En considérant l'autorité morale – « *the most influential man in Quebec* » selon le magazine *Time* à son décès (« Canada: Quebec: It Is the End », 27 janvier 1947) – qui émet de tels propos martiaux, ainsi que la circulation médiatique de ce texte, on ne peut que constater une amertume persistante envers une certaine évolution sociale et le vif désir que l'étiolement de la ferveur patriotique soit renversé.

C'est donc parmi un ensemble de discours patriotiques, religieux et moraux qu'est publiée en 1929 la *Page écolière*, à l'origine un supplément mensuel qui sera dès octobre 1930 inséré gratuitement dans *Le Patriote de l'Ouest*. Écrit à l'intention des jeunes, ce supplément est vendu aux enseignants, comme le présente la publicité du grand concours d'abonnement scolaire, dont les prix à remporter (des statues de Jeanne d'Arc) sont destinés principalement aux religieuses enseignantes ou aux institutrices laïques (« Récompenses ! Récompenses ! », *Le Patriote de l'Ouest*, 16 octobre 1929). Sous la mention « à découper et à conserver », certains textes littéraires publiés dans ces pages répondent directement aux besoins des programmes d'étude « afin de ne pas obliger les élèves à s'acheter les différents

---

[49] « La jeunesse qu'il nous faut », *Le Patriote de l'Ouest*, 27 mai 1931 ; publié préalablement dans *La Liberté* du 20 mai 1931, repris dans le *Bulletin des institutrices catholiques de l'Ouest*, septembre 1931, n° 1, p. 8 et plus tard dans la revue pour la jeunesse *L'Abeille* (1925-1964), vol. 16, n° 9, mai 1941. Il n'est pas exclu que le texte en question ait été republié ailleurs.

volumes » (« Programme de littérature 1930-1931 », *Le Patriote de l'Ouest*, 29 octobre 1930). Décrite comme une « grande œuvre de la survivance nationale » (*ibid.*) afin de sauver « la mentalité catholique et française » (*ibid.*) de la jeunesse, la page écolière est d'abord une extension de la « Page en famille », une rubrique dont la diffusion était alors si faible dans les institutions d'enseignement que l'équipe du *Patriote de l'Ouest*, en collaboration avec l'ACFC, décidèrent d'enrichir son contenu et de la diffuser sous forme d'abonnements scolaires. La rédaction et la conception sont confiées à Tante Présentine, « une religieuse du couvent de la Présentation de Prince Albert[50] » qui elle-même met à contribution ses jeunes lecteurs, appelés familièrement « neveux et nièces », afin qu'ils enrichissent leur page « de lettres, compositions et autres travaux littéraires » (« La Page écolière », *Le Patriote de l'Ouest*, 8 octobre 1930). La page se donne pour mission de contrer « cette ambiance anglo-protestante, [...] ce flot délétère et envahissant de la littérature et du journal illustré anglo-protestants, qui menacent d'infecter et de submerger la mentalité française de [la] jeunesse étudiante » (Boileau, « La Page écolière », *Le Patriote de l'Ouest*, 8 mai 1929). Ce « journal scolaire français » (*ibid.*) vient aussi compenser le manque « de bibliothèque scolaire française et [la] pénurie de revues scolaires françaises » (*ibid.*). On y trouve des « historiettes pieuses et attrayantes [...] des [...] lettres enfantines et des [...] dissertations littéraires écrites par les petits écoliers, [...] des délicats conseils et des sages directions de bonne Tante Présentine » (« Les écoles de Ponteix », *Le Patriote de l'Ouest*, 15 mai 1929). En outre, le journal fit appel aux éditions françaises Mame pour publier des feuilletons pour la jeunesse. On y trouve aussi plusieurs colonnes consacrées à l'histoire et tout ce qui entoure les concours de

---

[50] Ce détail tiré d'un article de Georges Boileau (« La Page écolière », *Le Patriote de l'Ouest*, 8 mai 1929) est d'importance puisqu'il contredit l'idée selon laquelle il s'agirait de la célèbre fermière Perrette (Marie-Anne-Duperreault, [1885-1976]), mère de quatorze enfants et collaboratrice au journal de 1910 à 1941, contrairement à ce que peut laisser croire Albert-O. Dubé (54).

français (questions préparatoires[51], distribution des prix, extraits de compositions, liste des élèves promus), de même que des réponses personnalisées de Tante Présentine aux lettres reçues, nourrissant un dialogue avec les petits lecteurs. La relation qu'entretient Tante Présentine se développe particulièrement sous la rubrique « Causerie », à laquelle nous nous attarderons en raison de sa valeur hautement pragmatique. La plupart des interventions de cette rédactrice répandent des idées patriotiques et religieuses. Pour nous, leur intérêt se situe dans l'adoption d'une posture de type familial. Le pseudonyme Tante Présentine et l'appellation « neveux et nièces » témoignent d'une volonté de rendre le discours prescriptif qui est tenu le plus persuasif possible auprès de jeunes lecteurs. Dans ce cas-ci, l'énonciatrice illustre ses conseils d'exemples, d'une « jolie histoire » (11 janvier 1931) ou d'une « jolie légende » (4 janvier 1931), et emprunte au Nouveau Testament des éléments d'intrigue (unité d'action, causalité, conflit, suspense, adjuvant et opposant) :

> Un jour, le petit Jésus demanda des roses à sa maman. Pour faire plaisir à son divin fils, elle se mit à la recherche de sa fleur préférée. Aux buissons, point de fleurs, mais ses mains s'y déchirèrent et sur la neige tombèrent des gouttes de sang. Chacune d'elles devint, par miracle, de belles roses parfumées (*ibid.*).

Le tout est enchâssé dans une morale : « Semer votre route des épines du devoir, pour y cueillir en retour, les roses du ciel » (*ibid.*). Cette allégorie du devoir sacrificiel se répète avec constance dans l'ensemble des « causeries ». Elle se décline parfois en « pénitence salutaire » (4 mars 1931), en désir de « docilité » (4 janvier 1931), en éloge de la douleur (« souffrez que je vous rappelle », [3 décembre 1930]), en « accomplissement du devoir directement indiqué par [les] parents, [les] maîtres,

---

[51] Ces questions mettent à l'épreuve la vaillance patriotique de l'élève. À titre d'exemple : « a. Pourquoi dois-je aimer ma patrie ? b. Comment dois-je la servir ? c. Quel personnage historique est pour moi l'idéal du dévouement à la Patrie ? d. Quel poète a selon vous, le mieux chanté les gloires et la beauté du Canada ? » (« Sujets de compositions », *Le Patriote de l'Ouest*, 1er avril 1931).

[les] instituteurs » (4 mars 1931) ou en célébration du mois de « l'apostolat de la souffrance, [...] [qui] accept[e] toutes les petites contrariétés, les petits ennuis de chaque jour, sans plain[te] » (2 mars 1932). Cet esprit de soumission est parfaitement résumé dans un article publié dans les *Pages écolières* du 1er avril 1931 et intitulé « Un bon conseil : contentons-nous de notre sort ». La structure narrative s'inscrit dans le même registre que le petit récit fictionnel servant d'exemple à une conduite morale irréprochable. L'historiette est parachevée par une leçon dont le titre est porteur : « Apprenons par là à nous contenter de la position que nous a faite la Providence, c'est elle qui nous convient le mieux ». L'esprit de renoncement n'est pas uniquement l'apanage des *Pages écolières* du *Patriote de l'Ouest* ; il se retrouve dans la théologie catholique depuis la Réforme, l'ayant posé comme un modèle de vie idéale et exemplaire (Rousseau et Remiggi, 199). Il se caractérise par « des actes de renonciation à quelque chose de désirable, une souffrance acceptée volontairement afin d'exprimer qu'on s'en remet à Dieu, pour expier ses fautes, à l'imitation de la souffrance du Christ pour tous les humains dans sa Passion » (*ibid.*, 232). On retrouve aussi ce principe directeur dans *L'Abeille*, la revue illustrée pour la jeunesse publiée par les Frères de l'instruction chrétienne[52]. Cette résignation paraît paradoxale dans un discours qui favorise, du moins chez les adultes, un engagement plus combatif. Pour preuve, le 9 octobre 1929, un article évoquant les éloges reçus du journal *Le Droit*, ayant salué l'initiative de la *Page écolière*, contient plusieurs expressions militaires (« légion de petits écoliers », « mot d'ordre [...] en avant, pour Dieu et pour la Patrie », « esprit de sacrifice », « force de cohésion », « fanatisme des sectaires », « compagnons d'armes »). Au sein des *Pages écolières*, dans lesquelles il y a une volonté exprimée de manipuler la volonté de l'enfant (« La Page écolière », *Le Patriote de l'Ouest*, 9 octobre 1929), ces manifestations doloristes marquées du sceau religieux viennent légitimer une impuissance à intervenir dans des

---

[52] Voir « Mot d'ordre », *L'Abeille*, vol. 6, n° 56, janvier 1931, p. 187-189 ; « Qu'il se renonce », *L'Abeille*, vol. 6, n° 57, février 1931, p. 235-237.

domaines qui ne sont pas du ressort spirituel. Dans ces causeries, l'énonciatrice creuse le fossé qui sépare certaines activités empreintes de dignité et d'autres qui ne le sont pas et qui s'apparentent plutôt à des manifestations de la modernité culturelle (les « vues animées » et les « mauvaises lectures »). Ainsi, à des « jeunes filles en pleine fleur », Tante Présentine rappelle à l'aide d'une métaphore maritime (« c'est l'heure de la tempête où tant de petites barques sombrent », [6 mai 1931]) les tentations, luttes et crises qu'elles devront bientôt affronter. Elle substitue « aux emportements de la nature viciée » de la jeunesse un idéal : celui de « l'appel de Dieu » inspiré d'une dévotion à Marie. Cet abandon à la Providence s'exprime par des formulations imprécises, telles « l'heure des luttes » (6 mai 1931), « l'heure de la crise » (*ibid.*) « les circonstances actuelles » (2 mars 1932), que les jeunes lectrices sont censées décoder selon ce qu'elles perçoivent du vice ou des conflits sociopolitiques dont elles auraient eu vent (crise scolaire ou économique) ; comme si l'adoption de cette attitude allait de soi peu importe les circonstances, le mal procédant d'une logique inhérente à la vie. Les causeries de Tante Présentine se rapprochent à cet égard des chroniques féminines de l'hebdomadaire *La Liberté*, analysées par l'historien Luc Côté :

[L]a résignation devant la souffrance est une source d'élévation [...] Mais plus qu'une résignation, la femme doit retirer de cette souffrance un contentement, voire même un plaisir. En tant que synonyme de dévouement et de sacrifice, le travail est le secret du vrai bonheur terrestre. (Côté, 67)

Pour le petit lecteur des *Pages écolières*, le bonheur de travailler doit résider dans une longue liste d'exercices pieux et de devoirs d'obéissance. Présentée comme un examen de conscience, cette liste s'appuie sur l'utilisation d'un « je » propre à enclencher un processus d'adhésion au discours :

J'ai étendu mes connaissances ; j'ai pris de bonnes habitudes ; j'ai fait de fréquents sacrifices ; j'ai appris à mieux prier, à mieux communier ; bref, je suis devenu meilleur chrétien. [...] Aussi je me souviendrai : [...] qu'il n'y a pas de vacances pour la piété [...] Je prierai fidèlement matin et soir [...] je me confesserai ; je visiterai Jésus-Hostie chaque soir, si possible ; [...] je respecterai mes parents ; je leur obéirai joyeusement ; [...] je fuirai les occasions du mal ; je ferai quelques sacrifices chaque jour ; j'examinerai ma conscience. (« Conseils aux petits écoliers pour le temps des vacances », *Le Patriote de l'Ouest*, 30 juin 1930)

Ces *Pages écolières* et plus particulièrement les interventions de Tante Présentine dressent des remparts contre l'influence pernicieuse des valeurs progressistes du monde extérieur, dont l'anglicisation, « parce que précisément à l'âge de leur éducation et de leur formation ils [les écoliers] n'entendent que de l'anglais partout, à l'école [...] et sur la rue [...] » (Boileau, « La Page écolière », *Le Patriote de l'Ouest*, 8 mai 1929). Ces prescriptions dictent un code de conduite conforme à une vision idéologique nationaliste, dont la religiosité marque une organisation du monde encline aux préjugés hostiles à l'autre. À travers ces interventions auprès des enfants se profile illusoirement une nation homogène censée protéger les « biens chers petits ».

Aux prises avec de sérieux problèmes financiers ayant forcé la mise à pied de ses employés, le journal supprima momentanément la *Page écolière* à la fin de l'année 1931 et la réduisit à deux pages en 1932, alors qu'elle en comptait une dizaine en 1930 (Huel, *La Presse*, 181 ; Tavernier, « Notre Page écolière », *Le Patriote de l'Ouest*, 6 janvier 1932).

d. *Mémoires d'une souris canadienne*

Marie-Louise d'Auteuil est née à Québec en 1900. Elle est la cousine de la journaliste Gaëtane de Montreuil (pseudonyme de Georgina Bélanger, 1867-1951), chroniqueuse à *La Presse* (1898-1903), romancière, poète, nouvelliste, puis directrice du périodique féminin *Pour vous mesdames* (1913-1915) (Montreuil, 3 ; Savoie, [en ligne]). D'Auteuil commence à écrire en 1921 dans *L'Oiseau bleu*, à la demande de la SSJB. Ses *Mémoires d'une souris canadienne* paraîtront dans la revue en 1927 (du vol. 7, n° 3 de mars 1927, au vol. 7, n° 6 de juin-juillet 1927 ; Lepage,

Histoire, 584) et sous forme de livres chez Albert Lévesque en 1932, avant d'être republiés chez Granger en 1933 et en 1945.

L'œuvre s'ouvre par les mémoires de la souris Criquette, lectrice de « monsieur de Chateaubriand » (70) et de « monsieur de Saint-Simon » (*ibid.*) venue mourir dans un village qui borde les « rives laurentiennes » (9). La narratrice y raconte les péripéties de la « race souriquoise », parfois aux prises avec des chats « scélérats » (28) appartenant à « ce peuple pervers, [...] le plus grand ennemi de [la] race » (*ibid.*), qui lui inspire une « extrême répulsion » (12). Sortie d'une expédition de ravitaillement, où elle s'est retrouvée la tête plongée dans un trou de beigne, la souris Criquette poursuit ses aventures dans la ville de Québec, avant d'atterrir dans « un pays étrange » (38) au « peuple maussade » (*ibid.*), Toronto, où les souris sont marquées d'une tache symbolique orange et parlent un langage incompréhensible. De passage à Montréal, elle observe une famille démunie avant de participer à un congrès « souriquois » portant sur le péril souhaité par « les peuples alliés des Hommes et des Chats » de la « race désastreuse » des souris (46). Un plan de défense est établi lors du congrès, et « la plupart des complots ennemis [sont] déjoués » (51). Le récit se conclut par une excursion, durant laquelle Criquette expose dans une bibliothèque les raisons motivant l'écriture de ses mémoires. Elle explique enfin son retour à son pays natal, où elle constate l'émigration de sa famille « chassée par la famine », ce qui n'est pas sans rappeler l'émigration des Canadiens français aux États-Unis.

Comme l'avait jadis démontré Gaëtane de Montreuil dans un compte-rendu publié en 1932, la souris « philosophe trotte-menu » (Montreuil, 3) dispense à chaque étape de ses aventures des « petites leçons de morale » (*ibid.*). Toutefois, celles-ci ne sont pas « empreintes de rigorisme et de fatalité » (*ibid.*), comme ce fut si souvent le cas dans la tradition des contes du terroir, tels ceux publiés dans les recueils des concours littéraires de la SSJB (*La croix du chemin*, 1915 ; *La corvée*, 1916 ; *Fleur de lys*, 1917 ; *Au pays de l'érable*, 1918). Il y a manifestement chez Marie-Louise d'Auteuil une volonté d'égayer le jeune public tout en l'instruisant, mais en ne s'écartant guère du discours social de l'époque, qui confine l'anglo-protestant dans une posture de méchant. Notre lecture des *Mémoires d'une souris canadienne* permet de constater d'emblée la structure analogique de l'œuvre et les ambiguïtés du personnage. Ces procédés modèlent les aventures de la protagoniste et renvoient aux lecteurs une image des relations entre anglophones et francophones particulièrement affublée de préjugés. Les repères qui humanisent les personnages sont, en effet, légion, à commencer par la prise de parole d'une souris couchant sur papier ses mémoires. Le personnage de la souris respecte la tradition aristotélicienne de l'*analogon* en imitant l'être humain, à la différence que cette imitation se fait à hauteur d'enfant, sous la forme d'un petit animal, ce qui contribue à renforcer l'identification du jeune lecteur à l'intrigue et aux personnages et à l'éloigner d'une lecture plus réaliste. Ces éléments de reconnaissance ne bénéficient pas toutefois d'illustrations en vue de l'élargissement de la connaissance du monde du jeune lecteur. Étant donné que le dessin de couverture et l'unique illustration de cette histoire (33) ne s'écartent pas d'une représentation réelle d'une souris des champs, le lecteur est amené à combler par son imaginaire les vides laissés par le texte. De plus, la « race souriquoise » offre une paronymie (un rapport lexical et sonore proche) avec la « race québécoise » qui aide le lecteur à anticiper le récit. Ainsi, il peut être aisé pour le lecteur de soupçonner une analogie entre la « race souriquoise » et les ennemis déclarés (au pluriel) de la race canadienne-française à cette époque : les Anglais. Ses soupçons sont vite confirmés lorsqu'il comprend que, lors du voyage de la souris canadienne à Toronto, les souris étranges parlant un langage incompréhensible appartiennent « à la grande secte orangiste, dont l'étroitesse de vue et le fanatisme sont les principales caractéristiques » (39). L'illusion référentielle engendre un effet d'identification initiant le jeune lecteur à ce qu'est être une « souris canadienne » et lui présente son monde, celui des congrès pour contrer l'ennemi, celui de la droiture morale (24), ou encore celui de la ferveur patriotique « pour l'amour de la race souriquoise, qui fonde sur [ces souris] son avenir » (24).

e. « *Chloris et Adhémar* »

Comme plusieurs textes analysés, le conte de Marie-Rose Turcot appartient aux grands oubliés de la littérature. Nous l'avons déterré dans la revue mensuelle illustrée pour la jeunesse *L'Oiseau bleu* (1921-1940) du mois de février 1931. Le numéro comprend en première de couverture une illustration champêtre de James McIssac (1889-1970), un inspecteur chargé de la prévention des incendies de la ville de Montréal. Il connut parallèlement une carrière de dessinateur en illustrant une vingtaine de livres pour enfants, dont les éditions des *Mémoires d'une souris canadienne* publiées chez Granger, ainsi que plusieurs livres de Marie-Claire Daveluy, Marie-Rose Turcot et Marjolaine (Lepage, *Histoire*, 686-688). Le dessin de McIssac pour le numéro de février 1931 de *L'Oiseau bleu* montre trois enfants s'adonnant à la luge à côté d'une maison de pierres campagnarde.

Ce numéro, qui s'étale sur trente et une pages, contient entre autres ceci : un entretien nostalgique, signé par René Guénette, sur les plaisirs d'hiver ; une chanson du répertoire d'Édouard-Zotique Massicotte (1867-1947), avocat et journaliste, auteur d'une cinquantaine de livres de tradition folklorique ; un poème de Nérée Beauchemin sur les aurores boréales ; un récit historique racontant les aventures du Marquis de Vaudreuil, dans lequel on apprend que les Indiens sont cruels et commettent des atrocités, et qu'« on ne manque pas de preuves [...] pour prouver que les Anglais leur ressembl[ent] » (35) ; une chronique intitulée « la leçon de nos monuments » renseignant sur la mémoire du « grand citoyen », « ami fidèle [...] de la civilisation française », James McGill, un protestant bilingue qui épousa une Française en 1776 et contribuera, grâce à un legs, à la fondation de l'université du même nom ; l'histoire du village fantôme de French River en Ontario ; les entrefilets « rions un peu » et « pour s'amuser » ; et des publicités, dont celle de la compagnie d'assurance-vie *La Sauvegarde* qui associe ses activités à la *sauvegarde* de la nation en rappelant sur un mode didactique les expéditions de La Vérendrye, ainsi que deux publicités d'institutions bancaires qui recommandent l'épargne. Le conte de Marie-Rose Turcot intitulé *Chloris et Adhémar* occupe cinq colonnes et s'insère dans le premier tiers de la revue. Dans un récit sans dialogue, un narrateur omniscient relate l'histoire de deux destins particuliers, ceux du cheval Adhémar et de la jument Chloris. Au service d'un entrepreneur de pompes funèbres, Adhémar dut subir un jour les affres de la modernité et abandonner sa situation envieuse, afin de « céder le pas devant un corbillard automobile ». Cheval déchu et humilié, mis au rencart par la marche du progrès, Adhémar dut accepter, à regret, d'être vendu comme cheval de trait à un cultivateur. Sa nouvelle vie lui offre la liberté de la campagne, et les galopades affranchies de l'étreinte des harnais lui ouvrent la voie à un bonheur inédit. La jument Chloris entretient quant à elle une relation lascive avec son écuyer qui la « monte comme une guêpe et [...] la câlin[e] comme un amant » en l'emmenant à des tournois équestres internationaux, jusqu'au jour où il lui fait faux bond en enfourchant une nouvelle monture. Insultée, Chloris lui fait payer son infidélité par une ruade mortelle, mettant fin à sa carrière hippique. Mise en pacage dans le même enclos qu'Adhémar, elle se lie d'amitié avec ce dernier. Le couple, heureux et libéré des contraintes de son ancienne vie urbaine, participe aux noces d'or des fermiers octogénaires chez qui il gîte. Chloris et lui remplissent honorablement cette « dernière solennité » qui couronne leur carrière et prolonge la douceur de leurs dernières années.

Cette lecture nous entraîne d'emblée dans une littérature du terroir qui idéalise la vie à la campagne, et dont la promotion au Canada français est attribuée à l'abbé Henri-Raymond Casgrain (*Le mouvement littéraire au Canada*, 1866), avant de s'étendre à l'ensemble du clergé, notamment par l'entremise de Camille Roy et de son *Manuel d'histoire de la littérature canadienne-française* (1907). Pour Casgrain, le rôle de la littérature canadienne-française consiste à valoriser le labeur agricole et les valeurs familiales, afin de contrer l'exode rural (Biron, Dumont, Nardout-Lafargue, 9798 ; New, 1085). Dans *Chloris et Adhémar*, cette idéalisation s'opère surtout sur le plan moral. Le retour à la simplicité campagnarde est présenté comme une valeur salvatrice pour des personnages anthropomorphiques de chevaux. L'un subit une dépression attribuée à la rigueur de son travail funeste en ville et paradoxalement à l'humiliation devant le corbillard automobile l'ayant remplacé. L'autre, « volage », entretient une relation douteuse avec son écuyer au point de le blesser à mort. Or le destin des deux protagonistes, marqué du sceau du péché, connaît un revirement leur procurant une nouvelle amitié et un bonheur simple, grâce à leur acceptation de leur nouvelle condition.

Il importe de considérer la voix narrative du récit qui n'accorde aucune place à la parole des personnages, alors que l'on apprend qu'Adhémar possède la faculté de « narrer l'histoire de chaque solennité lugubre qu'il a présidée ». Ce narrateur extra-diégétique influence la relation qu'il établit dans son récit avec son narrataire, auquel le lecteur peut s'identifier, du fait qu'il en sait davantage que les personnages. La focalisation zéro (Genette) à laquelle son savoir omniscient correspond est révélatrice de la vision du monde qu'il exprime dans son récit. Son omniscience lui permet, en effet, de commenter ou de juger à souhait l'objet de sa narration, tout en donnant des conseils d'adulte au jeune narrataire / lecteur. Ainsi le sens et la valeur de l'action (vie à la campagne *vs* vie en ville) sur lesquels s'interroge le récit vont de soi. Ce type de relation pédagogique se retrouve ailleurs dans le même numéro de *L'Oiseau bleu*, qu'il s'agisse de souvenirs nostalgiques des plaisirs de l'hiver, de récits historiques, de la leçon à tirer du monument dédié à James McGill ou même de l'illustration de couverture, *a priori* inoffensive, mais dont on décode facilement le régionalisme conventionnel (trois enfants s'adonnant à la luge à côté d'une maison de pierres campagnarde). Ce conservatisme traduit l'esprit de résignation chrétienne qui s'éloigne de l'idéologie combative de la survivance à laquelle nous avaient habitués quelques décennies plus tôt les récits de Lionel Groulx (*Les rapaillages*, 1916), de Joseph-Gérin Gélinas (*En veillant avec les petits de chez nous*, 1919) ou d'Annette Saint-Amant dans *Le Patriote de l'Ouest* (1918).

f. « À la poursuite d'un chapeau »

« Auteur vedette des années 1930 » (Michon, *Histoire*, vol. II, 121), Emma Adèle Lacerte, née Bourgeois (1870-1935), voit le jour à Saint-Hyacinthe en 1870. Elle s'établit à Ottawa en 1891 et débute sa carrière d'écrivain vers 1895 avant de s'y consacrer totalement à partir de 1915 sous divers pseudonymes (Marraine Odile, Marraine Armelle, Tante Nine, Petite Mère), notamment dans *La Presse* et *La Patrie*. Son œuvre comprend des contes pour la jeunesse, des pièces de théâtre, des opérettes, des conférences, soit une vingtaine d'œuvres publiées principalement chez Édouard Garand et Beauchemin (Hamel, *Dalfan*, [en ligne] ; Lepage, *Histoire*, 644). Le conte « À la poursuite d'un chapeau », inséré dans le recueil du même nom, paraît aux Éditions Beauchemin en 1932 et sera réédité quatre fois (1936, 1947, 1949, 1953). Il renoue avec la coutume, disparue à cette époque, du Saint Viatique, une procession solennelle annoncée par des cloches et destinée aux grands malades incapables de se déplacer pour recevoir la communion :

> Dans la catholique province de Québec, jadis, quand un prêtre passait dans les rues d'une ville, portant sur lui le Saint Viatique, un enfant l'accompagnait, en sonnant une clochette. Au son argentin de cette clochette, chacun, chez soi, se disait : « C'est le bon Dieu qui passe ! » On cessait de travailler et on se mettait à genoux pour réciter une courte prière, afin de recevoir la bénédiction du bon Dieu. Ceux qui étaient dans les rues s'arrêtaient un moment, eux aussi ; les femmes inclinaient la tête et joignaient les mains, les hommes enlevaient leurs chapeaux et les enfants cessaient de jouer pour s'agenouiller et faire le signe de la croix. Quiconque eût omis de reconnaître, par quelque signe extérieur, le passage du Saint Viatique, eût été sûrement montré du doigt. (Lacerte, 13-14)

Le conte met en scène George et Viola Forester, enfants d'un père protestant et d'une mère catholique qui les autorisent à se marier à condition que les filles et les garçons nés de chacun de leurs mariages soient élevés respectivement dans le catholicisme et dans le protestantisme. Il en est ainsi pour George et Viola qui, au décès de leurs parents, sont confiés, l'un à la tante Marthe

(George), sœur du père protestant, et l'autre à Mlle Lima (Viola), amie intime de la mère catholique. Un jour, Viola prie George de lui faire la faveur de sa présence lors de sa première communion, malgré ses convictions religieuses opposées. George accepte et se surprend à la sortie de cette visite à assister à une procession du Saint Viatique dont il ne connaît pas la solennité. En cette journée de grand vent, George perd son chapeau, qui est projeté à travers la fenêtre d'une maison. Paniqué, George n'hésite pas à pénétrer dans la maison pour récupérer son couvre-chef et assiste avec étonnement aux derniers sacrements d'un jeune mourant du même âge, à qui la procession était destinée. Médusé par l'événement, George questionne l'abbé sur le jeune malade qui a trépassé devant lui. Peu de temps après, Viola, stupéfaite, assiste pendant sa première communion à celle de son frère qui a résolu d'embrasser la religion catholique.

Le récit réprouve les mariages mixtes en modelant l'histoire d'après l'événement qui déclenche la conversion. Cette conversion n'est pas sans rappeler celle de Simon Pierre (Luc, 5:1-11), épouvanté par une pêche miraculeuse qui le détourne du péché et l'incite à suivre le prophète, à la différence que la barque est remplacée par un chapeau, à la manière d'un esprit intermédiaire qui par son vol amène le pêcheur à s'étonner de la puissance divine. Le conte insiste sur la condamnation de l'exclusion en promouvant une homogénéité sociale et religieuse. Il écarte par le fait même l'acceptation d'un sujet marginalisé (le jeune protestant) en privilégiant sa conversion au catholicisme comme moyen de le ramener auprès des siens.

g. Le petit page de Frontenac

« La reine [des] romanciers de seconde zone ». C'est en ces termes, somme toute peu flatteurs, que le critique et professeur Séraphin Marion (1896-1983) décrivait Maxine (Marion, 105). Marie-Caroline-Alexandra Taschereau-Fortier née Bouchette (1874-1957), de son vrai nom, est née à Québec d'un père avocat, cartographe, fonctionnaire et Patriote de 1837 exilé aux Bermudes, le libéral Robert-Shore-Milnes Bouchette, et de Clara Lindsay, fille d'un Écossais et d'une Canadienne française. Elle a entre autres pour frère Robert-Errol Bouchette, avocat, journaliste et auteur ayant amorcé sa carrière pendant la tourmente de l'affaire Riel. Mme Elzéar-Achille Taschereau-Fortier, communément appelée Caroline Bouchette, publia environ trente-huit livres, sans compter de nombreux articles de revues et de journaux, avant de s'éteindre en 1957.

Le petit page de Frontenac paraît en 1930 chez Albert Lévesque (1900-1979) et connaîtra cinq autres rééditions (1931, 1949, 1952, 1955, 1963). Il figure sur la célèbre liste des livres canadiens pour la jeunesse les plus populaires de tous les temps établie par le magazine *Maclean's*. Le roman raconte l'histoire du petit Jean Lislois, sept ans, qui habite Lachine à l'été 1689 avec sa mère et un domestique. Lors d'une nuit de massacre, un chef iroquois, Kioudim, étonné du courage du garçonnet qui tente désespérément de sauver sa mère de la mort, l'enlève dans l'espoir d'en faire son fils. Atteint d'une fièvre profonde, le petit Jean oublie les événements et devient Iskouakito, fils adoptif, dont on a teint la peau, changé les habits et à qui on a appris l'iroquois pour dissimuler son origine française. Deux ans plus tard, un missionnaire surnommé Robe Noire s'intéresse au petit garçon, dont il soupçonne rapidement les origines françaises en raison de son aisance à parler français et les taches blanches qui apparaissent sur les bras. Sa conviction s'accentue jusqu'au jour où Kioudim, son père usurpateur, meurt de la variole et offre au missionnaire le jeune garçon en guise de remerciement pour les soins prodigués. C'est alors que Robe Noire ramène Iskouakito « aux gens de sa race » (61). Iskouakito s'étonne de sa nouvelle identité et accepte de travailler à titre de page pour monsieur de Frontenac au château Saint-Louis à Québec. Il a alors neuf ans. Pendant ce temps, le père missionnaire qui l'a rendu à sa race continue ses recherches pour trouver sa famille. Il met la main sur la chemise de nuit de l'enfant qu'il portait lorsqu'il fut capturé et sur laquelle est brodé au revers du col : Jean. De même, une médaille dissimulée dans l'ourlet de la chemise lui révèle sa véritable identité. De passage à l'hôtel-Dieu, Jean croise une dame surnommée madame L'Assomption, arrivée à l'hôpital peu après le massacre de Lachine durant laquelle elle reçut un coup de tomahawk qui lui avait fait perdre la mémoire. D'un coup d'œil, elle reconnaît son fils et scelle des retrouvailles émouvantes avec lui.

L'acculturation du petit Jean Lislois, intégré à la culture iroquoise, et sa déculturation subséquente nous amènent à nous demander les raisons pour lesquelles l'auteure a campé son histoire dans un décor historique, mais de façon accessoire, et donné une valeur identitaire forte au roman. Le récit traite de la peur d'une perte identitaire en présentant un cas extrême (un rapt) dans un contexte historique qui le rend plausible, même si, de notre point de vue contemporain, la description du décor fourmille de clichés et de préjugés avilissants contre les Iroquois. Or la fierté française est innée chez le petit Jean Lislois. Même si son identité canadienne-française a disparu de son langage, de ses habitudes vestimentaires et de ses mœurs, il la conserve en lui de façon latente pendant sa captivité chez les Iroquois. Autrement dit, le roman formule implicitement une primauté ontologique, qui peut s'énoncer ainsi : Restez qui vous êtes et soyez-en fier. N'ayez crainte, car même si vous changez, votre vraie nature vous sera révélée de toute façon par la voie de Dieu. Il est donc difficile d'envisager ce texte dans sa dimension littéraire, sans tenir compte du contexte moral, religieux et sociopolitique qui l'influence. Le roman donne à voir aussi une manipulation de l'enfant. Il est celui que l'on peut voler, donner, vendre et transformer sans réelle difficulté sans lui prodiguer une affection désintéressée. Son assujettissement est normalisé : on l'envoie au couvent (c'est le cas de la petite Goüendra, petite sœur par défaut d'Iskouakito), ou on le place comme page auprès d'un grand seigneur pour lui faire suivre une voie prédestinée, qui limite l'indépendance des individus et leurs moyens de se distinguer. Le roman recourt donc à la possibilité d'une perte identitaire et à ses menaces d'assimilation, de mariages mixtes, de fierté molle. Il lui oppose une évidence d'homogénéisation par le sang et une acceptation du passé. Un tel déploiement idéologique dans le contexte du début des années trente valorise un esprit de renoncement devant des instances autoritaires (père, mère, missionnaire, monsieur de Frontenac), mais surtout devant un

destin couvert de maux auxquels se joint l'espoir d'une condition ontologique stable, d'une fierté nécessaire qui ne s'effraie
guère des pires obstacles comme le massacre – réel celui-là –, à
Lachine en 1689, où les estimations les plus récentes font état
des meurtres de 250 à 300 hommes, soit le dixième de la population mâle de la colonie à cette époque (Deschêne, 162-163).

5. BILAN SOMMAIRE

> *Une tragique corrélation de sentiments s'aperçoit dans*
> *l'âme des dispersés : [...] ébauche d'une conscience*
> *adulte en ces rameaux détachés du tronc*
> *et presque devenus boutures autonomes.*
> Lionel Groulx, « Voyage au Manitoba »,
> dans *Mes Mémoires,* tome III

À la fin de mai 1928, une académie du savoir, la Société Royale du
Canada, tient ses assises à Winnipeg. Le professeur d'histoire de
l'Université Laval, intellectuel phare et auteur bien connu, Lionel
Groulx, profite de l'occasion pour visiter Winnipeg et poursuivre
ses recherches sur la question des écoles au Manitoba en vue des
cours qu'il professera à la Sorbonne à l'automne 1930. Il note ses
impressions de voyage dans ses mémoires (tome III, 21-36). Il y
constate pour la première fois « l'énorme coupure de civilisation,
entre l'Est et l'Ouest du pays » (22). Sa réaction est cinglante :
« Tous les couplets patriotiques n'y pourront rien : la nature
a coupé le pays en deux » (*ibid.*). Sa rencontre avec la minorité française est teintée d'un étonnement joyeux : « L'esprit de
la vieille province, son parler et son accent », tout est préservé,
si on fait fi des Métis[53] et des Européens de langue française, le
Manitoba d'alors étant encore peuplé d'émigrés du Québec pour
la plupart de la première génération. Groulx s'interroge rapidement sur la viabilité de cette « parcelle du Québec » (24). Sa
réponse est éminemment positive en raison de la persévérance
de cette minorité encore française. Mais le bât blesse. Il note

---

[53] Présentés comme de « pauvres Métis [...] par leurs terribles hérédités indiennes »
(24) par Mgr Arthur Béliveau qui lui fait visiter les lieux.

ceci : « J'observais, par exemple, la naissance d'un régionalisme légitime en soi, mais qui inclinait à mal supporter la collaboration des Québécois » (25). Le mot est lâché : régionalisme. Il en discute avec quelques chefs de file : Noël Bernier (1879-1944), avocat et président de l'Association d'éducation des Canadiens français du Manitoba, le juge Henri Lacerte (1889-1968), qui a succédé à Noël Bernier à la présidence de l'Association d'éducation, Louis-Philippe Gagnon (1897-1967), libraire, et Camille Fournier, instituteur à l'école Provencher et pilier de la section manitobaine de l'ACJC et de l'Association d'éducation. L'état d'esprit de la nouvelle génération l'intéresse au plus haut point. Il sera servi :

> Une tragique corrélation de sentiments s'aperçoit dans l'âme des dispersés : affaiblissement du lien sentimental avec la vieille province d'origine, affaiblissement fatal après deux ou trois générations, et donc affaiblissement de la volonté de résistance à l'assimilation anglo-saxonne. D'autre part, naissance fatale d'un certain régionalisme, ébauche d'une conscience adulte en ces rameaux détachés du tronc et presque devenus boutures autonomes. (27)

C'est l'éclosion de ces « boutures autonomes » qui a guidé notre lecture des journaux et des œuvres pour la jeunesse pour l'année 1931[54]. Comme dans le récit biblique, la fin du Canada français, tel que l'explique Marcel Martel dans *Le deuil d'un pays imaginé : rêves, luttes et déroute du Canada français*, nous est connu. Ou serait-ce une illusion ? Y a-t-il une autre façon d'interpréter la brisure qui s'amorce dès les années trente ? Pour Lionel Groulx, il ne fait aucun doute que le nationalisme qui s'exprime dans le « pays québécois » (28) diffère de celui des minorités aux prises avec un « environnement, politique, social, culturel [...] sournoisement

---

[54] Cette métaphore arborescente témoigne aussi de l'étiolement d'une relation de dépendance et de domination. Non seulement on l'a retrouvée entre le Québec et ses minorités, mais aussi à l'échelle du Québec aux yeux de la France. On peut lire en 1946 dans le *Figaro* : « Le monde canadien est une branche de l'arbre français, une branche robuste, et qui semble maintenant séparé du tronc originel par une épaisse muraille. Mais une branche quand même, qui fait honneur à l'arbre, à la vitalité de l'arbre » (« L'arbre et la branche », 1er janvier 1946). Sur la question voir Jacques Allard, « Des branches et des arbres de la francophonie », *Traverses*, Montréal, Boréal, 1991, p. 109-125.

hostile » (*ibid.*). Des journaux que nous avons dépouillés jusqu'à présent, nous pouvons tirer quelques leçons. Tout en luttant ferme contre les amendements Anderson et la crise économique, *Le Patriote de l'Ouest* sollicite avec difficulté l'aide des frères du Québec, en appelle à la coopération des siens et par conséquent favorise une autonomisation progressive des francophones de la Saskatchewan, bien que la vieille province hante les rêves de ceux qui l'ont quittée. La communauté française présentée dans *La Liberté* cherche quant à elle à aménager des lieux de convergence avec autrui, un espace d'accommodement dirions-nous de nos jours. Sans renier ses origines, elle garde un pragmatisme qui la motive à intégrer l'ensemble de la sphère économique, sans se limiter à l'agriculture. Quant au *Devoir*, mû par de *bonnes volontés*, notamment en la personne d'Omer Héroux, il ne baisse pas les bras. Il organise des voyages, promeut l'entraide, mais n'arrive pas à se libérer des contingences économiques, politiques, sociales et culturelles qui marquent l'ambivalence des relations entre le Québec et les minorités françaises. Le pèlerinage en Louisiane est d'ailleurs le dernier point d'arrêt en terre minoritaire, fait symptomatique d'une idée de la nation qui évolue autrement.

Notre lecture d'œuvres pour la jeunesse publiées durant cette période, lesquelles au départ soulevaient nombre de questions, révèle que les textes analysés gèrent différemment l'évolution identitaire des jeunes Canadiens français. D'une part, ils font peu de cas des minorités françaises, même de la part d'auteurs évoluant en Ontario (Turcot, Lacerte), et, s'ils s'aventurent en territoire torontois, c'est pour y dénoncer la présence d'orangistes sous la forme de souris marquées d'une tache orange (*Mémoires d'une souris canadienne*). Particulièrement conservatrices dans leur façon de présenter la nation canadienne-française, les auteures (surtout des femmes nées dans le dernier quart du XIXe siècle) expriment les valeurs du discours canadien-français traditionnel (conservation de la langue, de la foi, sauvegarde du mode de vie rural, importance accordée à la famille et à la mission providentielle de la civilisation française). L'esprit du renoncement constitue dans leurs écrits l'attitude à adopter face aux événements fâcheux de l'existence. Nous sommes loin d'œuvres qui engagent au combat identitaire. Leurs œuvres favorisent plutôt une préservation passive des acquis patriotiques du passé. La dynamique identitaire ne se veut plus ici celle qui doit fortifier les « avant-postes », mais plutôt celle qui pérennise symboliquement la nation. Cette vision caractéristique de la littérature pour la jeunesse vers 1931 trahit la hantise et l'incapacité d'adultes d'affronter la diversité sociale qui mènerait, selon eux, à l'insignifiance identitaire de la jeune génération. D'où le déni des mariages mixtes (« À la poursuite d'un chapeau ») et la récupération nationaliste de l'histoire canadienne-française dans les *Pages écolières* du *Patriote de l'Ouest*, dans la revue *L'Oiseau bleu* ou encore dans *Le petit page de Frontenac* de Maxine. À défaut d'une portée politique influant sur les destins nationaux des minorités, la littérature pour la jeunesse compense ses insuffisances par une symbolique conservatrice. À cet effet, elle confère à une nation homogène fantasmée (la « race » canadienne-française) un panache et une émotion susceptibles de toucher de jeunes lecteurs qui y trouveront parfois un divertissement.

Est-ce que l'enracinement dans la nation des valeurs canadiennes-françaises traditionnelles empêchera la littérature pour la jeunesse d'entrer dans la modernité, à l'aube des bouleversements mondiaux qui éclateront en 1939 ? Comme nous le démontrerons dans le prochain chapitre, les vecteurs de changement que représenteront la Deuxième Guerre mondiale et, en particulier, la crise de la conscription de 1944 soulèveront des enjeux identitaires majeurs qui se répercuteront dans les discours journalistiques sur les Canadiens français en 1944, ainsi que dans la littérature pour la jeunesse.

CHAPITRE TROIS • SE SUFFIRE À SOI-MÊME
1944 – GUERRE ET CONSCRIPTION

1. Rappel historique des événements

D ans l'histoire canadienne, le mot « conscription » est chargé d'émotion, car il se rattache à des lois qui obligent l'enrôlement militaire dans un contexte de guerre mondiale, de réduction du contingent militaire[1] et de solidarité politique envers d'autres états belligérants. C'est en 1917 qu'une première crise de la conscription survient et non des moindres, qui « porter[a] à son paroxysme une frustration canadienne-française » (Lamonde, *Idées*, 41).

a. Première crise de la conscription en 1917

Celle-ci débute par un recensement en janvier 1917, ballet préparatoire à l'annonce d'une conscription sélective le 18 mai 1917, puis à l'adoption d'une loi sur le service militaire obligatoire par le premier ministre conservateur Robert Borden, dans l'espoir de recruter cent mille conscrits. À l'époque, la majorité des Canadiens français s'opposent à la loi qui vise les hommes célibataires ou veufs sans enfants de 20 à 35 ans le 24 juillet 1917. La résistance canadienne-française s'organise d'abord dans les milieux montréalais et s'étend ensuite en région,

---

[1] En s'emparant de la crête de Vimy en avril 1917, 3 598 soldats canadiens meurent au combat et 7 004 sont blessés. Le contingent militaire canadien se retrouve en déficit de 10 602 hommes, alors qu'il n'y a que 5 500 recrues (Bernier *et al.*, 260).

au sein d'assemblées publiques. La propagande journalistique dont témoignent les éditoriaux musclés d'Henri Bourassa dans *Le Devoir*, y contribue également. De même, *La Presse*, *Le Canada*, *La Vérité* et *La Croix* s'opposent fermement au service national obligatoire[2]. Lors des élections du 17 décembre 1917, les électeurs canadiens-français du Québec en feront d'ailleurs payer le prix aux troupes de Borden, malgré sa réélection, en appuyant massivement les libéraux de Wilfrid Laurier opposés à la conscription. Cet appui libéral, relayé par les journaux de la minorité française (*Le Droit*, *Le Patriote de l'Ouest*, *La Liberté*), a pour effet d'éliminer la représentation canadienne-française au sein du cabinet et accentue du même coup la mésentente entre anglophones et francophones (Wade, *Canadiens français*, 164). En cette année du cinquantenaire de la confédération, le député de Lotbinière, Joseph-Napoléon Francœur, propose même à la Chambre la rupture du pacte fédératif de 1867 (Lacoursière, Provencher, Vaugeois, 400). Les exaspérations culminent au printemps 1918 dans des émeutes à Québec qui dureront quatre jours. Tandis que les journaux se remplissent jour après jour de publicités gouvernementales sur les emprunts de la Victoire, de rappels à l'obligation citoyenne de s'inscrire au service militaire et d'évocations des conséquences à craindre en cas de désertions, 98 % des conscrits au Québec demandent l'exemption militaire, et 40,8 % fuient les recruteurs, alors qu'ils ne sont que 9,2 % à fuir en Ontario. Toutefois, 92,8 % des Ontariens exigent aussi l'exemption, ce qui fera dire à l'historien Mason Wade ceci : « Les Canadiens anglais, quelle que fût leur affiliation politique, appuyèrent bruyamment la conscription, en paroles. En fait, ils n'étaient pas beaucoup plus disposés à l'accepter que les Canadiens français qui, en immense majorité, s'y opposaient » (Wade, *op. cit.*, 162). Dans le brouhaha des émeutes du 28 mars au 1er avril 1918, un bataillon de soldats en provenance de Toronto arrive à Québec, et tire sur la foule le 31 mars, dimanche de

---

[2] D'autres journaux sont plus modérés, tels *Le Soleil* et *L'Action catholique*, voire en faveur de la conscription, dont le *Quebec Chronicle-Telegraph* et *L'Événement*. Ces deux derniers journaux paieront pour leur appui et verront leurs vitrines voler en éclats (Bernier *et al.*, 260).

Pâques, une première pour ces soldats anglais depuis l'occupation de la ville en 1759. Le lendemain, la cavalerie mitraille quatre civils sans liens avec les émeutiers[3], blesse les citoyens et en arrête cinquante-huit autres. À la fin de la Première Guerre mondiale, 40 % des soldats canadiens étaient des Canadiens anglais, 4,5 % des Canadiens français et le reste était composé d'immigrants récents en provenance du Royaume-Uni (Lacoursière, Provencher, Vaugeois, 401). Ce qui ne veut pas dire que les Canadiens français n'aient pas fourni leur effort de guerre : de tous les soldats enrôlés dans l'armée canadienne en avril 1917, 197 000 sont nés au Canada, dont 49 000 au Québec, soit le quart des conscrits, sans compter les Canadiens français enrôlés dans les bataillons de l'Ontario, de l'Ouest et de l'Acadie[4]. La guerre prend fin quelques mois plus tard, le 11 novembre 1918, à la signature de l'armistice entre les Alliés et les Allemands, laissant le Canada profondément divisé et méfiant envers un gouvernement peu flexible à l'idée que les Canadiens français s'engagent sur le front au nom de leur pays, plutôt que sous la Couronne britannique.

b. Deuxième crise de la conscription en 1944

La conscription de 1944 s'inscrit donc en aval de troubles intérieurs (l'ébauche d'une guerre civile) survenus vingt-sept ans plus tôt, sans compter les autres crises nationales qui jalonnent l'histoire canadienne de la pendaison de Riel aux conflits scolaires au Manitoba, en Ontario, en Saskatchewan, dont on a déjà mesuré la teneur et les implications. Lorsque la Deuxième Guerre mondiale éclate le 1er septembre 1939 lors de l'envahissement de la Pologne par les troupes hitlériennes, la Grande-Bretagne saute à pieds joints dans la mêlée deux jours plus tard. Quant au Canada, il emboîte le pas le 7 septembre, soit six jours après le début des hostilités. Le premier ministre canadien, Mackenzie King, promet alors qu'il n'y aura pas de conscription pour le service

---

[3] Il s'agit de Georges Demeule, 15 ans ; Édouard Tremblay, 21 ans ; Honoré Bergeron 49 ans, père de six enfants et Alexandre Bussières, 25 ans (Filteau, 160-161).

[4] En tout, 124 588 jeunes conscrits feront partie du corps expéditionnaire canadien (Bernier *et al.*, 263 ; « Retour au bon sens », *Le Patriote de l'Ouest,* 5 juin 1918 ; « Québec a fait son devoir mieux que l'Ontario », *Le Patriote de l'Ouest,* 11 septembre 1918).

outre-mer. Mais en juin 1940, la France fléchit à Dunkerque dans le Nord-Pas-de-Calais où les Alliés, bousculés par une attaque éclair, tentent d'évacuer les lieux. Les Allemands capturent près de 40 000 soldats, surtout des Français, et réussissent à s'emparer de canons, de véhicules et de munitions. Les pertes humaines s'accentuent et atteignent 120 000 après la percée allemande à Sedan le 10 mai 1940. Les journaux rapportent les événements et le désarroi s'installe dans la population (Laurendeau, 56). Le gouvernement adopte alors une loi de mobilisation générale qui oblige toute la population à s'enregistrer. Les soldats appelés ne serviront qu'au Canada, car le volontariat, parfois obtenu sous la contrainte, demeure la seule forme de service outre-mer : « Au cours des mois qui suivent, le Canada enrôle ainsi près [de] 150 000 hommes. La plupart servent au pays, tandis que des effectifs restreints le font en Alaska, à Terre-Neuve, au Labrador et dans l'île de Kiska » (Bernier *et al.*, 268). Le rythme de la guerre prend un virage radical le 7 décembre 1941, quand, en réponse aux sanctions économiques imposées par les Américains contre le Japon en juillet 1941 après leur invasion de la Chine et celle de l'Indochine française, une escadre aérienne japonaise s'attaque à la base navale de Pearl Harbor à Hawaï. L'attaque incite les États-Unis à entrer officiellement en guerre sous les ordres du président Roosevelt. Dans ces circonstances[5], le gouvernement de Mackenzie King « se croit forcé de revoir sa politique concernant les conscrits » (Bernier *et al.*, 268) en décembre 1941. Le 27 avril 1942, il tient un plébiscite demandant aux Canadiens de le relever de son engagement à ne pas adopter la conscription pour imposer le service outre-mer. Cet engagement lui avait servi à consolider sa réélection au scrutin du 26 mars 1940. En adoptant le bill 80 le 30 juin 1941, Mackenzie King avait même fait sanctionner cet engagement dans une loi. Le soir du plébiscite, le OUI l'emporte à 63,7 %, non sans créer une division au sein du pays : « Le Québec répond NON dans une proportion de 71,2 %. Les huit autres provinces donnent une majorité de OUI » (Lacoursière, Provencher,

---

[5] Elles seront aggravées par les heures sombres au cours desquelles 3 300 soldats canadiens seront tués, blessés ou faits prisonniers à Dieppe en août 1942.

Vaugeois, 433). En dépit de cet appui favorable de la population canadienne, la conscription est retardée.

À l'été 1944, un événement singulier, aujourd'hui enfoui dans les dédales de l'histoire canadienne-française de l'éducation, suscite des débats qui animent les transformations sociales de la société canadienne-française. Le 21 juin, un discours du sénateur et président d'Hydro-Québec, Télesphore Damien Bouchard (1881-1962)[6], s'abat sur le Sénat comme une bombe parmi l'élite canadienne-française. Bouchard, dans un désir de contrer un nationalisme canadien-français qui fait la promotion de l'indépendance de l'état laurentien au sein de l'Ordre de Jacques-Cartier[7], appuie la récente motion d'Athanase David demandant l'adoption d'un manuel scolaire unique pour l'enseignement de l'histoire canadienne :

> C'est en exposant ouvertement la situation actuelle dans ma province, en montrant notre histoire telle qu'elle est à s'écrire et qui procède de l'histoire faussée que la génération passée et la nôtre ont apprise dans nos écoles, que je démontrerai jusqu'à quel point il y a urgence d'apporter un changement radical dans cet enseignement. L'histoire du Canada ne doit pas servir d'instrument à la propagande subversive dans les mains de ceux qui ont pour but d'amener la rupture du système confédératif et de renverser notre forme de gouvernement démocratique. (T.-D. Bouchard, 7-8)

---

[6] Journaliste, hommes d'affaires et député libéral né à Saint-Hyacinthe le 20 décembre 1881. Il collabore à *La Patrie* et à *La Presse*, et devient propriétaire de *L'Union* de 1903 à 1954, un journal libéral de Saint-Hyacinthe renommé *Le Clairon de Saint-Hyacinthe* en 1912. Il est élu député libéral dans Saint-Hyacinthe à sept reprises de 1912 à 1939 dans les gouvernements du Québec de Louis-Alexandre Taschereau et d'Adélard Godbout. Il occupe différents ministères (Affaires municipales, Travaux publics) et devient Chef de l'opposition officielle, de 1936 à 1939, et président d'Hydro-Québec en 1944. Ses *Mémoires* sont publiés en 1960.

[7] L'Ordre de Jacques Cartier (OJC) est une société secrète fondée en 1926 à Eastview (aujourd'hui Vanier, en banlieue d'Ottawa) par Albert Ménard, fonctionnaire, et l'abbé François-Xavier Barrette. Elle fait office de réponse canadienne-française aux lobbys irlando-catholiques et protestants en ralliant les membres des réseaux associatifs du Canada français. En 1944, ses effectifs sont constitués de près de 6 000 membres et atteindront leur apogée en 1959, soit 11 221 membres (Robillard, *Ordre*, 462). Également appelée « La Patente », l'OJC disparaît en 1965. Parmi ses membres les plus célèbres, mentionnons André Laurendeau, Pierre Laporte, Bernard Landry, Victor Barrette, l'abbé Charles Charlebois, cofondateur du journal *Le Droit*, et le juge Alfred Monnin du Manitoba.

Le discours de Bouchard « souleva une tempête comme le Canada n'en avait pas connue » (Wade, *op. cit.*, 433). La classe politique et cléricale du Québec désavoue Bouchard et exige sa révocation au poste de président d'Hydro-Québec. L'excitation populaire que l'événement provoque s'ajoute aux rumeurs de conscription. Quelques semaines plus tard, le chef unioniste Maurice Duplessis (« les bleus »), champion de l'autonomie provinciale, en profite pour défaire son vis-à-vis libéral Adélard Godbout (« les rouges ») aux élections du Québec le 8 août 1944. Cette tempête électorale est suivie à l'automne du rapport du ministre de la Défense, James Ralston, partisan de la conscription, dans lequel il souligne un manque de quinze mille soldats. Mackenzie King, partisan d'une politique de concession, congédie Ralston et le remplace par un non-élu, le général Andrew McNaughton, qui se montre favorable au service volontaire et lancera une courte campagne de recrutement[8]. Toutefois, la campagne ne réussit pas à intéresser les citoyens, peu chauds à l'idée de se lancer dans une entreprise qui mène à la boucherie. Mackenzie acquiesce et annonce la conscription. Le 23 novembre 1944, un arrêté en conseil envoyant 16 000 conscrits outre-mer est décrété. Les Canadiens français fulminent : désertion, saccage, vitres en éclat, brûlage de drapeaux britanniques, tout y passe, non seulement à Québec et Montréal, mais aussi à Chicoutimi, Rimouski et à Drummondville (Wade, *op. cit.*, 508-509 ; 511 ; 520). Le gouvernement de Mackenzie King est fragilisé. *L'Action catholique* parle « d'une crise politique sans précédent dans l'histoire

---

[8] Au sujet des événements qui mèneront à la démission du ministre de la défense, le colonel Ralston, l'honorable Mackenzie King tiendra un discours radiophonique à la nation, dont de larges extraits seront publiés par les journaux. On y apprend que malgré une volonté de recourir à l'enrôlement volontaire, les conscrits subissent des « contrainte[s] » pour s'enrôler volontairement, ce qui, à l'évidence, démontre des contorsions sémantiques permettant d'atteindre les mêmes résultats qu'une conscription déclarée. Émile Benoist parlera de conscription déguisée, d'un « régime de brimades, [de] vexations, [d']intimidation [...] pratiqué dans les camps pour forcer les conscrits [...] à s'enrôler comme volontaires » (Émile Benoist, « Le conscrit va-t-il voir la fin du régime de brimades ? », *La Survivance*, 22 novembre 1944, [originellement publié dans *Le Devoir*] ; « Des conscrits du Régiment de Hull forcés, par intimidation à signer pour outre-mer », *La Survivance*, 24 mai 1944 ; « Le Général McNaughton désapprouve la politique de conscription », *La Survivance*, 8 novembre 1944 ; « L'hon. M. King a affirmé la nécessité de maintenir l'enrôlement volontaire », *La Survivance,* 15 novembre 1944).

canadienne [...]. Dans l'espace de vingt-quatre heures, l'existence du gouvernement actuel n'a tenu qu'à un fil en plusieurs circonstances [...]. Cinq et peut-être six ministres étaient déterminés à démissionner. Le premier ministre King, à un certain moment, s'est avoué vaincu et il était prêt à remettre sa démission » (Paré, *L'Action catholique,* 24 novembre 1944). Cette menace de démission tempère les ardeurs des anticonscriptionnistes peu enthousiastes à l'idée d'un gouvernement de coalition possiblement favorable à la conscription sans limites (Paré, *L'Action catholique,* 28 février 1944 ; Wade, *op. cit.,* 510). Dans un discours historique, Mackenzie King prend la parole à la Chambre des Communes le 8 décembre 1944 et réclame un vote de confiance en présentant son décret de conscription de 16 000 hommes ; les deux tiers des députés le lui accordent, alors que trente-six libéraux du Québec refusent d'appuyer leur chef.

Somme toute, le gouvernement de Mackenzie King réussit à éviter les émeutes qui ont ensanglanté les rues de Québec en 1917. Des colères éphémères s'élèvent parfois dans le silence, tel le défilé pacifique de trois mille étudiants montréalais le 27 novembre 1944 (« Trois mille étudiants ont protesté en silence », *L'Action catholique,* 28 novembre 1944). Sinon, elles se manifestent bruyamment, que ce soit au foyer de formation de Terrace, où des conscrits canadiens-français sont forcés d'apprendre leur nouveau métier, au cœur des montagnes de la Colombie-Britannique, ou dans des combats de rue à Montréal[9]. D'autres manifestations auront lieu à Ottawa ou encore à Sussex au Nouveau-Brunswick (« Les conscrits demandent leur retour dans Québec », *L'Action catholique,* 28 novembre 1944). Dans l'ensemble, près de treize mille soldats conscrits, ou « zombies » comme on les appelait à l'époque, traversent l'Atlantique. Soixante-neuf mourront, le reste des seize milles prévus par le décret n'étant plus nécessaire : « En d'autres termes, le Canada s'était presque mis en pièces en prévision d'une situation qui ne se réalisa pas. La crise des renforts de 1944

---

[9] Ces manifestations avaient de quoi alimenter la presse anglo-saxonne, friande de nouvelles susceptibles d'attiser l'animosité raciale de la population (Wade, *op. cit.,* 426).

était, pour une bonne part, artificielle » (Wade, *op. cit.*, 513). Les historiens s'accordent pour dire que la crise de la conscription de 1944 fut alimentée par un parti politique reclus dans l'opposition depuis longtemps, soit les Conservateurs influencés par Arthur Meighen (1874-1960), alors sénateur et orateur redoutable, et dirigés par un ancien premier ministre du Manitoba, John Bracken (1883-1969) à partir de 1942[10] (Granatstein et Hitsman, 237 ; Wade, 513 ; Laurendeau, 65).

÷

La Deuxième Guerre, dont la fin est annoncée le 8 mai 1945 lors de la capitulation de l'Allemagne nazie[11], inscrit donc dans le corps social des changements, sociaux, politiques, économiques et humains profonds. Elle permet une redéfinition identitaire importante, dont témoigne le désir du premier ministre canadien de l'époque, Mackenzie King, de doter le pays d'une nouvelle identité, en lui reconnaissant une nationalité, un drapeau et un hymne (« M. King favoriserait un drapeau, un hymne et la reconnaissance d'une nationalité », *La Survivance*, 16 août 1944)[12].

---

[10] De fait, en Chambre, ce sont Richard B. Hanson et Gordon Graydon qui occupèrent le poste de chef de l'Opposition officielle à cette époque. Les chefs du Parti national au cours de cette période, Arthur Meighen et John Bracken, ne siégeaient pas à la Chambre.

[11] La guerre sino-japonaise se terminera quant à elle le 2 septembre 1945 (Bernier *et al.*, 328).

[12] Ce désir ne se réalisera qu'en février 1965 pour l'inauguration du drapeau canadien sous le premier ministre Lester B. Pearson et en juillet 1980 pour l'hymne national sous Pierre Elliott Trudeau. Avant cette date, le *God save the Queen*, *La Marseillaise* et la version originale du *O Canada* composée par Calixa Lavallée sur des paroles d'Adolphe-Basile Routhier servaient d'hymne national. L'utilisation de *La Marseillaise* au Canada est peu documentée. Le chant de guerre révolutionnaire de Rouget de Lisle a connu quelques adaptations au Canada, notamment lors de l'élection partielle du quartier Ouest de Montréal en 1832 qui se transforma en émeute le 21 mai et lors des événements entourant la pendaison de Louis Riel le 16 novembre 1885. En effet, une Marseillaise est chantée le 22 novembre 1885 quand quarante à cinquante mille personnes se réunissent au Champs de Mars, à Montréal, pour manifester leur soutien au chef des Métis assassiné. *La Marseillaise* fut également chantée à la Chambre des Communes le 6 juin 1944, selon le vœu du député libéral Maurice Lalonde, pour célébrer le début de la libération de la France. De même, l'hymne français servira à accueillir le Général de Gaulle en visite au Québec du 23 au 26 juillet 1967. (« Les Députés canadiens ont entonné l'hymne national de la France », *Le Droit*, 7 juin 1944 ; France Galarneau, « L'élection partielle du quartier-ouest de Montréal en 1832 : analyse politico-sociale », *Revue d'histoire de l'Amérique française*, vol. 32, n° 4, 1979, p. 565-584.)

Nous avons déjà décelé la montée en 1931 d'un régionalisme et d'une pensée autonomiste chez les minorités conscientes de leur situation linguistique dans l'entre-deux de la culture anglo-saxonne protestante et de la culture française catholique. L'idée de la survie d'une nation reposait alors en partie sur les aspirations économiques encouragées par la modernité, et n'excluait pas pour cette raison l'apprentissage de l'anglais comme langue de travail. À cet égard, que réserve l'année 1944 dans le discours journalistique et le discours littéraire ? La question est d'importance, car la fin de la guerre vient peut-être consolider un nouvel ordre culturel amorcé au Québec dans les années trente au détriment des minorités canadiennes-françaises. De même, est-ce que toutes les communautés canadiennes-françaises minoritaires empruntent une voie d'autonomisation ? À ce stade-ci de notre réflexion, posons l'hypothèse selon laquelle la conscription constitue une pierre de touche dans les relations triangulaires entre les futurs Franco-Canadiens (les Franco-Ontariens, Franco-Albertains, Fransaskois et Franco-Manitobains, en l'occurrence), la population anglophone et la future nation québécoise. Pour le démontrer, nous examinerons successivement *Le Droit*, *La Survivance*, lu et diffusé en Alberta et en Colombie-Britannique[13], *La Liberté et le Patriote* du Manitoba et de la Saskatchewan, et *L'Action nationale* de Montréal, une revue mensuelle lancée en 1917 pendant la tourmente de la première conscription, sous le titre de *L'Action française*. Nous cernerons les points de convergence ou de divergence entre ces périodiques pendant et après l'année 1944, et pourrons dès lors évaluer dans quelle mesure le discours sur la deuxième conscription, dans chacun des cas, s'avère, selon notre hypothèse, déterminant dans l'histoire de la Confédération canadienne, fragilisée par la question des écoles dans l'Ouest et en Ontario et par la crise de la conscription en 1917. Nous

---

[13] Les activités de l'Association canadienne-française de Vancouver et celles qui se tiennent dans la communauté francophone de Maillardville sont d'ailleurs annoncées dans *La Survivance,* qui deviendra à partir du 22 septembre 1954 l'organe officiel conjoint de la Fédération canadienne-française de Colombie (FCFC) et de l'Association canadienne-française de l'Alberta (ACFA).

vérifierons également si la conscription de 1944 eut, d'après les périodiques à l'étude, une incidence sur l'histoire du Canada français, où les tensions des années 1910 avaient marqué, rappelons-le, le déséquilibre des forces entre la majorité au Québec et les minorités dans le reste du pays, amenées à gérer seules leur rapport provincial respectif à la majorité anglophone et à préparer par le fait même la rupture du Canada français dans sa version pancanadienne. La fragmentation identitaire qui en découle amène les Canadiens français à l'extérieur du Québec à ne plus se considérer comme issus de la même nation et à se désigner par des appellations identitaires variant selon leur province d'origine (Franco-Ontariens, Franco-Albertains, Franco-Manitobains, Fransaskois, etc.). Quand nous aurons pris la mesure de l'autonomisation de chaque minorité francophone concernée, nous mettrons en parallèle notre corpus journalistique et la littérature pour la jeunesse au cours de cette période charnière. Nous pourrons dès lors déterminer jusqu'à quel point cette production littéraire diffusée dans la presse contribue à configurer une identité narrative à laquelle les Franco-Canadiens d'aujourd'hui peuvent se reconnaître dans leur province respective.

1. DISCOURS JOURNALISTIQUES

a. *Le Droit*

En 1944, le journal *Le Droit* entame sa trente-deuxième année. Comme le souligne vers 1955 Jean Taillefer, l'un des premiers à retracer l'histoire du journal, « l'histoire du *Droit* se mêle tellement à celle des écoles de l'Ontario qu'il est impossible de rappeler l'une sans rappeler l'autre » (7). Et c'est dans cette continuité que s'inscrit le journal *Le Droit* trente-deux ans après une crise scolaire qui a duré quinze ans (1912-1927). Dans un éditorial soulignant l'anniversaire du journal, Charles Gautier[14], qui en est le rédacteur en chef à partir de 1921, rappelle les principales préoccupations sur lesquelles le journal continue de se pencher, soit « tous les problèmes religieux, nationaux, scolaires et économiques qui touchent à la survivance de la population franco-ontarienne » (Gautier, « *Le Droit* est entré dans sa trente-deuxième année », *Le Droit*, 28 mars 1944). Porte-parole des aspirations canadiennes-françaises de l'Ontario, bien qu'il ne soit pas le premier journal à le faire[15], *Le Droit* se dit toujours, en 1944, « fidèle à son programme [...] à savoir, travailler de toute sa force à la survivance catholique française de la minorité franco-ontarienne » (*ibid.*).

Notre analyse du *Droit* vise à cerner la manière dont s'articule, en amont, la rupture du Canada français qui subviendra dans les années soixante, et ce, à partir d'un moment discursif générateur de discours : la crise de la conscription de 1944. Y a-t-il des indices dans le discours journalistique qui permettent de croire à une volonté de la minorité franco-ontarienne de gérer différemment son rapport identitaire avec la majorité canadienne-anglaise ? Y a-t-il des traces d'actions ou d'attitudes autonomistes qui prépareraient la dislocation du Canada français ? Sinon, est-ce que le discours du *Droit* n'est qu'un relais sans nuance du discours journalistique du Québec ?

---

[14] Charles Gautier est né en 1894 au Mans en France et s'installe au Canada en 1910. Il devient rédacteur en chef du *Droit* le 24 janvier 1921, à l'âge de vingt-sept ans. Il demeurera à la rédaction du journal jusqu'à sa retraite en 1948. Il est aussi chroniqueur religieux au poste de radio CKCH de Hull et d'Ottawa (une station fondée en 1933 et fermée en 1994) et est proche de l'Ordre de Jacques-Cartier. L'historien du *Droit*, Laurent Tremblay, le décrit en 1963 comme un journaliste au « talent prodigieux, [au] cerveau lucide, [à la] plume féconde et tenace, un homme-clef » (114), l' « une des figures les plus éminentes du journalisme canadien-français » (187). Il ne faut pas le confondre avec Mgr Charles-Hugues Gauthier (1843-1922), évêque de Kingston (1898-1910), puis archevêque d'Ottawa (1910-1922).

[15] Avant lui, d'autres journaux avaient vu le jour dont *Le Canada* (1865-1898), *Le Courrier d'Outaouais* ou d'Ottawa (1870-1876) et *Le Temps* (1894-1916). Pour une liste complète des journaux canadiens-français de l'Ontario voir Paul-François Sylvestre, *Les journaux de l'Ontario français, 1858-1983*, Sudbury, Société historique du Nouvel-Ontario, 1984.

1- Les récriminations récurrentes et l'apaisement des tensions ethniques

> *C'est dans le domaine économique que les droits des*
> *Canadiens français ont été le plus lésés [...]*
> Charles Gautier, « Une opinion américaine sur le Canada
> français », *Le Droit*, 8 juillet 1944

Le portrait d'ensemble que nous pouvons dégager du *Droit* en 1944 laisse entrevoir une imbrication des discours. Bien que nombreuses, les récriminations formulées au fil des livraisons convergent vers une plainte globale qui chapeaute toutes les autres : l'inégalité. L'ensemble du discours journalistique du journal tend à souligner sans relâche cette lutte incessante, qu'elle soit sociale, politique, économique, juridique ou scolaire. Parmi les inquiétudes que soulève le journal, l'on retrouve le financement du réseau des écoles séparées, la tiédeur des Anglo-Saxons vis-à-vis de l'unité nationale, la crainte d'une immigration excessive et surtout les disparités économiques entre les Anglais et les Français[16]. Quant à la guerre, elle est bien présente dans les pages du journal : à la une en tant que sujet d'actualité, dans la publicité de propagande du ministère de la Défense nationale, valorisant l' « aide à la France » à laquelle les Canadiens français peuvent être sensibles (7 et 19 octobre 1944), et enfin, dans les articles défendant le Québec contre les attaques de l'opinion

---

[16] Sur le financement des écoles, voir dans *Le Droit* « Une situation anormale qui doit être réglée », 11 janvier 1944 ; « Les écoles séparées manquent d'argent », 13 janvier 1944 ; Charles Gautier, « La véritable situation des écoles séparées », 30 mars 1944. Sur l'unité nationale : Camille L'Heureux, « Psychologie nationale », 3 mai 1944. Sur l'immigration : Charles Gautier, « Les leçons de l'expérience », 4 février 1944 ; « Les provinces et l'immigration », 4 janvier 1944 ; « De nombreux obstacles s'opposeront à un fort mouvement d'immigration », 22 janvier 1944 ; Charles Gautier, « Réfugiés et immigrants », 22 janvier 1944 ; Jean-Marie Gélinas, « Le Canada, les réfugiés et l'immigration », 31 mars 1944. Sur les attaques contre le Québec : Charles Gautier, « Le parti conservateur-progressiste et la province de Québec », 4 août 1944 ; « Une virulente attaque contre la province de Québec », 11 août 1944 ; « Huit provinces canadiennes contre la province de Québec », 22 novembre 1944 ; Sur les disparités économiques : Charles Gautier, « Une opinion américaine sur le Canada français », 8 juillet 1944 ; « L'impérialisme et la dictature économique, voilà nos deux grands ennemis, dit M. André Laurendeau », 3 août 1944 ; « Le Canadien français doit être trois fois supérieur à l'Anglais s'il veut réussir au pays, dit le député libéral Leduc », 12 avril 1944.

publique anglophone, qui l'accuse de ne pas soutenir l'effort de guerre. Le journal chante surtout « la gloire de[s] petits soldats » (L. Tremblay, 154) canadiens-français en publiant des textes et des photographies rappelant le courage des volontaires qui ont accepté de partir au front[17]. L'image mise à l'avant-plan est celle de Canadiens français qui ne se défilent pas devant leurs obligations militaires. Toutefois, les éditorialistes Charles Gautier et Camille L'Heureux[18] (1898-1964) ne tiennent pas outre mesure un discours conscriptionniste qui soutient ou non l'engagement militaire des Canadiens français. Lorsque la situation politique se corse au mois de novembre 1944 lors de la démission du ministre de la Défense le colonel Ralston, Camille L'Heureux commente les événements non pas en s'appuyant sur l'opinion supposée des Canadiens français concernant la conscription, mais en parlant plus globalement de « l'esprit du peuple » et du « public » (L'Heureux, « Une crise ministérielle », *Le Droit,* 2 novembre 1944 ; « La démission de M. Ralston », *Le Droit*, 3 novembre 1944). Ces formulations objectives semblent détonner si on les compare à des discours qui polarisent les deux communautés de langue, comme ce fut souvent le cas dans *Le Droit* lors de la crise du Règlement XVII. Elles s'accordent cependant avec l'idéologie de l'unité nationale et l'espoir d'un Canada uni et réconcilié. Quand le journaliste Henri Lessard[19] (1893-1950) discute du besoin d'un drapeau national, il le fait sans cultiver l'antagonisme traditionnel entre Canadiens anglais et Canadiens français. Ainsi, quand il dit

---

[17] Voir dans *Le Droit* « Trois aviateurs canadiens-français reviennent après s'être illustrés », 24 janvier 1944 ; « Remise d'insignes à 19 membres [des] services volontaires féminins », 1er février 1944 ; « Décorations à 14 aviateurs can.fr. d'Ottawa et d'Ont. », 3 avril 1944 ; « Plusieurs héros du CARC viennent de Québec et Montréal », 4 avril 1944 ; « Environ 7000 militaires ont défilé dans les rues de la capitale, hier », 1er mai 1944.

[18] Camille L'Heureux est né le 18 juillet 1898 à Saint-Jude, dans la région de la Montérégie (Québec). Il entre au *Droit* en 1927. De 1937 à 1947, il est courriériste parlementaire et commentateur politique à Ottawa. Rédacteur en chef à partir de 1948, il prend sa retraite en 1962. Camille L'Heureux meurt à Montréal le jour de Noël en 1964.

[19] Henri Lessard est né le 21 juin 1893 à Sainte-Ursule, dans le comté de Maskinongé (Québec) et meurt à Hull le 24 octobre 1950. Diplômé en pédagogie, il enseigne à Montréal de 1914 à 1921, avant d'entrer au *Droit* en 1922. Il a aussi collaboré aux périodiques *Le Semeur* et *L'Action française*. Il participe à la fondation de plusieurs caisses populaires dans la région de l'Outaouais.

« notre drapeau » ou « nos soldats », il évacue tout référent à la langue ou à la culture. Le projet d'un drapeau national, tel que proposé par la Ligue du drapeau national de Québec, est l'œuvre non pas spécifiquement de Canadiens français, mais « d'hommes à l'esprit véritablement canadien, qui veulent l'union des races dans le respect des droits et des devoirs de chacune ». Dans cette démarche de promotion d'un drapeau, Lessard se dit d'ailleurs conscient du danger « d'ostraciser ou de léser l'un ou l'autre des principaux groupes raciaux [...] dans une confédération où il ne devrait plus y avoir ni vainqueurs ni vaincus, où chacun devrait être traité sur un pied de parfaite égalité avec l'autre ». Cette contenance langagière traduit le souhait d'un rapprochement avec les Canadiens anglais, afin qu'ils acceptent « le bilinguisme fédéral, l'égalité des deux langues dans toute l'étendue du pays, le drapeau national » (Gautier, « Bonnes intentions et fausse thèse », *Le Droit,* 14 janvier 1944) et que « dans le domaine économique, les Canadiens français soient placés sur un pied d'égalité » (*ibid.*). Il semble donc que les discours que drainent la Deuxième Guerre mondiale et les débats entourant le volontariat et la conscription servent surtout à justifier, aux yeux des Canadiens anglais, un rapprochement. Ce qui étonne, ce n'est pas que la hargne d'autrefois soit disparue, mais que le langage déplace le peuple Canadien français dans un espace véritablement canadien, c'est-à-dire dans une idée d'un Canada que la guerre unit, comme si le désir de paix souhaité en Europe s'accomplissait au sein de la population canadienne entière. Ce qui tend à montrer l'effritement de la *référence* identitaire canadienne-française, comme l'entend Fernand Dumont (1997). Il en va de même de l'utilisation de l'adjectif « national(e) » pour qualifier le *drapeau*, l'*avenir*, l'*action* ou la *fierté*, sans oublier les valeurs ancrées dans l'utilisation d'une forme de « nous ». Ainsi, dans l'article intitulé « Notre avenir national » (26 mai 1944), Henri Lessard relate la conférence d'André Laurendeau sur le chanoine Groulx en faisant côtoyer le désir d'un avenir national uni avec des expressions comme « notre histoire », « nos problèmes », « nos déficiences », « nos raisons de vivre », « la route que nous devons suivre », « nous ressaisir », « nous

émanciper », « revendiquer pleinement ce qui nous revient [...]
la vie catholique et française qui est nôtre » (*ibid.*). Ce « nous »
et « nos » sont bien ceux des Canadiens français et non pas ceux
des Canadiens sans appartenance culturelle, mais ils s'expriment
avec un nouvel impératif : celui de ne « léser aucunement qui que
ce soit, sans mépriser ni haïr personne, simplement comme tout
peuple qui occupe au soleil la place ou l'espace qui lui appartient
légitimement » (*ibid.*). Au-delà de la stratégie destinée à
amadouer l'Anglo-Saxon, l'argument mis à l'avant-plan, en
ce temps de guerre et de conscription, est la promotion d'un
« véritable esprit canadien » (*ibid.*) permettant de « faire des
deux races [...] qui forment [le pays] des groupes parfaitement
égaux, où chacun pourra tout à loisir vivre et s'épanouir selon ses
caractéristiques propres » (*ibid.*).

Alors que nous aurions pu considérer *a priori* le service militaire obligatoire comme un brandon de discorde entre les deux
groupes, le portrait est tout autre. L'ardeur des « nôtres » pour
une valorisation ethnoculturelle unilatérale s'effrite, comme si la
cohabitation avec l'Anglais se normalisait. Encore faudra-t-il
vérifier de quelle manière le discours intellectuel québécois différencie ses rapports avec la culture anglo-saxonne. Mais auparavant, approfondissons la relation que le Franco-Ontarien entretient avec le Québec et interrogeons les signes qui laissent entrevoir des formes de son autonomie, ce qui nous permettra de
mieux comprendre l'échafaudage d'une rupture du Canada français dans le discours journalistique.

2- IDENTITÉ RÉGIONALISTE

C'est surtout à partir de notre lecture au deuxième chapitre du
Patriote de l'Ouest couvrant l'année 1931 que nous en sommes
venu à considérer l'aménagement d'un espace de convergence
avec la communauté anglo-saxonne comme une stratégie guidée
par un pragmatisme de nature économique. Nous avions alors
posé comme hypothèse que la crise économique modifiait les
rapports des communautés canadiennes-françaises minoritaires
avec les Canadiens français du Québec, et que le désintérêt des
Québécois pour les minorités canadiennes-françaises obligeait

ces dernières à adopter des stratégies de survivance qui allaient au-delà du traditionnel repli culturel. De fait, un discours sur la vitalité nationale a clairement mis au jour de nouvelles volontés de rapprochement avec les Anglais. En 1944, cette volonté nous est apparue dans l'ardent désir d'unir la nation, de réconcilier les deux groupes sous une même bannière dans un principe d'égalité sociale, juridique, politique, culturelle et économique. Comment alors jauger le discours régionaliste franco-ontarien qui émane surtout d'un journal d'Ottawa, *Le Droit*, dont les journalistes sont souvent nés au Québec (Henri Lessard, Camille L'Heureux, Victor Barrette) ou en France (Charles Gautier)? On ne peut passer sous silence un certain nombre d'articles qui se portent à la défense des Canadiens français du Québec honnis par l'opinion publique anglophone qui, surtout après le plébiscite de 1942, met en doute leur valeur militaire[20]. Il existe donc encore en 1944 une tendance du discours journalistique anglo-saxon à prendre tous les *desiderata* militaires des Canadiens français du Québec pour ceux de tous les Canadiens français du pays. Au contraire, le discours journalistique du *Droit* n'hésite pas à présenter de façon constante des familles engagées sur le front et à rappeler les succès des militaires canadiens-français, ce qui concourt à convaincre le lecteur de la valeur et du courage des siens. Or, d'autres articles rapportent des faits d'actualité régionaux qui marquent les distinctions qui existent entre l'Ontario et le Québec. Dans une chronique portant sur l'usage de la langue française, Henri Lessard s'en prend au peu de cas que font les Canadiens français de l'usage de l'anglais dans leur province : « Nous tolérons dans Québec ce qu'on n'endurerait pas un seul instant en Ontario » (Lessard, « À propos du français », *Le Droit,* 3 août 1944). L'assertion souligne par exemple l'insouciance des Canadiens français du Québec devant des panneaux d'affichage en anglais, comme celui des *Post Office*, ou encore le

---

[20] Voir par exemple dans *Le Droit* les éditoriaux de Charles Gautier, « Bonnes intentions et fausse thèse », 14 janvier 1944 ; « Le parti conservateur-progressiste et la province de Québec », 4 août 1944 ; « La province de Québec et l'unité nationale », 30 mai 1944 ; « Une virulente attaque contre la province de Québec », 11 août 1944 ; « Huit provinces canadiennes contre la province de Québec », 22 novembre 1944.

fait que des compagnies gérées par des francophones acceptent que leurs informations commerciales apparaissent uniquement en anglais dans l'annuaire téléphonique. Bien entendu, l'article cherche à affirmer l'engagement patriotique du lecteur, mais ce qui nous intéresse, c'est la distance qu'il pose entre l'attitude canadienne-française du Québec et celle de l'Ontario, à savoir un dualisme nouveau du Québec et de l'Ontario.

Dans une autre chronique d'Henri Lessard, où il est question « de choses d'intérêt régional », le titre choisi par le journaliste, « Pour notre avancement » (*Le Droit*, 24 janvier 1944), désigne ce à quoi ces « choses » sont destinées : faire avancer une forme de « nous », qui vaut la peine d'identifier clairement. À qui appartient le « notre » du titre quand il est question d'intérêt régional ? La réponse n'est pas explicite. S'agit-il des Canadiens français en général, des Canadiens français du Québec ou ceux de l'Ontario ? Dans son article, Lessard revient à ses écrits antérieurs portant sur la diminution de la population de l'Outaouais, sur les hôpitaux régionaux qui ne sont pas reconnus par l'American College of Surgeons, comme le sont cinquante-deux hôpitaux du Québec, et sur les caisses populaires qui sont « encore trop peu nombreuses [selon lui] en [sa] région, contrairement à ce que l'on trouve dans les autres régions du Québec » (*ibid.*). Que le chroniqueur aborde des sujets d'intérêt régional nous interpelle moins que le fait de se croire obligé de comparer ces lacunes aux réussites du Québec. Le *mieux que nous* implicite de ce genre de comparaison dissimule un malaise. Les prescriptions pour endiguer les maux dont souffrirait sa région impliquent des initiatives à promouvoir :

C'est à nous de connaître ces ressources, de voir à les mettre en valeur et à en bénéficier collectivement et individuellement. C'est à nous de nous enquérir sur les [*sic*] lacunes et les [*sic*] possibilités, de déterminer les initiatives à mettre en œuvre pour améliorer ce que nous avons et pourvoir à ce qui nous manque, [...] à faire surgir parmi nous un mouvement de sain régionalisme. [...] Il nous faut encore plus d'hommes d'étude et plus d'hommes d'action. Il n'y en a pas assez qui s'occupent de nos problèmes de portée régionale. (*ibid.*)

Les frontières de ce « nous » apparaissent plus visibles, même si elles ne sont pas teintées d'un patriotisme franco-ontarien affirmé. En fait, le régionalisme mis de l'avant par Henri Lessard n'est pas une idéologie nouvelle. L'historien René Verrette (*Les idéologies de développement régional*) a souligné à bon escient l'intensité qu'a connue la prise de conscience régionale durant les années trente. Albert Tessier, éducateur, historien, pionnier du cinéma canadien-français et un des chantres du régionalisme de cette époque, définissait le régionalisme comme étant « la mise en valeur intelligente, ordonnée, méthodique des virtualités matérielles et spirituelles que le bon Dieu a mises à [la] disposition [des hommes] dans un milieu à une époque donnée » (*Le Nouvelliste,* 26 novembre 1938). Cette valorisation du régionalisme n'est qu'une des nombreuses formes qui permet de distinguer le renforcement de l'autonomie d'une communauté culturelle, en l'occurrence, les francophones de l'Ontario. La promotion du coopératisme – toujours en vigueur en 1944 – marque aussi la volonté de conquérir une liberté économique arrachée aux diktats du capitalisme anglo-saxon, afin « de redonner aux Canadiens français la maîtrise de leur économie » (Lessard, « Le coopératisme », *Le Droit,* 3 avril 1944).

Toutefois, c'est lors du « dixième congrès général des Franco-Ontariens » (L'Heureux, « Le congrès est terminé », *Le Droit,* 19 octobre 1944) que l'affirmation patriotique franco-ontarienne est plus particulièrement perceptible. Il s'agit du congrès de l'Association canadienne-française d'éducation d'Ontario (ACFEO) réunissant en 1944 les membres de différents organismes voués à « l'amélioration du sort des Franco-Ontariens dans tous les domaines » (*ibid.*). Au cours de ce congrès, cinq organismes[21] se coalisent afin de présenter « un front uni auprès des autorités » (*ibid.*). Comme le rapporte Henri Lessard :

> Les Franco-Ontariens de toute la province sont plus décidés que jamais à travailler au maintien de **leurs** droits et à la protection de **leurs** intérêts, dans une étroite union et sous l'égide de l'Association d'éducation. **Ils**

---

[21] Soit l'Association canadienne-française d'éducation d'Ontario, l'Association des commissaires d'écoles bilingues, la Société Saint-Jean-Baptiste de l'Ontario, l'Union catholique des cultivateurs franco-ontariens, l'Association de l'enseignement français.

veulent conserver **leur** foi, **leur** langue et **leurs** institutions, sauver tout ce qui doit être préservé. Personne ne saurait **leur** reprocher **leur** détermination, **leur** volonté de vivre et les moyens légitimes qu'**ils** prennent pour organiser **leurs** forces. [...] **Ils** ont la ferme conviction non seulement d'assurer **leur** avenir, mais aussi de contribuer au plein épanouissement de la civilisation et de la société canadiennes (*ibid.*). [Nous soulignons en caractères gras]

Lessard présume que les Franco-Ontariens prennent en charge leur destinée en exprimant cette démarche autonomiste par des pronoms à la troisième personne (leur, ils). Si nous interrogeons l'utilisation rhétorique de ces pronoms, on comprend rapidement que l'énonciateur confère une réalité extralinguistique à ce dont il parle (les Franco-ontariens), tout en désignant sa position extérieure à l'énoncé. Que Lessard évite d'utiliser le « nous » pour lui substituer le « ils » est forcément symptomatique. Oui, Henri Lessard, né à Sainte-Ursule au Québec en 1893, perçoit peut-être une différence entre ce qu'il est, lui (Canadien français du Québec), et ce qu'ils sont, eux (Franco-Ontariens). Quoi qu'il en soit, ce choix linguistique s'accorde avec une atténuation du discours hargneux contre l'Anglo-Saxon protestant. L'« avenir » qu'il cherche à faire valoir n'est plus seulement celui des Canadiens français, mais des Franco-Ontariens, afin qu'ils contribuent, non pas à la grande famille canadienne-française, mais comme il le souligne, « au plein épanouissement de la civilisation et de la société canadiennes » (*ibid.*).

Cette forme de nationalisme, qui allie la survivance ethnique à un partenariat égalitaire avec les Canadiens anglais, est révélatrice d'une gestion différente des rapports avec la culture majoritaire anglo-saxonne. À la même époque, le journaliste Camille L'Heureux adopte lui aussi une tangente idéologique du même acabit en rompant « avec la thèse d'un canadianisme à part et à l'écart des autres » (L. Tremblay, 190). En entrevue avec L'Heureux en 1962, Laurent Tremblay remarque que durant la Deuxième Guerre,

sa pensée continue d'être combative, mais elle rompt avec les luttes passionnées d'une époque déjà révolue. Elle s'efforce surtout de mieux pénétrer et comprendre le point de vue d'un adversaire ; elle adoucit les formules de bataille ; elle parle une langue mesurée et sans recherche, avide de clarté. (*ibid.*, 188)

Le journaliste Victor Barrette, responsable pendant vingt ans de la rubrique des enfants dans *Le Droit*, propose lui aussi une réflexion autonomiste similaire.

3- LE NATIONALISME DE VICTOR BARRETTE

> *Nationalement, nous ne pouvons être mieux défendus que par nous-mêmes.*
> Victor Barrette, *Moi, Franco-Ontarien, mes droits, mes devoirs*

La pensée du journaliste Victor Barrette est incontournable pour comprendre le nationalisme franco-ontarien qui se développe dans les années quarante, tant le personnage est influent, surtout auprès des jeunes. Victor Barrette est né à Joliette le 20 mai 1888 et meurt à Ottawa le 15 août 1958. Il entre au service du quotidien *Le Droit* en 1921 et y fait carrière pendant trente-sept ans. À titre de journaliste, il dirige les pages agricoles, religieuses et littéraires, mais il se fait surtout connaître pour son travail dans la page écolière, sous le pseudonyme de l'Oncle Jean. De 1924 à 1958, il y tient une chronique éducative et entretient une correspondance avec ses jeunes lecteurs. Il participe aussi à la fondation de l'Union des cultivateurs franco-ontariens, et, surtout, préside en 1936 à la création en Ontario de plus de trois cents sections juvéniles de la Société Saint-Jean-Baptiste, à savoir des cercles de propagande du patriotisme canadien-français[22]. Il est l'auteur

---

[22] L'exposition virtuelle du Centre de recherche en civilisation canadienne-française (CRCCF) de l'Université d'Ottawa résume les activités de ces sections : « Les sections juvéniles sont des cercles d'études qui ont pour but principal de développer chez l'enfant un sincère patriotisme canadien-français. Les membres sont recrutés parmi les élèves de la 5e à la 8e année. En adhérant au mouvement, ils s'engagent à se soucier sincèrement de la qualité de leur français oral et écrit ainsi qu'à avoir une conduite sans reproche. Dirigés par des enseignants dévoués, les membres des sections juvéniles font l'étude de la langue française, de l'histoire et de la géographie du Canada, reçoivent une instruction civique et discutent des événements contemporains. [...] ». Voir http://www.crccf.uottawa.ca/passeport/IV/IVB2b/IVB2b05.html. Consulté le 20 décembre 2011.

de sept opuscules, dont *Pour une école nationale* (1940) et *Moi, Franco-Ontarien, mes droits, mes devoirs* (1947). On lui doit aussi l'adaptation en bande dessinée des romans de Lionel Groulx, *L'appel de la race* et *Au cap Blomidon*. À son décès en 1958, le Bulletin de la société historique franco-américaine publié au New Hamsphire le qualifie « d'apôtre de la jeunesse » et souligne que « l'Ontario français n'[a] pas connu de plus fervent ni de plus passionné défenseur de l'héritage français » (vol. IV, 1958, 181-182). D'autres diront de lui qu'il est « une des meilleures plumes du *Droit* et peut-être du journalisme canadien » (L. Tremblay, 181).

Dans *Pour une école nationale* (1940), Barrette s'en prend à la disparité des formations patriotiques des enseignants et à « la carence du sens patriotique » (7) des élèves, ce qu'il appelle également « l'indigence de l'éducation nationale » (2). Son pamphlet de dix-huit pages, bien qu'il ne semble offrir que bien peu de variété idéologique quant à l'apprentissage du sens national[23], est marqué par une différence de ton, un décalage par rapport au traditionnel « œuvre de combat » (*ibid.*) que nous avons pu entrevoir dans le discours journalistique du début du siècle. Le style reste sentencieux, l'intérêt du texte réside dans ce que l'énonciateur laisse sous-entendre en disant vouloir faire « [œuvre] de construction » (*ibid.*), sans faire allusion à l'Autre de « race » anglo-protestante qui submerge le discours social canadien-français à l'époque du Règlement XVII (1912-1927). D'une part, Barrette rappelle que le nationalisme qu'il préconise est « sain » (4) et « n'a rien de commun avec les doctrines à la Hitler ou à la Staline » (15). D'autre part, il préconise un « enseignement national nouveau genre » (8) qui doit s'exercer « à tous les instants » (15) et dans toutes les matières scolaires, à commencer par le catéchisme. Surtout, il importe, pour le journaliste du *Droit,* que le « maître sache bien à qui il doit apporter » (14) son enseignement, afin « qu'il s'adapte aux conditions locales » dans lesquelles il évolue et accorde une

---

[23] Il rappelle par exemple qu'il n'existe pas d'école neutre et que l'enseignement doit s'opérer sur le plan temporel et spirituel de l'homme.

importance à « la petite histoire, la piété régionaliste » (15), à l'intention des petits Canadiens français. Ces adaptations « nouveau genre » (8) signalent clairement une volonté de considérer les disparités régionales dans l'enseignement du patriotisme canadien-français.

Ce renversement de l'identité nationale en faveur d'un patriotisme *régionalisé* ne fait aucun doute dans *Moi, Franco-Ontarien, mes devoirs, mes droits*. Par sa virulence et son style direct, l'opuscule publié en 1947 par Victor Barrette peut être considéré comme un des textes fondateurs de l'identité franco-ontarienne. Les droits et les devoirs qu'il rappelle ne sont guère choses nouvelles comme l'a fait remarquer Gaétan Gervais (205), mais l'identité d'où émanent ces droits et devoirs ne souffre d'aucune ambiguïté, à telle enseigne que la sauvegarde des Franco-Ontariens passe d'abord et avant tout par eux-mêmes, par-delà les sollicitations monétaires ou autres considérations extérieures, selon Barrette : « Nationalement, nous ne pouvons être mieux défendus que par nous-mêmes. [...] Défendons-nous contre la manie de mépriser nos institutions canadiennes-françaises, nos sociétés à nous, et la manie non moins sotte de leur préférer tout ce qui est étranger de langue et d'esprit » (17). Structuré à partir de deux questions (*Qui suis-je moi, Franco-Ontarien ?* et *Que faire pour être bons Franco-Ontariens ?*), le texte propose plusieurs mesures pour affirmer le patriotisme des Franco-Ontariens face à « une civilisation étrangère brillante » (16). Ce dernier qualificatif détonne au premier abord, mais appuie le principe de l'égalité entre Anglo-Saxons et « citoyen[s] partenaire[s], de sang français et de langue française » (6). L'opuscule publié par la Société historique du Nouvel-Ontario se termine par un appendice définissant cette nouvelle relation entre « citoyen[s] partenaire[s] », dont Victor Barrette fait la promotion. Cette formule sera à la base des droits et des devoirs de Franco-Ontariens (21), comme le rappelle la fin du texte : « Le Franco-Canadien est un citoyen partenaire de l'Anglo-Canadien ; le

Franco-Ontarien est un citoyen partenaire de l'Anglo-Ontarien[24] » (24). L'ennemi d'antan s'est éclipsé.

⁜

L'évolution des perceptions et des attitudes que nous avons observée dans le discours journalistique sur les Franco-Ontariens et les Anglo-Saxons à partir de 1944 est fascinante. Elle permet de comprendre que l'Ontario français adopte sa propre stratégie de survivance en s'écartant tranquillement de l'idée d'une nation canadienne-française en opposition avec l'anglo-saxonne. Nous retrouvons d'ailleurs dans *La Survivance* un discours comparable à certains égards au *Droit* pendant et après la Deuxième Guerre.

b. *La Survivance*

1- CONSIDÉRATIONS GÉNÉRALES

L'histoire du journal *La Survivance* est peu documentée. L'on doit aux recherches d'Alice Trottier et Guy Lacombe les informations de base qui permettent de mettre en contexte ce journal, publié pour la première fois en 1928. Il n'est pas le premier hebdomadaire de langue française en Alberta, tant s'en faut. Le premier journal de l'Alberta française, intitulé *L'Ouest canadien*, paraît de 1898 à 1900 et sera remplacé par sept autres journaux avant le lancement de *La Survivance*[25]. Ce dernier succède à *L'Union,* dirigé de 1924 à 1928 par un écrivain célèbre en son temps, Georges Bugnet (1879-1981). Devenu une feuille d'annonce en octobre 1928, *L'Union* est racheté en avril 1929, après maintes péripéties financières, par le comité exécutif de l'Association canadienne-française de l'Alberta (ACFA), fondateur de *La Survivance*, avec l'aide des Oblats et d'un groupe de laïcs influents. Le journal s'en tient à quatre pages la première année et adopte un format de huit pages l'année suivante. Jusqu'en 1965, date à laquelle est fondé le journal *Le Soleil de Colombie* par M. André Piolat, *La Survivance* dessert les Territoires du Nord-

---

[24] L'ensemble de la phrase est en gras dans le texte original.
[25] *Le Courier de l'Ouest* (1905-1915), *Le Progrès* (1909-1911), *Le Progrès albertain* (1912-1915), *L'Avenir de l'Ouest* (1911), *L'Étoile de Saint-Albert* (1912-1914), *Le Canadien-français* (1915-1918), *L'Union* (1917-1929).

Ouest et la Colombie-Britannique, en plus de l'Alberta. En 1944, le tirage atteint les trois mille exemplaires (Lacombe, 50) et augmente à quatre mille exemplaires sous la direction du père Jean Patoine (1911-1972) de 1953 à 1972. Le journal modifie son nom en 1967 pour devenir *Le Franco-Albertain,* sur le conseil de son rédacteur en chef Jean-Maurice Olivier, et adopte progressivement le diminutif *Le Franco* à partir de 1979.

Notre dépouillement de *La Survivance* pour l'année 1944 est exhaustif, conformément au désir de compréhension du champ lexical militaire qui aménage le discours social, de repérage des divers opposants et adjuvants que le discours rend manifeste, selon la terminologie de Greimas, de la mise à jour des effets rhétoriques employés, ainsi que des choix sémantiques et visées pragmatiques préconisés. Cette structure analytique permet aussi de jeter un regard non seulement sur les problèmes de la communauté française de l'Alberta et des solutions proposées par le discours, mais sur l'ensemble de la matière idéologique puisque cette matière s'inscrit dans la singularité d'une culture, d'opinions et d'intérêts sociaux, comme le pose Marc Angenot avançant que « tout ce qui s'analyse comme signe, langage et discours est idéologique » (Angenot, *1989,* 19).

2- À PROPOS DE CONSCRIPTION ET DE RUPTURE

La couverture médiatique du conflit mondial n'échappe à aucune livraison de *La Survivance.* Toutes les pages frontispices font mention de l'état de la guerre, de l'avancée des troupes alliées et des débats à la Chambre des communes qui s'y rattachent. Lorsque la session parlementaire s'ouvre le 22 novembre 1944, le journal fait écho à l'atmosphère tendue à la Chambre des communes et traduit en ses pages la fièvre politique qui y règne. Toutefois, le portrait de la crise est ambivalent quant à la question de l'enrôlement obligatoire. Si les événements d'outre-mer sont rapportés, dont le décès ou la disparition de soldats originaires de l'Ouest[26], « l'élément français » du pays est défendu contre la presse propagandiste anglaise qui critique les concitoyens de langue française soi-disant peu enclins à s'engager sur le front[27]. Mais au plus fort de la crise en novembre 1944, certains articles expriment l'urgence d'un engagement dans le conflit, contrairement à l'idée fort répandue dans l'historiographie voulant que les Canadiens français étaient peu chauds à l'idée de s'enrôler (Wade, *Canadiens français,* 508-509, 511, 520 ; Lacoursière, Provencher, Vaugeois, 433). En lisant par exemple l'édition du 29 novembre 1944, qui rapporte la session spéciale ayant décrété l'envoi immédiat de conscrits outre-mer, on peut y lire un texte sur la persécution nazie contre les prêtres, dans lequel on signale que « 200 prêtres sont morts dans les camps de concentration » et qu'il en reste trois cents autres à délivrer (« La persécution nazie contre les prêtres a fait un grand nombre de victimes », *La Survivance,* 29 novembre 1944). Quand l'on sait l'intérêt du Canadien français pour sa religion, cet article traduit de façon oblique l'impatience d'un engagement militaire. De même, le journal publie le décret du premier ministre Mackenzie King sans aucun commentaire et convoque un éditorial plaidant plutôt la question du rétablissement des soldats sur les fermes, en présumant que les soldats canadiens-français déjà au front choisiront de se réinstaller en campagne, puisque « l'attachement à l'agriculture est le gage de [la] survivance » (Breton, « Problème de la terre », *La Survivance,* 29 novembre 1944). Un article mentionnant une manifestation contre la conscription qui s'est déroulée à Québec cherche quant à lui à amoindrir les conséquences du geste en rapportant que les inscriptions figurant sur les pancartes étaient « appropriées » et qu'il n'y a eu « aucun dommage », « aucune tentative d'assaut »,

---

[26] Voir « Un autre aviateur Canadien français de l'Alberta fait le sacrifice de sa vie », *La Survivance,* 9 mars 1944 ; « Jeunes de l'Ouest victimes de guerre », *La Survivance,* 26 janvier 1944 ; « Un autre régiment canadien-français nous fait honneur », *La Survivance,* 15 novembre 1944 ; « M. et Mme E. Proulx ont donné aux armées six de leur onze enfants », *La Survivance,* 12 juillet 1944.

[27] Voir Breton, « Une réponse à ceux qui nous dénigrent », *La Survivance,* 9 mars 1944 ; « Une crise de rage », *Survivance,* 24 mai 1944 ; Breton, « Injuriez-nous, Messieurs ! », *La Survivance,* 7 juin 1944.

3- LES PRÉOCCUPATIONS D'APRÈS-GUERRE

L'après-guerre décidera pour une bonne part de notre sort.

Roger Duhamel, « Notre infériorité économique,
leurs causes, et les remèdes à y apporter »,
La Survivance, 23 août 1944

Le discours journalistique relevé dans *La Survivance* en 1944 met en évidence un sentiment d'expectative de ce qu'il adviendra après la guerre. Contrairement aux moments discursifs antérieurs (le Règlement XVII, la loi Thornton, les amendements Anderson), les soucis des Canadiens français en 1944 vont « bien au-delà de la question scolaire », comme en fait état Lionel Groulx lors d'un voyage au Manitoba en novembre de la même année (« M. le chanoine Lionel Groulx est fier de nos compatriotes franco-manitobains », *La Survivance*, 29 novembre 1944). Plusieurs nouvelles publiées laissent d'ailleurs entendre la fin imminente du conflit mondial (« À la veille de la victoire finale », *La Survivance*, 20 septembre 1944 ; « Hitler se tient prêt à s'enfuir », *La Survivance*, 27 septembre 1944). L'ensemble du discours s'arrime donc à un espoir de renouveau, à une paix ou une accalmie psychologique, au retour des conscrits et leur rétablissement sur des terres, à la recherche d'une unité nationale et de l'égalité entre les deux « races », et à l'avenir en perspective de la communauté francophone de l'Alberta (développement du mouvement coopératif, implantation de la radio française). La question de la conscription n'est soulevée qu'à la fin du mois de novembre 1944 à l'annonce du décret par le premier ministre Mackenzie King.

D'emblée un constat s'impose : le discours fanatique que nous avons déjà relevé dans la presse canadienne-française s'est considérément estompé en 1944. À quelques exceptions près, les discours les plus extrémistes ne viennent pas du père Paul-Émile

Breton (1902-1964)[28] qui signe les éditoriaux[29]. Ceux-ci, peu nombreux, viennent surtout de la figure de Lionel Groulx, dont une citation patriotique orne en page frontispice chacune des livraisons du journal[30]. L'importance accordée à la figure du chanoine par la republication de ses conférences (29 décembre 1943 ; 5 janvier 1944), la mention de ses activités de publication (13 décembre 1944), l'évocation de ses voyages au Manitoba et à Sudbury (22 et 29 novembre 1944) ou encore par la publication d'extraits choisis de ses ouvrages (21 juin 1944) est symptomatique d'un discours journalistique qui invoque une autorité reconnue, qui n'est plus celle jadis assumée au Canada français par Henri Bourassa[31].

4- Du fanatisme à la revendication : une analyse discursive

La conférence de Groulx intitulée « Pourquoi sommes-nous divisés ? » (*La Survivance,* 29 décembre 1943 ; 5 janvier 1944) offre un point d'arrêt incontournable pour comprendre le mouvement

---

[28] Paul-Émile Breton est né à Saint-Hyacinthe au Québec en 1902. Il est ordonné prêtre en 1930 chez les Oblats de Marie Immaculée, enseigne dans le New Hampshire et à Ottawa, devient curé de paroisse au Québec à partir de 1932 avant de recevoir une nouvelle obédience en 1939 le prescrivant de déménager en Alberta afin d'occuper le poste de rédacteur de *La Survivance*. Il y sera assigné jusqu'en 1953. Parmi ses réalisations, il œuvra avec le Dr Léon-Omer Beauchemin à la création d'une station radiophonique de langue française en Alberta inaugurée le 20 novembre 1949. On lui doit aussi une vingtaine d'ouvrages de facture biographique portant sur des missionnaires oblats : Vital Grandin (préfacé par Daniel Rops), J. Patrick Kearney, Antoine Kowalczyk, Albert Lacombe. Sa bibliographie (G.-É. Durocher) contient 1 557 écrits de toutes sortes : sermons, sketchs radiophoniques, conférences, rapports, brochures, poèmes, etc. (Lacombe et « Le R.P. Paul-Émile Breton, o.m.i. », *La Survivance*, 24 juin 1964).

[29] Parmi les éditoriaux du père Breton, on en retrouve qui en appelle aux vocations sacerdotales (22 mars 1944), à l'unité nationale (30 août 1944), aux discours papaux (13 septembre 1944). Quelques textes révèlent une ardeur emphatique contre une certaine presse anglo-saxonne qui persiste à souligner le manque d'engagement des Canadiens français du Québec sur le front (« Injuriez-nous, Messieurs ! », *La Survivance,* 7 juin 1944 ; « Une réponse à ceux qui nous dénigrent », *La Survivance,* 9 mars 1944 ; « Une crise de rage », *La Survivance,* 24 mai 1944).

[30] Dans le coin supérieur gauche de *La Survivance* à cette époque, on peut lire : « En Amérique dans cette atmosphère saxonisée et saxonisante, nous le savons maintenant : nous sommes restés catholiques parce que nous sommes restés Français. Après Dieu voilà d'où nous est venu le salut. Abbé Groulx. »

[31] Durant sa tournée de conférence dans l'Ouest, Bourassa est accueilli froidement en 1937 à Prince Albert (Saskatchewan), où il annonce sans gêne le *déclin de la race*.

d'ensemble du discours et les tiraillements idéologiques qui agitent la société canadienne-française de cette époque. Au début de sa conférence, Groulx avoue que les Canadiens français sont extrémistes, mais que cette attitude est née de la blessure d'un peuple mortifié : « Depuis cent cinquante ans, nous avons été trompés, humiliés, brimés, trahis ». Au fond, les causes de la désunion, « la racine du mal », doivent être relevées chez l'Anglais et son impérialisme congénital, sa « passion dominatrice ». Le problème qui désunit la nation a aussi sa source dans une mésentente au sujet de la Confédération. Tandis que les pères du régime de 1867 y voyaient l'expression juridique d'une collaboration entre deux nations, l'interprétation du pacte confédératif a souffert de la tendance à « grignoter » l'autonomie provinciale et à centraliser les pouvoirs à Ottawa au détriment de la liberté d'action du Québec, la « province la plus différenciée ». De même, les minorités françaises souffrent au quotidien « [du] rationnement de leur culture, et sont même gênés dans l'enseignement de leur religion ». Pour Groulx, il y a conspiration contre l'avenir national des Canadiens français émanant d'une méconnaissance ou d'une « acceptation limitée du fait français et du pacte confédératif, c'est-à-dire désaccord absolu sur la structure nationale et politique du pays, puis mésentente sur la réalité ou l'idée même de la patrie ». Parmi les remèdes qu'il énumère, nous retrouvons l'instauration d'un pouvoir central à Ottawa, plutôt qu'un pouvoir « centralisateur » qui supprimerait les États provinciaux ; la garantie d'une égalité entre les nations anglaise et française ; la reconnaissance de la patrie canadienne et de son indépendance vis-à-vis d'autres États impériaux (en l'occurrence la Grande-Bretagne) ; le renoncement à l'uniformité des différents groupes qui composent le pays, ainsi que le mépris du bilinguisme généralisé, première phase de « l'agonie d'une nationalité ». Certes, le texte polarise les deux nations et transforme en victimes les Canadiens français, sans toutefois motiver le lecteur à partir en campagne contre la race anglo-saxonne.

Replacée dans le contexte albertain, la conférence de Groulx contraste avec un discours de l'abbé Maurice Baudoux publié quelques mois plus tard dans *La Survivance* (Baudoux, « Le fait français dans l'Ouest », *La Survivance*, 31 mai et 7 juin 1944). Il s'agit de son intervention dans l'une des séances annuelles de la Société du Parler Français[32], tenue à l'Université Laval le 2 février 1944. Devant des sociétaires voués à l'épuration de la langue, il reconnaît d'entrée de jeu un « assaut qui menace gravement [l']existence » du fait français dans l'Ouest : *le fléchissement du foyer* :

> Si le foyer a faibli, ce n'est pas – du moins plus qu'ailleurs, par désagrégation interne, mais par l'intrusion d'un ennemi du dehors auquel il est moralement impossible de résister : la radio anglaise. Jusqu'à l'avènement de la radio, nos foyers étaient comme des sanctuaires fermés à la langue anglaise, des oasis français en pleine civilisation étrangère. Nos enfants n'entendaient point ou peu d'anglais tant qu'ils ne franchissaient pas le seuil du toit paternel pour se rendre à l'école. [...] Avec l'avènement de la radio, « nos foyers ont été violés » comme le disait un de nos pères de famille. (Baudoux, « Le fait français dans l'Ouest », *La Survivance*, 7 juin 1944)

Néanmoins, il ne s'inquiète pas outre mesure de l'avenir des minorités françaises au Canada, comme le fait Groulx dans sa conférence. De ce point de vue, trois verbes qu'il emploie marquent la transition entre un foyer (voire une société) replié sur sa culture et un foyer perméable à des actions conjuguées : *refaire* de la cellule familiale « des asiles de la langue française », *retrouver* « par l'intermédiaire de la langue » ce que les Canadiens français d'Alberta ont « perdu de [leur] âme » et *refranciser* ceux qui « goûtent aux attraits puissants d'une civilisation qui n'est pas la leur », qui parlent « volontiers l'anglais », dont « le vocabulaire [français] est très restreint » et qui ont une « manière de parler [...] plus châtiée ». Cette stratégie en vue de l'établissement et du financement d'une radio française au profit des foyers francophones de l'Alberta n'est cependant pas incompatible avec la dualité canadienne. En effet, Baudoux rappelle, sans l'acrimonie

---

[32] Fondée en 1902 par Adjutor Rivard et Stanislas Lortie sous le patronage de l'Université Laval, cette société savante se voua à l'étude philologique et lexicographique de la langue française utilisée au Canada français et examina les dangers qui la menacent. Ses travaux, largement diffusés, se terminèrent en 1962.

de Groulx, une évidence : l'influence difficilement contrôlable de la culture majoritaire. Il ne propose pas d'interdire, de fermer ou de contrecarrer la nouvelle invention qu'est la radio ou *le* radio comme on disait à l'époque, mais prône l'égalité de moyens : *ayons notre radio*. Il témoigne d'une volonté autonomiste des communautés francophones de l'Ouest malgré le sombre bilan du fait français au Canada proposé par Groulx dans le même contexte. Parti en croisade pour l'obtention de fonds destinés à établir des postes de radio française dans les Prairies, Maurice Baudoux avait réussi en août 1943 à convaincre Adrien Pouliot, professeur à l'Université Laval, président du Comité permanent de la Survivance française en Amérique du Nord et membre du Bureau des gouverneurs de Radio-Canada d'obtenir des permis de radiodiffusion[33].

Cela dit, la ligne de démarcation entre le dogmatisme de Groulx et le pragmatisme de Baudoux ne s'avère pas aussi tranchée qu'elle ne le paraît au premier abord à la lecture de leurs discours respectifs. Dans sa conférence déjà citée, Groulx reconnaît qu'il y a des « esprits ouverts et généreux » capables de comprendre la dualité de la nation canadienne et d'accepter que le fait français dépasse les frontières québécoises, comme le prouve à la même époque le pacte Baudoux-Pouliot en faveur de l'ouverture de stations radiophoniques dans l'Ouest. Ce plaidoyer pour l'unité nationale rejoint d'ailleurs le discours social de l'époque qui, nous le verrons, tend à amoindrir les tensions entretenues par certains journaux anglo-saxons quant à la participation canadienne-française au conflit mondial, justifiée ou non, et a des répercussions dans les relations entre les minorités franco-canadiennes et la majorité anglophone après la guerre, d'après la presse.

---

[33] Le pacte Baudoux-Pouliot portera fruit. Le Bureau des gouverneurs de Radio-Canada recommande le 8 mai 1944 un permis de radio-diffusion pour la communauté de Saint-Boniface « à condition qu'il n'en coûte rien à Radio-Canada pour construire, équiper, faire fonctionner et entretenir la dite station » (Bocquel, 39). L'ouverture de CKSB (Saint-Boniface) se concrétise le 27 mai 1946. D'autres stations suivront en 1949 à Edmonton (CHFA) et en 1952 à Gravelbourg (CFRG) et Saskatoon (CFNS).

5- L'UNITÉ NATIONALE

> *Ne passons pas notre temps à détester les Anglais.*
> *Pensons plutôt, ce sera plus pratique, à nous aimer,*
> *à nous entr'aider.*
>
> Lionel Groulx, « M. le chanoine Lionel Groulx nous
> montre nos raisons d'espérer », *La Survivance*,
> 22 novembre 1944

En cette année 1944, la question de l'unité nationale connaît une intense circulation dans le discours journalistique. Le débat qu'elle engage s'ouvre sur la prise de conscience d'une oppression historique et d'une occasion (la guerre) de faire basculer cette oppression. L'expression « unité nationale » revêt en elle-même une certaine complexité, car elle dissimule à la fois des destinataires et des destinateurs. L'élite qui soulève la question marque un désir de renverser une mentalité coloniale en matière de politique extérieure, et ce, dès la Guerre des Boers, comme en témoigne, par exemple, la conférence d'Henri Bourassa au Théâtre national français de Montréal[34], le 20 octobre 1901 :

> Nous ne demandons pas à nos voisins d'origine anglaise de nous aider à opérer un rapprochement politique vers la France ; ils n'ont pas le droit de se servir de la force brutale du nombre pour enfreindre les termes de l'alliance et nous faire assumer vis-à-vis de l'Angleterre des obligations nouvelles, fussent-elles toutes volontaires et spontanées. (Bourassa, 40)

Au début de la Deuxième Guerre mondiale, le débat est relancé à la suite d'une déclaration du ministre de la Justice, Ernest Lapointe, à l'automne 1939, adressée à la majorité anglaise de

---

[34] Fondé en 1900, le Théâtre National est l'un des plus anciens théâtres de Montréal. Alors que le théâtre joué à Montréal à la fin du XIXe siècle est majoritairement anglophone (Larrue, 34), le Théâtre National témoigne de l'essor du nationalisme au Québec à l'époque de la guerre des Boers. Mais c'est surtout en 1903 que cette idéologie prend son essor grâce à la fondation de la Ligue nationaliste par Olivar Asselin, Omer Héroux et Armand Lavergne. La Ligue diffuse les idées d'Henri Bourassa qui font la promotion de l'autonomie canadienne dans l'Empire. Elle lance en 1904 l'hebdomadaire *Le Nationaliste*. La ferveur du mouvement nationaliste de cette période mènera à la fondation du *Devoir* en 1910 et influera sur les campagnes électorales qui verront la victoire de Lavergne et Bourassa, respectivement aux élections provinciales du Québec de 1908 et aux élections fédérales de 1911.

la députation et promettant de ne pas imposer la conscription, promesse acceptée à la majorité (« La conscription provoque une crise ; une session spéciale est convoquée », *La Survivance*, 29 novembre 1944). La redéfinition identitaire que la question provoque s'exprime sans ambages dans les éditoriaux du père Paul-Émile Breton :

> Il y a longtemps que les Canadiens français, eux, n'entendent avoir d'autre patrie que le Canada. Nous ne prétendons pas partir en guerre contre Londres, mais nous entendons être maîtres chez nous et indépendants dans notre vie politique. [...] Le jour où l'on montrera à la jeunesse canadienne que le Canada est autre chose qu'une succursale de l'Angleterre, nous aurons fait le pas décisif vers un esprit canadien et vers l'unité nationale. (Breton, « À quand un véritable esprit canadien », *La Survivance*, 6 septembre 1944)

Dans cet extrait, la cooptation mise en place par l'énonciateur n'est pas très différente de celle que nous avons étudiée dans le journal *Le Droit* de 1913. De fait, le procédé qui traite d'emblée le lecteur comme un possesseur de la vérité mobilise l'affectivité des destinataires par l'usage du pronom « nous », qui amorce un processus d'adhésion au discours. Toutefois, une distinction s'impose, car le « nous » se déplace. Bien qu'il soit toujours accolé à « Canadien français », il gravite autour d'une notion différente de la nation, plus englobante, celle de « nation libre » composée d'une « jeunesse canadienne » (et non pas uniquement canadienne-française) et dotée d'un « esprit canadien ». Le leitmotiv « maître chez nous », que le parti Libéral provincial du Québec sous Jean Lesage reprendra lors des élections de 1962 dans le contexte de la Révolution tranquille, épouse une vision pancanadienne de la nation, à laquelle les Anglo-Saxons sont invités à participer dans la mesure où ils se libèrent de la sujétion de l'Empire britannique. Cet esprit de réconciliation entre « races », dont témoigne aussi la citation de Lionel Groulx qui figure en exergue à cette section, se double d'un désir de dénicher les Anglais d'« esprit ouvert », comme les appelle Groulx (« Pourquoi sommes-nous divisés ? », *La Survivance*, 23 décembre 1943), ou encore les « pèlerins de la bonne entente », qui comprennent les causes de la désunion et se montrent favorables à un rapprochement (« M. l'abbé Arthur Maheux et le manuel unique », *La Survivance,* 15 novembre 1944). Par exemple, lorsque Lionel Groulx revient d'un voyage au Manitoba, *La Survivance* publie un entretien avec le célèbre chanoine sur les cours qu'il a professés du 2 au 14 novembre 1944. Groulx y fait mention de la présence en classe d'un représentant du journal du *Free Press* qui publiait chaque jour « de ces leçons d'histoire, un rapport très objectif » (« M. le chanoine Lionel Groulx est fier de nos compatriotes franco-manitobains », *La Survivance,* 29 novembre 1944). Ce changement de perception d'un journal anglophone qui fut pendant longtemps dans la mire des éditorialistes des journaux francophones de l'Ouest marque une évolution dans les relations entre anglophones et francophones. Au cours de ce même voyage, Groulx note, à l'occasion d'un banquet réunissant cinq cents convives, les « déclarations courageuses » (*ibid.*) du professeur d'histoire Arthur Reginald Marsden Lower[35], faisant état de « la lourde part de responsabilité » (*ibid.*) des Anglo-Canadiens dans le désaccord des deux races. D'autres Anglo-Canadiens n'hésitent pas à se dire « compatriote[s] [et] ami[s] des Canadiens français » (« M. Little, ancien directeur du service sélectif, défend les Canadiens français », *La Survivance,* 13 septembre 1944). Ces déclarations – parfois intéressées cela va sans dire – dénotent une ouverture de part et d'autre des deux groupes ethniques. Elles marquent surtout l'intérêt du journal pour ce rapprochement et son espoir en la possibilité d'une réconciliation prometteuse d'un Canada uni. Cette possibilité s'exprime par le désir de procurer un manuel d'histoire à tous les jeunes Canadiens, selon le vœu du sénateur Athanase David, du fait que l'histoire canadienne-française, telle qu'enseignée, est marquée par une propagande fanatique préjudiciable aux Anglo-

---

[35] Né à Barrie en Ontario en 1889, le professeur Lower enseigne l'histoire au Wesley College de Winnipeg de 1929 à 1947, de même qu'à l'Université Queen de Kingston de 1947 à 1959. Dans son ouvrage *Colony to Nation* (1946), il fait la promotion du sentiment d'unité nationale entre Canadiens d'origine anglaise et française. Il est décédé à Kingston en 1988.

Canadiens. Bien qu'elle attire les foudres des autorités catholiques, dont le très conservateur cardinal Villeneuve et le père Breton, éditorialiste de *La Survivance* (« S. E. le Cardinal Villeneuve répond aux accusations du Sénateur Bouchard », *La Survivance*, 28 juin 1944 ; « L'homme qui crache... », *La Survivance*, 28 juin 1944), l'affaire Bouchard témoigne du désir de ne pas « blesser la susceptibilité [des] compatriotes anglo-saxons » (« Oubliez çà [*sic*] ! », *La Survivance*, 6 septembre 1944). Elle pointe du doigt un discours social porteur d'une idéologie ethnocentrique, révèle son existence et suggère l'éventualité que les Canadiens français puissent évoluer autrement dans la promotion de l'unité nationale. Le sentiment patriotique se détourne progressivement de sa cible d'origine, le Canada français, vers un Canada inclusif, capable de transiger avec l'ennemi d'autrefois.

✧

Notre dépouillement du *Droit* et de *La Survivance* nous a permis de constater le besoin d'autonomisation des francophones de l'Ontario et de l'Alberta. Il nous reste à vérifier s'il en va de même pour les Canadiens français de la Saskatchewan et du Manitoba. La diversité de ces communautés formées de Canadiens français du Québec ou des États-Unis, de Métis, de Français, de Suisses et de Belges, d'une part, et la fusion le 16 avril 1941 du *Patriote de l'Ouest* et de *La Liberté*, sous le titre de *La Liberté et le Patriote*, de l'autre, nous amènent à penser que leur survivance a pu emprunter, soit des chemins similaires à ceux des francophones de l'Ontario ou de l'Alberta, soit un chemin suffisamment autre pour que nous puissions faire des nuances, ce que nous entendons maintenant vérifier à l'aide de *La Liberté et le Patriote*.

c. *La Liberté et le Patriote*

Secrétaire du *Patriote de l'Ouest* jusqu'à l'été 1923 et deuxième directeur du journal *La Liberté* après Hector Héroux, Donatien Frémont quitte l'hebdomadaire manitobain au début de juin 1941 (Chaput, 54). C'est le père oblat Léo Lafrenière qui prendra la relève et assurera jusqu'au 6 juillet 1956 la direction du journal, rebaptisé *La Liberté et le Patriote* avant le départ de Frémont. En

effet, *Le Patriote de l'Ouest* et *La Liberté*, les deux seuls hebdomadaires en français du Manitoba et de la Saskatchewan après la
disparition du *Manitoba* en 1925, fusionnèrent le 23 avril 1941
(Chaput, 53), car la situation financière délicate des deux journaux avait obligé leur propriétaire, la congrégation des Oblats de
Marie-Immaculée, à adopter une solution valable pour leur survie. *La Liberté et le Patriote* durera jusqu'au 27 octobre 1971,
date à laquelle *Le Patriote de l'Ouest* se séparera de *La Liberté*
pour renaître sous le nom de *L'Eau vive*.

Autant cette fusion en 1941 est révélatrice de la capacité de
convergence des communautés minoritaires respectives, autant
la défusion en 1971 révèle une scission entre deux groupes et les
changements de perception identitaire dans un discours social
qui autrefois unissait les Canadiens français du Manitoba et de la
Saskatchewan. La perception de cette défusion dans le discours
journalistique mériterait à elle seule d'être étudiée. Elle pourrait
permettre de comprendre sur quelles assises s'est construit le
débat sur l'insatisfaction face à la représentativité locale du journal durant les années soixante et comment s'est opéré le changement identitaire dont cette défusion est porteuse. Pour le
moment, l'année 1944 fait voir quelques grandes préoccupations et stratégies de survivance qu'il vaut la peine de décorti-
quer pour comprendre les tensions d'une communauté dont on
exige, d'un côté, un repli culturel, et de l'autre, l'établissement
d'une relation moins combative et plus ouverte avec la majorité
anglo-saxonne.

1- DÉFAITE SCOLAIRE EN SASKATCHEWAN

Le souci qu'apporte le journal à la question de l'éducation n'est
pas étranger aux efforts des rédacteurs de *La Liberté et le Patriote*
pour contrer un discours social porteur de l'évolution des mentalités. Le repli culturel qu'une telle attitude implique révèle la
stratégie de l'élite ecclésiastique qui dirige les destinées du journal. Le rédacteur Joseph Valois s'indigne de la laïcité scolaire qui
règne dans les provinces canadiennes, à l'exception du Québec
(« Vers le laïcisme scolaire », *La Liberté et le Patriote*, 19 janvier 1944). Il faut se rappeler qu'en Saskatchewan, l'école dite

« séparée » peut légalement enseigner le catéchisme et la langue française, respectivement une demi-heure et une heure par jour. Toutefois, le 16 mars 1940, le gouvernement de la Saskatchewan, mené par T.C. Douglas du Cooperative Commonwealth Federation (CCF), édicte le *Greater School Units Act,* qui autorise l'établissement de quatre grandes unités scolaires, contrairement aux 5 151 districts scolaires que compte la Saskatchewan en 1937. Cette centralisation des districts scolaires, déjà initiée en Alberta à partir de 1940 par le gouvernement de Perren Baker, est vivement décriée par le journal, puisqu'elle n'offre aucune garantie de l'enseignement de la religion et du français à l'école, selon le rédacteur et éditorialiste Joseph Valois : « Les Canadiens français seraient en minorité dans les unités géographiques composées de quatre municipalités. Il va sans dire que l'enseignement serait immédiatement entre les mains de la majorité protestante » (« Centralisation des écoles », *La Liberté et le Patriote,* 2 juin 1944). Léo Lafrenière rappelle que l'absence d'enseignement religieux « conduit infailliblement au paganisme » (« Un aveu à retenir », *La Liberté et le Patriote,* 5 mai 1944). Malgré la multiplication des articles qui dénoncent la nouvelle loi scolaire, aucun mouvement de mobilisation citoyenne n'est relevé, contrairement à ce que nous avons remarqué dans les articles du *Patriote de l'Ouest* sur les amendements Anderson en 1931. Selon des observateurs de notre époque, la loi, qui entre en vigueur le 1er janvier 1945, ne sera pas sans conséquence :

> Le quart de siècle qui s'écoula entre la mise en vigueur du plan de régionalisation et le retour aux écoles bilingues au début des années 1970 fut l'un de ceux où l'on enregistra le plus haut taux d'assimilation. Le désir de se fondre dans la majorité anglaise côtoyée quotidiennement à l'école régionale poussa plus d'un jeune à délaisser sa langue maternelle. (Lapointe et Tessier, 269)

Cette bataille avortée, et perdue, nous incite à réfléchir sur le pragmatisme du discours dans un journal né de la fusion de deux journaux, en l'occurrence, *La Liberté* et *Le Patriote de l'Ouest.* Il est difficile de saisir la force pragmatique d'un discours envers une communauté quand le journal travaille à représenter au sein de ses pages les Canadiens français de deux provinces. Alors que la loi des grandes unités scolaires concerne la population de la Saskatchewan, le lecteur manitobain y est également interpelé, mais non directement. Il résulte de ce dédoublement des publics lecteurs une certaine dilution de la force persuasive du discours, à propos d'un enjeu régional. Or, d'autres sujets, telles la guerre et la réformation des mœurs permettent certainement un meilleur alignement de la force rhétorique du discours, puisque les enjeux ne relèvent d'aucune politique provinciale. Peut-être est-ce justement ce qu'il faut comprendre des difficultés que pose la fusion de deux journaux, provenant de deux communautés distinctes : un déchirement latent. Car même si certains sujets peuvent s'adresser à plusieurs communautés de lecteurs sans distinction, d'autres exigent peut-être des concessions de la part des journalistes pour amoindrir la force illocutoire d'un discours qui n'a que peu d'intérêt pour l'autre communauté. De plus, l'effet de convergence de deux communautés dans un seul lieu de discours peut permettre de rallier un plus grand nombre d'individus dans un espace géographique étendu sur deux provinces. Comment alors l'individualité d'une communauté peut-elle réussir à se démarquer d'une autre ? Est-ce que les articles traitant d'enjeux provinciaux particuliers dominent en quantité d'autres abordant des enjeux propres à l'autre province ? Ces tensions peuvent avoir un impact démultiplicateur sur les communautés en présence. D'où l'importance de soulever ces difficultés de lecture à cette étape-ci de l'étude de *La Liberté et le Patriote*.

2- À PROPOS DE GUERRE ET DE CONSCRIPTION

L'opinion des éditorialistes de *La Liberté et le Patriote* ne diffère guère du discours anticonscriptionniste qui circule au Québec à la même époque. Pour Léo Lafrenière, il s'agit d'un « régime détestable » (« La loi de la conscription », *La Liberté et le Patriote*, 1er décembre 1944) et, pour éviter le drame de la conscription de 1917, « il faut organiser les forces opposées à la conscription » (« Ce qui s'en vient », *La Liberté et le Patriote*, 17 novembre 1944). Toutefois, en marge de ces opinions qui surgissent dans la foulée des débats entourant l'arrêté en conseil du 23 novembre 1944 envoyant seize mille conscrits outre-mer, le discours journalistique sur la guerre et sur l'engagement militaire est tout autre en raison de la présence au Manitoba de deux organisations d'entraide aux militaires français : les Œuvres de guerre des Français de la Prairie et les comités régionaux de la France Combattante. Le premier organisme de secours à la France regroupe des femmes de Saint-Boniface, de Winnipeg et des paroisses françaises du Manitoba et de la Saskatchewan. Femme de théâtre, illustratrice de mode et peintre, Pauline Boutal, elle-même d'origine française, en est alors la présidente. L'œuvre de secours s'occupe de collecter des fonds et des vêtements de laine pour ensuite les envoyer aux soldats français d'outre-mer, parfois prisonniers des Allemands (« Œuvres de guerre des Français de la Prairie », *La Liberté et le Patriote,* 19 janvier 1944 ; « Rapport annuel des Œuvres de guerre des Français des Prairies », *La Liberté et le Patriote,* 12 mai 1944). La France Combattante est une organisation française créée sous l'impulsion du Général de Gaulle à la suite de son célèbre appel aux Français, prononcé à la radio de Londres le 18 juin 1940, et de son télégramme envoyé le jour suivant aux Français à l'étranger. Mais ce n'est qu'en 1942 que le Comité national français, une structure gouvernementale de la France à Londres, organise sa représentation diplomatique en envoyant des délégations dans de nombreux pays. La France Combattante est donc une organisation de ressortissants français de par le monde, afin qu'ils contribuent à la Libération de leur pays. Au Manitoba, les activités de ces organismes sont régulièrement rapportées par *La Liberté et le Patriote.* On y apprend que la France Combattante est formée en 1944 de 825 comités partout dans le monde, dont 85 au Canada, et de 21 sous-comités au Manitoba, qui enrôlent mille deux cents Manitobains d'origine française, « descendants de Français » et « personne[s] de langue française » (18 février 1944). L'ampleur de l'engagement des Français pour leur pays est dévoilée dans la rubrique « Les Échos de la France Combattante », publiée régulièrement dans le journal. Portés par un ton emphatique, faisant parfois intervenir Jeanne d'Arc pour émoustiller les sensibilités monétaires (2 et 9 juin 1944), ces discours soutenus et

dirigeante. La Société s'occupe d'éducation populaire pour les adultes et organise des cours de tissage, d'art ménager et d'agriculture. C'est elle qui invite Lionel Groulx à Saint-Boniface pour qu'il professe cinq cours d'histoire du 6 au 10 novembre 1944. L'organisme est aussi présent à la même époque en Alberta (« Société d'Enseignement Postsecondaire très active en Saskatchewan », *La Liberté et le Patriote,* 2 juin 1944 ; « M. le Chanoine Lionel Groulx à Saint-Boniface », *La Liberté et le Patriote,* 17 novembre 1944 ; F. Levasseur, 1).

Mais contrairement à certains éditoriaux de Joseph Valois qui font montre d'une attitude hostile vis-à-vis de l'éducation moderne[37], un autre discours sur l'éducation entre en concurrence, dont témoignent, en partie, les activités de la Société d'enseignement postscolaire. Par exemple, à l'occasion de l'assemblée générale annuelle du Collège de Gravelbourg, Mgr J. Lemieux souligne l'importance des études avancées pour les familles catholiques, afin d' « avoir de l'influence » et de « savoir manier les instruments compliqués de l'industrie moderne, pour devenir [un] aviateur, un sans-filiste[38], un ingénieur, un menuisier, un mécanicien de quelque valeur, pour occuper un emploi de quelque importance dans une entreprise de grande envergure » (H.W.F., « Le collège de Gravelbourg », *La Liberté et le Patriote,* 19 mai 1944). Dans un éditorial, Léo Lafrenière, pourtant reconnu pour son conservatisme, tient un discours similaire en rappelant aux familles qu'il ne faut pas inciter les « enfants à discontinuer leurs études pour se trouver un emploi dans des usines de guerre » (Lafrenière, « L'avenir de vos enfants », *La Liberté et le Patriote,* 1er septembre 1944). L'éditorialiste présente l'étude d'une profession spécialisée comme une question de survivance :

> Petit groupe, de ressources modestes et d'influence limitée, isolé dans une population anglo-saxonne, nous n'occuperons les postes de

---

[37] Voir les éditoriaux de Joseph Valois dans *La Liberté et le Patriote* « Réformer les mœurs » (10 mars 1944), « With the exception of Quebec » (21 avril 1944), « La tâche de nos gouvernements » (14 avril 1944), « Progressive Education » (22 septembre 1944), « Les catholiques et la centralisation scolaire » (10 novembre 1944).

[38] Il s'agit d'un spécialiste de la télégraphie sans fil, principalement de la radiodiffusion.

commande nécessaires à notre survivance, que si nous savons favoriser la préparation des spécialistes qui en imposent par leur valeur personnelle. Bien naïfs seraient ceux qui croiraient que la majorité nous cédera des emplois importants, par esprit de bienveillante commisération à notre égard... Là-dessus nous ne sommes pas sans péché. Trop peu parmi les nôtres poussent leurs études à fond et se spécialisent [...] (*ibid.*).

Ainsi, d'un côté, l'école laïque est décriée avec véhémence, et l'intention du gouvernement de la Saskatchewan de créer de grandes unités scolaires contribue à animer le débat sur l'éducation, mais, de l'autre, une éducation spécialisée et moderne revêt une importance considérable pour l'avenir des « petit[s] groupe[s] d'influence limitée, isolé[s] dans une population anglo-saxonne » (*ibid.*). Bien que d'aucuns puissent argumenter sur l'ambiguïté de ce discours, il n'en demeure pas moins qu'il souligne le besoin de doter les minorités canadiennes-françaises d'un savoir susceptible de les aider à s'intégrer à la société moderne, et par conséquent au milieu industriel anglo-saxon. Il paraît évident que l'idéologie traditionnelle de survivance, souvent décrite comme un repli paroissial sur des terres agricoles, cherche à étendre son champ d'action à la ville et à offrir une possibilité d'influence sociale, économique et politique. C'est cette attitude autonomiste qui nous intéresse. Elle permet de comprendre comment le discours journalistique du Manitoba et de la Saskatchewan recommande ce chemin de survie à ses lecteurs, en ne soulevant pas, par ailleurs, le danger d'assimilation qui guette de telles intégrations économiques et sociales. Néanmoins, il est possible que la perception de ce danger ne soit plus la même si les relations avec les anglophones se sont harmonisées après la crise de la loi Thornton en 1916, ayant fait de l'anglais la seule langue d'enseignement et ayant mis fin aux écoles bilingues créées à la suite du compromis Laurier-Greenway (1896).

ii. Relation avec les Anglo-Saxons : le cas de l'Alliance française du Manitoba

Contrairement à ce que l'on pourrait croire, l'association de diffusion de la culture française au Manitoba, l'Alliance française, ne fut pas fondée par des Français, mais par un intellectuel anglais, le professeur William Frederick Osborne (1876-1947), premier directeur du Département de français de l'Université du Manitoba, aidé de son collègue, Charles Muller, d'origine suisse[39]. L'Alliance française est fondée à l'Université du Manitoba (jadis à l'angle des rues Kennedy et Broadway), le 29 octobre 1915, dans le prolongement d'un cercle littéraire animé par le même professeur Osborne en 1902 et 1903, et qui réunissait à l'époque cent vingt-cinq adhérents (*Écho du Manitoba*, 20 mars 1902). Le professeur Osborne, au sujet de qui on écrira, lors de la crise de la conscription de 1917, qu'il est « un des rares hommes de langue et de mentalité anglaises, au Canada, qui n'ait pas encore perdu la tête » (« M. Osborne », *La Liberté*, 3 octobre 1917) et qu'il soutient l'idée du français comme « matière obligatoire dans toutes les écoles publiques [du] pays » (*ibid.*), est alors nommé président à vie de l'Alliance française (il le restera jusqu'en 1937). Les activités de l'Alliance consistent surtout en la présentation de conférences, dont celle, animée par le professeur Charles Muller, sur Émile Zola, de réputation tapageuse et peu fréquentable, selon le journaliste Noël Bernier (« Émile Zola », *Le Manitoba*, 7 mars 1917). Fait curieux, cette association des « amis de la langue française » (*Le Manitoba*, 3 novembre 1915) attire le ministre de l'Éducation, le Dr Thornton, celui-là même à qui l'on doit la loi éponyme de 1916. Le 22 novembre 1915, le Dr Thornton est nommé membre honoraire de l'Alliance française (*Le Manitoba*, 24 novembre 1915). Bien entendu, après la promulgation de la nouvelle loi scolaire, un débat houleux s'ensuit dans la presse locale pour expulser le ministre de l'organisation (« Le cas Thornton », *La Liberté*, 28 mars 1916 ; « Qu'il s'en aille ! », *Le Manitoba*, 22 mars 1916 ; « Cette expulsion », *La Liberté*, 12 avril 1916).

---

[39] William F. Osborne est né dans le village de Quyon en Outaouais (Québec). Il devient professeur en 1893 chez les méthodistes du Welsey College de l'Université du Manitoba. Lorsque le Département de français de l'Université du Manitoba est fondé en 1913, il est directeur du département jusqu'à sa retraite en 1941. Francophile notoire, il fut membre du parti libéral.

Parmi d'autres activités de rapprochement entre les communautés anglophone et francophone à l'initiative du professeur Osborne, notons la mise sur pied d'émissions de radio en français en 1924, qui feront dire au journaliste de *La Liberté* que l'Université du Manitoba a été, grâce à son Département de français fondé en 1913, « la première au Canada à mettre en pratique les possibilités du radio comme instrument d'éducation » (« Du français sur le radio », *La Liberté,* 4 mars 1924). Certaines de ces causeries ont été consignées dans un ouvrage publié par l'Université du Manitoba en 1941[40]. Quant à l'Alliance française, elle met fin momentanément à ses activités de 1920 à 1927 et de 1942 à 1944. L'organisme se relève en octobre 1944 sous la présidence de Gertrude Rowe Hanson Kilvert (1880-1961), une violoniste de l'orchestre symphonique de Winnipeg, originaire de Montréal.

Parmi d'autres indices de la normalisation des relations entre anglophones et francophones en 1944, notons au passage un commentaire de Donatien Frémont, sollicité par *La Liberté et le Patriote* en témoignage de sa reconnaissance envers le défunt Noël Bernier, président de l'Association d'éducation des Canadiens français du Manitoba. Ce dernier voyait l'avenir des Canadiens français « dans l'entente fraternelle entre les divers groupes » (« Noël Bernier », *La Liberté et le Patriote,* 7 juillet 1944).

Quant aux relations avec les Anglo-Saxons en Saskatchewan, nous pouvons lire que l'Association catholique franco-canadienne (ACFC) fera du porte-à-porte pour recueillir des fonds pour le maintien de l'organisme et que celui-ci a « un urgent besoin de cohésion, d'organisation, non pas pour nuire [aux] concitoyens d'autres races, mais pour conserver [les] traditions » (Joseph Valois, « La journée de l'ACFC », *La Liberté et le Patriote,* 29 septembre 1944).

Enfin, parmi les discours tenus lors du 15ᵉ Congrès de l'Association d'Education du Manitoba, et dont on peut lire la teneur

---

[40] W.F. Osborne, Donatien Frémont, Marius Benoist, Martial Caron et A.R.M. Lower, *Réalisations canadiennes-françaises / French Canadian Achievements. Série de cinq causeries irradiées au post CKY,* Winnipeg, Université du Manitoba, 1941, 23 p.

dans *La Liberté et le Patriote* du 7 juillet 1944, personne ne s'en prend aux relations négatives avec les anglophones. Les remontrances adressées sont principalement dirigées contre certaines institutrices qui hésitent à envoyer leurs élèves aux concours de fin d'études de peur que ceux-ci ne les réussissent pas et que des échecs éventuels démentent la qualité de leur enseignement.

Ces marques de fraternité envers les anglophones contrastent avec ce que nous avons observé tant au Manitoba en 1916, lors des événements liés à la loi Thornton, qu'en Saskatchewan, lors des amendements de la loi scolaire par le gouvernement Anderson en 1931. Il est tout à fait remarquable de voir que les professeurs de français de l'Université du Manitoba ont établi, très tôt, une relation avec les francophones, et se sont socialement investis pour l'entretenir, par des conférences et des causeries radiophoniques. Ainsi, lorsqu'en 1944, les esprits anglophobes se refroidissent, il n'est pas surprenant de lire des commentaires sur la fraternité des relations. Si l'appel à la cohésion des Franco-Canadiens de la Saskatchewan paraît toujours nécessaire pour sauver l'Association catholique franco-canadienne de la Saskatchewan par exemple, cela ne se fait « pas pour nuire [aux] concitoyens d'autres races » (*ibid.*). L'idéologie traditionnelle de la survivance correspond de moins en moins au repli auquel elle est souvent associée. Il se dégage de ce constat une certaine confiance, du moins dans la perception qu'ont d'eux-mêmes les Canadiens français du Manitoba et de la Saskatchewan.

iii. Promotion de l'histoire régionale

La promotion de l'histoire régionale répond peut-être à un désir de reconnaissance de la valeur historique d'une communauté qui se différencie de plus en plus des Canadiens français, tels que perçus dans leur globalité nationale. Tout d'abord, l'histoire régionale sur laquelle des discours sont tenus dans les pages de *La Liberté et le Patriote* doit d'abord être mise en perspective en regard d'un fait pour le moins surprenant: la disparition de la Saint-Jean-Baptiste. Entendons-nous, cette célébration des Canadiens français ne disparaît pas en 1944, et dans les faits, elle est toujours célébrée de nos jours, mais sa mise en discours s'estompe si abruptement qu'il vaut la peine de le souligner. Car le 24 juin de chaque année, la Saint-Jean-Baptiste génère habituellement, chez les Canadiens français, des discours patriotiques imbus de rappels historiques ; du moins, c'est une hypothèse vérifiable dans les journaux des minorités canadiennes-françaises du début du siècle. Or, nous avons déjà lu dans un éditorial de *La Survivance* en 1944 consacré à la fête nationale que le patriotisme de la Saint-Jean est considéré par certains comme « une affaire démodée » (Breton, « Notre fête nationale », *La Survivance,* 21 juin 1944). À en juger d'après quelques livraisons de journal publiées peu avant cette fête, ou la journée même, on se rend compte que l'opinion concernant la Saint-Jean-Baptiste a évolué. Par exemple, dans *Le Patriote de l'Ouest* du 22 juin 1927, un journaliste note que certains lui « font la moue » et que « la fête de la race [...] ne [leur] dise plus rien ». L'édition du 24 juin 1931 de ce même journal gomme d'ailleurs toute référence. En 1944, la présence de la Saint-Jean-Baptiste dans *La Liberté et le Patriote* ne suscite qu'un rappel sous la rubrique « Le Coin de jeunes ». On y lit que « c'est un jour de souvenir » et que, grâce aux luttes menées par les générations précédentes, les « droits furent reconnus et [les] institutions nationales furent affermies » (« La Saint-Jean-Baptiste », *La Liberté et le Patriote,* 23 juin 1944). Le passéisme du discours est notable et n'engage en rien la communauté canadienne-française à souligner l'événement de façon démonstrative. L'édition du 22 juin 1945 de *La Liberté et le Patriote* n'est guère plus convaincante et se limite à un entrefilet de cinq phrases, toujours sous la rubrique « Le Coin de jeunes », et d'une photographie d'un petit saint Jean Baptiste et de sa brebis. La seule célébration présente dans l'édition du 23 juin 1944 de *La Liberté et le Patriote* concerne le piquenique annuel de l'Union nationale métisse Saint-Joseph. Cette présence de la communauté métisse dans les pages du journal n'est pas anodine, et surtout elle n'est pas la seule. Les allocutions de Guillaume Charrette (1844-1952), président de l'Union nationale métisse Saint-Joseph et agent de colonisation, y sont soulignées (4 février et 30 juin 1944), de même que les célébrations du centenaire de la naissance de Louis Riel (respectivement dans les éditions des 26 mai, 21 juillet et 17 novembre 1944). On y apprend que « la personne et l'influence de Riel [...] sont encore discutées » et que « certains ont fait de lui un rebelle sans pitié », mais qu' « on a commencé à rendre justice à Riel [...] et on en a fait un grand homme » (« À la mémoire de Louis Riel », *La Liberté et le Patriote,* 21 juillet 1944). Cette commémoration, qui contribue à réhabiliter Louis Riel, survient l'année même du centenaire de l'arrivée des Sœurs grises dans l'Ouest canadien, le 21 juin 1844. L'édition du 16 juin 1944 consacre plusieurs pages aux moments importants de cette présence dans l'Ouest et à la biographie de plusieurs personnages, dont l'importance historique est soulignée (sœur Fisette, sœur Vitaline Royal, sœur Marie-Louise Valade). Ces différentes commémorations historiques, jointes à l'élévation de monuments commémoratifs consacrés aux Sœurs Grises (Mère d'Youville), aux Forts français (Fort Lac La Pluie, Fort Dufferin) et au village de Batoche, ancrent dans l'espace public les contributions canadiennes-françaises propres au Manitoba et à la Saskatchewan (« Rapport de la Commission des sites et monuments historiques » et « Allocution prononcée par M. Guillaume Charrette », *La Liberté et le Patriote,* 30 juin 1944). Elles rehaussent la fierté régionale, valorisent le peuple métis et pérennisent des signes distinctifs créant, entretenant ou renforçant le lien social dans le cas des monuments et de collections muséales enrichies[41]. Il n'est pas exclu qu'un transfert de sacralité s'opère entre les pratiques religieuses et la construction de symboles dans l'espace social et qu'il infuse une énergie nouvelle à une communauté épanouie en passe d'autonomie. Ces représentations mémorielles, bien qu'elles essaient de s'imposer en marge d'une société anglo-saxonne

---

[41] La Société historique de Saint-Boniface (SHSB), instituée en 1902, fonde un musée en 1938 au sous-sol de la cathédrale de Saint-Boniface. La collection sera ensuite déménagée dans un local de l'hôtel de ville de la rue Provencher et sera installée dans le couvent des Sœurs Grises (494, avenue Taché), devenu monument historique en 1958. Au mois de mai 1944, le musée enrichit sa collection du pistolet « vénérable » de Louis Riel (« Souvenir précieux de Louis Riel », *La Liberté et le Patriote,* 26 mai 1944).

dominante et qu'elles ne suscitent que peu d'intérêt de la part de cette dernière, témoignent de la tension qu'une société minoritaire maintient avec la majorité pour asseoir son emprise identitaire. Ce refus devant l'oubli ne s'inscrit pas « comme une menace, mais comme une altérité évanescente et fraternelle » comme le rappelle François Paré (*Distance habitée*, 88). En désignant sa fragilité historique dans un esprit qui n'est pas passéiste, ce discours commémoratif perturbe toutefois l'univocité du discours anglo-saxon dominant. Ces gestes d'inscription mémorielle cherchent l'égalité de la communauté minoritaire devant l'histoire, même si, aujourd'hui, à l'instar de François Paré, il est permis d'exprimer une désillusion devant cette « redondance des signes » (*ibid.*, 86) qui n'arrivent pas à s'ancrer fermement dans la collectivité majoritaire.

d. *L'Action nationale*

Eu égard à cette actuelle « redondance des signes », qui semble trahir *a posteriori* l'échec de l'autonomisation des minorités françaises à partir de 1944, il convient de relancer l'idée de la rupture du Canada français sous-jacente aux journaux que nous avons dépouillés jusqu'à présent et de prendre en compte les relations entre la future nation québécoise et les minorités françaises d'après un périodique publié au Québec en 1944 comme *L'Action nationale*. Une mise au point s'impose toutefois au préalable. L'idée, généralement admise parmi les chercheurs de la société canadienne-française, selon laquelle la Révolution tranquille a forcé les minorités francophones à se redéfinir ethniquement[42] est pour le moins discutable. Le phénomène remonte à plus loin et n'est pas dû uniquement à l'affirmation de l'identité québécoise dans les années soixante. La rupture du Canada français est entamée dès la crise scolaire en Acadie en 1871, lors de celle au Manitoba en 1890 et surtout après la pendaison de Louis Riel

---

[42] Le sociologue Roger Bernard résume bien ce postulat : « La Révolution tranquille a provoqué, chez les francophones de l'Ontario, un processus de redéfinition ethnique. Mais la montée de l'identité québécoise a entraîné l'éclatement de la société canadienne-française et une crise d'identité collective chez les francophones de l'Ontario » (*De Québécois à Ontarois*, 36).

en 1885. Ce qui rejoint l'idée d'Yves Frenette, qui croit, d'une part, que « les jeux se sont faits beaucoup plus tôt, en fait dès le moment où les Canadiens français se sont installés à l'extérieur du Québec » (*Évolution*, 10) et, d'autre part, que l'éclatement du Canada français ne s'explique pas principalement par l'émergence d'une identité québécoise (*ibid.*). Le phénomène de rupture est manifeste à partir de la poussée industrielle et pendant la crise économique des années trente, qui ruine la solidarité financière des Canadiens français du Québec. Comment se pose alors la question nationale au Québec ? Est-ce avec ou sans les minorités ? Dans l'éventualité d'un État indépendant du Québec, quelle réponse sommes-nous en droit d'obtenir des nationalistes québécois réunis autour de la revue *L'Action nationale* pour répondre à la question : « Que fait-on des minorités canadiennes-françaises ? » Est-ce que la crise de la conscription et la perception de la guerre en général sont différentes au Québec de celles observées chez les minorités françaises de l'Ontario, de l'Alberta et du Manitoba ? Une incursion au cœur du discours de *L'Action nationale,* dont les collaborateurs sont aussi divers que prestigieux, s'impose pour élucider le cadre idéologique qui permet aux Canadiens français du Québec de braver l'autorité politique fédérale et de promouvoir un état indépendant, écartant du même coup les minorités françaises qui lui servaient auparavant d'avant-postes.

1- Considérations générales

Le mensuel publié à Montréal depuis 1917 est né dans la foulée de la première crise de la conscription, sous les auspices de la Ligue des Droits du français[43] dirigée par Lionel Groulx. Omer Héroux en assume la direction jusqu'en 1921 avant que Lionel

---

[43] Il s'agit d'une organisation de défense de la cause du français, fondée à Montréal en 1913 sous l'impulsion du père Joseph-Papin Archambault, en réaction au Règlement XVII contre les francophones de l'Ontario. En 1918, la Ligue lance un *Almanach de la langue française* avec un tirage de 60 000 exemplaires. Elle met également sur pied la même année une maison d'édition et, en 1919, une librairie. Elle prend les noms de Ligue d'Action française en 1921 et Ligue d'Action nationale en 1933. La Ligue intervient auprès des instances gouvernementales et des entreprises, mobilise des conférenciers, tient des réunions publiques et inaugure une série de pèlerinages historiques, toujours dans le but d'obtenir que la langue française occupe la place qui lui revient.

Groulx prenne la relève jusqu'en 1928. Ce dernier signera jusqu'à cent cinquante-sept textes dans la revue durant cette période. Connue alors sous le titre de *L'Action française*, la revue se distingue de la revue monarchiste française du même nom en devenant *L'Action canadienne-française* en 1928 et *L'Action nationale* en 1933[44]. En 1944, *L'Action nationale* est dirigée par François-Albert Angers, Roger Duhamel et André Laurendeau. Nous avons dépouillé l'ensemble des numéros publiés de 1943 à 1945 afin de jauger l'orientation éditoriale de la revue en amont et en aval de notre année de référence.

Bien que longtemps associée à l'idéologie clériconationaliste de ses premiers rédacteurs, *L'Action nationale* présente un nationalisme beaucoup plus modéré que nous l'aurions cru. Certaines déclarations sont sans équivoque et font la promotion des « légitimes aspirations nationales vers l'indépendance naturelle » du Québec (Pierre d'Angle, « L'Avenir canadien du Canada », *L'Action nationale*, vol. XXIII, n° 3, mars 1944, 195). La revue appuie aussi, sans ambiguïté, le parti nationaliste du Bloc populaire, auquel deux directeurs de la revue sont associés, soit André Laurendeau et Roger Duhamel (Jean Nicolet, « La vie politique », *L'Action nationale*, vol. XXIII, n° 6, juin-juillet 1944, 482)[45]. Mais l'avocat et journaliste de carrière Roger Duhamel (1916-1985), né à Hamilton en Ontario[46] et nommé président de la Société Saint-Jean-Baptiste à l'âge de vingt-sept ans émet une opinion plus nuancée. Il est en faveur d'un Canada uni, même s'il est aujourd'hui connu pour avoir appuyé le camp du Oui au

---

[44] Pour en savoir davantage sur les premiers temps de la revue, voir Jean-Louis Roy, *Maîtres chez nous : dix années d'Action française, 1917-1927*, Montréal, Leméac, 1968 ; Rosaire Morin, « Les origines de *L'Action nationale* », *L'Action nationale*, vol. XC, n° 4, avril 2000, p. 99-108 ; Michel Bock, « "Le Québec a charge d'âmes" : *L'Action française* de Montréal et les minorités françaises (1917-1928) », *Revue d'histoire de l'Amérique française*, vol. 54, n° 3, 2001, p. 345-384.

[45] En mai 1945, Duhamel se présente aux élections fédérales sous la bannière du Bloc populaire de Maxime Raymond. Il sera défait (Duhamel, *Bilan provisoire*, 73). André Laurendeau devient chef provincial du Bloc populaire le 4 février 1944. Il est élu à l'Assemblée législative du Québec aux élections provinciales du mois d'août de la même année. Il démissionnera du parti le 7 juillet 1947.

[46] Dès 1917, il grandit toutefois à Montréal, son père, André Duhamel, un vétérinaire et fonctionnaire fédéral, y ayant été réaffecté (Langevin, 26).

référendum de 1980, geste pour lequel il perdit son poste au journal *La Presse*. En 1944, dans un texte lu sur les ondes de la radio CKAC et republié dans *L'Action nationale*, Duhamel écrit que « l'heure est venue de sonner le ralliement autour de l'idéal canadien », tout en rappelant que même si les « [Canadiens français] veul[ent] croire en l'union nationale [...] [ils doivent] commenc[er] par accomplir l'union de [leur] propre groupe ethnique » (« L'avenir du Canada », *L'Action nationale*, vol. XXIV, n° 4, décembre 1944, 257). Cette prise de position de la part d'un nationaliste de la branche « nationaliste conservatiste » (Léon Dion) pour un Canada uni et solidaire des minorités canadiennes-françaises est attestée en 1955 dans le journal de la Société Saint-Jean-Baptiste, *Le Bulletin*, que Duhamel dirige de 1952 à 1960 : « Le jour où le Canada français serait confiné aux limites géographiques de la province du Québec, nous perdrions beaucoup de notre rayonnement et nos positions ne tarderaient pas à être menacées » (vol. IV, n° 3, juin-juillet 1955, 1). Soulignons l'emploi stratégique du terme « positions », subordonné à une conception romantique de la nation, où les minorités sont perçues comme les porte-étendards de la civilisation française d'Amérique, comme l'a démontré Michel Bock (*Charge d'âmes*, 350-351) : « Ainsi, selon la revue [*L'Action française*], un Canadien français emmenait avec lui le Canada français partout où le vent le poussait, la migration ne faisant subir aucune transformation à sa « nature » ou à son « essence » nationale » (*ibid.*, 352).

Au plus fort de la crise de la conscription en décembre 1944, l'éditorialiste (non identifié) de *L'Action nationale* lance un appel au fédéralisme dans la mesure où il peut être entendu par « les Anglo-Canadiens de bonne foi » : « Nous sommes prêts à faire l'essai du régime fédératif – ce qui n'a jamais été tenté vraiment. Si cette tentative est vouée à l'échec, ce que nous ne souhaitons pas, nous saurons ce qu'il nous reste à faire » (« Le sort en est jeté ! », *L'Action nationale*, vol. XXIV, n° 4, décembre 1944, 243). Au-delà de la question nationale vacillante[47] et de la

---

[47] Pierre Vadeboncœur voit dans le nationalisme « une réponse encore naïve », *L'Action nationale*, octobre 1943, 106.

récurrence d'un discours hostile au premier ministre Mackenzie King[48], ce qui se dégage principalement du dépouillement de *L'Action nationale* en 1944 s'exprime par une forme de bipolarité identitaire, réunissant d'un côté les bons Canadiens français, soucieux de défendre le fait français dans une perspective nationaliste, sans égards envers la majorité anglo-saxonne, et de l'autre, « les ennemis intérieurs » (Richard Bergeron, « La langue : trésor national », *L'Action nationale*, vol. XXIII, n° 5, mai 1944, 376), également appelés à cette époque « la cinquième colonne », sorte d'espions infiltrés, en référence aux agents secrets allemands qui travaillent en pays étranger :

> Nous sommes paralysés dans notre action par l'existence chez nous d'une cinquième colonne, pour employer un mot à la mode. Et comme toutes les cinquièmes colonnes du monde, la nôtre a ses inconscients : les assimilés et les demi-assimilés de chez nous. Tous gens qui parlent encore le français et vont à l'église ; qui toutefois, ne réagissent plus à la française mais à l'anglo-saxonne ; qui conservent les rites du catholicisme, mais en ont perdu le sens et se conduisent, vivent et pensent comme des protestants de l'ère victorienne. (F.-A. Angers, « Réflexions de circonstances », *L'Action nationale*, vol. XXIII, n° 5, mai 1944, 345)

L'établissement de ces deux camps est particulièrement visible dans les articles qui pourfendent Télesphore-Damien Bouchard, après son discours au Sénat canadien le 21 juin 1944 contre l'enseignement tendancieux de l'histoire des Canadiens français. *L'Action nationale* le qualifie de « fol » (décembre 1944, 313) et d'« hurluberlu » (octobre 1944, 123), en le désignant comme « l'un des personnages les plus loufoques de [la] vie publique » (*ibid.*) après avoir signalé que cet « insulteur public [...] s'est lui-même exclu de sa nationalité » (juin-juillet 1944, 490).

2- SOUCIS DES MINORITÉS ET REPROCHES

Les minorités canadiennes-françaises sont toujours présentes dans les pages de *L'Action nationale* en 1944. En témoignent

---

[48] Mackenzie King est d'ailleurs qualifié de « prince de l'opportunisme » (janvier 1943, 39) et de « fils du nazisme » (avril 1944, 250).

les citations, par les directeurs de la revue, de journaux tels que *Le Droit* (mai 1944, 405), *La Liberté et le Patriote* (décembre 1944, 309) et *La Survivance* (janvier 1945, 59), la mention des voyages au Manitoba et en Ontario du chanoine Groulx (décembre 1944, 307), le rappel du centenaire de naissance de Louis Riel (janvier 1945, 15), voire la publication en 1945 du roman *Bonheur d'occasion* par « une jeune femme manitobaine » (Gabrielle Roy) dans un compte-rendu élogieux signé par Roger Duhamel (octobre 1945, 137). Ces occurrences sont parfois contrebalancées par des rappels de l'intérêt qu'accorde la revue à ses minorités (décembre 1944, 308 ; janvier 1945, 57).

Trois articles nous aident à comprendre comment les intellectuels qui gravitent autour de *L'Action nationale* perçoivent les minorités canadiennes-françaises en période de crise : « La voix du Québec » de Jean-François Pelletier (août-septembre 1944), « Québec et les groupements minoritaires français » de Clovis-Émile Couture (octobre 1944) et « L'évolution Franco-Américaine » d'Adolphe Robert (juin 1945). Dans « La voix du Québec », Jean-François Pelletier revient à une controverse qui a des répercussions dans le roman *Maria Chapdelaine* (1914) de Louis Hémon, du fait que le roman établit un « programme de vie nationale » (6) faisant des Canadiens français des paysans et des bûcherons et les incitant à « bouder les progrès culturels, sociaux et économiques, sous prétexte de fidélité à la façon de vivre des anciens » (5). S'appuyant sur un extrait du célèbre roman, dans lequel on peut lire qu'« il faut rester dans la province où [les] pères sont restés, et vivre comme ils ont vécu » (*ibid.*), Pelletier adresse des remontrances aux minorités canadiennes-françaises ayant quitté le Québec. Quoique ces Canadiens français réussissent à constituer un « petit "Québec" hors du Québec » (7) sans que ceux-ci « [soient] oblig[és] d'abandonner irrévocablement leur langue » et « affaibli[ssent] indûment la province-mère », selon Pelletier, sa condamnation de leur mouvement migratoire est sans équivoque :

> Ce que Hémon condamne, et ce qu'on ne saurait trop condamner à sa suite, c'est ce genre stupide et criminel d'émigration où des Canadiens

français quittent leur Québec, affaiblissant d'autant la province-mère, sous prétexte d'aller chercher des conditions de vie apparemment plus clémentes dans certaines autres provinces, où il sera virtuellement impossible de créer un milieu, un climat et une communauté sociale vraiment catholique et français. Car en somme cela revient souvent à trahir sa personnalité catholique, et presque toujours, à trahir sa personnalité française, dans l'espoir de faire quelques dollars de plus par semaine (7-8).

Malgré la dureté de ses mots contre l'émigration canadienne-française et son inclination à souffrir de la trahison des siens, Pelletier n'oublie pas la difficulté « de rester fidèle à soi-même » (8), surmontée quotidiennement par les « frères séparés » (9) de l'Ontario, de l'Acadie et des « 150 000 Canadiens français de l'Ouest » (*ibid.*). Mais la mention de ces actes d'« héroïsme obscur » (*ibid.*) servent surtout à l'auteur à rappeler, sur un ton tranché et teinté de sarcasme, ceci : « Si vous tenez absolument à oublier quelque chose, oubliez donc d'aller vous suicider moralement hors du Québec, oubliez l'émigration : restez chez vous ! » (*ibid.*).

Ces reproches ne sont guère nouveaux. On les retrouve chez des intellectuels tels qu'Édouard Hamon, Edmond de Nevers ou Jules-Paul Tardivel, concernés par les ravages de l'émigration canadienne-française vers les États-Unis de la seconde moitié du XIX\ :superscript:e siècle à 1930. Lionel Groulx n'est pas plus tendre dans son *Histoire du Canada français* envers ce « terrible fléau », cet « effroyable hémorragie » qui a démembré la nation et contribué à son *suicide moral* (tome II, 210). En 1923, il fait ces recommandations :

> Un Canadien-français vaut mieux sur les terres de l'Ouest que dans Montréal. Mais avant de le laisser partir pour l'Ouest, pour Montréal, ou pour les États-Unis, nous croyons qu'il faut essayer de le retenir sur les terres du Québec où il donne à toute la race son rendement le plus fécond. (« La réponse de M. l'abbé Groulx », *La Tribune*, [Woonsocket, R.I.], 10 octobre 1923)

Le leitmotiv anticolonisateur s'insère dans une suite historique de remontrances contre l'affaiblissement politique, économique, mais aussi moral de la nation, comme en témoigne Clovis-Émile Couture dans son article « Québec et les groupements minoritaires français ». Pour ce partisan de la « philosophie rurale chrétienne » (113) et futur président de la Société canadienne d'établissement rural[49], l'émigration des groupements minoritaires français des autres provinces est causée par la « manie du gain, [...] la recherche du confort et de l'aisance, en un mot, [...] la philosophie païenne » (112). Seule l'agriculture pourra assurer leur pérennité dans la mesure où ils doivent « s'aider eux-mêmes » (113) en raison de « leur isolement de la province de Québec » (*ibid.*).

Malgré leurs programmes de vie nationale divergents – l'un acquiesçant aux manifestations de la modernité (Pelletier), l'autre préférant la vocation agricole de la nation (Couture) –, ces essais marquent à leur façon la détérioration des relations entre le Québec et ses minorités. Le rappel pessimiste de leur existence sert surtout de contre-exemple au bénéfice du lecteur qui adopterait envers sa culture et sa religion une attitude de « bras croisés » (Pelletier, 9) propre à « détruire sa nature [...] pour endosser celle du voisin » (*ibid.*, 11). La peur que l'assimilation subie par les Canadiens français à l'extérieur de la province-mère se répande comme une contagion dans l'ensemble du Québec semble bien réelle, qu'elle soit justifiée ou non. D'ailleurs, l'article « L'évolution des Franco-Américains » (juin 1945) faisant l'historique des Pères Augustins de l'Assomption souligne un nouveau phénomène observé parmi les Franco-Américains et qui fait dire à son auteur, Adolphe Robert, qu'il y a chez les Franco-Américains « quelque chose de rassurant pour [...] [leur] avenir » puisqu'ils « visent de plus en plus à se suffire à eux-mêmes » en matière d'éducation. Mais une chose est claire pour l'auteur de l'article, et elle peut servir à éclairer la peur des Canadiens français du Québec envers leurs *frères séparés* : « Ils ne sont plus des Canadiens français, encore moins des Français.

---

[49] Cette société est fondée en 1946 à l'occasion du Congrès national de colonisation tenu à Boucherville. Elle a pour but de promouvoir l'établissement sur les terres nouvellement ouvertes à l'agriculture. Elle a cessé ses activités vers 1960. Son fonds d'archives est déposé au Séminaire de Saint-Hyacinthe (CH325).

Américains sont-ils devenus, Américains veulent-ils rester »
(Robert, 436).

÷

Le constat qui se dégage de cette lecture de *L'Action nationale*
confirme un certain pessimisme à propos de l'avenir de la
nation et du rapport que la province-mère entretient avec ses
minorités. Les forces politiques en présence attestent d'un
renouvellement du nationalisme en faveur d'une délimitation
des frontières culturelles et d'un contrôle étatique indépendant
de l'État fédéral. Parmi les rares ayant proposé des solutions au
problème de la survivance des minorités francophones, Clovis-
Émile Couture, un partisan du nationalisme traditionnel, fait
la promotion de la « philosophie rurale chrétienne » et d'une
approche qui promeut l'activité agricole (« Québec et les
groupements minoritaires français », *L'Action nationale,* octobre
1944, 113). En somme, *L'Action nationale* de 1944 banalise la
présence canadienne-française hors des frontières québécoises.
En recommandant à ses lecteurs de « reste[r] chez [eux] », elle
suggère implicitement que le retour au bercail est un bienfait.

÷

Ce moment discursif qu'est la crise de la conscription de 1944
nous a permis de dégager certains constats des journaux diffusés
en Ontario (*Le Droit*), en Alberta et en Colombie-Britannique
(*La Survivance*), ainsi qu'en Saskatchewan et au Manitoba
(*La Liberté et le Patriote*), où les dynamiques évolutives des communautés canadiennes-françaises diffèrent. Nous avons constaté
d'abord le rôle pionnier du *Droit* dans les débats au Canada français à partir du Règlement XVII. Ce conflit marque un tournant
dans les relations entre les minorités françaises et les Québécois
et a une incidence sur la perception de la question des écoles
dans l'Ouest. Nous avons remarqué aussi que le discours autonomiste s'impose davantage en Ontario, où le nationalisme de
Victor Barrette est accentué. Or des tentatives de rapprochement
culturel, économique, politique et juridique entre Francophones
et Anglophones sont présentes dans chacune des communautés

minoritaires concernées. Elles s'expriment entre autres par une volonté d'unir la nation, d'évincer toute démonisation de l'Anglais (affaire Bouchard) et de procurer à la jeune génération des formations professionnelles spécialisées (« Société d'enseignement postscolaire »). Quant à la conscription, elle effraye principalement les Canadiens français du Québec, alors que les journaux de la diaspora n'hésitent pas à défendre le Québec contre les attaques journalistiques anglophones, preuve indéniable d'un intérêt de la part des minorités françaises pour les Canadiens français de la province-mère[50]. Mais il s'agit aussi d'un signe de distinction, dans la mesure où ces minorités suggèrent qu'elles ne sont pas comme la majorité québécoise au Québec. Dans plusieurs journaux (*La Survivance*, *Le Droit*, *La Liberté et le Patriote*), la participation au conflit mondial fait la fierté de familles entières, photos à l'appui. De même, la composante européenne de la communauté francophone minoritaire du Manitoba n'hésite pas à répondre aux appels du Général de Gaulle pour une organisation internationale de la France Combattante. Enfin, *L'Action nationale* nous a montré le pessimisme, les récriminations et les recommandations des Canadiens français du Québec concernant les minorités canadiennes-françaises et confirmant l'effritement des relations entre ces groupes. Aux dires de certains, les minorités doivent surtout « s'aider eux-mêmes » (Couture, *Action Nationale*, octobre 1944, 113) en raison de « leur isolement de la province de Québec » (*ibid.*). Aussi, l'éducation reste au cœur des stratégies de survivance proposées à l'ensemble des minorités canadiennes-françaises qui, en retour, expriment le besoin de suivre l'évolution de la modernité en se dotant de postes de radio et en se rapprochant des anglophones. Tranquillement, des discours commémoratifs sur les Sœurs Grises, Batoche et Riel prennent place parmi d'autres mécanismes de reconnaissance du patrimoine régional.

---

[50] Voir par exemple les éditoriaux de Paul-Émile Breton dans *La Survivance* « Une réponse à ceux qui nous dénigrent », 9 mars 1944 ; « Injuriez-nous, Messieurs ! », 7 juin 1944 ; « Zoot-suiters de Vancouver », 9 août 1944.

3. LE DISCOURS LITTÉRAIRE POUR LA JEUNESSE

a. Survol de la littérature pour la jeunesse (1930 à 1945)

En 1944, l'histoire de la littérature pour la jeunesse au Canada français reste liée à celle qui se développe surtout au Québec. Quelques exemples apparaissent ici et là chez les minorités canadiennes-françaises, dont l'œuvre du romancier populaire Jean Féron[51], qui publie de 1923 à 1944 trente-sept romans dans la collection « Roman canadien » aux Éditions Édouard Garand. L'éditeur s'adonne à l'édition à prix modique. Les romans qu'il édite sont modulés selon une trame au ton sentimental, héroïque et mélodramatique (Ducroq-Poirier, 223). Selon Claude-Marie Gagnon, « plusieurs livres publiés chez Garand figurent sur les listes des livres distribués par les inspecteurs d'école lors de leurs visites » (123). Le roman le plus connu de Féron, *La Métisse* (1923), connaîtra une réédition en 1926 chez le même éditeur, de même qu'aux Éditions des Plaines en 1983 et 2004.

D'autres auteurs canadiens-français dont nous avons esquissé le parcours au chapitre précédent poursuivent leur carrière littéraire. Entre 1934 et 1950, Marie-Rose Turcot collabore à la page féminine du journal *Le Droit* et publie des contes pour enfants dans *L'Oiseau bleu* qui seront en partie republiés sous forme de livre dans *Au pays des géants et des fées* (*Le Droit*, 1937 et Fides, 1951, 1955, 1959). Quant à Emma-Adèle Bourgeois-Lacerte, elle décède en 1935, mais ses œuvres pour la jeunesse (*À la poursuite d'un chapeau*, *Aux douze coups de minuit*, *Perdue dans la jungle*, *La reine de Nainville* et *Le vieux lion Rex*) sont constamment réimprimées (jusqu'à six fois dans certains cas de 1940 à 1954) par son éditeur Beauchemin (Michon, *Histoire*, vol. II, 124). Emma Lacerte a aussi publié six romans

---

[51] Jean Féron, pseudonyme de Joseph-Marc-Octave-Antoine Lebel, est né à Brunswick (États-Unis) en 1881 et mort au Parc Zenon (Saskatchewan) en 1955. Après des études au Grand Séminaire de Québec, à l'Université McGill et à l'Université Columbia à New York, il est employé comme secrétaire par le gouvernement du Québec sous Louis-Alexandre Taschereau. En 1908, il s'installe sur une ferme à Arborfield en Saskatchewan, où il devient l'un des écrivains les plus prolifiques de l'Ouest canadien. Entre 1919 et 1944, il écrit une quarantaine de récits ayant un caractère historique ou traitant de problèmes contemporains (mariages mixtes, conflits linguistiques, modernité, exode des Canadiens français aux États-Unis, etc.).

sentimentaux aux Éditions Édouard Garand qui devaient constituer, selon Françoise Lepage, « la lecture des adolescentes d'autrefois » (429). En 1944, Aline Séguin-Le Guillier, née à Ottawa en 1898, publie à compte d'auteur à Montréal le roman *Le flambeau sacré*, sous le pseudonyme de Mariline. On y raconte la vie de la famille Tranchemontagne de Nipissing dont deux enfants s'amourachent d'Irlandais, mais voient leurs liaisons condamnées par leur famille et leur paroisse. Fidèles à leur race, les deux enfants respectent les traditions et épousent des Canadiens français, voire un Métis d'origine algonquine (Jean-Baptiste Laframbroise) dans le cas de l'un des enfants. À l'époque, la critique n'est pas favorable au roman : dans la revue pédagogique *L'enseignement secondaire au Canada*, l'abbé Émile Bégin, qui n'a pas apprécié la langue vernaculaire adoptée par l'auteur, condamne ce « charabia de Ladébauche » (Bégin, 490). Peu d'indices donnent à penser que *Le flambeau sacré* a circulé entre les mains des jeunes canadiens-français, et sa présentation visuelle dépourvue d'illustration ne suggère pas un tel public.

Pendant ce temps, quelques auteurs du Québec s'imposent chez les jeunes lecteurs du Canada français, dont Maxine (*La cache aux canots*, *La fée des castors*, *Les orphelins de Grand Pré*, *L'ogre de Niagara*), Eugène Achard (une cinquantaine de livres de 1930 à 1945), Marie-Claire Daveluy (la série des Charlot) et Lionel Groulx (*Au cap Blomidon*, *Chez nos ancêtres*, *Les rapaillages*)[52]. Durant la Deuxième Guerre mondiale, le contenu des œuvres pour la jeunesse emprunte deux tendances qui iront en s'accentuant au cours des années cinquante et soixante : un conservatisme religieux *frileux* (Lepage, *Histoire*, 201) et une inspiration moderne réduite à un didactisme moralisateur et

---

[52] La circulation des ouvrages pour la jeunesse au Canada français est attestée entre autres par les activités des différentes librairies et comptoirs de livres disponibles dans les provinces des minorités françaises. Voir par exemple les publicités du « Service de la Librairie française de l'ACFA » (*La Survivance*, 15 janvier 1947). Pour la Saskatchewan, on consultera à bon escient l'article de Frédéric Roussel Beaulieu « Le livre de langue française en Saskatchewan, de l'époque des pionniers aux années 1930 », *Revue historique*, vol. 7, n° 1, septembre 2006, disponible en ligne : [http://musee.societehisto.com/le-livre-de-langue-francaise-en-sas-katchewan-de-l-epoque-des-pionniers-aux-annees-1930-n210-t1789.html].

l'implication des narrateurs dans les aventures qu'ils racontent (*ibid.*, 259).

Outre les Éditions Beauchemin, les Éditions Fides (fondées en 1937) se montrent particulièrement actives, en misant sur des livres qui privilégient les vertus morales et l'esprit religieux. En 1944, Odette Fumet-Vincent et Rodolphe Vincent signent des historiettes pour les bambins (*Jeanne la désobéissante, Robert le vantard, L'oiseau de Petit Prince* et *Pierre Maman*) qui eurent un certain succès à en juger par le tirage de dix mille exemplaires en deux ans[53]. Mais c'est surtout le genre biographique qui fleurit à partir de 1940 (Lepage, *op. cit.*, 466), dont *La vie gracieuse de Catherine Tekakwitha* (1942) de Juliette Lavergne (pseudonyme de Laetitia Desaulniers) constitue un cas emblématique. L'ouvrage, paru initialement dans *L'Oiseau bleu*, sera réimprimé six fois de 1934 à 1960 (Lemieux, 244-245 ; Michon, *Histoire*, vol. II, 193).

Parmi les magazines pour la jeunesse qui paraissent durant la Deuxième Guerre mondiale, la revue *Hérauts*, lancée par les Éditions Fides en 1944, est d'abord une traduction de la revue américaine *Timeless Topix* contenant des bandes dessinées. Au fil des ans, la revue s'adjoindra des collaborateurs locaux, dont le prolifique Maurice Petitdidier, et augmentera le nombre d'articles éducatifs au détriment des bandes dessinées empruntées à son pendant américain (F. Hébert, 113). La revue connaîtra un succès considérable avec des tirages frôlant les cent mille exemplaires par numéro. S'il est difficile d'attester sa diffusion dans les communautés francophones minoritaires, certains éveilleurs de conscience anonymes de *La Survivance* n'hésitent pas à en faire la promotion afin de contrer l'intérêt grandissant des jeunes pour les « comics » américains (« Un fléau à enrayer : les "Comics" », *La Survivance,* 5 juillet 1944). *Hérauts* cessera de paraître en 1965. D'autres magazines pour la jeunesse seront aussi lancés durant la guerre parmi ceux déjà existants (*La Ruche littéraire* [1930-1945] ; *L'Abeille* [1925 à 1947]), *Stella Maris*

---

[53] Le journal *La Survivance* fait d'ailleurs la promotion de ces ouvrages (« Collection enfantine », 2 août 1944).

(1938-1947), *JEC des Jeunes* (1939-1942), *Sais-tu* (1945), *François* (1943-1965), *Vie étudiante* (1946-1964) et *Le Front ouvrier* (1944-1954).

Cette effervescence de l'édition pour la jeunesse au Canada français est en partie due aux difficultés d'approvisionnement en livres européens, le marché du livre se réduisant alors aux publications déjà en librairie (Lemieux, 33 ; Madore, 21). Au Canada, le développement de la littérature pour la jeunesse a beaucoup profité de l'autorisation accordée en juin 1940 par Mackenzie King aux éditeurs canadiens de reproduire des œuvres françaises non disponibles sur le marché :

> Paralysée par l'occupation allemande, la France ne peut plus approvisionner ses marchés extérieurs en livres. Les éditeurs québécois profitent de cette occasion unique pour se lancer à la conquête d'un public mondial. Presque du jour au lendemain, des livres québécois sont diffusés aux États-Unis, au Mexique, en Argentine, en Algérie, etc. Par contre, les liens directs avec la France sont rompus. Seuls les Français exilés en Amérique du Nord entretiennent des relations avec le milieu du livre au Québec. Lorsque l'armistice est signé en 1945, les Québécois détiennent un quasi-monopole de l'édition francophone. (Vincent, 13)

L'historien René Durocher résume à l'aide de chiffres cette effervescence dans le monde de l'édition : « Alors que 82 livres étaient publiés au Québec en 1940, il y en aura 417 en 1944. [...] De 1940 à 1947, 21 millions de livres sont imprimés au Québec » (53). Pour Suzanne Pouliot, le développement du réseau scolaire et de ses bibliothèques, ainsi que la croissance de la population écolière profitent également aux maisons d'édition qui relayent dans leur production pour la jeunesse les valeurs conservatrices de l'époque (*Histoire*, vol. II, 219). De 1930 à 1945, trois cent cinquante ouvrages pour la jeunesse ont été publiés au Canada français essentiellement au Québec.

b. Paramètres du corpus à analyser

La Deuxième Guerre mondiale représente, rappelons-le, un vecteur de changement social important et soulève des enjeux économiques majeurs qui, dans la presse, sont vus à travers le prisme non seulement de la crise de la conscription de 1944, mais aussi de celle, meurtrière, de 1917. Alors qu'en 1931, la littérature pour la jeunesse au Canada français favorise une préservation passive des acquis patriotiques de la génération précédente, comment se comporte-t-elle en 1944 chez les minorités canadiennes-françaises ? Comment accueille-t-elle les débats entourant l'unité de la nation et les espaces de convergence avec les Anglo-Saxons, dont nous avons mesuré la teneur dans le discours journalistique ? Comment représente-t-elle la guerre, étant donné que s'affrontent des perceptions pour le moins ambiguës, sinon divergentes, de celle-ci, selon que le discours journalistique émerge du Québec ou du Canada ? Les événements de 1944 inscrivent-ils dans la littérature pour la jeunesse des repères perceptibles qui témoigneraient d'une évolution identitaire ? Ces questions devraient nous mener à comprendre comment les minorités canadiennes-françaises se perçoivent en 1944 et quelle est l'image, forcément idéalisée, qu'elles se donnent d'elles-mêmes, à partir des moyens qu'a une société de transmettre aux enfants et aux adolescents des valeurs et des comportements sociaux, politiques et culturels à adopter. Comme pour le chapitre précédent, nous privilégierons les œuvres issues des minorités canadiennes-françaises (ou qui ont pu circuler parmi celles-ci) et présentées sous quatre formes différentes : la rubrique pour la jeunesse dans les journaux que nous avons précédemment dépouillés (*La Survivance*, *Le Droit* et *La Liberté et le Patriote*), le manuel scolaire, le livre et la revue. Pour justifier l'intérêt d'analyser les pages consacrées aux enfants dans les journaux, nous faisons nôtre l'observation de Françoise Lepage voulant qu'en « l'absence de structure d'accueil des écrits francophones, partout les journaux [...] ont assuré la publication et la diffusion des textes littéraires » (*Histoire*, 392) chez les minorités canadiennes-françaises. Nous proposons ensuite une incursion dans un genre, symboliquement et idéologiquement chargé, le manuel scolaire. Largement monopolisé par les éditeurs canadiens-français du Québec et les communautés religieuses (Aubin, 49), ce que confirment les rapports de l'Association canadienne des éducateurs de langue française en 1956 et les rares recherches bibliographiques disponibles[54], le manuel scolaire refait surface dans les communautés canadiennes-françaises minoritaires en version adaptée (édition acadienne, édition spéciale pour l'Ouest). En outre, ces congrégations religieuses se sont parfois investies dans la publication de magazine pour la jeunesse. C'est le cas des Frères de l'instruction chrétienne de La Prairie au Québec. Importants éditeurs de manuels scolaires, les Frères publient également des revues pédagogiques et une revue jeunesse, *L'Abeille*, qui entame sa vingtième année de publication en 1945. Nous proposons également une analyse d'un titre des Éditions Fides, une maison qui manifeste des affinités avec les minorités francophones comme en fait foi l'établissement d'une succursale à Saint-Boniface (Manitoba) en 1954. La maison s'établit aussi à Edmonton en 1957, après avoir ouvert un comptoir de vente à Saint-Paul (Alberta). Elle offrira aussi un service similaire à Windsor en Ontario, à Edmundston au Nouveau-Brunswick et à Hartford dans la Nouvelle-Angleterre (Michon, *Fides*, 179-185 ; Michon, *Histoire,* vol. II, 377). Nous avons retenu le premier titre de la collection « Contes et aventures », *Souvenirs de guerre*, signé par l'abbé Amable-Marie Lemoine et publié en 1944. L'abbé Lemoine, ancien combattant de la Première Guerre mondiale et docteur ès lettres, s'installa au Québec en 1938 pour diriger les destinées du Collège Stanislas de Montréal.

c. Rubriques jeunesse dans trois journaux

1- ONCLE JEAN ET LA VOIX DU TABERNACLE DANS LE JOURNAL *LE DROIT*

Victor Barrette, que nous avons déjà présenté en tant que

---

[54] Voir la *Bibliographie partielle des ressources didactiques utilisées dans les écoles bilingues de l'Alberta : 1949 à 1966* préparée par Yvette T.M. Mahé, Edmonton, Faculté Saint-Jean, University of Alberta, 1985, 19 p. Voir aussi les comptes rendus du septième congrès tenu à Edmundston, N.-B. les 6, 7, 8 et 9 août 1955 : Yves St-Arnaud, « L'enseignement de l'histoire dans l'ouest », Québec, Éditions de l'A.C.E.L.F., 1956, p. 79-95 ; Léo Groulx, « L'enseignement de l'histoire dans les écoles bilingues de l'Ontario – A – Rapport sur l'enseignement de l'histoire au niveau primaire », Québec, Éditions de l'A.C.E.L.F., 1956, p. 65-74 ; Joseph Gendron, « L'enseignement de l'histoire dans l'ouest – B – Rapport sur l'enseignement de l'histoire dans les collèges classiques de langue française », Québec, Éditions de l'A.C.E.L.F., 1956, p. 95-102. Disponible en ligne : [http://www.bibl.ulaval.ca/ress/manscol/grille/exportation_manuels.html]

journaliste nationaliste, incarnera pendant vingt ans l'Oncle Jean du journal *Le Droit*. Ses chroniques éducatives dans le journal et son rôle d'animateur des sections juvéniles de la Société Saint-Jean-Baptiste lui assureront une renommée et une influence considérable auprès des jeunes, qui se cotiseront même en 1950 pour lui payer, en guise de cadeau de remerciement, un voyage au Vatican. Victor Barrette dépose la plume de l'Oncle Jean en 1958 et c'est l'Oncle Gérald [Boutet] qui prendra alors la direction du « Royaume des enfants ».

Le style incantatoire adopté ne laisse place à aucune ambiguïté quant aux devoirs religieux et patriotiques que l'auteur cherche à imposer. Ses interventions quotidiennes se nourrissent d'abord des rencontres et des correspondances qu'il entretient avec les sections juvéniles. Son arsenal rhétorique est diversifié. D'abord, l'Oncle Jean ne fait pas de distinctions entre « le sectionnaire » (il nomme ainsi chaque enfant qui fait partie des sections juvéniles), le catholique, le Canadien français et le lecteur du *Droit*. Il assume d'emblée, selon le principe de cooptation que nous avons déjà relevé dans *Le Droit* à l'époque du Règlement XVII, que tous les enfants d'âge scolaire prennent part aux sections juvéniles, lisent *Le Droit* (car « ne pas lire *Le Droit* [...] est un manque de patriotisme », 10 août 1944) et remplissent leurs devoirs de bons petits catholiques de langue française : « C'est une grâce [...] d'appartenir aux sections juvéniles », rappelle-t-il le 13 janvier 1944. Comme il l'écrit, il aime « à provoquer [la] correspondance » (7 mars 1944) des enfants. Il accueille donc les rapports des différentes sections juvéniles, qu'il commente personnellement dans les pages du journal jusque dans les moindres détails (20 janvier 1944). Par exemple, les 13 et 15 janvier 1944, il adresse directement ses conseils aux sections Doyon, Immaculée-Conception, Cornwallienne, Lionel-Groulx, Saint-Paul, Mgr Laflèche et Notre-Dame de la Sagesse, respectivement des villages de Fauquier, Pain Court, Cornwall, Saint-Isidore de Prescott, Dalkeith, Limoges et Saint-Agathe. En procédant de la sorte, il personnalise son message et réduit l'écart entre ses destinataires et lui. De plus, il interprète son action auprès des jeunes lecteurs comme celle d'un intercesseur « au service d'une cause qui [le] dépasse » (7 janvier 1944) sous l'égide du saint patron des sections juvéniles, le Sacré-Cœur de Jésus (*ibid.*). Son intercession n'est pas que spirituelle et s'étend aux maîtres et aux parents, dont il sollicite les conseils : « Cette page est la page de la jeunesse. Et un peu la page des maîtres et des parents. [...] Que voudriez-vous y voir ajouter ou préciser ? Est-il des vertus à encourager, des défauts à corriger ? » (27 avril 1944). Mais ce sont surtout l'usage soutenu des temps verbaux au futur et à l'impératif et l'adoption d'une posture d'autorité familiale l'obligeant à « conseiller comme le plus doux des papas et le meilleur des amis » (18 mars 1944), qui confèrent une force discursive à sa chronique quotidienne. À l'intention de la section juvénile féminine de Dalkeith, par exemple, il multiplie les impératifs :

> L'Oncle Jean connaît ses nièces [...] continuez [...] dans la plus petite action, mettez-y tout votre cœur. Voyez dans la joie comme dans la contrariété, sa main divine. Soyez charitables. [...] Soyez chrétiennes, n'ayez pas peur. Ayez du « cran ». Mais faites bien ce que vous faites. Pas d'à-peu-près. Aussi, la belle langue que vous ont donnée vos pères, aimez-la, respectez-la, faites-la vivre dans toute sa beauté. [...] Priez, priez bien [...] Rayonnez de joie ; faites des heureux autour de vous ! Soyez apôtres ! [...] Marchez à la suite de Jésus, c'est la vraie voie. [...] Ressuscitez dans le Christ ! (31 mars 1944)

L'Oncle Jean ne cache pas non plus son intention d'éveiller des vocations religieuses : « C'est beaucoup pour ça que travaille votre Oncle Jean. Oui, je veux des prêtres et des religieux et des religieuses qui sortent des sections juvéniles, chaque année par dizaines ! [...] Vous n'avez qu'à écouter la voix du tabernacle » (3 janvier 1944). Et d'ajouter le 18 mars 1944 : « C'est pour faire de vous des apôtres, des dévoués, des sacrifiés, que je travaille ». Cette vie « de pur apostolat » n'est pas étrangère à la personnalité dévote de Victor Barrette (« Barrette est religieux jusqu'au tréfonds de l'âme », [Tremblay, 183]), mais elle est aussi attribuable, croyons-nous, aux peurs de l'Oncle Jean : l'assimilation bien sûr, mais également, en ces temps de guerre, au mal qui domine le monde :

> Votre Oncle Jean pense beaucoup à la guerre ce matin, au rationnement, aux morts, aux blessés, aux mourants, mais il ne peut pas ne pas éprouver de joie et de confiance en pensant à la nouvelle génération qui pousse, pleine de courage, à celle qui remplacera nos hommes disparus et qui en sera digne, en un mot, je pense à vous, je compte sur les sectionnaires, surtout. (20 janvier 1944)

Cet extrait, personnel et touchant, confirme l'influence de la guerre dans le discours pour la jeunesse, même si ce facteur ne peut être assimilé à la motivation première du rédacteur du « Royaume des enfants ». Le motif de survie de la nation canadienne-française, dont les piliers idéologiques de langue et de religion n'ont toujours pas été ébranlés en 1944, apparaît avec une insistance démesurée pour aménager des espaces de convergence avec les Anglo-Saxons et éviter à la nouvelle génération de s'assujettir à une dénégation identitaire. Comme Oncle Jean l'écrit clairement le 18 mars 1944 : « La religion et la langue maternelle passent en premier. C'est pour cela, les sections juvéniles. Mais ça ne vous empêche pas d'apprendre l'anglais [...] C'est tellement nécessaire ». Ce changement d'attitude envers les Anglais, qui contraste avec les assauts d'autrefois, confirme le désir d'établissement d'une nouvelle relation en contiguïté avec l'insistance d'un discours social en faveur de l'unité nationale.

2- Grand-Père Le Moyne et « La Survivance des jeunes »

Avant d'étudier la teneur et la portée rhétorique de la rubrique intitulée « La Survivance des Jeunes », il convient de situer le discours tenu à la jeunesse dans les pages de *La Survivance*. Les dangers de l'anglicisation y sont soulevés avec une telle intensité que l'association des Avant-Gardes, mise sur pied par Léo Belhumeur en 1932, entraîne, en 1944, la recrudescence d'un discours recommandant à la jeunesse franco-albertaine de participer intensivement aux activités de cette organisation. Celle-ci offre des séances de chants, récitations, déclamations, serments d'honneur et travaux littéraires à seule fin d'apprendre aux enfants à demeurer ce qu'ils sont : catholiques et Français (« Règlements des Avant-Gardes », *La Survivance*, 25 octobre

1944). Autant Oncle Jean est associé aux activités des sections juvéniles en Ontario, autant Grand-père Le Moyne l'est avec les Avant-Gardes en Alberta, comme si les discours propagandistes des rubriques pour les jeunes se devaient d'être accompagnés d'organisations mettant en pratique ce qui est dit et doit être fait. L'urgence de ce plaidoyer pour la refrancisation veut contrer chez les jeunes « les habitudes malheureuses [...] de parler anglais au foyer et dans les relations sociales intimes » (« Anglomanie », *La Survivance*, 25 mai 1932). Ce mouvement de propagande cherche à s'implanter dans le prolongement de l'école, afin de ne laisser aucune place à l'apathie patriotique vers laquelle certains foyers auraient déjà glissé. Le danger de ce qui est combattu s'explique surtout par la contrainte sociale et économique du bilinguisme dont le discours journalistique ne freine pas les élans :

> [...] la connaissance de l'anglais dans un pays comme le nôtre est certainement une chose souhaitable et pratique, mais pas au point de nous faire oublier la valeur et la beauté que peut avoir le français. (Germaine Bernier, « Pour avoir la fierté de la langue française », *La Survivance*, 2 août 1944)

L'association des Avant-Gardes, dont les activités sont détaillées dans le journal, contribue à ce que les enfants s'accommodent de l'usage de l'anglais, sans vendre leur âme. Il n'est donc pas surprenant de lire dans les pages du journal une foule de discours enjoignant aux mères de bien s'acquitter de leur tâche éducative dans le respect de la religion et de la langue française, voire de leur consacrer une journée spéciale, attendu que « tant vaut la famille, tant vaut le pays » et que « pour une mère chrétienne, [...] [l']œuvre d'éducatrice ne s'arrête pas aux choses du temps [...] [et] à des prolongements infinis dans l'au-delà[55] ».

C'est donc dans un discours de refrancisation que vient s'inscrire la rubrique pour la jeunesse que signe Gérard Le Moyne ou Grand-Père Le Moyne, un pseudonyme sous lequel se cache le

---

[55] Les extraits cités proviennent de l'éditorial « Pour faire suite à la Journée des Parents », 6 décembre 1944. Sur le rôle de la mère voir aussi dans *La Survivance* : « La maman idéale », 7 juin 1944 ; « La responsabilité des parents », 5 juillet 1944.

père oblat Gérard Forcade (1900-1964), contrairement à ce qu'affirme Guy Lacombe (50) qui prend à tort Grand-Père Le Moyne pour l'éditorialiste Paul-Émile Breton[56]. La rubrique « La Survivance des Jeunes », qui s'étend sur une page en 1944 dans *La Survivance*, a d'abord été un journal de huit pages, publié à titre d'organe officiel des Avant-Gardes et distribué au sein des sections de l'association. Il paraît pour la première fois en mai 1934 et sera inséré dans *La Survivance* de 1937 à 1941. N'ayant pas réussi à subvenir aux frais engendrés par cette aventure éditoriale, il devient une rubrique de *La Survivance* le 21 septembre 1941.

La page de cette rubrique contient d'abord une correspondance adressée aux enfants, dont le rédacteur adopte, par sa signature, une posture de grand-père et fait figure de passeur culturel entre générations. La page comporte aussi un courrier des lecteurs, des articles sur l'histoire canadienne, des contes, des concours, des chansons et des entrefilets du genre « Savez-vous ? » et « Parlons bien ». Mais c'est la lettre hebdomadaire adressée à « Mes chers enfants » qui nous semble particulièrement intéressante parce qu'elle cherche à entretenir, semaine après semaine, une relation entre un personnage de grand-père et ses enfants, un phénomène similaire à ce que nous avons déjà observé dans le *Le Patriote de l'Ouest* de 1931 avec Tante Présentine. Dans la chronique de Grand-Père Le Moyne, la fonction phatique du discours se manifeste par des « nous pourrons causer » (29 décembre 1944), « je vous avais dit » (19 janvier 1944), « mes petits amis » ou par des « mes chers petits » de la « grande famille des petits Franco-Albertains » (respectivement les 19 janvier, 16 février et 4 octobre 1944), le tout encouragé par un concours d'écriture, prétexte à la distribution des cahiers de la bonne chanson de

---

[56] Gérard Forcade est né à Gardiner dans le Montana le 24 juillet 1900. Sa famille s'établit à Végréville en Alberta alors qu'il est encore tout jeune. Il est ordonné prêtre en 1930. Il gère le journal *La Survivance* à partir de 1934 avant de devenir professeur d'anglais au Collège Saint-Jean en 1950. Il fonde le journal *La Survivance des Jeunes* devenu une rubrique du journal *La Survivance* en 1941. Gérard Forcade décède en 1964 (« Anniversaire du P. G. Forcade, o.m.i. », *La Survivance,* 8 juin 1955 ; « Décès du Rév. Père G. Forcade, o.m.i. », *La Survivance,* 15 janvier 1964).

l'abbé Gadbois[57]. Une fois la relation établie avec le lecteur, le narrateur prodigue des conseils. Ils peuvent être de nature économique (« Est-ce que vous épargnez et déposez vos économies », 26 janvier 1944), disciplinaire (« en classe soyez plus attentifs et travailleurs [...] en particulier la classe de catéchisme et celle de français », 1er mars 1944) ou professionnelle, lorsqu'ils encouragent les vocations de fermier, mère au foyer, prêtre, religieuse, garde-malade et missionnaire (22 mars 1944). Il arrive même à Grand-Père Le Moyne de s'inspirer des conseils prodigués par l'Oncle Jean du journal *Le Droit* (*La Survivance*, 16 février et 16 août 1944), ce qui témoigne de la diffusion dans l'Ouest des écrits ontariens de l'Oncle Jean et contribue à cartographier la famille canadienne-française pour la jeunesse : un oncle en Ontario (*Le Droit*), un grand-père en Alberta (*La Survivance*) et, nous le verrons, une mère-grand en Saskatchewan et au Manitoba (*La Liberté et le Patriote*). Le journal apparaît alors comme un vecteur de transmission culturelle (« les leçons du passé ») de la génération active à la génération montante. Sa rubrique tient un discours convenu, gouverné par la morale et l'éducation dans le contexte historique de la survivance de la nation canadienne-française. En voici un dernier exemple : « Le Bon Dieu récompense toujours ceux qui accomplissent bien leurs devoirs [...]. N'oubliez pas qu'étudier votre religion et votre langue française, c'est le plus important de toutes vos classes » (10 mai 1944). Ce prêchi-prêcha est connu : il trahit la peur de l'assimilation, perceptible

---

[57] L'abbé Charles-Émile Gadbois (1906-1981) est professeur de chant au Séminaire de Saint-Hyacinthe de 1930 à 1944. En 1937, il publie, à l'intention de ses élèves, un feuillet hebdomadaire intitulé *La Bonne Chanson*, inspiré du succès populaire du chanteur français Théodore Botrel. Ces cahiers jouirent d'une large diffusion nationale et internationale dans les années quarante. L'entreprise se voue à la promotion de la chanson française comme véhicule de culture nationale. Les dix cahiers publiés se composent de cinq cents chansons (des airs d'opéras, des chansons militaires, religieuses, de Noël, des complaintes, des balades provenant de divers auteurs et compositeurs français et canadiens-français). Le succès est si phénoménal que l'abbé Gadbois vendra trente millions d'exemplaires de ses cahiers, sans compter la cinquantaine de microsillons enregistrés sur disque par des chanteurs tels que François Brunet, Paul-Émile Corbeil, Marthe Létourneau, David Rochette et surtout Albert Viau. L'émission « Le Quart d'heure de la Bonne Chanson » est diffusée pendant plusieurs années à la radio de Radio-Canada. Les droits de publication des cahiers sont vendus en 1955 aux Frères de l'instruction chrétienne de La Prairie.

dans la correspondance, truffée d'anglicismes, de jeunes lecteurs[58], et empêche le père oblat Gérard Forcade, alias Grand-Père Le Moyne, non seulement de considérer l'enfant pour ce qu'il est, mais encore, de fonder une poétique de la chronique pour la jeunesse sur un imaginaire proprement enfantin.

3- Mère-Grand et le « Coin des jeunes » de *La Liberté et le Patriote*

> *L'avenir du Canada est entre nos mains ; nous le savons*
> *en voyant nos frères se sacrifier sur les champs de bataille*
> *et mourir martyrs pour la défense de nos droits. Nous, les*
> *écoliers de 1944, ferons la gloire du Canada plus tard ;*
> *comme nous amènerions aussi sa décadence par notre*
> *négligence à cultiver notre vie morale, intellectuelle,*
> *patriotique, sociale, agricole.*
>
> G. Guynemer, « L'avenir du Canada »,
> *La Liberté et le Patriote*, 24 novembre 1944

C'est Annette Saint-Amant qui inaugure une rubrique consacrée aux enfants dans le journal *La Liberté* après son arrivée au Manitoba en 1923. Son mari, le journaliste Donatien Frémont, assure alors la direction du journal après le départ d'Hector Héroux. Après le décès d'Annette Saint-Amant le 4 août 1928, la rubrique « Le coin des enfants » est confiée à sa sœur Paule, qui en assurera la rédaction jusqu'en 1944 sous le pseudonyme de Mère-Grand (M. Hébert, *Saint-Amant*, 17).

En 1944, « Le coin des jeunes » contient généralement un poème, une photographie ou une gravure, quelques dessins servant à illustrer des entrefilets, tels que « Le sais-tu », « Mes petits-enfants m'écrivent », « L'étiquette à table » et « Joyeuse

---

[58] À titre d'exemple, une jeune lectrice remerciant Grand-Père Le Moyne de lui avoir envoyé « un beau petit livre de la bonne chanson » interrompt sa lettre de la façon suivante : « Je vais discontinuer [*sic*] car maman a beaucoup d'ouvrage à faire et je veux lui aider [*sic*] ; elle est après préparer des exhibits [*sic*] pour l'exposition agricole [...] » (« Lettre reçue », *La Survivance*, 9 août 1944). Ajoutons à cela que des indices contenus dans le journal, dont les entrefilets « Parlons bien ! » (2 février 1944) et les campagnes de refrancisation, témoignent de l'acharnement de l'élite franco-albertaine à freiner l'assimilation anglaise chez la jeune génération.

fête ». On y trouve aussi un texte que le lecteur peut reconnaître à la signature de Mère-Grand, et à l'utilisation de l'italique, donnant au texte un caractère formel. Ce texte signé a des allures d'un éditorial, mais s'en distingue par sa tendance à attirer l'attention des enfants et à recueillir leur adhésion au moyen d'un récit fictionnel plutôt que d'une structure argumentative. Ce récit provient parfois d'un roman qu'a lu l'auteur (*My friend Flicka* de Mary O'Hara, [1941])[59], d'une historiette lue dans une revue (« Après avoir entrevu le bonheur... », [*La Liberté et le Patriote*, 26 janvier 1944]) ou même d'un poème anglais (« Somebody's Mother », [*La Liberté et le Patriote*, 19 janvier 1944]). Chacun des récits enchâssés dans les interventions de Mère-Grand offre des exemples à imiter, comme la narratrice le rappelle dans « Le carême de Pauline », où la protagoniste est invitée à convertir un voisin dont la fille se meurt : « Pourquoi n'imiteriez-vous pas cet enfant [...] [?] » (25 février 1944). Par ces textes, Mère-Grand cherche à cultiver les bons sentiments (la générosité, l'amabilité) et les comportements honorables de ses lecteurs.

Les articles à teneur patriotique sont peu nombreux et sont pour la plupart issus de compositions d'élèves republiées dans « Le Coin des Jeunes » (« Notre défense nationale », 5 mai 1944 ; « En avant, braves Canadiens », 19 mai 1944 ; « Rallions-nous », 9 juin 1944). Mère-Grand invite d'ailleurs les enseignants à limiter l'envoi de ce genre de textes redondants et à ne choisir que les meilleurs d'entre eux (« À mes petits enfants », 22 septembre 1944). Parmi ces compositions d'élèves, retenons « L'avenir du Canada » d'un certain G. Guynemer de Notre-Dame de Lourdes. Comme l'indique l'extrait cité en exergue à cette section, le patriotisme promu incite au respect des traditions ancestrales. Il témoigne des valeurs véhiculées dans le milieu scolaire, mais accuse par contraste un certain épuisement du discours journalistique à servir des rengaines patriotiques à la jeunesse, comme le prouve *a contrario* l'absence de harangue patriotique de la part d'une figure d'adulte telle que

---

[59] *La Liberté et le Patriote*, 4 février 1944.

Mère-Grand. La réticence à célébrer la Saint-Jean-Baptiste, comme nous l'avons déjà signalé, constitue une autre forme de résignation de la part de l'arrière-garde nationaliste comme l'exemplifie cette vignette à l'occasion de la fête de Dollard, sous un dessin d'institutrice et d'élèves : « À vous, maintenant, de continuer l'épopée de Dollard en luttant pour votre église, votre école et votre foyer » (19 mai 1944). Même cette fête de Dollard, qui se présente comme un rappel historique destiné à éveiller la foi nationaliste des écoliers, ne suscite pas l'enthousiasme de l'équipe de *La Liberté et le Patriote*, qui lui préfère un texte de Charles Gautier emprunté au *Droit*, en guise d'introduction au « Coin des jeunes » (19 mai 1944). En déplaçant ainsi l'instance énonciative en Ontario, cet article, qui n'est pas écrit à l'intention des jeunes, ne nourrit pas la ferveur nationaliste, bien qu'il soit informatif et réponde à une certaine attente à l'égard de ce genre de commémoration.

En somme, Mère-Grand, Oncle Jean et Grand-Père Le Moyne incarnent une vieille génération qui rêve de transmettre ses valeurs à la génération montante en s'appuyant parfois sur un réseau d'organisations telles que les Avant-gardes (Alberta), les sections junéviles (Ontario) et d'autres mouvements de jeunesse comme la Jeunesse étudiante catholique (JEC), présente au Manitoba à cette époque. Il s'en dégage un portrait composite de la jeunesse canadienne-française, dont les ardeurs nationalistes semblent plus intenses à la frontière québéco-ontarienne, d'après *Le Droit*, que dans l'Ouest, où la survivance canadienne-française incite en contrepartie à la refrancisation, selon *La Survivance* et *La Liberté et le Patriote*. Et pourtant, l'Anglais n'apparaît plus comme l'ennemi à abattre, mais celui avec lequel il faut bâtir un pays, ce qui fait dire à Lionel Groulx ceci : « Ne passons pas notre temps à détester les Anglais. Pensons plutôt, ce sera plus pratique, à nous aimer, à nous entr'aider (« M. le chanoine Lionel Groulx nous montre nos raisons d'espérer », *La Survivance*, 22 novembre 1944). Même Mère-Grand n'hésite pas à tirer de ses lectures anglaises (*My friend Flicka*, *Somebody's Mother*) des exemples qui peuvent servir son propos moralisateur, une attitude qui aurait pu être décriée vingt ans plus tôt.

Quant à l'Oncle Jean, alias Victor Barrette, il ne refrène pas l'apprentissage de l'anglais, du fait que « c'est tellement nécessaire » (*Le Droit*, 18 mars 1944). À divers degrés, s'amorce dans les communautés canadiennes-françaises un changement de perception et d'attitude envers les Anglais, lequel contraste, à la même époque, avec les réactions nationalistes des rédacteurs de *L'Action nationale*, enclins à l'anticonscriptionnisme et aux récriminations contre les minorités canadiennes-françaises. Il n'empêche que la pauvreté sémiologique des interventions de Mère-Grand, d'Oncle Jean et de Grand-Père Le Moyne stérilise l'imaginaire du jeune lecteur en s'adressant davantage à son intellect. Ce conservatisme affiche un parti pris d'idéalisation de l'enfance en donnant des conseils (Grand-Père Le Moyne, Oncle Jean) ou des modèles à imiter (Mère-Grand). L'immobilisme idéologique qui en résulte ne favorise guère l'individualisation du lecteur, mais conforte plutôt dans son système de valeurs une génération au courant des défis sociopolitiques que devra affronter la génération suivante.

d. Les Frères de l'instruction chrétienne (FIC)

L'étude des manuels scolaires publiés au Canada français constitue un vaste champ d'exploration dont l'historiographie commence à peine à être esquissée. L'intérêt que lui a porté l'équipe de chercheurs canadiens réunis autour du projet d'*Histoire du livre et de l'imprimé au Canada* (HLIC\HBIC), de même que les projets de recherche de Paul Aubin sur l'*Histoire du manuel scolaire québécois*, qui ont permis de cataloguer plus de 26 000 manuels scolaires produits au Québec depuis 1765[60], marquent de façon magistrale les avancées scientifiques et la complexité de cet objet de recherche longtemps oublié. L'impact du livre scolaire (Lamonde, *Librairie*) et son usage dans les écoles des minorités canadiennes-françaises nous incitent à nous y intéresser,

---

[60] Le catalogue informatisé des manuels canadiens-français est toujours en cours de réalisation et peut être consulté à <http://www. bibl.ulaval.ca/ress/manscol/> mis en ligne par le serveur de la bibliothèque de l'Université Laval.

d'autant qu'une étude exhaustive, qui déborderait toutefois le cadre de ce livre, mérite d'être entreprise[61].

Une incursion dans cet objet d'analyse présente au départ quelques difficultés quant au choix du corpus. Parmi les critères de sélection, l'usage dans les classes des écoles des minorités canadiennes-françaises demeure le plus pertinent. Vient ensuite la matière que proposent les manuels sélectionnés. En raison du lien étroit qu'entretiennent les minorités avec la langue, nous avons retenu pour les besoins de cet ouvrage, d'une part ce que le Centre de recherche en civilisation canadienne-française (CRCCF) de l'Université d'Ottawa considère comme « l'un des livres les plus populaires auprès des enseignants et des élèves[62] », à savoir le manuel de *Lecture courante* des Frères de l'instruction chrétienne dans son édition de 1945, mais dont l'original est publié en 1916, et, d'autre part, le *Cours de langue française* des mêmes éditeurs, dans son « édition spéciale pour l'Ouest », ce qui laisse supposer son usage dans les écoles françaises de l'Ouest canadien[63]. Malheureusement, nous n'avons pu mettre la main sur l'ensemble des différentes éditions de ces manuels depuis leur première publication respective, ce qui nous aurait permis de mieux évaluer les changements apportés à chacune des éditions successives de ces manuels. Nous savons toutefois, grâce aux recherches de Micheline Champoux, que *Lecture courante* n'a pas subi de modifications entre sa première édition de 1916 et celle de 1936 (Champoux, 86). Bien que sommaire, notre étude n'en demeure pas moins pertinente à notre avis pour évaluer la matière idéologique de ces ouvrages, les stratégies de

---

[61] Soulignons dans ce domaine, principalement pour le Québec, l'apport non négligeable de Serge Gagnon (*De l'oralité à l'écriture. Le manuel de français à l'école primaire, 1830-1900*, Québec, PUL, 1999), de Micheline Champoux (*De l'enfance ignorée à l'enfant-roi : Cinquante ans d'enfants modèles dans les manuels scolaires québécois (1920-1970)*, mémoire de maîtrise, Université du Québec à Trois-Rivières, 1993, 243 p.) et plus récemment de Karine Cellard, *Leçons de littérature : un siècle de manuels scolaires au Québec*, PUM, 2011.

[62] Voir l'exposition virtuelle sur les manuels scolaires en Ontario: http://www.crccf.uottawa.ca/passeport/IV/IVB2a/IVB2a02-1.html.

[63] Précisément les deux manuels à l'étude sont : *Lecture courante : classes de 5e, 6e et 7e années*, La Prairie, Frères de l'instruction chrétienne, 1945, ©1916, 318 p. ; *Cours de langue française (Édition spéciale de l'Ouest): 5e et 6e années*, Grammaire, La Prairie, Frères de l'instruction chrétienne, 1946, ©1932, 280 p.

survivance proposées, leurs procédés rhétoriques et les représentations de la guerre dans un contexte de bouleversement social.

1- Les FIC, éditeurs

La congrégation des Frères de l'instruction chrétienne (FIC)[64] fut fondée en 1819 par deux prêtres bretons, Gabriel Deshayes et Jean de La Mennais, et se voue, dans le contexte ultraroyaliste de la Restauration (1815-1830), à l'éducation chrétienne des enfants des campagnes françaises. Vers 1880, Mgr Zéphirin Moreau, évêque de Saint-Hyacinthe, fait appel, sans succès, à la congrégation française pour diriger les écoles d'Iberville et de Sorel (Laperrière, 42). Tranquillement, les Frères s'installent au Québec, d'abord à Chambly en 1886 et à La Prairie en 1888, où s'élèvera en 1890 un vaste complexe scolaire comprenant un juvénat, un noviciat, une école normale et un pensionnat. Au début du XXe siècle, la congrégation s'installe également dans plusieurs colonies françaises de l'Amérique, de l'Afrique et de l'Océanie (*ibid.*, 350). Comme l'a démontré Juliette Marthe Champagne dans son édition du récit d'émigration en Alberta d'Alexandre Mahé, les Frères de l'instruction chrétienne ne sont pas étrangers aux efforts de colonisation de l'Ouest canadien, qu'encouragent le chanoine Dom Benoît au Manitoba et l'abbé Jean Gaire en Saskatchewan (Champagne, 49).

La communauté publie son premier manuel en 1895 chez Cadieux & Derome et s'associe à Beauchemin jusqu'en 1910. À partir de 1911, les frères deviennent éditeurs dans leur complexe de La Prairie. Leurs premiers ouvrages, *Cours d'instruction religieuse* et *Abrégé de grammaire*, sont des republications d'éditions françaises. Les Frères désignent parfois leur maison d'édition par les appellations « Imprimerie du Sacré-Cœur » ou « Procure des Frères de l'instruction chrétienne ». La communauté gère également au fil des ans plusieurs revues, dont *L'École* (1938-1970) pour les enseignants, ainsi que *L'Abeille* (1925 à 1947),

---

[64] À ne pas confondre avec les Frères des écoles chrétiennes (FEC), également éditeurs de manuels scolaires et des ouvrages renommés du Frère Marie-Victorin (*Récits laurentiens, Croquis laurentiens*).

Feuilles volantes (1948-1953), et *L'Élève et L'Étudiant(e)* (1953-1970) pour les élèves. Parmi les titres les plus populaires des FIC, notons les fascicules, à partir de 1942, de la collection « Gloires nationales » rédigés par Guy Laviolette et imprimés à vingt-cinq mille exemplaires (Pouliot, *Collections*, 213-215). L'imprimerie des Frères de l'instruction chrétienne située à La Prairie cesse ses activités en 1989.

2- Lecture courante et Cours de langue française

Comme son nom l'indique, *Lecture courante* contient de petites histoires et de courts textes littéraires ou poétiques, dont plusieurs mettent en scène des Autochtones dans des rôles peu édifiants (« Le vieux guerrier abénaki », « La colonie de Gannentaha »). D'autres textes possèdent un caractère informatif et peuvent porter sur les rongeurs, les moustiques, les conifères, les plantes, la circulation du sang, les fleurs ou les fruits. La préface indique à l'enseignant la méthode de compréhension pédagogique à suivre, agrémentée de gravures et accompagnée de questions de synthèse pour chacun des textes réunis. On y trouve des commentaires ethnocentristes tels que : « La race française fut toujours généreuse pour répandre dans le monde la foi et la civilisation ; aussi bien, nos ancêtres n'hésitaient jamais à sacrifier même leur vie pour les intérêts de la religion » (25). Un texte portant sur « l'ivrognerie » (134-140) permet d'observer le militantisme moral que préconisent les concepteurs du manuel au détriment d'une démarche pédagogique favorisant une perspective critique. Le devoir proposé énumère les conséquences néfastes du comportement d'un père de famille ivrogne et demande à l'élève la résolution qu'il faut prendre relativement « à ce vice ». Parmi les lectures proposées, un poème signé par André Lamandé fait l'éloge de la « besogne sacrée » du paysan (157). Les questions de compréhension sur le poème sont orientées de telle sorte que l'élève découvre lui-même le « tourment » des paysans tentés par l'appel de la ville. Il doit ensuite « montre[r] que c'est une illusion et qu'il vaut mieux pour eux rester à la campagne » (157). Mais ce discours qui vante les mérites du travail agricole est contrebalancé par un autre sur les succès canadiens-français dans l'industrialisation des villes. Ainsi nous apprenons que Shawinigan possède une usine électrique, une pulperie, une papeterie, une scierie, une filature de coton, une fonderie d'aluminium et « des fours où l'on prépare le carbure de calcium qui fournit la lumière acétylène » (221). Aucun texte ne traite spécifiquement de la Deuxième Guerre mondiale, mais le discours sur la guerre est bien présent dans le manuel. Par exemple, un extrait d'un poème d'Octave Crémazie, « Le vieux soldat canadien » (298-299), célèbre la France. Le poème avait jadis été composé à l'occasion de l'arrivée à Québec de la Capricieuse, une corvette française envoyée au Québec en 1855[65]. Mais c'est le texte portant sur « la Grande Guerre » (237-243) qui retient notre attention. Celui-ci n'indique d'aucune manière la crise de la conscription de 1917 qui divisa le pays en camps linguistiques. Seuls quelques mots imprimés en italiques laissent songeurs : « L'accueil fait à la France aux Canadiens-Français *enrôlés sous le drapeau britannique* fut enthousiaste » (238). La mise en italique de cette information suggère à l'enseignant, selon nous, d'engager avec ses élèves une discussion sur une question politique sensible. Toutefois, l'impression globale qui domine dans ce récit relatant l'histoire d'un prêtre et d'un soldat mourants accrédite l'idée selon laquelle la participation des Canadiens français à la guerre de 1914 s'est traduite par des « faits sublimes de dévouement, d'abnégation et de patriotisme » (239) en grand nombre, ce qui contraste avec le discours anticonscriptionniste véhiculé au Québec. Il faut aussi remarquer que la première édition de ces textes, ainsi que ceux de nature raciste (« Le vieux guerrier abénaki », « La colonie de Gannentaha ») et à caractère moral (« L'ivrognerie »), remontent à 1916 et que leur réception en 1944 n'est évidemment plus la même qu'auparavant.

Le *Cours de langue française* est divisé en deux parties : grammaire et exercices français. L'ensemble est classé par leçon et numéro d'exercice, ce qui le rapproche de la structure qui a fait la

---

[65] Sur le sujet, on consultera Yvan Lamonde et Didier Poton (dir.), *La Capricieuse (1855) : poupe et proue. Les relations France-Québec (1760-1914)*, Québec, Presses de l'Université Laval, 2006.

renommée de la célèbre grammaire de Maurice Grevisse, en 1936. La couverture et la page titre du *Cours de langue française* indiquent qu'il s'agit d'une édition qui s'adresse aux élèves de 5ᵉ et 6ᵉ années. Or la préface mentionne que l'« ouvrage est destiné aux élèves de 4ᵉ et 5ᵉ années » (III). La mention « Édition spéciale pour l'Ouest » laisse supposer qu'il s'agit d'une édition réservée à des élèves de niveaux inférieurs au Québec (4ᵉ et 5ᵉ années), plutôt qu'à des élèves de l'Ouest (5ᵉ et 6ᵉ années), ce qui corrobore une différence de niveau académique. Mais il peut s'agir aussi de différences dans les cursus, ce qui est tout à fait commun entre provinces. En ce qui concerne l'adaptation de cette édition « pour l'Ouest », nous n'avons pu comparer différentes versions du manuel, mais aucune mention ne signale de changements, d'autant que l'indication, inchangée, des niveaux scolaires suppose peu de modifications autres que celles apportées à la couverture et à la page titre.

L'intérêt de la première partie consacrée à la grammaire réside dans les exemples proposés. Ceux-ci s'articulent autour de trois champs sémantiques : le terroir, la religion et les comportements dociles. La force rhétorique de ces exemples vient surtout du fait qu'en mettant l'accent sur une règle de grammaire, ils sont dépourvus de logique et sollicitent le raisonnement de l'élève seulement pour qu'il comprenne la règle à l'étude. Cet usage de la fonction métalinguistique du langage, où le message est centré sur le langage lui-même, active dans l'esprit de l'élève, d'une manière inconsciente, un ensemble d'information. Ces contenus implicites exercent leur puissance non seulement en raison de leur récurrence tout au long du manuel, mais également par effet de répétition. Par exemple, dans un exercice d'analyse grammaticale nous pouvons lire :

Dieu veut que nous lui demandions son secours par une fervente prière lorsque nous sommes tentés par le démon.
  Cette phrase renferme *trois* propositions : 1ʳᵉ prop. : *Dieu veut.*
– 2ᵉ prop. : *que nous lui demandions son secours par une fervente prière.*
– 3ᵉ prop. : *lorsque nous sommes tentés par le démon.*
    1ʳᵉ prop. : *Dieu veut.*

Cette proposition est *principale*.
Sujet : *Dieu*.
Verbes : *veut*.
Complé dir. : *que nous lui demandions son secours par une fervente prière*.

Cet exemple met en lumière l'effet de répétition qui aide à incruster dans l'esprit du lecteur un réseau parallèle d'informations. La mise en page complexifie l'analyse du discours, mais cette première partie ne laisse aucun doute quant aux valeurs conservatrices des concepteurs du manuel.

La deuxième partie contient différents types de textes où sont proposés des exercices grammaticaux et des questions de compréhension. Parmi ceux-ci, nous retenons ceux qui sont caractérisés par des élans patriotiques et émaillent des discours de guerre absents de la première partie. L'étude de la première strophe du « O Canada ! » du juge Adolphe-Basile Routhier est particulièrement révélatrice de l'affirmation identitaire que proposent les concepteurs du manuel. À la question 8, nous lisons : « Montrez que les Canadiens français ont, plus que les autres, le droit d'appeler le Canada "Terre de nos aïeux" » (55). Le « plus que les autres » indique deux composantes du discours identitaire soit, d'une part, une conscience de l'altérité et de la présence des « autres » qui peuplent le Canada, et, de l'autre, un rapport ethnocentrique exprimé par le comparatif « plus que ».

Dans cette seconde partie, d'autres approches rhétoriques sont suivies, telles que l'utilisation de l'impératif dans un texte portant sur la famille (104) et dans ce panégyrique de l'enfant docile :

O mon cher enfant, sois un bon fils, si tu veux être béni de Dieu et devenir plus tard un homme de bien. Regarde ce que tu dois à tes parents, songe aux sacrifices qu'ils ont faits et qu'ils font encore chaque jour pour toi. [...] Aime-les de tout ton cœur ; chéris-les. Évite de leur faire la plus petite peine. [...] Écoute leurs conseils avec soumission et suis-les avec empressement. (113)

Malgré la multiplicité des approches pédagogiques, les exercices proposés dans ce manuel s'articulent essentiellement autour du terroir, de la religion et de l'obéissance des enfants. Bien que certains d'entre eux idéalisent le territoire laurentien (88), la ville de Montréal et le fleuve Saint-Laurent (115), l'image du Canada reste celle d'un « Canada tout entier » (59), « un vaste pays [qui] s'étend de l'océan Atlantique à l'océan Pacifique » (115). Le *Cours de langue française*, à cet égard, s'aligne sur le discours social prônant l'unité de la nation et présente les Canadiens français comme des patriotes « sa[chant] être de braves soldats » (55). Et comme dans *Lecture courante*, les productions matérielles de la modernité (l'avion [67], le commerce de détail [73], l'industrie minière [82] et pétrolière [87]) font contrepoids à l'omniprésence du discours sur l'agriculture qui condamne la ville au profit de la campagne (161 à 174). Ce retour en force de la modernité urbaine apparaît avec plus d'évidence dans les éditions subséquentes du manuel, dont celle de 1955, où la ville devient belle et où les cheminées industrielles « empourpre[nt] les nuages » (cité par Marcoux, 131).

Les Frères de l'instruction chrétienne sont également responsables de revues pour la jeunesse, dont *L'Abeille*, créée en 1925.

3- *L'ABEILLE*

Au Canada français, quatre revues pour la jeunesse se démarquent par leur tirage et leur longévité dans la première moitié du XXᵉ siècle : outre *L'Abeille* (1925-1947), *L'Oiseau bleu* (1921-1940), lancée à l'initiative de la Société Saint-Jean-Baptiste de Montréal (SSJB), *La Ruche écolière* (1927-1930), publiée par l'auteur prolifique Eugène Achard et rebaptisée *La Ruche littéraire* (1930-1945) en 1930, et enfin, *Hérauts* (1944-1965), publiée par Fides[66], spécialisée dans la publication de bandes dessinées. Contrairement à *L'Oiseau bleu*, *La Ruche littéraire* et *Hérauts*, *L'Abeille* développe un contenu religieux afin de favoriser les « vocations », plutôt qu'un corpus littéraire canadien-français, à

---

[66] *L'Abeille* et quatre autres revues (*Stella Maris*, *L'Éclair*, *Ave Maria*, *Jeunesse*) fusionneront en 1947 avec *Hérauts* pour devenir *Abeille – Hérauts*, qui sera diffusée jusqu'en 1964.

l'exception des récits biographiques de héros canadiens par Guy Laviolette, pseudonyme de Michel-Henri Gingras (1910-1979), auteur prolifique et rédacteur influent de manuels d'histoire. Pour les éditeurs, *L'Abeille* se situe dans le prolongement du *Bulletin du Saint Enfant Jésus*, publié à partir de 1914. En 1944, la revue propose des histoires pieuses, des contes édifiants, des reproductions de bandes dessinées, ou « romans-cinémas », du Cercle catholique des Voyageurs de commerce de Trois-Rivières, par exemple *La terre conquérante* (une adaptation du roman *Au cap Blomidon* de Lionel Groulx), ou encore *Les anciens Canadiens* de Philippe Aubert de Gaspé. On trouve aussi dans *L'Abeille* des chansons, des romans-feuilletons, des légendes, des articles sur la vocation religieuse, des poèmes religieux, des concours et des textes éditoriaux du frère Arator-Joseph, directeur de la revue. La vision du monde qui y est proposée est imprégnée de l'apostolat des Frères de l'instruction chrétienne (Pouliot, *Éditeurs*, 370-372). En outre, la revue se vante d'avoir été bénie par le pape Pie XI. Elle est tirée à dix-sept mille exemplaires en 1944 et sera distribuée « dans les institutions régies par les Frères au Canada, aux États-Unis et en France, et sera même diffusée en Égypte et en Haïti » (Pouliot et Roussel, 42). Sa diffusion pancanadienne se reflète dans ses pages, dont celles des sections suivantes : le courrier des lecteurs, en provenance de Haileybury et North Bay en Ontario (avril 1945, 255) et de Saint-Louis en Saskatchewan (mai 1945, 285) ; ses enquêtes, comprenant des photos des familles Casavant et Larivière respectivement de Domrémy en Saskatchewan et de North Bay en Ontario (septembre 1945, 24 ; mars 1945, 214), ses listes de tournées d'écoles à Moncton, Atholville, Caraquet et Edmundston au Nouveau-Brunswick, à Ottawa, Sturgeon Falls, Kapuskasing et Toronto en Ontario, à Girouxville et Duck Lake en Alberta, et à Saint-Louis en Saskatchewan (juin 1945, 306) ; ou encore la correspondance interprovinciale de ses clubs (novembre 1944, 95). En 1945, la revue distribue 3 150 exemplaires aux États-Unis (mars 1945, 217). De 1944 à 1945, elle fait une large place au conflit mondial, comme l'a démontré Justin Bérubé (121-132). La guerre est représentée dans des récits fictionnels sous la forme de conte (« L'aventure de Petit-Paul », juin 1944, 297-298), de correspondance militaire (« La lettre du Brigadier général Pricket », juin 1944, 319 ; « Soldats bretons », avril 1945, 244-245) ou de roman-feuilleton (« La Pologne héroïque » d'après Léon Lambry, à partir de septembre 1944). L'opposition de la revue à l'Allemagne, « un barbare ennemi » (mai 1945, 279) est sans équivoque. L'histoire de l'aviateur Petit-Paul est particulièrement éloquente à ce sujet. Parti explorer les lignes allemandes, son avion s'écrase, mais Petit-Paul réussit à s'emparer d'un avion ennemi et largue sans honte six bombes, à la « détonation formidable » (juin 1944, 298), sur le quartier général des Allemands, auxquels il a volé un secret militaire. Le feuilleton « La Pologne héroïque » souligne la bravoure du peuple polonais et de son armée, d'autant que « ce vaillant peuple, martyr surtout à cause de sa religion catholique, mérite [...] admiration et [...] sympathie » (mars 1945, 211). La guerre offre aussi un prétexte aux éditeurs pour tenir des discours démagogiques sur la paix, du fait que « le monde [...] s'est détourné de Dieu » (janvier 1944, 136) et qu'une plus grande ferveur permet « d'être préserv[é] des maux de la guerre et du péché » (*ibid.*). Le frère Arator-Joseph profite aussi du contexte de la guerre pour rappeler impérieusement l'importance du devoir accompli (septembre 1944, 4) et de la générosité envers la « mère-patrie [...] opprimée par un ennemi implacable » (mai 1944, 261).

Une impression domine à la lecture de cette revue durant cette période : l'exigence de la soumission. Envers Dieu d'abord, et envers tous ceux qui exercent une autorité à l'école et à la maison. La guerre fait de l'obéissance à Dieu la condition de la paix. Ce discours providentiel, dans lequel Dieu régit tout, restreint les possibilités d'interprétation du monde et prive le développement de l'imaginaire du lecteur. Quant au Canada français, il apparaît toujours dans sa version pancanadienne, à savoir des familles nombreuses, dévotes et fidèles à la patrie.

e. Souvenirs de guerre

La collection « Contes et aventures » paraît à l'initiative du professeur, auteur et éditeur Guy Boulizon (1906-2003). Né à Nevers en France et formé à la Sorbonne et à l'Institut catholique de Paris, Boulizon arrive au Canada avec son épouse en 1938 pour participer à la fondation de la filiale montréalaise du Collège Stanislas de Paris. Au cours de sa carrière, il fonde la Librairie Flammarion de Montréal en 1950 et devient directeur littéraire des Éditions Beauchemin durant une période de turbulence économique pour cette maison d'édition (1952-1964), tout en poursuivant sa profession d'enseignant (Michon, *Histoire*, vol. II, 138-139). En juillet 1944, il soumet au père Paul-Aimé Martin des Éditions Fides un projet de collection de dix titres sous forme de tracts[67] brochés à cheval de trente-deux pages, vendus dix sous chacun[68]. Boulizon recrute des auteurs, dont le directeur du Collège Stanislas de Montréal, l'abbé Amable-Marie Lemoine (1888-1976), arrivé au Québec en 1938. Pilote de chasse durant la Première Guerre mondiale, il sera fait chevalier de la Légion d'honneur (Lepage, *Histoire*, 668). Lemoine s'inspire de son expérience dans les tranchées de la redoute du Bois-Brûlé en Lorraine pour offrir aux jeunes lecteurs ses *Souvenirs de guerre* (Fides, 1944), premier tract de la collection « Contes et aventures », qui promet, comme le stipule la publicité, « d'émouvants récits de guerre, authentiques et inédits racontés par ceux qui en furent les héros » (Lemoine, 2). Dans cette histoire de tranchée, c'est la finesse de la langue qui est susceptible de captiver le lecteur et de le transporter littéralement sur le champ de bataille. Le travail de l'infanterie y est décrit avec un empressement qui le projette au cœur de l'action. Le récit métaphorique (« La nuit à nouveau s'enveloppa de silence », [4]), insiste sur la gravité de l'histoire (« J'ai vécu là les moments les plus terribles de ma vie ! », [8]) et fait entendre le tintamarre de la guerre, la « psychose de peur » (12), le « concert de sons disparates » (*ibid.*), les « coups sourds » (*ibid.*), les « fusillade[s] intense[s] »

---

[67] À l'origine le tract est une petite feuille ou une brochure distribuée gratuitement à des fins de propagande de nature politique, religieuse, ou autre.

[68] La collection comprend des récits de guerre et d'aventures, des romans scouts et des contes, dont *Souvenirs de guerre* de Amable-Marie Lemoine, *Quartier Nord* d'Alec et de Gérard Pelletier, *La chèvre d'or* et *L'île de Jacques* de Guy Boulizon, *Dix et un* de Noël Chantepie, *Les compagnons de la pierre qui sonne* de Joëlle Chantepie, *L'exploit de Jean-Pierre* de Louis Pronovost, *Aventures dans l'insulinde* de Claude Eylan, *Le prince Marc* d'Éloi de Grandmont et *La cloche de joie* de Réginald et Pauline Boivert.

(*ibid.*) et autres « sarabande[s] infernale[s] » qui creusent des « petit[s] trou[s], bien rond[s] » (14). L'œuvre, qui ne renvoie en rien l'écho des débats sur la conscription en terre canadienne, vient toutefois nourrir la fierté de l'engagement militaire et inspirer un profond respect envers ceux qui ont donné leur vie pour la liberté.

4. Bilan sommaire

L'analyse de ce moment discursif qu'est la crise de la conscription montre une chose : que ce soit dans le discours journalistique des minorités francophones (*Le Droit, La Survivance, La Liberté et le Patriote*), dans la revue catholique *L'Abeille*, dans des manuels scolaires des Frères de l'instruction chrétienne ou dans une publication pour la jeunesse de la collection « Contes et aventures » dirigée par Guy Boulizon aux Éditions Fides, l'engagement militaire des Canadiens français prend une forme palpable, bien qu'il ne soit pas encouragé à l'excès. Dans les journaux étudiés, la levée des conscrits est décriée seulement quand ils sont forcés d'aller au front ou quand des employés dénoncent sous la contrainte des déserteurs. Le discours récurrent sur la guerre stimule sans contredit des débats sur l'unité nationale pour réconcilier les Anglais et les Français. Toutefois, et c'est peut-être le point capital de ce chapitre, les réactions à la guerre et aux débats qu'elle suscite diffèrent d'une province à l'autre. L'affirmation nationale est particulièrement marquée dans *Le Droit* d'Ottawa, sous l'impulsion de Victor Barrette, journaliste et chroniqueur pour la jeunesse. Peut-être est-ce l'apanage d'un journal publié quotidiennement disposant de plus d'effectifs et de moyens qu'un hebdomadaire isolé d'un centre décisionnel comme Ottawa. Mais il y a plus, dont la composante identitaire des communautés concernées. Plusieurs individus établis au Canada sont originaires de l'Europe et font montre d'une très grande sensibilité en allant à la rescousse de la France, comme nous avons pu le constater dans le cas du Manitoba. Nonobstant le pessimisme et les récriminations contre les minorités canadiennes-françaises que nous avons pu relever dans *L'Action nationale*, des mécanismes d'autodétermination nous sont apparus clairement à la lecture des journaux publiés dans ces communautés, dont l'arrêt des discours acrimonieux contre les Anglais et la valorisation du bilinguisme. Quant à la littérature pour la jeunesse, elle n'a encore d'existence en 1944 dans les communautés francophones minoritaires qu'à travers les rubriques journalistiques dédiées aux enfants. Les postures familiales de leurs rédacteurs (Oncle Jean, Grand-père Le Moyne, Mère-Grand) témoignent d'un désir rhétorique de rapprocher deux générations éloignées et d'effectuer une transmission patrimoniale, culturelle et religieuse, mais ces journalistes cachent mal leurs inquiétudes en prêchant une attitude de soumission pour garantir la réussite pragmatique de leur discours. Dans tous les genres étudiés, l'émotion et l'édification l'emportent sur l'information. Les mouvements associatifs pour la jeunesse servent aussi de vecteurs pour renforcer la transmission des valeurs. La littérature pour la jeunesse issue du Québec et qui émane d'une revue comme *L'Abeille* montre toutefois que la vision pancanadienne de la nation existe toujours. L'établissement par les Éditions Fides de succursales à Saint-Boniface en 1954 et à Edmonton en 1957 témoigne du souci d'une certaine élite ecclésiastique de maintenir les liens traditionnels entre le Québec et ses minorités. Mais le discours journalistique laisse entrevoir une indifférence de certaines communautés à la fête de la Saint-Jean-Baptiste, dont la vigueur nationaliste s'estompe. L'identité canadienne-française se laisse ainsi porter par le flot d'une ambivalence, celle qui vacille entre le respect des traditions et la modernité. Cette dernière recoupe l'étiolement des querelles ethnoculturelles d'autrefois et pousse la jeunesse canadienne-française vers une éducation spécialisée et un bilinguisme fonctionnel. La voie vers la rupture définitive d'un Canada français uni en ses parties se voit alors pavée d'intentions autonomistes qui s'accentueront au cours de la décennie suivante pour se dévoiler pleinement au cours des États généraux tenus du 23 au 26 novembre 1967 à la Place des Arts de Montréal, où la résolution prise en faveur de l'autodétermination du peuple canadien-français du Québec a consacré la rupture du Canada français, selon Marcel Martel.

CONCLUSION

L es événements nous parlent. Cette idée, que nous empruntons
à Claude Labrosse (2008), nous enjoint à bien les écouter.
Non seulement la presse énonce des opinions, mais elle les met en
volume. Les titres suivants parlent : « Pour les "blessés" de l'Ontario », « En garde ! », « C'est la lutte », « Franco-Canadiens,
debout ! »[1]. Les noms des journaux désignent clairement des
engagements : *Le Droit, Le Patriote de l'Ouest, La Liberté,
La Survivance.* La menace qui pèse sur l'identité collective domine
le discours social des Canadiens français, tant en 1912 qu'en 1944.
Mais la dynamique du discours social évolue. De fragilisé par l'hé-
gémonie culturelle anglo-saxonne dans les contextes de crise scolaire, il tend, à partir de la Deuxième Guerre, à s'ouvrir sur la
langue et la culture anglaises, contribuant ainsi à renouveler les
labels identitaires. En dépouillant la presse, l'on constate que les
questions d'appellation identitaire interviennent très tôt : on y lit
« Franco-Ontarien » en 1918, « Franco-Albertain » en 1928,
« Franco-Manitobain » en 1930 et « Franco-Colombien » en
1945. Désormais, le malaise anglo-saxon n'empêche plus d'agir.
Il catalyse la relance identitaire. Tranquillement, le cadre de légi-
timation traditionnel se désarticule en suivant de près le flux de la
modernité. Malgré tout, le discours social prend du temps à se
transformer. Les moments discursifs que nous avons analysés

---

[1] Respectivement publiés dans *Le Bien public,* le 30 mars 1916, *Le Droit,* le 17 avril
1913, *La Liberté,* le 22 février 1916 et *Le Patriote de l'Ouest,* le 29 mai 1929.

impulsent la mouvance. Mais notre regard transversal nous a permis d'observer la rupture du Canada français dans sa *transformation* et surtout d'y introduire cette nuance : sur fond de discours partagé, les Canadiens français évoluent selon un rythme distinct d'une province à l'autre. Il n'est donc pas étonnant de constater chez les minorités canadiennes-françaises des relectures de l'histoire et des reconstructions symboliques, comme on a pu le remarquer au Manitoba où on célèbre en 1944 le centenaire de l'arrivée des Sœurs Grises et celui de la naissance de Louis Riel. En somme, que doit-on tirer de ce conglomérat de discours ? Il ne s'agit pas de confirmer la rupture du Canada français, ni de rétablir la chronologie d'une histoire des minorités canadiennes-françaises, ni même d'ébaucher l'histoire de la littérature pour la jeunesse. Au fond, nous avons voulu prendre le pouls d'un peuple et d'en suivre les fluctuations. Le bilan de santé national qui s'en dégage nous montre la marche d'une évolution, celle des générations et des espoirs que chacune d'entre elles porte sur la suivante. Les enfants nés en 1910 ont trente-quatre ans en 1944. Ils se sont nourris de discours religieux et patriotique, mais tranquillement, lorsque l'économie périclite à la fin de leur adolescence, les exigences de la vie moderne les rattrapent, dont celle d'apprendre l'anglais. Loin de nous l'idée d'énoncer un truisme voulant que les générations se succèdent, en emportant avec elles une part de changement. Mais la succession d'événements perturbateurs entre anglophones et francophones depuis les débuts de la Confédération, et même avant[2], est si imposante, que le positionnement social et culturel d'une nation commande des choix : la souveraineté de la nation, la confrontation perpétuelle ou l'accommodement. La souveraineté de la nation, que certains intellectuels du Québec évoquent dans les années trente et qui sera soutenue par le mouvement Jeune-Canada, fera frémir les

---

[2] Les frictions entre Anglophones et Francophones ont la vie dure. Certains Canadiens français ne se sont pas empêchés de faire de Jeanne d'Arc un emblème du patriotisme, puisqu'elle fut célèbre pour avoir libéré la France des Anglais à la victoire d'Orléans en 1429. La présence symbolique de Jeanne d'Arc au Canada français se matérialise dans les monuments érigés en son honneur, dont celui du jardin Jeanne d'Arc à Québec créé en 1938 et celui de la Basilique Notre-Dame de Montréal.

et fuyons les mariages mixtes. L'autonomisation progressive dont nous avons pris la mesure en Saskatchewan, au Manitoba et en Ontario explique en partie le délaissement graduel des « amis de l'Est », contrairement à l'idée selon laquelle l'essor de l'identité québécoise a entraîné l'éclatement de la société canadienne-française et impulsé le changement d'identité collective des minorités francophones. Encore faut-il nuancer. Quand on constate à la lecture récente de la biographie du ministre québécois Pierre Laporte (Panneton, *Pierre Laporte*, 2012), que l'homme d'action, dont la fin tragique lors des événements du mois d'octobre 1970 marque l'histoire canadienne, s'était engagé en 1946, en tant que rédacteur du *Devoir*, dans le développement des communautés francophones en situation minoritaire (*ibid.*, 58-59), il faut avouer que le délaissement des minorités canadiennes-françaises par les Québécois est tardif, ou du moins, il est polarisé par ceux qui croient en un Canada français uni, et les autres. Nous pourrions poser le même constat à propos de l'établissement d'une succursale de la maison d'édition Fides à Saint-Boniface en 1954 et à Edmonton en 1957, attestant l'intérêt du Québec envers les minorités. Mais ce sont des élites qui entreprennent ces rapprochements et elles ne peuvent à elles seules empêcher l'opinion de la population québécoise de se frotter à d'autres défis que ceux des minorités : « Quand la maison est en feu, on n'entre pas sauver le tableau », avoue Maurice Chaillot, originaire de l'Alberta, dans un documentaire-choc en 1970 (Perrault, *Un pays sans bon sens!*, 117 m.). Que nos recherches plaident pour une autonomisation ou un renversement des relations entre francophones et anglophones ne peut suffire à faire oublier les déchirements, l'indignation, la détresse psychologique, l'impossibilité des Canadiens français à participer naturellement, et sans frictions, à l'Être, en d'autres mots à s'épanouir. Les adjurations que professent les chroniqueurs pour la jeunesse (Mère-Grand, Tante Présentine, Grand-Père Le Moyne, Oncle Jean) peuvent sans doute expliquer la source de cette énergie qui affermit l'engagement dans une lutte. En 1944, alors que la menace de la conscription plane sur le pays et fait rager l'élite québécoise, la participation au conflit mondial fait la fierté des familles lectrices de *La Survivance*, du *Droit* et de *La Liberté et le Patriote*. La composante européenne de la communauté francophone minoritaire du Manitoba n'hésite pas à répondre aux appels du Général de Gaulle pour une organisation internationale de la France Combattante. Le discours anticonscriptionniste est loin d'être polarisé. À ce sujet, Mackenzie King s'attire des discours hostiles fort récurrents dans *L'Action nationale* de Montréal, alors qu'il recueille la sympathie de l'éditorialiste Charles Gautier du *Droit* pour qui Mackenzie King « manifeste des sentiments d'amitié [...] envers l'élément français du Canada (« Mackenzie King », *Le Droit*, 5 août 1944). C'est ce bouillonnement d'opinion et de discours qui nous permet de croire que cet ouvrage contribue à renouveler les études canadiennes ; d'abord en adoptant une méthodologie respectueuse du développement de l'institution littéraire des minorités canadiennes-françaises qui privilégie l'étude du discours journalistique pour l'articuler au discours littéraire. Ensuite, en confrontant des discours dans une perspective transversale nous permettant de suivre l'évolution culturelle de chacune des minorités à l'étude et d'identifier les différences qui distinguent leur dynamique identitaire propre. Enfin, en empruntant à la critique historique un parcours qui privilégie la mise en perspective des faits de l'histoire, nous avons approfondi l'histoire du Canada français dans une matière poreuse, à savoir un discours social qui s'exprime à travers des journaux et des textes littéraires. L'examen du discours social exigeait des balises précises comme les crises provinciales ou nationales en tant que moments discursifs. Quant aux constats qui se sont imposés à nous à l'analyse des textes pour la jeunesse, ils ne manquent pas d'être troublants.

QUEL AVENIR POUR UNE LITTÉRATURE ?

> *Ne serait-on pas [...] en droit d'affirmer que le développement fulgurant de la littérature pour la jeunesse dans les petites cultures a tendance à se substituer triomphalement à l'écriture « adulte » ? Dans ce cas, doit-on conclure que ce type d'œuvre littéraire, loin de renforcer l'institution, fournit au contraire le spectacle de l'impuissance collective à naître [...]. Alors la littérature pour la jeunesse ne serait que le signe faussement glorifié et inoffensif de la précarité et de l'infantilisation d'une culture donnée.*
>
> François Paré, *Les littératures de l'exiguïté*

Le point de vue critique de François Paré sur la littérature pour la jeunesse est marqué du sceau de la lucidité qui sied à une pensée intellectuelle qui refuse la naïveté. « L'impuissance collective à naître » pèse lourdement sur le diagnostic inquiet posé par Paré. Encore faudrait-il définir ce qu'il entend par « impuissance » et par « naître ». Mais il ne fait aucun doute que la difficulté d'épanouissement est au cœur de sa pensée. La littérature pour la jeunesse apparaîtrait alors comme le verre grossissant d'un enjeu littéraire majeur : la durabilité d'une culture et de sa littérature en milieu minoritaire.

Que répondre après le parcours effectué dans cette étude ? On ne peut cacher l'aspect moral et édifiant de la littérature pour la jeunesse et sa volonté de faire « œuvre nationale » en s'écartant d'une logique purement économique. Mais cette littérature « s'inscrit dans un jeu complexe de profondes mutations et de volonté conservatrice, de changement et de statisme » (Lepage, *Histoire*, 105). Si nous comparons les volontés conservatrices de la littérature pour la jeunesse au Canada français au bilan de la société que le discours social fait, selon lequel l'avenir du Canada français passe, malgré l'appel au retour à la terre, par l'acceptation de l'industrialisation croissante des villes, nous pouvons supposer que la littérature pour la jeunesse au Canada français persiste à refuser le progrès. Or elle reste ambiguë. C'est ainsi que les manuels des Frères de l'instruction chrétienne vantent les mérites du travail agricole, tout en considérant les succès canadiens-français dans l'industrialisation des villes, et que Victor Barrette ne cache pas son intention d'éveiller des vocations religieuses tout en recommandant aux enfants d'apprendre l'anglais pour affronter les réalités de la vie active. Ce conservatisme ambigu trahit cependant la crainte que la jeunesse ne puisse se prémunir contre les aléas d'une existence culturelle précaire et ne sache garder sa langue, malgré les exigences de la vie sociale dans des milieux majoritairement anglophones.

Nos recherches confirment aussi un constat que les rares études sur la presse francophone en milieu minoritaire commencent à entrevoir (Harvey, 1992 ; Beauchamp et Watine, 2006) : la littérature des minorités canadiennes-françaises est plus vieille que ne laissent croire les tenants d'une littérature canadienne-française moderne. C'est ainsi que l'on retrouve par exemple l'idée selon laquelle il y a « peu d'activité dans les lettres franco-manitobaines au cours des années quarante et cinquante, à moins d'évoquer le nom de Gabrielle Roy » (Léveillé, 52). Cette opinion peu nuancée gomme toute la richesse littéraire tapie dans des écrits transitifs et circonstanciels qu'est la presse écrite au Canada français. Exit Annette Saint-Amant, Donatien Frémont ou tout autre auteur dont les origines ne correspondent pas à une définition territoriale manitobaine actuelle, comme Lionel Groulx ou Maxine, même si leurs œuvres ont été lues au Manitoba à leur époque. Cette définition étroite de la littérature se retrouve également en Ontario comme le rappelle Lucie Hotte (*Qu'est-ce...*, 43-44) et pose des problèmes d'appartenance au corpus littéraire franco-ontarien dans le cas d'œuvres comme *L'appel de la race* de Lionel Groulx, dont l'action se situe en Ontario, mais dont l'auteur est né au Québec.

Les manuels des Frères de l'instruction chrétienne, dont certains ouvrages ont été adaptés en « édition spéciale pour l'Ouest » ou encore « pour l'Acadie », nous apprennent aussi quelque chose : le jeune public au Canada français est différent d'une province à l'autre. Malgré que les adaptations ne soient pas très notables, l'intention des éditeurs de cibler des publics différents l'est. *Souvenirs de guerre*, de l'abbé Amable-Marie

Lemoine nous permet aussi de mesurer l'écart entre un texte publié au Québec, qui ne craint pas de dépayser son lecteur en le transportant dans les tranchées de la redoute du Bois-Brûlé en Lorraine, et une littérature frileuse, étouffée dans des rubriques pour la jeunesse, où les événements tragiques de la guerre ne servent que de toile de fond à un discours manichéen, simpliste et moralisateur à souhait (Victor Barrette, Grand-Père Le Moyne, Mère-Grand). D'un côté, l'aventure et le divertissement prennent les devants de la scène (*Souvenirs de guerre*), le texte gagnant ainsi en singularité, tandis que de l'autre, le didactisme de rubriques conserve sa primauté.

Enfin, nous ne pouvons taire les difficultés qu'a rencontrées notre analyse. Les textes pour la jeunesse que nous avons étudiés résistent à l'analyse littéraire formelle, ou du moins à ce que nous serions en droit d'attendre des œuvres appartenant à une culture de tradition séculaire comme celles de Charles Perrault ou d'Alexandre Dumas. L'analyse sociocritique qui s'emploie à étudier les transformations du discours social dans le texte littéraire tire profit de textes de haute tenue littéraire. Sans vouloir entrer dans les débats sur la littérarité d'une œuvre, il n'en demeure pas moins que notre analyse littéraire s'est confrontée à un type de publication précis, le journal. Il appert que les conditions qui rendent possible la reconnaissance de ce qui est littéraire ou non n'étaient pas réunies pour l'analyse d'un grand nombre de textes retenus, dont ceux des rubriques pour la jeunesse. Le discours littéraire pour la jeunesse s'instrumentalise en fonction des luttes que relève le discours social, mais il ne se déploie pas en une originalité débordante. Une grande partie de la production littéraire est destinée à la presse et contribue, par conséquent, bien peu à l'institutionnalisation de la littérature. On aura donc compris les limites de l'analyse de la littérature pour la jeunesse et l'importance pour notre analyse de faire dialoguer un ensemble de discours pour retracer l'évolution culturelle et les enjeux identitaires du Canada français en suivant des moments discursifs. À la question : Comment les minorités canadiennes-françaises en viennent-elles à se détacher de l'acception traditionnelle d'un Canada français *a mari usque ad mare*? nous constatons en dernière analyse le rôle d'un événement extérieur, la Deuxième Guerre mondiale, et son corollaire au Canada, la conscription, comme ultime pierre de touche des relations difficiles entre le Québec et les minorités. Cette crise permet aux minorités francophones de l'Ontario et de l'Ouest de renouer avec leur histoire régionale et de transmuer « l'impuissance collective à naître » (Paré) en une naissance de soi ne dépendant pas intrinsèquement des autres.

ANNEXES

A. TABLEAU DES ÉVÉNEMENTS SOCIOPOLITIQUES CLEFS DE 1912 À 1944

Date	Événements
1912	• Premier Congrès de langue française de la Société du parler français au Canada du 24 au 30 juin.
	• Adoption du Règlement XVII, limitant l'enseignement du français, par le gouvernement de l'Ontario.
	• Après plusieurs décennies de revendications, Rome nomme finalement un premier évêque acadien, Mgr Édouard-Alfred LeBlanc, à la tête du diocèse de Saint-Jean, au détriment des Irlandais et des Écossais longtemps favorisés.
	• Le Titanic coule dans la nuit du 14 au 15 avril.
1914	• Première Guerre mondiale.
1916	• Le Manitoba devient la première province à accorder le droit de vote aux femmes.
1917	• Explosion du *Mont Blanc* dans le port d'Halifax. Deux navires entrent en collision. Mille six cents morts, neuf mille blessés.
	• Première conscription en juillet. Les Canadiens français s'y opposent et n'appuieront pas le gouvernement conservateur de Borden aux élections, malgré sa majorité au Canada.
1918	• Application de la conscription après cinq jours d'émeutes à Québec. Quatre morts, soixante-dix blessés par des militaires dépêchés par Ottawa.
1919	• Grève générale à Winnipeg.
1920	• Louis-Alexandre Taschereau, libéral, devient premier ministre du Québec et le sera jusqu'en 1936.
	• Arthur Meighen, conservateur unioniste, devient premier ministre du Canada. William Lyon Mackenzie King, libéral, le remplace l'année suivante.

1922   • CKAC, première station de radio de langue française au Canada.

     • Incendie du Collège de Saint-Boniface le 25 novembre 1922. Une souscription pour reconstruire (ou agrandir le Petit Séminaire) permettra d'amasser soixante-douze mille dollars dont vingt-cinq mille de la part du gouvernement du Québec.

1923   • Fondation de l'ACFAS (Association canadienne-française pour l'avancement des sciences).

     • Henri Bourassa dénonce le projet « d'État français » dans *Le Devoir* du 24 novembre 1923.

1929   • Krach boursier le 24 octobre, qualifié de « jeudi noir ». Jusqu'à 26,4 % de chômage au Québec en 1932, comparativement à 7,7 % en 1929. La crise économique durera jusqu'en 1937 (Lamonde, *Pour la modernité*, 305).

1930   • Richard Bedford Bennett, conservateur, devient premier ministre du Canada.

     • Un million de véhicules sur les routes au Canada.

     • Canonisation des martyrs canadiens de 1648-1649 : Jean de Brébeuf, Isaac Jogues, Antoine Daniel, Gabriel Lalemant, Charles Garnier, Noël Chabanel et Jean de la Lande.

     • Il y a plus de neuf cents salles de cinéma au Canada.

1931   • CKAC commence la diffusion de *L'heure catholique à la radio*.

     • Abolition du français dans les écoles de la Saskatchewan.

1932   • Fondation du mouvement Jeune-Canada.

1933   • Hitler devient chancelier de l'Allemagne. Soixante mille artistes fuiront le pays.

1934   • Fondation des Scouts catholiques de la province de Québec.

     • Quatre-centième anniversaire de l'arrivée de Jacques Cartier.

1935   • Fondation de L'Union nationale par Maurice Duplessis. Il prendra le pouvoir le 26 août de l'année suivante à la suite d'une enquête qui fait état de la corruption du régime Taschereau.

1936   • Création de la Société Radio-Canada. Le service d'information sera créé en 1941.

     • Adoption de la monnaie bilingue au Canada.

1937   • Deuxième congrès de la langue française le 29 juin à Québec. Groulx reprendra la formule « Un État français, nous l'aurons » lors du Congrès (Lamonde, *Allégeances*, 239).

1938   • Congrès eucharistique de Québec.

     • L'antisémitisme sévit au Québec. On peut lire sur une affiche un avis municipal : « Les Juifs ne sont pas désirés ici, Ste-Agathe est un village canadien-français et nous le garderons ainsi » (Provencher, 229).

1939   • L'Allemagne envahit la Pologne. La Seconde Guerre mondiale éclate le 3 septembre. Le Canada entre en guerre une semaine plus tard.

1940   • Le Québec accorde le droit de vote aux femmes.

• Le maire de Montréal, Camillien Houde, est incarcéré pendant quatre ans pour avoir proclamé son intention de conseiller au peuple de refuser de remplir la carte d'enregistrement pour le recrutement militaire obligatoire.

1941   • Attaque japonaise de Pearl Harbor le 7 décembre.

1942   • Le gouvernement fédéral tient un plébiscite le 27 avril sur la promesse du premier ministre Mackenzie King de ne pas rendre la conscription obligatoire. Le Québec refuse de libérer le gouvernement de King de ses obligations à 71,2 %, alors que les huit autres provinces y sont favorables à 80 %. Le 23 juillet 1942, le gouvernement impose l'enrôlement obligatoire.

• Maurice Richard fait ses débuts avec Le Canadien.

• Maxime Raymond fonde le Bloc populaire canadien. Le parti s'oppose à la conscription à Ottawa.

• Le gouvernement canadien ordonne l'internement des Canadiens d'origine japonaise.

• Débarquement meurtrier à Dieppe le 18 août. Deux mille sept cent cinquante-trois soldats canadiens meurent.

1943   • Camille Roy né en 1870 meurt le 24 juin.

• La loi d'instruction obligatoire entre en vigueur au Québec, malgré l'opposition du clergé. Les frais de scolarité sont abolis au primaire.

• Conférence de Québec le 23 août entre Churchill, Roosevelt et Mackenzie King. Préparation politique du débarquement en Normandie et de la péninsule italienne.

1944   • Entrée en vigueur de la conscription le 22 novembre. Débarquement en Normandie le 6 juin. Le 25 août, Paris est libéré par les Alliés après quatre ans de joug allemand.

B. TABLEAU DES ÉVÉNEMENTS LITTÉRAIRES ET ÉDITORIAUX CLEFS DE 1912 À 1944

DATE	ÉVÉNEMENTS
1912-1913	• Émilien Daoust crée chez Beauchemin la « Bibliothèque canadienne », six collections à l'effigie de héros de la Nouvelle-France. Soixante-dix titres seront lancés jusqu'en 1914, dont dix signés par Camille Roy.
1914	• *Maria Chapdelaine* de Louis Hémon est publié en France un an après le décès de l'auteur.
1918	• *Le Nigog* dénonce le retard des Canadiens français sur le plan culturel.
1919	• Lionel Groulx publie *La naissance d'une race*.
1920	• Lionel Groulx devient directeur de *L'Action française* jusqu'en 1926.
	• Fondation de la revue illustrée pour la jeunesse *L'Oiseau bleu* par la SSJB (publiée jusqu'en 1940). Avant *L'Oiseau bleu*, *La revue nationale* publiait une « page pour enfants » signée Marraine Odile.
1922	• Inauguration de l'École des Beaux-Arts de Montréal.
1923	• *Les aventures de Perrine et de Charlot*, de Marie-Claire Daveluy.
	• Lettre pastorale du cardinal Bégin sur les danses modernes, les robes immodestes, la fabrication de l'alcool et le cinéma corrupteur.
1925	• *Zig et Puce*, première bande dessinée française qui sera reproduite au Québec dans *Le Petit journal* en 1948.
	• Création de la revue pour les jeunes *L'Abeille* par les Frères de l'instruction chrétienne. Paraîtra jusqu'à sa fusion avec *Hérauts* en 1947. « La revue se distingue de ses concurrentes par son contenu nettement religieux » (Michon, *Histoire*, vol. I, 370-371). La page couverture reproduit une image de Jésus enfant jusqu'en 1928 et adolescent sur fond de feuille d'érable par la suite.

- Granger Frères commence à publier pour la jeunesse. Ils publient soixante-douze manuels scolaires de 1920 à 1939.
- La loi Choquette exige que la moitié des sommes allouées pour les prix scolaires soit consacrée à des livres canadiens.

1926
- Lancement d'un album annuel de divertissement, l'*Annuaire Granger pour la jeunesse*. Le contenu s'apparente à celui de *L'Oiseau bleu* (Michon, *op. cit.*, 377).

1927
- Création de la revue pédagogique bimensuelle *La Ruche écolière* par Eugène Achard. La revue est publiée à vingt-cinq mille exemplaires en 1930 : « *La Ruche écolière* veut renforcer le sentiment patriotique des jeunes canadiens, et plus particulièrement des écoles primaires. Elle propose des feuilletons, des devinettes, des fables, des leçons de dessin, des jeux, des chroniques de sciences et de voyages, des lectures expliquées, des histoires, des chansons et légendes, des contes de fées, des saynètes » (Michon, *op. cit.*, 368-369).

1928
- Naissance de Mickey Mouse.
- Maxine commence à publier chez Albert Lévesque. Elle publie plus d'une vingtaine de titres pour la jeunesse de 1928-1936.

1933
- Publication du *Programme de restauration sociale* par un groupe de jésuites et de laïcs qui prône le retour à des valeurs traditionnelles, condamne les abus du capitalisme, veut suspendre l'immigration. Large diffusion partout au Canada français pendant une douzaine d'années.
- *Un homme et son péché*, Claude-Henri Grignon.

1934
- Publication de *La souris Miquette* (Walt Disney) dans *L'Action catholique*.
- *Histoire de la Nation métisse dans l'Ouest canadien* d'Auguste-Henri de Trémaudan.

1935
- Premier feuilleton canadien-français, *Le curé de village* de Robert Choquette.

1937
- *Le Droit* publie les contes *Au pays des géants et des fées* de Marie-Rose Turcot.
- *La bonne chanson* de l'abbé Charles-Émile Gadbois.
- *Menaud, maître-draveur*, Félix Antoine Savard.
- *Regards et jeux dans l'espace*, Saint-Denys Garneau.
- Apparition du personnage de Fridolin de Gratien Gélinas à la radio.
- Walt Disney réalise *Blanche-Neige et les sept nains*.

1938
- *Trente arpents*, Ringuet
- Robert Choquette crée *La pension Velder* pour la radio de Radio-Canada.

1939
- *Les contes du chat perché* de Marcel Aymé.

1940	• La revue jeunesse *L'Oiseau bleu* cesse de paraître.
	• Le premier ministre du Canada, William Lyon Mackenzie King accorde aux éditeurs canadiens-français la licence de reproduire des œuvres françaises.
1941	• Début de la série d'émission éducative « Radio-Collège » d'Aurèle Séguin à la radio de Radio-Canada jusqu'en 1955.
	• Fondation des Éditions Fides.
1942	• Fondation de l'École des Arts graphiques à Montréal.
1943	• *Adagio*, Félix Leclerc
1944	• Fondation de l'Académie canadienne-française par Victor Barbeau.
	• Création des Archives de folklore de l'Université Laval par Luc Lacoursière.
	• *Au pied de la pente douce*, Roger Lemelin
	• *Contes pour un homme seul*, Yves Thériault
	• Fides commence à publier *Hérauts*, traduction des histoires saintes en images de l'éditeur catholique américain, *Topix*. Distribué dans beaucoup d'écoles, *Hérauts* paraîtra jusqu'en 1966.
	• Deux revues jeunesse sont distribuées dans les écoles par la Jeunesse étudiante catholique : *Claire* pour les filles, *François* pour les garçons. Ces revues paraîtront jusqu'en 1961.

C. CHRONOLOGIE DES CRISES SCOLAIRES AU CANADA FRANÇAIS

1858   • Au Nouveau-Brunswick, la *Loi des écoles de paroisses* accorde aux francophones des écoles confessionnelles.

1864   • La Nouvelle-Écosse adopte une loi sur les écoles publiques qui supprime toute subvention aux écoles catholiques et francophones.

1867   • L'article 133 de l'Acte de l'Amérique du Nord britannique reconnaît l'égalité du français et de l'anglais au niveau juridique, et l'article 93 le droit à l'éducation religieuse à l'intérieur des écoles séparées, donc à une éducation en français. Autrement dit, la disparition des écoles confessionnelles au profit d'écoles neutres sonnerait le glas de l'enseignement en français.

1870-1871   • Le gouvernement du Nouveau-Brunswick propose la *Loi des écoles communes* qui institue un système d'écoles non confessionnelles, soit un système public non religieux, l'enseignement francophone n'est pas dispensé, par conséquent. La loi est adoptée le 17 mai 1871. « Et voilà qu'après moins de cinq ans, l'œuvre tant vantée s'avérait menteuse et caduque. Dès sa première épreuve pour la protection d'une minorité, la constitution canadienne se révélait bouclier de carton » (Groulx, *Enseignement*, tome II, 51).

1870   • L'Acte du Manitoba est adopté par le Parlement du Canada. La province est dotée d'écoles catholiques et protestantes et reconnaît deux langues officielles, le français et l'anglais.

1875   • Au Nouveau-Brunswick, les catholiques boycottent la nouvelle taxe imposée en vue de la création d'un réseau d'écoles publiques non confessionnelles. Le gouvernement envoie la milice à Caraquet en 1875 pour restaurer le calme. Un jeune Acadien de 19 ans, Louis Mailloux, perd la vie durant l'affrontement. La minorité francophone du Nouveau-Brunswick et le gouvernement provincial s'entendent afin que l'enseignement religieux en dehors des heures de classe soit permis, ainsi que le port de vêtements religieux.

1890
• Le député fédéral ontarien Dalton McCarthy mène une campagne anticatholique et antifrançaise dont s'inspirera le gouvernement provincial du Manitoba en adoptant une loi qui supprime le régime d'écoles confessionnelles et établit un système scolaire public uniforme. Le gouvernement libéral de Thomas Greenway en profite pour abolir le français comme langue officielle.

1894
• Décès de Mgr Taché, à la tête de l'Église catholique du Nord-Ouest. C'est Adélard Langevin qui prend la relève de la lutte des catholiques contre la loi scolaire manitobaine et cela jusqu'en 1915.

1896-1897
• Entente Laurier-Greenway. Le parti conservateur au pouvoir à Ottawa prépare, sans succès, un projet de loi visant à corriger la loi provinciale manitobaine. Des élections empêchent le projet de loi de se rendre en troisième lecture. Durant la campagne électorale, Wilfrid Laurier prône la conciliation pour résoudre le conflit scolaire au Manitoba. Laurier remporte les élections, grâce aux électeurs du Québec. Il faut rappeler qu'une lettre pastorale des évêques du Québec avait été envoyée avant les élections fédérales du 23 juin 1896 ; elle demandait aux catholiques de voter pour les candidats qui s'engageaient à appuyer une loi fédérale remédiatrice (soit les conservateurs). Après les élections, Laurier se retrouve dans la situation de devoir négocier avec le parti libéral provincial qui a imposé la loi de 1890. Un accord intervient. Langevin n'est pas d'accord avec ce compromis qui comprenait une disposition (l'article 2.10) permettant l'enseignement d'une autre langue que l'anglais, entre 15 h 30 et 16 h, dans les « écoles bilingues », là où dix élèves ou plus parlaient cette langue dans les zones rurales et vingt-cinq dans les centres urbains. Il y voit la consécration du principe de l'école neutre et le triomphe de la franc-maçonnerie. Il demande au pape d'intervenir en déléguant un observateur.

1898
• L'encyclique *Affari Vos* est reçue avec respect et reconnaissance de la part de Langevin, qui est, somme toute, peu impressionné. Il en discute lors de trois rencontres avec Laurier tenues à Ottawa. Une entente non officielle intervient entre Langevin et Greenway. Langevin accepte les inspecteurs gouvernementaux et leurs examens et reçoit en échange l'éligibilité aux octrois provinciaux pour les écoles. Il se rend à Rome pour discuter avec le pape de cette entente non officielle.

1899
• Le gouvernement libéral de Greenway est défait aux élections. Le parti conservateur de Hugh John MacDonald rentre au pouvoir. L'espoir d'une loi remédiatrice renaît. Mais celle-ci ne verra pas le jour. Les discussions s'épuisent en 1903 à l'aube de la création de la Saskatchewan et de l'Alberta.

1904 • Annexion du Territoire du Keewatin au Manitoba. Le premier ministre du Manitoba R.P. Roblin demande au gouvernement fédéral l'extension des frontières de la province jusqu'à la Baie d'Hudson. La Parlement d'Ottawa adoptera la loi en mars 1912. La loi ne fait aucune allusion, contrairement aux peurs de Langevin, à la question scolaire. La loi du Manitoba allait prévaloir sur tout le territoire de la province agrandie.

1905 • Le comité ministériel (Laurier-Scott-Fitzpatrick) chargé d'étudier l'érection des provinces de l'Alberta et de la Saskatchewan formule une clause concernant les écoles (article 16). La clause fait l'unanimité chez les catholiques. Elle met les écoles séparées, catholiques ou protestantes sur un pied d'égalité avec les écoles publiques, tant sur le plan du droit que du financement. Toutefois, le projet de loi destiné à établir les nouvelles provinces comporte un article qui provient d'une modification de Sir Clifford Sifton, ministre fédéral, représentant une circonscription manitobaine, et qui entérine les lois territoriales antérieures, plutôt restrictives, pour les écoles séparées. On reconnaît les droits des écoles séparées, mais elles ne doivent pas être confessionnelles et doivent rester neutres. C'est donc le *statu quo* de 1892 qui fait de l'anglais la seule langue admissible dans les écoles. Bien que l'*Alberta School Act*, adoptée en 1905, désigne l'anglais comme seule langue de l'enseignement, elle permet un certain usage du français dans les classes primaires.

1909 • La *Loi scolaire* de la Saskatchewan fait de l'anglais la seule langue d'enseignement, tout en permettant un usage limité du français dans les classes primaires.

1912 • Adoption du Règlement XVII en Ontario qui limite l'enseignement du français et son usage comme langue de communication aux deux premières années du primaire. L'Association canadienne-française d'éducation d'Ontario fondé en 1910 prend la tête du mouvement de protestation. Les enseignants ont pour consigne de continuer d'enseigner le français. À plusieurs endroits, les enfants quittent les classes à l'arrivée de l'inspecteur anglo-protestant. La crise atteint un sommet en 1916 quand une pétition de plus de six cent mille Québécois exige l'annulation du Règlement XVII.

1914 • Autre exemple de fraternité canadienne-française: l'Association catholique de la jeunesse canadienne-française (ACJC), qui compte soixante-dix-sept cercles de l'Alberta à la Nouvelle-Écosse, recueille plus de cinquante mille dollars pour la défense des écoles ontariennes.

1916 • Le Manitoba adopte une nouvelle loi scolaire: la loi Thornton qui supprime les écoles bilingues et rend l'instruction primaire obligatoire (en anglais) pour les enfants du Manitoba. Les enseignants ont quand même continué à enseigner en français en toute illégalité lorsque les inspecteurs étaient absents. Afin de se conformer à la loi, les élèves apprirent à cacher leur livre d'école en français.

• Fondation de l'Association d'éducation des Canadiens français du Manitoba (AECFM), qui œuvrera jusqu'en 1966. Il s'agit d'une sorte de ministère de l'Éducation parallèle pour améliorer l'éducation en français des francophones du Manitoba.

1918

• En Saskatchewan, le gouvernement provincial interdit l'usage du français en tant que langue d'enseignement dans les écoles. En 1929, une troisième loi abolira encore le français dans les écoles et, en 1931, une modification à la *Loi scolaire* imposera l'anglais comme unique langue d'enseignement dans les écoles publiques de la province.

• Le 12 décembre 1918, le collège catholique de Gravelbourg ouvre ses portes à soixante-sept élèves. Le Collège s'affilie à l'Université Laval l'année suivante et à l'Université d'Ottawa en 1920. L'institution prendra le nom de Collège Mathieu (en l'honneur de Mgr Olivier-Elzéar Mathieu, évêque de Regina). Elle est dirigée par les oblats de Marie-Immaculée et par une corporation laïque à partir de 1976. Le Collège Mathieu est la proie des flammes le 14 mai 1988 et est reconstruit en 1990.

1927

• Fin du Règlement XVII. Suite au dépôt du rapport de la commission Scott-Merchant-Côté, le gouvernement ontarien établit un système d'écoles primaires bilingues, dont l'inspection sera assurée par des inspecteurs bilingues franco-ontariens. Mais le Règlement XVII ne disparaîtra des statuts de la province qu'en 1944.

1931

• La Loi sur l'éducation proclame l'anglais comme seule langue d'enseignement en Saskatchewan.

1967

• Au Manitoba, la *Loi sur les écoles publiques* autorise l'enseignement du français jusqu'à concurrence de la moitié de la journée d'enseignement.

• En Saskatchewan, une modification de la Loi scolaire autorise l'emploi du français comme langue d'enseignement en raison d'une heure par jour.

1969

• En Alberta, le gouvernement modifie l'*Alberta School Act* en autorisant l'usage du français dans les écoles bilingues, de la première à la douzième année.

• L'enseignement en français a été offert pour la première fois en Colombie-Britannique à la fin des années soixante, sous la forme de programmes bilingues.

1982

• Article 23 de la Charte canadienne des droits et libertés. Pour la première fois, le droit à l'éducation en français (la langue de la minorité) est inscrit dans la Constitution du Canada.

1989

• En Colombie-Britannique, le gouvernement adopte la *School Act* reconnaissant aux parents le droit d'envoyer leurs enfants dans des écoles françaises.

1993	• Lutte pour la gestion scolaire en Alberta.
1994	• Mise sur pied de la Division scolaire franco-manitobaine.
1995	• Lutte pour la gestion scolaire en Saskatchewan.
1996	• Lutte pour la gestion scolaire en Nouvelle-Écosse.
2000	• Arrêt de la cour suprême qui accorde aux parents de Summerside (Î-P-É) le droit d'instruire leurs enfants en français.
2010	• En 2010, le Conseil scolaire francophone (CSF) de la Colombie-Britannique et la Fédération des parents francophones de cette province intentent une action juridique pour obliger le gouvernement provincial à reconnaître ses devoirs constitutionnels et à lui donner les moyens de remplir ses obligations. Les deux associations estiment que dans plusieurs régions de la province les espaces pour offrir l'éducation en français sont inadéquats et que la situation est alarmante. Cette situation empêcherait le CSF de desservir toute la population scolaire et d'offrir des services éducatifs de la plus haute qualité et équivalant à ceux offerts aux anglophones. Cette situation aurait pour résultat une assimilation galopante des jeunes francophones en Colombie-Britannique.
2011	• Publication dans *La Liberté* du *Manifeste en éducation française au Manitoba* de Roger Legal dénonçant « une érosion inquiétante de la langue, de la culture et de l'identité francophone » dans les écoles francophones du Manitoba.
2012	• Publication dans le *Leader-Post* de Regina du manifeste des amis de l'Institut français dénonçant l'avenir incertain de la seule institution universitaire francophone de la Saskatchewan.

D. RÉPERTOIRE LITTÉRAIRE JEUNESSE AU CANADA FRANÇAIS : DES ORIGINES À 1949[5]

AVANT 1920

Anonyme, *William ou l'imprudent corrigé : petite histoire dédiée à l'enfance*, suivi de *La mendiante*, Québec, Imprimerie J.V. Delorme, 1840.

Aubert de Gaspé, Philippe (fils), *L'influence d'un livre : roman historique*, Québec, William Cowan & Fils, 1837.

__, *Le chercheur de trésors, ou L'influence d'un livre*, Québec, L. Brousseau, 1878 [©1837].

__, *Rodrigue, bras de fer : l'homme du Labrador*, Québec, L.A. Belisle, [après 1927], 32 p.

Aubert de Gaspé, Philippe (père), *Les anciens Canadiens*, Québec, Desbarats et Desbishire, 1863, 413 p.

__, *Une nuit chez les sorciers*, Montréal, Beauchemin, s.d. [après 1927], 32 p.

Blanchard, Étienne, *1000 mots illustrés ; ou, Gravures et mots*, Montréal, s.éd., 1915.

__, *2000 mots bilingues par l'image*, Montréal, Imprimerie Godin, 1919.

__, *2000 mots par l'image ; ou, Les mots illustrés*, Montréal, Éditions du Devoir, 1917.

__, *Les mots par l'image ; ou, 2000 mots illustrés*, Montréal, s.éd., 1916.

Botrel, Théodore, *Chansons de Botrel : pour l'école et le foyer*, Montréal, s.éd., 1903, 127 p. (2e édition augmentée chez Beauchemin en 1931).

---

[5] Établi à partir des bibliographies de Louise Lemieux (1972) et Claude Potvin (1981), le présent répertoire a ensuite été enrichi à partir du « Dictionnaire des auteurs et des illustrateurs des origines à 1980 » de Françoise Lepage (*Histoire*, 523-749) et de nos découvertes. Toutefois, nous ne prétendons pas qu'il soit complet. Nous avons omis par exemple les publications dans les revues et dans les journaux, de même que les nombreuses rééditions, au sujet desquelles on consultera la bibliographie de Louise Lemieux (1972).

Boucher de Boucherville, Pierre-Georges, *Une de perdue, deux de trouvées*, Montréal, E. Sénécal, 2 volumes, 1874.

Bourassa, Napoléon, *Jacques et Marie*, Montréal, E. Sénécal, 1866, 306 p.

Bourgeois, Emma-Adèle (Lacerte), *Contes et légendes (dédié aux enfants)*, Ottawa, Imprimerie Beauregard, 1915, 199 p.

__, *Némoville*, Ottawa, Imprimerie Beauregard, 1917, 144 p.

Brault, Stanislas, *Le triomphe de deux vocations : drame en cinq actes*, Montréal, s.éd., Dépôt chez les Pères oblats, 1898, 40 p.

Caouette, Jean-Baptiste, *Le vieux muet ou Un héros de Châteauguay*, Québec, Imprimerie du Soleil, 1901.

Casgrain, Henri-Raymond, *La jongleuse*, Québec, Brousseau, 1861.

__, *Légendes canadiennes*, Québec, Brousseau, 1861, 425 p.

Chevalier, Henri-Émile, *Jacques Cartier*, Paris, Lebigre-Duquesne Libraire-éditeur, 1868.

__, *L'héroïne de Châteauguay : épisode de la guerre de 1813*, Montréal, J. Lovell, 1858, 95 p.

__, *Le patriote*, s.l., s.éd., s.d. [après 1859].

__, *Le pirate du Saint-Laurent*, Montréal, J. Lovell, 1859, 173 p.

Chollence, P., *Catherine Tegahkouita, la sainte sauvagesse*, Beauceville, Cie de publication de l'Éclaireur, 1914.

Conan, Laure (Félicité Angers), *L'oublié*, Montréal, Beauchemin, 1900, 183 p.

Couillard-Després, A., *Autour d'une auberge*, Montréal, Imprimerie de la Croix, 1909, 186 p.

Dugas, Georges, *Légendes du Nord-Ouest*, 2ᵉ série, Montréal, C.O. Beauchemin et fils, 1890.

__, *Un voyageur des pays d'en haut*, Montréal, C.O. Beauchemin et fils, 1890.

Dupuy, Paul, *Les illustrations canadiennes*, Montréal, Cadieux & Derôme, 1887.

Fréchette, Louis-Honoré, *La Noël au Canada (contes et récits)*, Toronto, George N. Morang, 1900.

__, *Stances à ma petite amie Soledad Johanet, de Paris, et à ma fille Jeanne. Le matin de leur première communion*, s.l., s.éd., 1890.

Fournier, L.-P., *Les fleurs de la jeunesse* et *Jeanne l'orpheline*, Montréal, Bishop, 1901, 62 p.

Gagnon, Alphonse, *Nouvelles et récits*, Québec, C. Darveau, 1885, 207 p.

Gauthier, Ernest, *Feuilles volantes et Pages d'histoire*, Québec, Typ. Laflamme & Proulx, 1910, 361 p.

Gélinas, Joseph Gérin, *Au foyer : causeries historiques pour les petites de chez nous*, Montréal, Providence Maison Mère, 1917, 124 p. [2ᵉ édition augmentée en 1919]

__, *En veillant avec les petits de chez nous : causeries historiques*, Montréal, Le Devoir, 1919, 301 p.

Genest, Madame, *Histoire populaire du Canada ou entretiens de Madame Genest à ses petits-enfants*, Québec, Blumhart, 1875, 216 p.

Gilles, Frère (Joseph-Achille Gosselin), *L'héritage maudit*, Montréal, Éditions de la Tempérance, 1919.

__, *Les choses qui s'en vont : causettes historiques*, Montréal, Éditions de la Tempérance, 1918, 186 p.

__, *Trois légendes franciscaines de l'an 1629*, Montréal, Librairie Notre-Dame, 1916.

Groulx, Lionel, *Les rapaillages*, Montréal, *Le Devoir*, 1916, 139 p.

Jarret, Andrée (Cécile Beauregard), *Contes d'hier*, Montréal, Daoust et Tremblay, 1918, 157 p.

Lacombe, Joseph-Patrice, *La terre paternelle*, Montréal, Beauchemin et Valois, 1871 [©1846], 81 p.

Larue, Hubert, *Histoire populaire du Canada ou Entretiens de Mme Genest à ses petits-enfants*, Québec, Blumhart, 1875.

Le Normand, Michelle (Marie-Antoinette Desrosiers), *Autour de la maison*, Montréal, *Le Devoir*, 1916.

__, *Couleur du temps*, Montréal, *Le Devoir*, 1919, 142 p.

Legendre, Napoléon, *À mes enfants*, Québec, Augustin Côté et cie, 1875.

[Lusignan, Alphonse], *Recueil de chansons canadiennes et françaises*, Montréal, J. Lovell, 1859, 360 p.

Marie-Victorin, Frère, *Récits laurentiens*, Frères des écoles chrétiennes, 1919.

Marmette, Joseph, *Charles et Eva*, Québec, s.éd., 1866.

__, *Le tomahawk et l'épée*, Québec, Brousseau, 1877.

Massicotte, Édouard-Zotique, *Anecdotes canadiennes* suivi de *Mœurs, coutumes et industries d'autrefois : mots historiques, miettes de l'histoire*, Montréal, Beauchemin, 1913.

__, *Cent fleurs de mon herbier : études sur le monde végétal*, Montréal, Beauchemin, 1906.

__, *Conteurs canadiens-français du XIXᵉ siècle*, Montréal, Beauchemin, 1913.

Montreuil, Gaétane de (Georgina Bélanger), *Fleur des ondes*, Québec, Imprimerie commerciale, 1912.

Myrand, Ernest, *Une fête de Noël sous Jacques Cartier*, Québec, Imprimerie Demers et frère, 1888.

Proulx, Jean-Baptiste, *Édouard le confesseur, roi d'Angleterre : tragédie en cinq actes*, Montréal, Beauchemin et Valois, 1880.

__, *L'enfant perdu et retrouvé ou Pierre Cholet*, Mile-end, Institution des Sourds-Muets, 1887.

__, *L'hôte à Valiquet ou le Fricot sinistre. Tragi-comédie en trois actes*, Montréal, Beauchemin et Valois, 1881.

__, *Le mal du jour de l'an ou Scènes de la vie écolière*, Montréal, Beauchemin et Valois, 1882.

Rouleau, Charles-Edmond, *Légendes canadiennes*, Québec, Le Soleil, 1901.

Saint-Jean, Idola, *Morceaux à dire*, Montréal, Imprimerie Saint-Louis, 1918, 203 p.

Société Saint-Jean-Baptiste (Montréal), 1ᵉʳ concours littéraire, *La croix du chemin*, 1916.

__, 2ᵉ concours littéraire, *La corvée*, 1917.

__, 3ᵉ concours littéraire, *Fleurs de lis*, 1918
__, 4ᵉ concours littéraire, *Au pays de l'érable*, 1919.
__, *Les contes historiques*, Montréal, La société nationale St-Jean-Baptiste, 1919-1920.
Stevens, Paul, *Contes populaires*, Ottawa, Desbarats, 1867.
Taché, Joseph-Charles, *Forestiers et voyageurs*, Montréal, Cadieux & Derome, 1884 [©1863].
__, *Les Sablons (L'île de Sable) et L'île Saint-Barnabé*, Montréal, Librairie Saint-Joseph, Cadieux et Derome, 1885.
__, *Trois légendes de mon pays ou l'évangile ignoré, l'évangile prêché, l'évangile accepté*, Imprimerie Augustin Côté, 1876.
Verreau, Hospice-Anthelme, *Stanislas de Kostka*, Bureaux de « La revue de Montréal », 1878.

1920-1929

Achard, Eugène, *Aux bords du Richelieu*, Montréal, Beauchemin, 1925, 288 p.
__, *Aux quatre coins des routes canadiennes*, Montréal, Librairie générale canadienne, 1921, 126 p.
__, *La fin d'un traître : Épisode de la révolte de 1837*, Montréal, Bibliothèque de l'Action française, 1926, 60 p.
__, *Le calvaire du repentir : ciné-roman*, Montréal, Éditions de la Ruche écolière, 1929.
__, *Le trésor de l'Île-aux-Noix*, Montréal, Beauchemin, 1925, 189 p.
__, *Les chercheurs d'or des Rocheuses par Léon Ville*, adaptation canadienne de Lucien Rivereine, Montréal, Librairie générale canadienne, 1929.
Annuaire Librairie Granger frères pour la jeunesse, Montréal, Librairie Granger frères, 1926-.
Aubécourt, Gaston (Ludovic Ménard), *L'enfant du mystère*, Montréal, La bibliothèque canadienne, 1928, 83 p.
Bastien, Madame Conrad, *Le rêve de petit Pierre*, Montréal, Beauchemin, 1925, 124 p.
__, *Les contes merveilleux*, Montréal, Beauchemin, 1926, 124 p.
__, *Pages de vie*, nouvelles, Montréal, Beauchemin, 1926, 119 p.
Bernard, Harry, *La dame blanche*, Montréal, L'Action française, 1927.
Bouchard, Arthur, *Les chasseurs de noix*, Montréal, Imprimerie Populaire Ltée, 1922, 322 p.
Bouchard, Georges, *Vieilles choses, vieilles gens*, Montréal, Beauchemin, 1926.
Bourgeois, Emma-Adèle (Lacerte), *Bois-sinistre*, Montréal, Garand, 1929, 96 p.
__, *L'ombre du beffroi*, Montréal, Garand, 1925, 100 p.
__, *La gardienne du phare*, Ottawa, Courrier fédéral, 1921.
__, *Le bracelet de fer*, Montréal, Garand, 1926, 128 p.
__, *Le mystérieux monsieur de l'aigle*, Montréal, Garand, 1928.
__, *Le rocher-aux-oiseaux*, Montréal, Garand, 1924.
__, *Le spectre du ravin*, Montréal, Garand, 1924.
__, *Roxane*, Montréal, Montréal, Garand, 1924, 75 p.

Boutet, Madame Antoine, *À travers mes souvenirs,* Thérien, 1929.

Couet, Yvonne, *L'oncle Tom raconte,* Saint-Henri de Lévis, Chez l'auteur, 1928.

Daveluy, Marie-Claire, *Aux feux de la rampe,* Montréal, L'Action française, 1927, 285 p.

__, *Le filleul du roi Grolo,* suivi de *la Médaile de la Vierge,* Montréal, L'Action française, 1926, 259 p.

__, *Les aventures de Perrine et Charlot,* Montréal, L'Action française, 1923, 310 p.

Desjardins, Paul, *Quasi lilium : Joseph-Édouard Badeaux 1911-1926, souvenirs et témoignages,* Imprimerie du Messager, 1926, 40 p.

Dragon, Antonio, *Saint-Jean Berchmans : de la compagnie de Jésus,* Montréal, L'œuvre des tracts, 1921.

Duchaussois, Pierre Jean-Baptiste, *Apôtres inconnus,* Paris, Spes, 1924, 251 p.

Dugré, Adélard, *La campagne canadienne,* Montréal, Imprimerie du Messager, 1925, 236 p.

Ernest-Beatrix, frère, f.m.s., *Notre légende dorée,* Montréal, L'Action française, 1923-1924.

Farley, Paul-Émile, G.S.V., *Jean-Paul,* Montréal, Les Clercs de Saint-Viateur, 1924, 196 p.

Fréchette, Louis-Honoré, *Cent morceaux choisis, recueillis par sa fille Pauline Fréchette et dédiés aux petits-enfants du poète,* s.éd., 1924.

Frères des écoles chrétiennes, *La petite Fleur-des-Neiges,* Montréal, Les Frères, 1927, 145 p.

Frères Maristes, *Le tour du Canada,* Montréal, Librairie Granger frères, 1927.

Gélinas, Joseph Gérin, *En veillant avec les petits de chez nous : régime anglais,* Montréal, Librairie Granger frères, 1928.

__, *En veillant avec les petits de chez nous : régime français,* Montréal, Librairie Granger frères, 1928.

Groulx, Lionel, *Chez nos ancêtres,* Montréal, L'Action française, 1920.

__, *L'appel de la race,* Montréal, L'Action française, 1922, 279 p.

Jarret, Andrée (Céline Beauregard), *La dame de Chambly,* Montréal, Garand, 1925.

__, *Le médaillon fatal,* Montréal, Garand, 1924.

__, *Le secret de l'orpheline,* Montréal, Garand, 1928.

Kirby, William, *Le chien d'or,* trad. De L.-P. Lemay, Québec, Garneau, 1926.

La Roque de Roquebrune, Robert, *D'un océan à l'autre,* Paris, Éditions du Nouveau Monde, 1924.

__, *Les habits rouges,* Paris, Éditions du Nouveau Monde, 1923.

Lambert, Adélard, *Contes de Tante Rose : contes du bon vieux temps pour les enfants,* Montréal, Garand, 1927.

__, *Contes populaires canadiens,* Boston, American Folk-Lore Society, 1923, 68 p.

Lamontagne-Beauregard, Blanche, *Légendes gaspésiennes,* Montréal, Beauchemin, 1927.

__, *Récits et légendes,* Montréal, Beauchemin, 1922.

Lavergne, Juliette (Laetitia Desaulniers) *Figures angéliques*, Montréal, Bibliothèque canadienne enregistrée, 1921.

Lépine, E., *Le rêve de Jean*, Montréal, Librairie Granger frères, 1928.

__, *Mon premier tour de France*, Beauceville, L'Éclaireur, 1926, 159 p.

__, *Vers la ville lumière : Paris et ses environs*, Montréal, Librairie Granger frères, 1928.

Léveillé, Ernestine (née Pineault), *Comment ils ont grandi : épopée des petits Canadiens*, Montréal, L'Action française, 1922.

__, *Dollard : l'épopée de 1660 racontée à la jeunesse*, Montréal, L'Action française, 1921, 103 p.

Marie-Victorin, Frère, *Charles Le Moyne : drame canadien en trois actes*, Montréal, Frères des écoles chrétiennes, 1925, 123 p.

__, *Les chevaliers chrétiens*, Montréal, Frères des écoles chrétiennes, 1927, 197 p.

__, *Peuple sans histoire : fantaisie dramatique en un acte et trois tableaux*, Montréal, Frères des écoles chrétiennes, 1925, 14 p.

__, *Peuple sans histoire : récit laurentien*, Montréal, Frères des écoles chrétiennes, 1920, 30 p.

Marjolaine (Justa Leclerc), *Gerbes d'automne*, Montréal, Beauchemin, 1928.

Maxine (Marie-Caroline-Alexandra Bouchette), *Fées de la terre canadienne*, Montréal, Librairie d'Action canadienne-française, 1928, 209 p.

Melançon, Claude, *Par terre et par eau*, Québec, Le Soleil, 1928, 216 p.

Miller, Émile, *Mon voyage autour du monde*, Montréal, L'Action française, 1923.

Montreuil, Gaétane de (Georgina Bélanger), *Cœur de rose, fleur de sang*, Québec, Action sociale, 1924.

__, *Noël vécu*, Montréal, Beauchemin, 1926.

Morin, Françoise, *Contes pour la jeunesse*, Montréal, Garand, 1928.

Nadeau, Madame H.B., *La fugue de Jean Larochelle*, Montréal, Beauchemin, 1928, 121 p.

Oligny, Odette (née Bernot), *Le talisman du pharaon*, Montréal, Beauchemin, 1923.

Proulx, Jean-Baptiste, *L'enfant perdu et retrouvé ou Pierre Cholet*, Montréal, Beauchemin, 1926.

Religieuse de Sainte-Croix, Une, *Si tu voulais*, Montréal, Couvent de Saint-Laurent, 1927.

Saint-Jean, Idola, *Récitations enfantines*, Montréal, Librairie Granger frères, 1927.

Service provincial d'hygiène, *Aux enfants des écoles : pour qu'on aime l'hygiène : causeries préparées par les Inspecteurs Régionaux et autres fonctionnaires du Service Provincial d'Hygiène*, Québec, Service Provincial d'Hygiène, 1922, 81 p.

Tourigny, J. D., *Petite histoire de Christophe Colomb écrite pour les enfants*, Montréal, Frères des écoles chrétiennes, 1926.

Turcot, Marie-Rose, *L'homme du jour*, Montréal, Beauchemin, 1920.

__, *Le caroussel*, Montréal, Beauchemin, 1928.

Yon, Armand, *Au diable vert : roman canadien*, Paris, Spes, 1928.

1930-1939

Achard, Eugène, *Au temps des Indiens rouges*, Montréal, Librairie générale canadienne, 1939.

___, *Boule d'or et autres albums en couleurs*, Montréal, Librairie générale canadienne, 1935, 24 p.

___, *L'érable enchanté : Récits et légendes*, Montréal, Éditions Albert Lévesque, 1932, 169 p.

___, *L'homme blanc de Gaspé*, Montréal, Librairie générale canadienne, 1936.

___, *La fée des érables : récits et légendes*, Montréal, Éditions Albert Lévesque, 1933.

___, *La grande épopée de Jacques Cartier*, Montréal, Librairie générale canadienne, 1929 à 1935, 8 volumes.

___, *Le marinier de Saint-Malo*, Montréal, Beauchemin, 1935.

___, *Le vice-roy du Canada*, Montréal, Librairie générale canadienne, 1935.

___, *Le Vinland : terre d'Amérique*, Montréal, Éditions du Zodiaque, 1939.

___, *Les contes du Richelieu*, Montréal, Librairie générale canadienne, 1938.

___, *Les contes du Saint-Laurent*, Montréal, Librairie générale canadienne, 1938, 124 p.

___, *Les Northmans en Amérique*, Montréal, Librairie générale canadienne, 1930.

___, *Sous les plis du drapeau blanc*, Montréal, Beauchemin, 1935, 160 p.

___, *Sur le grand fleuve de Canada*, Montréal, Librairie générale canadienne, 1939.

Allard, Jeanne, *Médailles de cire*, Montréal, Librairie Granger frères frères, 1933.

Ariane (Jeanne-Marthe Pelletier), *Contes d'autrefois et d'aujourd'hui*, Rivière-du-Loup, Chez l'auteur, 1935.

Audet, Madame Jean-Louis, *Les monologues du petit monde*, Montréal, Beauchemin, 1938, 224 p.

Auteuil, Marie-Louise d', *Le serment de Jacques*, Montréal, Éditions Albert Lévesque, 1932, 173 p.

___, *Mémoires d'une souris canadienne*, suivi de *Le serment de Jacques*, Montréal, Éditions Albert Lévesque, 1933, 177 p.

Barbeau, Marius, *Grand'mère raconte*, Montréal, Beauchemin, 1935, 103 p.

___, *Il était une fois*, Montréal, Beauchemin, 1935, 105 p.

Barrette, Victor, *Au cap Blomidon*, par Alonié de Lestres, légendes de Victor Barrette, dessins de J. McIsaac, Trois-Rivières, Section Laflèche des Trois-Rivières de l'Association catholique des voyageurs de commerce, vers 1935 ou 1943, [24] p.

___, *L'appel de la race – extrait de « L'appel de la race »*, par Alonié de Lestres, légendes de Victor Barrette, préface de Omer Héroux, dessins de J. Paquette, Trois-Rivières, Section Laflèche des Trois-Rivières de l'Association catholique des voyageurs de commerce, 1935, [24] p.

__, *Tableaux d'histoire: quatre pièces inspirées de l'histoire trifluvienne*, Trois-Rivères, Éditions du Bien-Public, 1935, 49 p.

Beaudin, Jean-Charles, *Autour du monde*, Montréal, Beauchemin, 1937.

Benoit, Pierre, *La vie inspirée de Jeanne Mance*, Montréal, Éditions Albert Lévesque, 1934, 212 p.

Bernard, Harry, *Le petit arboriste*, Montréal, Éditions Albert Lévesque, 1936.

__, *Le petit chasseur*, Montréal, Éditions Albert Lévesque, 1936.

__, *Le petit entomologiste*, Montréal, Éditions Albert Lévesque, 1936.

__, *Le petit fermier*, Montréal, Éditions Albert Lévesque, 1936.

__, *Le petit fleuriste*, Montréal, Éditions Albert Lévesque, 1936.

__, *Le petit herboriste*, Montréal, Éditions Albert Lévesque, 1936.

__, *Le petit jardinier*, Montréal, Éditions Albert Lévesque, 1936.

__, *Le petit oiseleur*, Montréal, Éditions Albert Lévesque, 1936.

__, *Le petit pêcheur*, Montréal, Éditions Albert Lévesque, 1936.

__, *Montcalm se fâche*, Montréal, Éditions Albert Lévesque, 1935.

Bourgeois, Emma-Adèle (Lacerte), *À la poursuite d'un chapeau*, Montréal, Beauchemin, 1932, 90 p.

__, *Aux douze coups de minuit*, Montréal, Beauchemin, 1932, 94 p.

__, *La reine de Nainville*, Montréal, Beauchemin, 1931, 91 p.

__, *Le vieux lion Rex,* Montréal, Beauchemin, 1935, 79 p.

__, *Perdue dans la jungle*, Montréal, Beauchemin, 1932, 94 p.

Boutet, Madame Antoine, *La canne d'ivoire*, Hull, Le progrès de Hull, 1933, 156 p.

Brassard, Adolphe, *Les confidences de la nature*, Montréal, L'Action française, 1936, 91 p.

Brouillette, Benoit, *Le Canada par l'image*, Montréal, Éditions Albert Lévesque, 1933.

Bruchesi, Jean, *L'épopée canadienne*, Montréal, Éditions Albert Lévesque, 1934.

Cadoux, A., *Une toute petite sœur des anges: Marthe Sasseville 1925-1930*, Québec, Les Missionnaires du Sacré-Cœur, 1931.

Cusson, Philippe, *Talitha: nouvelle évangélique*, Imprimerie modèle, 1937, 96 p.

Dantin, Louis (Eugène Seers), *La vie en rêve*, Montréal, Librairie d'Action canadienne-française, 1930.

__, *Le coffret de Crusoé*, Montréal, Éditions Albert Lévesque, 1932.

__, *Contes de Noël*, Montréal, Éditions Albert Lévesque, 1936.

Daveluy, Marie-Claire, *Charlot à la mission des martyrs*, Montréal, Librairie Granger frères, 1938, 155 p.

__, *L'idylle de Charlot*, Montréal, Librairie Granger frères, 1938, 196 p.

__, *La captivité de Charlot*, Montréal, Librairie Granger frères, 1938, 157 p.

__, *La médaille de la Vierge*, Québec, Franciscaines Missionnaires de Marie, 1937, 69 p.

__, *Sur les ailes de l'oiseau bleu,* Montréal, Éditions Albert Lévesque, 1936, 203 p.

___, *Une révolte au pays des fées*, Montréal, Éditions Albert Lévesque, 1936, 166 p.

Desforets, Benoit (Marie-Benoît o.s.b.), *Le mystère d'un cloître*, Québec, Imprimerie Ernest Tremblay, 1939.

___, *Le p'tit gars du colon*, Montréal, Éditions Albert Lévesque, 1934, 157 p.

___, *Un sillon dans la forêt*, Beauchemin, 1936.

Désilets, Joseph, *Le français en une ronde : fantaisie en un acte*, Victoriaville, Chez l'auteur, 1938.

___, *Les p'tits livres : comédie en un acte*, Victoriaville, Chez l'auteur, 1934.

Desrosiers, Adélard, *Histoire de la musique*, Montréal, *Le Devoir*, 1939.

___, *Notre Jacques Cartier*, Montréal, Éditions Albert Lévesque, 1934.

___, *Petite histoire du Canada*, Québec, Garneau, 1933.

Desrosiers, Emmanuel, *La fin de la terre*, Montréal, Librairie d'Action canadienne-française, 1931, 107 p.

Dubé, Dollard, *Légendes indiennes du St-Maurice*, Trois-Rivières, s.éd., 1933.

Duchesnay, Alice, *Oiseaux de mon pays*, Québec, Garneau, 1939, 132 p.

Dugré, Alexandre, *Une sérieuse pêche*, Montréal, Ligue missionnaire des étudiants, s.d., 16 p.

Ernest-Béatrix, Frère, f.m.s., *Chez les sauvages*, illustrations de Jean-Paul Lemieux, Montréal, Éditions Albert Lévesque, 1931, 172 p.

___, *Héroïsme et apostolat, par un frère mariste*, Montréal, Éditions Albert Lévesque, 1932, 175 p.

___, *Humours, légendes et aventures : histoires canadiennes*, Montréal, Éditions Albert Lévesque, 1932, 158 p.

Fadette (Henriette Dessaulles), *Contes de la lune*, Montréal, Thérien Frères, 1932, 146 p.

___, *Il était une fois*, Montréal, Imprimerie populaire, 1933, 154 p.

Frémont, Donatien, *Pierre Radisson, roi des coureurs de bois*, Montréal, Éditions Albert Lévesque, 1933.

Gagnon, Louis-Jean, *À travers les champs et les bois*, Montréal, Beauchemin, 1931, 234 p.

Gaudet-Smet, Françoise, *Discours d'enfants*, Montréal, Éditions Albert Lévesque, 1932, 156 p.

Gauthier, Ernest, *Louis d'Ailleboust*, Montréal, Beauchemin, 1931.

Gauthier, Lorenzo, *La grande aventure*, Joliette, Paroisse du Christ-Roi, 1939.

Glaneur, Antoine, *Légendes franciscaines*, Québec, Éditions Stella Maris, 1930.

Gore, Henri, *Le petit aviateur de Trois-Rivières*, Ottawa, Le Droit, 1935, 194 p.

Gouin, Yvette (née Olivier), *José chez tante Ninette*, Montréal, Librairie d'Action canadienne-française, 1937.

___, *José en vacances*, Montréal, Librairie d'Action canadienne-française, 1937.

Grégoire-Coupal, Marie-Antoinette, *La sorcière de l'îlot noir*, Montréal, Éditions Albert Lévesque, 1933, 138 p.

___, *Le sanglot sous le rire*, Montréal, Éditions Albert Lévesque, 1932, 176 p.

Grèves, Les, *Au paradis des petits colons. Les scènes de la vie aux Grèves décrites par les directeurs anciens et actuels*, Montréal, Impr. des Sourds-muets, 1930, 266 p.

Groulx, Lionel, *Au cap Blomidon*, Montréal, Librairie Granger frères, 1932, 238 p.

Hertel, François (Rodolphe Dubé), *Le beau risque*, Montréal, L'Action française, 1939, 136 p.

Lapierre, Joseph-Eugène, *Calixa Lavallée, musicien national du Canada*, Montréal, Éditions Albert Lévesque, 1937, 214 p.

Lasnier, Rina, *Féerie indienne : Kateri Tekakwitha*, Saint-Jean sur le Richelieu, Les Éditions du Richelieu, 1939, 71 p.

Lavergne, Juliette (Laetitia Desaulniers), *La vie gracieuse de Catherine Tekakwitha*, Montréal, Éditions Albert Lévesque, 1934.

Le Normand, Michelle (Marie-Antoinette Desrosiers), *La plus belle chose du monde*, Montréal, Le Devoir, 1937, 249 p.

__, *Le nom dans le bronze*, Montréal, Éditions du Devoir, 1933, 163 p.

Lemyre, Oscar, *Au pays des rêves : contes pour enfants*, Montréal, Beauchemin, 1936, 97 p.

Létourneau, Émilien, *Le petit Jacques*, Montréal, L'œuvre de presse dominicaine, 1933, 152 p.

Longfellow, Henry Wadsworth, *Évangéline*, Montréal, L'Action française, 1939, 88 p.

Louis-Marie, R.P., *Le botaniste amateur en campagne*, Oka, Institut agricole d'Oka, 1939.

Marie Victorin, Frère, *Pour nos enfants !*, [Extrait de la *Revue trimestrielle canadienne*, octobre 1932], Montréal, s.éd., 1932, 6 p.

Marjolaine (Justa Leclerc), *Au coin du feu*, Montréal, L'Action française, 1931, 155 p.

__, *Aux bambins canadiens*, Montréal, Éditions Albert Lévesque, 1933, 95 p. [aussi chez Librairie Granger frères la même année].

__, *Aux fillettes canadiennes*, Montréal, Éditions Albert Lévesque, 1931, 91 p.

__, *Contes pour enfants canadiens*, Montréal, Éditions de l'Action canadienne-française, 1931, 175 p.

__, *En veillant*, Montréal, Éditions de l'Action canadienne-française, 1931, 157 p.

__, *Roselle et sa marraine*, Montréal, Éditions de l'Action canadienne-française, 1937, 15 p.

Massé, Oscar, *Massé...doine*, Montréal, Beauchemin, 1930, 124 p.

Maxine (Marie-Caroline-Alexandra Bouchette), *Jean « La Tourte »*, Montréal, Éditions Albert Lévesque, 1932.

__, *L'aiglon blanc des Illinois*, Montréal, Beauchemin, 1938.

__, *L'ogre de Niagara*, Montréal, Éditions Albert Lévesque, 1933.

__, *La cache aux canots*, Montréal, Éditions de l'Action canadienne-française, 1933.

__, *La huronne*, Montréal, Librairie Granger frères, 1931.

__, *Le pêcheur d'éperlan*, Montréal, Éditions Albert Lévesque, 1933.

__, *Le petit page de Frontenac*, Montréal, Éditions de l'Action canadienne-française, 1930.

__, *Le tambour du Régiment*, Montréal, Éditions Albert Lévesque, 1935.

__, *Le vendeur de paniers*, Montréal, Éditions Albert Lévesque, 1936.

__, *Les orphelins de Grand-Pré,* Montréal, Éditions de l'Action canadienne-française, 1931.

__, *Les trois fées du bois d'épinette*, Montréal, Éditions Albert Lévesque, 1936.

__, *La fée des castors*, Montréal, Éditions Albert Lévesque, 1933.

Mélançon, Claude, *De l'épi au pain*, s.éd., s.d. [1932], 23 p.

__, *Les poissons de nos eaux*, Montréal, Librairie Granger frères, 1936, 254 p.

__, *Nos animaux chez eux*, Québec, Au moulin des lettres, 1934, 128 p.

Mercier-Gouin, Yvette-Olivier, *José chez tante Ninette*, Montréal, Éditions de l'Action canadienne-française, 1937, 73 p.

__, *José en vacances*, Montréal, Éditions de l'Action canadienne-française, 1937, 80 p.

Miller, Eugène, *Sainte-Thérèse de l'enfant Jésus*, Montréal, Beauchemin, 1932, 187 p.

Montpetit, Philippe, *Jacques devint chimiste*, Montréal, Beauchemin, 1932, 176 p.

Morin, Françoise, *L'orgueil vaincu*, Montréal, Beauchemin, 1930, 122 p.

Nadeau, Eugène, *Thérèse Gélinas : 1925-1934*, Trois-Rivières, Œuvres Gélinas, 1936.

Oligny, Odette, *Nos animaux domestiques*, Montréal, Éditions Albert Lévesque, 1933.

Saint-Pierre, Arthur, *Pointe-au-Chêne*, Ottawa, Éditions du Lévrier, 1937.

__, *Seul dans le bois désert*, Ottawa, Éditions du Lévrier, 1939.

Sénécal, Adrienne, *Le notaire Jofriau*, Montréal, Éditions Albert Lévesque, 1935.

Taillon, Leopold-Joseph, *Jean Olscamp : 1907-1921*, Moncton, Imprimerie nationale, 1938.

Turcot, Marie-Rose, *Au pays des géants et fées*, Ottawa, Le Droit, 1936.

__, *Stéphanie Dugré*, Montréal, Beauchemin, 1932.

Vekeman, Victor, *Aux petits et aux grands*, Montréal, Les Clercs de Saint-Viateur, 1932.

Vivier, Hélène, *Histoire de Carabi, le petit cheval qui retourna au royaume du Père Noël*, Montréal, Éditions de l'Action canadienne-française, 1939.

1940-1949

Achard, Eugène, « *Journal d'une petite réfugiée* » : *de Paris à Montréal par Marie-Alexandre Markevitch*, adapté par Eugène Achard, Montréal, Librairie générale canadienne, 1942.

__, *À travers le Canada : récits et légendes*, Montréal, Librairie générale canadienne, 1941.

__, *À travers le monde,* Montréal, Librairie générale canadienne, 1942.

__, *Anéatah et Déranah, les jumelles d'Hochelaga*, Montréal, Librairie générale canadienne, 1943.

__, *Au temps des Indiens rouges : récits et légendes*, Montréal, Librairie générale canadienne, 1941.

__, *Aux jardins du Richelieu*, Montréal, Librairie générale canadienne, 1943.

__, *Brun Brun, l'ours des Laurentides*, Montréal, Librairie générale canadienne, 1947.

__, *Ce que raconte le vent du soir*, Montréal, Librairie générale canadienne, 1942.

__, *Ceux qui régissent le monde*, Montréal, Librairie générale canadienne, 1942.

__, *Georges VI, roi du Canada*, Montréal, Librairie générale canadienne, 1943.

__, *Gouhou-Gouhou, la sorcière du Rocher Percé*, Montréal, Librairie générale canadienne, 1941.

__, *Jacques et Marie : souvenirs d'un peuple dispersé par Napoléon Bourassa*, revu et adapté par Eugène Achard, Montréal, Librairie générale canadienne, vol. 1 *Le départ de Grand-Pré*, vol. 2 *Le retour à Grand-Pré*, vol. 3 *La nuit rouge à Grand-Pré*, vol. 4 *La petite Cadie*, 1944.

__, *L'épervier*, adapté de Fenimore Cooper, Montréal, Librairie générale canadienne, 1948.

__, *L'espion de Jacques Cartier, par Marie-Alexandre Markevitch*, adapté par Eugène Achard, Montréal, Librairie générale canadienne, 1943.

__, *L'héroïne de Châteauguay par Émile Chevalier*, adapté par Eugène Achard, Librairie générale canadienne, 1949.

__, *L'histoire du drapeau canadien*, Montréal, Librairie générale canadienne, 1944.

__, *La caverne des Rocheuses, aventures dans l'Ouest canadien sur le chemin de fer du Pacifique canadien*, Montréal, Librairie générale canadienne, 1942.

__, *La douloureuse aventure d'Évangéline*, Montréal, Librairie générale canadienne, 2 volumes, 1945.

__, *La grande découverte de l'Ouest canadien*, Montréal, Librairie générale canadienne, 1943.

__, *La touchante odyssée d'Évangéline*, traduction libre du poème de Longfellow avec notes explicatives par Eugène Achard, Montréal, Librairie générale canadienne, 2 volumes, 1946.

__, *Le bonhomme misère*, Montréal, Librairie générale canadienne, 1943.

__, *Le château du rat-musqué*, adapté de Fenimore Cooper, Montréal, Librairie générale canadienne, 1943.

__, *Le corsaire de la Baie d'Hudson*, Montréal, Librairie générale canadienne, 1941.

__, *Le génie du Rocher Percé*, Montréal, Librairie générale canadienne, 1942.

__, *Le gnome Ratapon*, Montréal, Librairie générale canadienne, 1948.

__, *Le grand chef de Stadaconé*, Montréal, Librairie générale canadienne, 1940.

__, *Le livre de ma poupée*, Montréal, Librairie générale canadienne, 1946.

__, *Le Mississipi, père des eaux*, Montréal, Librairie générale canadienne, 1941.

__, *Le petit théâtre scolaire*, Montréal, Librairie générale canadienne, 1942.

__, *Le retour de la petite réfugiée, par Marie Alexandre Markevitch*, adapté par Eugène Achard, Montréal, Librairie générale canadienne, 1949.

__, *Le royaume du Saguenay*, Montréal, Librairie générale canadienne, 1942.

__, *Le théâtre d'Arlequin*, Montréal, Librairie générale canadienne, 1947.

__, *Le trappeur du Lac Champlain*, adapté de Fenimore Cooper, Montréal, Librairie générale canadienne, 1948.

__, *Le vice-roy du Canada*, Montréal, Librairie générale canadienne, 1942.

__, *Les aventures de frère renard*, Montréal, Librairie générale canadienne, 1943.

__, *Les contes de l'Oiseau bleu*, Montréal, Librairie générale canadienne, 1946.

__, *Les contes de la Claire-Fontaine*, Montréal, Librairie générale canadienne, 1943.

__, *Les contes de la forêt canadienne*, Montréal, Librairie générale canadienne, 1942.

__, *Les contes du Richelieu*, Montréal, Librairie générale canadienne, 1940.

__, *Les contes du Saint-Laurent*, Montréal, Librairie générale canadienne, 1940.

__, *Les deux bossus de l'Île d'Orléans et autres contes*, Montréal, Librairie générale canadienne, 1944.

__, *Les enfants perdus*, Montréal, Librairie générale canadienne, 1942.

__, *Les grandes légendes de l'histoire*, Montréal, Librairie générale canadienne, 1943.

__, *Les grands noms de l'histoire canadienne*, Montréal, Librairie générale canadienne, 1941.

__, *Les jumelles d'Hochelaga*, Montréal, Librairie générale canadienne, 1943.

__, *Les mille et un soirs*, Montréal, Librairie générale canadienne, 1947.

__, *Les naufragés du Saint-Laurent*, Montréal, Librairie générale canadienne, 1943.

__, *Les pèlerins de la Grande Escarboucle*, Montréal, Librairie générale canadienne, 1948.

__, *Les petits clercs de Santarem et autres contes,* par O. Fumet-Vincent, adapté par Eugène Achard, Montréal, Librairie générale canadienne, 1948.

__, *Mémoires d'un chien canadien,* par Marie Alexandre Markevitch, adapté par Eugène Achard, Montréal, Librairie générale canadienne, 1944.

__, *Rois sans couronne*, Montréal, Librairie générale canadienne, 1946.

__, *Sur le double ruban d'acier, aventures dans l'Ouest canadien sur le chemin de fer Pacifique canadien*, Montréal, Librairie générale canadienne, 1941.

__, *Sur les chemins de l'Acadie*, Montréal, Librairie générale canadienne, 1946.

__, *Sur les chemins de la mer*, Montréal, Librairie générale canadienne, 1942.

__, *Sur les hauteurs de Charlesbourg-Royal*, Montréal et Québec, Librairie générale canadienne et Librairie de l'Action catholique, 1940, 124 p.

___, *Terres de brume et de soleil*, Montréal, Librairie générale canadienne, 1945.

___, *Trois petites filles dans une roulotte*, par Marie-Alexandre Markevitch, adapté par Eugène Achard, Montréal, Librairie générale canadienne, 1946.

___, *Zozor*, suivi de *La Puce*, Montréal, Librairie générale canadienne, 1945.

Allard, Jeanne, *Chagrins d'enfants*, Montréal, Éditions de l'École des parents du Québec, 1948.

___, *Mystères*, Montréal, Chez l'auteur, 1947.

Anonyme, *Deux (Les) espiègles Bamboulo et Bamboula*, Montréal, Librairie générale canadienne, 1942, 24 p.

Aubry, Claude, *La vengeance des hommes de bonne volonté*, Montréal, Fides, 1944.

Audet, Louis-Philippe, *Le chant de la forêt*, Québec, Éditions de l'Érable, 1949, 196 p.

Audet, Lucille, *C'était pour lui*, Ottawa, Centre catholique, Université d'Ottawa, 1945.

___, *Elle ou lui*, Ottawa, Centre catholique, Université d'Ottawa, 1947, 32 p.

___, *Le sacrifice de Michelle*, Ottawa, Centre catholique, Université d'Ottawa, 1947, 32 p.

Auteuil, Marie Louise d', *Fanfan, joujou et compagnie*, Montréal, Librairie Granger frères, 1945, 79 p.

Barbeau, Marius, *Les enfants disent*, Montréal, Paysana, 1943, 90 p.

___, *Les rêves des chasseurs*, Montréal, Beauchemin, 1942.

Blais, Philippe, *Le Christ-Roi*, Rimouski, Imprimerie Blais, s.d.

Boivert, Réginald, *La cloche de joie*, Montréal, Fides, 1945.

Bolduc, Albert et H. Beaulac, *La famille Grenouille*, Montréal, Fides, 1944, 64 p.

Bostsarron-Brodin, Sylvie, *Les vacances d'Alain*, Montréal, Éditions Variétés, 1946.

Boucher, Gédéon, *Aux aguets*, Montréal, Librairie Granger frères, 1942.

___, *Gazouillis*, Montréal, Beauchemin, 1942.

Boulizon, Guy, *Contes du Moyen-Âge*, Montréal, Éditions Variétés, 1943.

___, *Du tomahawk à la croix*, Montréal, Éditions Variétés, 1943.

___, *Kateri Tékakwitha*, Montréal, Éditions Variétés, 1943.

___, *L'île de Jacques*, Montréal, Fides, 1945.

___, *La chanson de Roland*, Montréal, Éditions Variétés, 1943.

___, *La chèvre d'or*, Montréal, Fides, 1945.

___, *Les mille et une nuits*, Montréal, Fides, 1946.

Campagna, Dominique, *Mes poèmes*, Bonaventure, chez Mme Alberte Langlois Campagna, 1949.

Chabot, Cécile, *Imagerie, Conte de Noël*, Montréal, Fides, 1943.

___, *Paysannerie, Conte des Rois*, Montréal, Fides, 1944.

Claudette (Pauline Choquette née Geoffrion), *Cœur-de-neige ou la princesse Natya du Royaume des Érablies*, Montréal, Éditions Variétés, 1943.

___, *Les aventures du Prince Romanic*, Montréal, Éditions Variétés, 1943.

Clément, Béatrice, *Histoire de mes aïeux*, Montréal, Librairie Granger frères, 1945.

__, *La plus belle de toutes les histoires*, Montréal, Librairie Granger frères, 1945.

__, *Les découvertes de Michel*, Québec, Éditions Jeunesse, 1949.

__, *Quel beau pays*, Montréal, Éditions Le Centre Familial, 1948.

__, *Saint Jean Bosco*, Montréal, Librairie Granger frères, 1945.

__, *Sainte Bernadette de Lourdes*, Montréal, Librairie Granger frères, 1945.

Cusson, Philippe, *Légendes laurentiennes*, Montréal, Éditions de l'Agence Duvernay, 1943.

Daigle, Jeanne, *Caquets champêtres*, Saint-Hyacinthe, Imprimerie Yamaska, 1945, 137 p.

__, *Les contes de Maska*, Saint-Hyacinthe, Imprimerie Yamaska, 1942, 130 p.

__, *Tourlour : histoire d'un gros ours brun*, Saint-Hyacinthe, Imprimerie Yamaska, 1941, 47 p.

Dablon, Claude (Gabriel Larue), *Le verger*, Montréal, Les Éditions du Messager canadien, 1943.

Daveluy, Marie-Claire, *Histoire de Damien-Sans-Peur*, suivi de *La légende des roses*, Québec, Imprimerie franciscaine missionnaire, 1944.

__, *Le cœur de Perrine : fin des aventures de Perrine et Charlot*, Montréal, Librairie Granger frères, 1940, 255 p.

__, *Le mariage de Josephte Précourt : dix ans plus tard, 1848-1849*, Montréal, Librairie Granger frères, 1940, 240 p.

__, *Le Richelieu héroïque*, Montréal, Librairie Granger frères, 1940.

__, *Les jeux dramatiques de l'Histoire*, Montréal, Librairie Granger frères, 1944.

__, *Michel et Josephte dans la tourmente*, Montréal, Librairie Granger frères, 1940.

__, *Perrine et Chariot à Ville-Marie*, Montréal, Librairie Granger frères, 1940.

Desparois, Lucille, *Conte oriental*, Montréal, Librairie Granger frères, 1948.

__, *Contes d'enfants*, Montréal, Librairie Granger frères, 1944.

__, *Histoires enchantées*, Montréal, Librairie Granger frères, 1945.

__, *La fée des vents*, Montréal, Librairie Granger frères, 1946.

__, *La légende du sucre d'érable*, Montréal, Librairie Granger frères, 1946.

__, *Le fils du pilote*, Montréal, Librairie Granger frères, 1946.

__, *Le perroquet de Theresa*, Montréal, Librairie Granger frères, 1946.

__, *Légendes merveilleuses*, Montréal, Librairie Granger frères, 1945.

__, *Les aventures de Tracassin*, Montréal, Librairie Granger frères, 1947.

__, *Pompon et Griffon*, Montréal, Librairie Granger frères, 1948.

__, *Sept contes du Saguenay*, Montréal, Librairie Granger frères, 1948.

__, *Sept nouveaux contes*, Montréal, Librairie Granger frères, 1949.

__, *Tante Lucille raconte*, Montréal, Librairie Granger frères, 1944.

Dollard des Ormeaux (Frère Charles-Henri f.i.c.), *Jusqu'au bout*, Éditions de l'Abeille, 1941, 123 p.

Dorion, Antoinette, *Bravoure*, Montréal, Chez l'auteur, 1948.

__, *La propreté*, Montréal, Chez l'auteur, 1948.

__, *La visite pastorale*, Montréal, Chez l'auteur, 1948.

__, *Le commissionnaire*, Montréal, Chez l'auteur, 1948.

__, *Le petit chat*, Montréal, Chez l'auteur, 1948.

__, *Les petites filles*, Montréal, Chez l'auteur, 1948.

Duchesnay, Alice, *Bestiaire familier*, Québec, Garneau, 1944.

Dugré, Adélard, s.j., *La bienheureuse Maria Goretti : martyre de la pureté*, Montréal, Secrétariat de la Croisade eucharistique, 1948, 32 p.

Duguay, Luc, *Jésus-enfant*, Montréal, Centre familial, 1946, 36 p.

Duguay, Rachel, *Marie-enfant*, Montréal, Centre familial, 1946, 36 p.

Duguay, Thérèse et Monique, *Joies d'enfants*, Montréal, Fides, 1943.

Dupuy, Madame Pierre (Thérèse Ferron), *Contes de Perrault*, adapté par l'auteur, Montréal, Éditions Variétés, 1945, 182 p.

__, *Geneviève de Brabant*, adapté par l'auteur, Montréal, Éditions Variétés, 1944.

__, *L'escapade de Paulo*, Montréal, Éditions Variétés, 1948, 24 p.

__, *Ploum globe-trotter*, Montréal, Éditions Variétés, 1946, 31 p.

Dutrisac, Claire, *À la lueur du feu*, L'Islet station, Leclerc, 1947, 92 p.

Flursheim, Harry, *J'ai voulu être reine*, Montréal, Librairie générale canadienne, 1946.

Fortin, Alphonse, *Les grands noms oubliés de notre histoire*, Montréal, Fides, 1945.

Fortin, Odette Marie-des-Neiges, *Les plus beaux lauriers*, pièce en trois actes, Montréal, Librairie Granger frères, 1945, 68 p.

Francheville, Geneviève de (Berthe Potvin), *La pénible ascension*, Montréal, Le Devoir, 1944, 106 p.

Gagnon, Berthe, *Écho... sans cailloux*, Montréal, École industrielle des sourds-muets, 1946.

__, *Sans cailloux : procédés en phonétique, correction du langage, technique de l'éloquence, culture de la personnalité*, Montréal, École industrielle des sourds-muets, 1946.

__, *Un pas de plus... sans cailloux*, Montréal, Institut canadien de phonétique, 1949.

Gauvreau, Marcelle, *Plantes curieuses de mon pays*, Montréal, Fides, 1944.

Gauvreau, Marguerite-G., *Fable champêtre*, Montréal, Librairie Granger frères, 1947.

__, *La dernière tournée du Père Noël*, Montréal, Librairie Granger frères, 1947.

__, *La légende du chagrin*, Montréal, Librairie Granger frères, 1947.

__, *Le clou volé*, Montréal, Librairie Granger frères, 1947.

__, *Le loup-garou de Jean-Luc*, Montréal, Librairie Granger frères, 1947.

__, *Le Prince Mignon*, Montréal, Librairie Granger frères, 1947.

__, *Le voyage de la fée Mirabelle*, Montréal, Librairie Granger frères, 1947.

__, *Vocation de poupée*, Montréal, Librairie Granger frères, 1947.

Gendron, Emma, *De la ponctuation ou Mariage royal*, Montmagny, Éditions Marquis, 1944.

___, *Des paronymes, des homonymes, des synonymes ou L'aventure extraordinaire de Julot*, Montmagny, Éditions Marquis, 1944.

___, *Du verbe se transfigurer ou Les sept portiques de la vie*, Montmagny, Éditions Marquis, 1944.

___, *La Babylone des mots ou Le pays merveilleux*, Montmagny, Éditions Marquis, 1944.

___, *Les cousettes de la Princesse Maya ou Une leçon sur le verbe coudre*, Montmagny, Éditions Marquis, 1944.

Goyette, Roland, *Cœurs d'enfants*, Montréal, Fides, 1941.

___, *Contes dorés*, Montréal, Fides, 1946.

___, *Contes du Charpentier Joseph*, Montréal, Fides, 1946.

Grandmont, Éloi de, *Le prince Marc*, Montréal, Fides, 1945, 30 p.

Grégoire-Coupal, Marie-Antoinette, *Franceline*, Montréal, Fides, 1942.

Guèvremont, Germaine (née Grignon), *En pleine terre : paysanneries : trois contes*, Montréal, Paysana, 1942, 156 p.

Hamel, Robert, *Le naufrage du Vauquelin*, Montréal, Fides, 1947.

Houle, Jean-Pierre, *Le Roi des Huns*, Montréal, Éditions Variétés, 1943.

___, *Têtes-Rondes et Côtes-de-fer*, Montréal, Éditions Variétés, 1943.

Jean-Pierre (Irénée Gauthier), *Le feu dans les roseaux*, Montréal, Éditions de la jeunesse rurale, 1945, 253 p.

L'Archevêque-Duguay, Jeanne, *Cinq petits enfants*, Montréal, Fides, 1942.

___, *Comme nous sommes heureux*, Trois-Rivières, Éditions du Bien-Public, 1940.

___, Jeanne, *Fleurs vivantes*, Montréal, Fides, 1945.

___, Jeanne, *Sur la route avec Jésus*, Montréal, Fides, 1944.

Lafortune, Ambroise, *L'enlèvement du professeur Colibri*, Montréal, Éditions Variétés, 1943.

___, *La nef abandonnée*, Montréal, Éditions Variétés, 1944.

___, *La vieille Wisipagongo*, Montréal, Éditions Variétés, 1944.

___, *Le calumet de paix*, Montréal, Éditions Variétés, 1943.

___, *Le Dieu de Turketil*, Montréal, Éditions Variétés, 1944.

___, *Le fils d'Akouessan*, Montréal, Éditions Variétés, 1944.

___, *Le secret de la rivière perdue*, Montréal, Fides, 1946.

Lagacé, Cécile, *Jacques Vérité*, Montréal, Librairie Granger frères, 1947.

___, *L'entêté*, Montréal, Librairie Granger frères, 1947.

___, *La famille hiver*, Montréal, Librairie Granger frères, 1947.

___, *La farine du diable*, Montréal, Librairie Granger frères. 1947.

___, *La petite fille au seul cheveu d'or*, Montréal, Librairie Granger frères, 1947.

___, *Le mousse du Stella Maris*, Montréal, Librairie Granger frères, 1947.

___, *Le nuage perdu*, Montréal, Librairie Granger frères, 1947.

___, *Le petit berger du champ-qui-n'est-à-personne*, Montréal, Librairie Librairie Granger frères frères, 1947.

___, *Les deux sœurs*, Montréal, Librairie Granger frères, 1947.

___, *Pégase, cheval de bois, et autres contes*, Montréal, Librairie générale canadienne, 1947.

___, *Petite étoile*, Montréal, Librairie Granger frères, 1947.

Lalande, Louis, s.j., *La Compagnie de Jésus : Saints et bienheureux*, Montréal, Le Messager canadien, 1941.

Lamontagne-Beauregard, Blanche, *Le rêve d'André*, Montréal, Librairie Granger frères, 1943, 111 p.

Larivière, Jules, *Contes de la nature*, Montréal, Bernard Valiquette, 1943.

Larkin, Sarah, *Dimo et autres histoires de bêtes*, Trois-Rivières, Les Éditions du Bien-Public, 1940.

Lasnier, Rina, *Le jeu de la voyagère*, Montréal, *Le Devoir*, 1941.

Laviolette, Guy (Frère Achille né Michel-Henri Gingras), *Charles le Moyne et ses fils : Machabbées de la Nouvelle-France*, Laprairie, Procure des Frères de l'instruction chrétienne, 1942.

__, *Christophe Colomb, découvreur de l'Amérique, 1451-1506*, Pointe-du-Lac, Frères de l'instruction chrétienne, 1943.

__, *Élizabeth Bruyère (1818-1876) : Fondatrice des Sœurs Grises de La Croix d'Ottawa*, Québec, 1945.

__, *Évangéline, en trente tableaux d'après le poème de Longfellow*, Québec, 1944.

__, *François-Gaston, Duc de Lévis (1720-1787)*, Québec, 1945.

__, *Frère Arthur des FIC (1810-1892)*, Laprairie, Procure des Frères de l'instruction chrétienne, 1940.

__, *Frère Constantin-Marie des FIC (1874-1926)*, Laprairie, Procure des Frères de l'instruction chrétienne, 1941.

__, *Frère Florimond des FIC (1906-1929)*, Laprairie, Procure des Frères de l'instruction chrétienne, 1941.

__, *Frère Hyacinthe des FIC (1896-1925)*, Laprairie, Procure des Frères de l'instruction chrétienne, 1941.

__, *Frère Longin des FIC (1855-1918)*, Laprairie, Procure des Frères de l'instruction chrétienne, 1940.

__, *Frère Louis-Eugène des FIC (1874-1926)*, Laprairie, Procure des Frères de l'instruction chrétienne, 1940.

__, *Frère Marie-François des FIC (1892-1922)*, Laprairie, Procure des Frères de l'instruction chrétienne, 1940.

__, *Frère Raoul-Joseph des FIC (1903-1932)*, Laprairie, Procure des Frères de l'instruction chrétienne, 1940.

__, *Isaac Jogues, deux fois martyr de Jésus-Christ (1607-1646)*, Québec, 1944.

__, *Jacques Cartier (1491-1557) : découvreur du Canada*, Pointe-du-Lac, Frères de l'instruction chrétienne, 1943.

__, *Jean-Marie Robert de la Mennais (1780-1869) : fondateur des Frères de l'instruction chrétienne et des Filles de la Providence de Saint-Brieuc*, Québec, 1945.

__, *Jeanne Le Ber (1662-1714)*, Laprairie, Procure des Frères de l'instruction chrétienne, 1942.

__, *Jeanne Mance : fondatrice de l'Hôtel-Dieu de Montréal, 1606-1673*, Laprairie, Procure des Frères de l'instruction chrétienne, 1942.

__, *La belle dame de Fatima*, Québec, Éditions de l'A.B., 1946.

__, *La Dauversière (1597-1659)*, Laprairie, Procure des Frères de l'instruction chrétienne, 1941.

__, *La Vérendrye (1685-1749) : père de l'Ouest canadien*, Pointe-du-lac, Frères de l'instruction chrétienne, 1943, 41 p.

__, *Lambert Closse (1630-1662)*, Laprairie, Procure des Frères de l'instruction chrétienne, 1942.

__, *Laviolette : fondateur de Trois-Rivières*, Laprairie, Procure des Frères de l'instruction chrétienne, 1942.

__, *Louis de Buade : comte de Frontenac (1622-1698) sauveur de la Nouvelle-France*, Québec, 1944.

__, *Louis Jolliet (1645-1700)*, Québec, 1945.

__, *Louis-Joseph : marquis de Montcalm, 1712-1759*, Québec, 1945.

__, *Marguerite Bourgeoys (1620-1700)*, Laprairie, Procure des Frères de l'instruction chrétienne, 1942.

__, *Marguerite d'Youville (1701-1771) : première fondatrice canadienne-française d'une institution religieuse au pays*, Québec, 1944.

__, *Marie de l'Incarnation*, Laprairie, Procure des Frères de l'instruction chrétienne, 1941.

__, *Marie-Madeleine de Verchères : châtelaine de La Pérade (1678-1747)*, Québec, 1944.

__, *Paul de Chomedey sieur de Maisonneuve (1612-1676) et les fondateurs de Ville-Marie*, Laprairie, Procure des Frères de l'instruction chrétienne, 1941.

__, *Pierre Le Moyne d'Iberville : le Jean Bart canadien (1661-1706)*, Laprairie, Procure des Frères de l'instruction chrétienne, 1941.

__, *Robert Cavelier de La Salle (1643-1687) : aventurier de génie*, Pointe-du-Lac, Frères de l'instruction chrétienne, 1943.

__, *Samuel de Champlain (1567-1635) : fondateur de Québec*, Laprairie, Procure des Frères de l'instruction chrétienne, 1942.

__, *Un petit gars héroïque : Marcel Alain (1927-1944)*, Québec, Frères de l'instruction chrétienne, 1947.

Le Normand, Michelle (Marie-Antoinette Desrosiers), *Dans la toile d'araignée*, Éditions Jeunesse, 1949.

__, *Enthousiasme*, Montréal, Éditions du Devoir, 1947.

__, *La maison aux phlox*, Imprimerie populaire, 1941.

__, *La plus belle chose du monde*, Paris, Lumières de France, 1939, ©1937 [chez l'auteur], 249 p.

Leclerc, Félix, *Adagio : contes*, Montréal, Fides, 1943.

__, *Allegro : fables*, Montréal, Fides, 1944.

__, *Andante : poèmes*, Montréal, Fides, 1944.

__, *Pieds nus dans l'aube*, Montréal, Fides, 1946.

Legault, Rolland, *Le chien noir*, Éditions Lumen, 1946.

Lemoine, Amable-Marie, *L'œil du Bosphore*, Montréal, Fides, 1946.

__, *Souvenirs de guerre*, Montréal, Fides, 1944.

Lescop, René, *Les douze exploits d'un homme fort*, Montréal, Éditions Variétés, 1943.

Maillet, Andrée, *Le marquiset têtu et le mulot réprobateur : Les aventures de la princesse Claradore*, Montréal, Éditions Variétés, 1944.

___, *Ristontac*, Parizeau, 1945.

Marchand, Louise, *Julot chez les fées*, Montréal, Fides, 1946.

Marie-Cyrille, *Vers les cimes*, Frères des écoles chrétiennes, 1947.

Marie-Paule, *Mon ABC*, Québec, Éditions de l'A.B, [194- ?], 47 p.

Mariline, *Le flambeau sacré*, Montréal, Bernard Valiquette, 1944, 193 p.

Marjolaine (Justa Leclerc), *Contes de grand-père*, Montréal, Librairie Granger frères, 1943.

Maxine (Marie-Caroline-Alexandra Bouchette), *Fanfan d'Estrées*, Montréal, Beauchemin, 1946.

___, *L'auberge Bonacinao*, Montréal, Beauchemin, 1945.

___, *Le fondateur de Ville-Marie : Maisonneuve*, Montréal, Beauchemin, 1946.

___, *Le héros du Long-Sault : Dollard*, Montréal, Beauchemin, 1946.

___, *Le marin de Saint-Malo : Jacques Cartier*, Montréal, Beauchemin, 1946.

___, *Le père de la Nouvelle-France, Champlain*, Montréal, Beauchemin, 1946.

___, *Le saut du gouffre chemin*, Montréal, Beauchemin, 1940.

___, *Le talisman*, Montréal, Beauchemin, 1948.

___, *Miche : un petit gars de Coutances*, Montréal, Beauchemin, 1941.

Melançon, Claude, *Charmants voisins*, Montréal, Librairie Granger frères, 1940.

___, *De l'épi au pain.* s.l., s.éd., [1932 ?], 23 p.

___, *Mon alphabet de villes du Canada*, Éditions de l'Arbre, 1944.

___, *Mon alphabet des animaux*, Montréal, Éditions de l'Arbre, 1944.

___, *Mon alphabet des villes du Québec*, Montréal, Éditions de l'Arbre, 1944.

Nadeau, Eugène, *La perle au fond du gouffre*, Montréal, Fides, 1947.

Oncle Paul (René Guénette), *Chinoiseries*, Québec, Éditions de l'A.B.

___, *Histoires enfantines*, Québec, Éditions de l'A.B.

___, *Le lapin Biscotin au pays des quatre lapins*, Québec, Éditions de l'A.B., [194- ?], 14 p.

___, *Le lapin Biscotin aviateur*, Québec, Éditions de l'A.B., [194- ?], 14 p.

___, *Le lapin Biscotin en Afrique*, Québec, Éditions de l'A.B., [194- ?], 14 p.

___, *Le lapin Biscotin voyage*, Québec, Éditions de l'A.B., [194- ?], 14 p.

Panneton, Auguste, *Dans le bois*, Trois-Rivières, Éditions Trifluviennes, 1940.

Paré, Simone, *Sur les routes de mon pays*, Montréal-Ottawa, Éditions du Lévrier, 1944.

Paulhus, J.-André, *Comme un lis : Paul Gendron (1914-1927)*, Montréal, Librairie Granger frères, 1940.

Pelletier, Alexandrine (Leduc), *Alfred et l'île des cinq*, Montréal, Fides, 1942.

___, *Alfred : le découvreur*, Montréal, Fides, 1942.

___, *Journal de bord d'Alfred*, Montréal, Fides, 1942.

___, *Lili, sœur d'Alfred*, Montréal, Fides, 1942.

___, *Quartier Nord*, par Alec et Gérard Pelletier, Montréal, Fides, 1945.

Pelletier, Frédéric, *L'initiation à l'orchestre*, Montréal, Fides, 1948.

Piuze, Robert, *L'épreuve*, Montréal-Ottawa, Éditions du Lévrier, 1942.

Pronovost, Louis, *L'exploit de Jean-Pierre*, Montréal, Fides, 1945.

__, *Le C.P. du Castor*, Montréal, Éditions Variétés, 1944.

__, *Sous le signe de l'eau potable*, Montréal, Éditions Variétés, 1943.

Raymond, Suzanne, *Le Bon Dieu et les tout-petits*, Montréal, Éditions de l'Arbre, 1946.

Revert, Jeanne, *Les histoires de cousine Françoise*, Montréal, Éditions Les Signes des temps, 1946-1948.

Robillard, Claude, *Jeannot la Flèche*, Montréal, Éditions de l'Arbre, 1945.

__, *L'ours Grichou*, Montréal, Éditions de l'Arbre, 1946.

__, *Mimi la fourmi*, Montréal, Éditions de l'Arbre, 1945.

__, *Mirabelle au long cou*, Montréal, Éditions de l'Arbre, 1945.

Rochon, André, *Attention au cercueil*, Montréal, Fides, 1946.

__, *Le voyage d'Enée*, Montréal, Éditions Variétés, 1943.

Romain, Norbert (Claude Julien), *La chouette verte*, Montréal, Fides, 1948.

Seguin, Camélienne, *Nous, les petits : poésies pour enfants de trois à dix ans*, Montréal, Éditions Fernand Pilon, 1947, 189 p.

Séguin, Fernand, *Histoire de Truite-Agile*, Montréal, Éditions Variétés, 1943.

Sorriaux, Louise, *Sept enfants dans un jardin*, Montréal, Éditions Lumen, 1947, 168 p.

Tellier, Henri, *La retraite des dix mille*, Montréal, Éditions Variétés, 1943.

Tessier, Albert, *C'est l'aviron qui nous mène*, Montréal, Fides, 1945.

__, *Femmes de maisons dépareillées*, Montréal, Fides, 1942.

__, *La patrie : c'est ça*, Montréal, Fides, 1942.

__, *Notre mère la terre*, Montréal, Fides, 1942.

__, *Ouvre tes yeux et regarde*, Trois-Rivières, Éditions du Bien-Public, 1940.

__, *Ton univers*, Trois-Rivières, Éditions Trifluviennes, 1941, 111 p.

__, *Une fleur du Richelieu*, Montréal, Fides, 1945.

Tremblay, Gilberte, *Teddy du Saguenay*, Montréal, Librairie générale canadienne, 1948, 80 p.

Tremblay, Laurent, *Le diable au septième : drame en 3 actes*, Montréal, Missionnaires oblats de Marie Immaculée, 1944, 77 p.

Turcot, Marie-Rose, *Le maître*, Hull, Éditions l'Éclair, 1940.

Vaumas, Guy de, *Ils étaient huit venus de France*, Montréal, Éditions Variétés, 1943.

Vincent, Odette (née Fumet), *Comme Jésus : la petite maison de mon âme*, Montréal-Ottawa, Éditions du Lévrier, 1945.

__, *Comme Jésus*, Montréal-Ottawa, Éditions du Lévrier, [1946], 16 p.

__, *Comment le dire ? : nos petits et les mystères de la vie*, Montréal, Éditions de la Famille, [1945 ?], 32 p.

__, *De l'Ouganda au ciel*, Québec, Éditions de l'A.B., 1947, 31 p.

__, *Flic le Pingouin*, Montréal, Fides, 1944.

__, *Geneviève de Brabant*, Montréal, Librairie générale canadienne, [194- ?], 32 p.

__, *Histoire d'un brin de cerfeuil et autres contes*, Montréal, Librairie générale canadienne, [194- ?].

__, *Jacqueline du Richelieu*, Québec, Éditions de l'A.B., [194- ?].

__, *Jacques Grinedal*: «*Sergent Belle-Rose*», adapté par l'auteur, Éditions de l'A.B., 1943, 76 p.

__, *Jeanne la désobéissante*, Montréal, Fides, 1944.

__, *Kiri bâtit sa maison*, Montréal, Centre de psychologie et de pédagogie, [194-?]

__, *L'oiseau de petit Pierre*, Montréal, Fides, 1944.

__, *La légende de sainte Odile et autres contes*, Montréal, Librairie générale canadienne, 1948, 32 p.

__, *La messe et toi*, Montréal-Ottawa, Éditions du Lévrier, [1946], 16 p.

__, *La petite maison de mon âme*, Montréal-Ottawa, Éditions du Lévrier, 1945, 16 p.

__, *La toison d'or*, adapté par l'auteur, Québec, Éditions de l'A.B.

__, *La vraie richesse*, Québec, Éditions de l'A.B., 1947.

__, *Le loup de Saint-François*, Québec, Éditions de l'A.B., 1947, 32 p.

__, *Le voyage de Paul: une émouvante histoire de vocation*, Québec, Éditions de l'A.B., [1944?], 32p.

__, *Les animaux que je connais*, Montréal, Beauchemin, 1944.

__, *Les deux routes*, Québec, Éditions de l'A.B., [1947?], 32 p.

__, *Madeleine: une magnifique histoire de vocation*, Québec, Éditions de l'A.B., 1944, 32 p.

__, *Mes histoires préférées*, Québec, Éditions de l'A.B., 1944.

__, *Myriam et Bernard*, Montréal-Ottawa, Éditions du Lévrier, 1943.

__, *Notre père*, Montréal-Ottawa, Éditions du Lévrier, [1945?], 16 p.

__, *Petite maman*, Montréal, Fides, 1944.

__, *Pluck chez les abeilles*, Montréal, Beauchemin, 1942, 45 p.

__, *Pluck chez les fourmis*, Montréal, Beauchemin, 1942.

__, *Pluck, ses aventures*, Montréal, Beauchemin, 1942.

__, *Robert le vantard*, Montréal, Fides, 1944.

__, *Sainte Marthe*, suivi de *Tristan et Isabelle*, Montréal-Ottawa, Éditions du Lévrier, 1946, 16 p.

__, *Sept cadeaux précieux*, Montréal-Ottawa, Éditions du Lévrier, 1947, 16 p.

__, *Sylvestre et Constantin*, suivi de La *destinée d'un Prince d'Égypte*, Montréal-Ottawa, Éditions du Lévrier, 1946, 16 p.

Vincy, Christian de (pseudonyme), *Les vacances de Lili*, Ottawa, s.éd., 1948, 203 p.

Voyer, Annette, *Pierrot l'avait promis*, Montréal, Librairie Granger frères, 1944.

BIBLIOGRAPHIE

I. Sources primaires

a. Journaux et périodiques[1]

Le Figaro, (1826-), 1946.
La Tribune [Woonsocket, R.I.] (1896-1934), 1923.
L'Écho du Manitoba (1898-1905), 1902.
Morning Telegram (1898-1907), 1899.
Le Manitoba (1881-1925), 1915, 1916, 1917.
Le Bien public (1909-1978), 1916, 1931.
Le Devoir (1910-), 1931.
Le Patriote de l'Ouest (1910-1941), 1916 et 1930-1931.
Le Droit (1913-), 1913 et 1944.
La Liberté (1913-), 1915, 1916, 1917, 1918, 1919, 1923, 1924 et 1931.
L'Action catholique (1915-1962), 1944.
La Libre Parole (1916-1919), 1917.
L'Action nationale (1917-), 1943, 1944, 1945.
Le Nouvelliste [Trois-Rivières, Qué.] (1920-), 1938.
L'Abeille (1925-1964), 1944.
La revue nationale, 1919.
La Survivance (1928-1967), 1944, 1955, 1964.
La Liberté et le Patriote (1944-1972), 1944.
The Gazette (1785-), 1928.

b. Fonds d'archives

Archives de l'Archevêché de Saint-Boniface
Béliveau, Arthur Mgr, Lettre au cardinal Bégin, 24 août 1916
Bibliothèque et archives nationales du Québec

---

[1] Les références bibliographiques des journaux et des périodiques sont indiquées dans le corps de l'ouvrage.

Fonds Omer Héroux
Société historique de Saint-Boniface
Fonds de la librairie Keroack
Fonds des manuels scolaires
Fonds des institutrices catholiques de l'Ouest

II. TEXTES ÉTUDIÉS

Auteuil d', Marie-Louise, *Mémoires d'une souris canadienne*, Montréal, Alberte Lévesque, 1933, ©1927 [*L'Oiseau bleu*].

Barrette, Victor, *Pour une école nationale. Un modeste essai : la section juvénile*, Ottawa, s.éd., 1940, 16 p.

__, *Moi, Franco-Ontarien, mes droits, mes devoirs*, Ottawa, Éditions de la Société historique du Nouvel-Ontario, 1947, 32 p.

Courteau, J.H., « Terre-neuve et fiançailles », *Les contes. Concours littéraires. 2e concours : La corvée*, Montréal, Société Saint-Jean-Baptiste, 1917, p. 77-91.

Daudet, Alphonse, « La dernière classe : récit d'un petit alsacien », *La Liberté*, 27 septembre 1916, ©1873 [Alphonse Lemerre], p. 2.

Frères de l'instruction chrétienne, *Lecture courante : classes de 5e, 6e et 7e années*, Laprairie, Frères de l'instruction chrétienne, 1945, ©1916, 318 p.

__, *Cours de langue française (Édition spéciale de l'Ouest) : 5e et 6e années, Grammaire*, Laprairie, Frères de l'instruction chrétienne, 1946, 280 p.

Gélinas, Joseph Gérin, « Les petits héros d'Ontario », *En veillant avec les petits de chez nous : causeries historiques*, Montréal, *Le Devoir*, 1919, ©1918 [*Le Bien public*], p. 287-291.

Groulx, Lionel, « Le "sou" des écoles ontariennes », *Les rapaillages*, Montréal, Bibliothèque québécoise, 2004, ©1916 [*Le Devoir*], p. 35-39.

Lacerte, A. B., *À la poursuite d'un chapeau*, Beauchemin, 1932, 90 p.

Lemoine, Amable-Marie, *Souvenirs de guerre*, coll. « Contes et aventures », Montréal, Fides, 1944, 32 p.

Maxine, *Le petit page de Frontenac*, Montréal, Éditions de l'Action canadienne-française, 1930.

Saint-Amant, Annette, « Mes chers petits amis », *Le Patriote de l'Ouest*, 5 juin 1918, p. 5.

Turcot, Marie-Rose, « Chloris et Adhémar », *L'Oiseau bleu*, vol. XI, n° 2, février 1931, p. 30-32.

III. PUBLICATIONS OFFICIELLES

Act to provide that the English Language shall be the Official Language of the Province of Manitoba, S.M. 1890, c. 14 [aujourd'hui R.S.M. 1970, c. O10].

An Act to Consolidate and Amend the Public Schools Act. Statutes of Ontario, 48 Vic., chapitre 49, 1885.

Cinquième recensement du Canada, 1911, vol. II, « Religions, origines, lieux de naissance, citoyenneté, instructions et infirmités par les provinces, districts et sous-districts », Ottawa Imprimeur du Roi, 1913.

Direction de l'éducation française, Alberta Education, *Affirmer l'éducation en français langue première – fondements et orientations : le cadre de l'éducation francophone en Alberta*, Edmonton, Alberta Learning, 2001, 55 p. Disponible en ligne : http://education.alberta.ca/media/524841/cadrefr.pdf.

Lords du Comité judiciaire du Conseil privé impérial, *Cause des écoles du Manitoba : jugement des lords du Comité judiciaire du Conseil privé impérial, arrêté en conseil impérial et arrêté réparateur en conseil*, Ottawa, S.E. Dawson, 1895, 30 p.

Merchant, F.W., *Report on the Condition of English-French Schools in the province of Ontario*, Toronto, King's Printer, 1912.

Oddson, A., *Employment of Women in Manitoba*, Province of Manitoba, Economic Survey Board, 1939.

Report of the Royal Commission on Education in Ontario, Toronto, B. Johnston, Printer to the King, 1950.

The Schools Administration Amendment Act, Ontario Legislative Assembly, Toronto, Queen's Printer, 1968.

Seventh Census of Canada 1931, vol. II, Ottawa, J.O. Patenaude, 1933.

IV. Articles, thèses et ouvrages théoriques

« Femmes journalistes : Annette Saint-Amant et Marie-Anne Duperreault », *Matériel d'appui aux Sciences humaines, la Saskatchewan française, volume 3, les personnalités métisses et fransaskoises*, Ministère de l'éducation de la Saskatchewan, p. 295-308.

« *La Liberté* - 80 ans », *La Liberté*, Cahier spécial, juillet 1993.

Abella, Irving et Harold Troper, *None is Too Many*, Toronto, Lester & Orpen Dennys, 1983.

Adam, Jean-Michel, « Unités rédactionnelles et genres discursifs : cadre général pour un approche de la presse écrite », dans *Pratiques* (Metz), n° 94, juin 1997, p. 3-18.

Allard, Jacques, *Traverses*, Montréal, Boréal, 1991.

Amossy, Ruth, *L'argumentation dans le discours*, Paris, Armand Colin, [©2000], 2010.

___, *La présentation de soi : Éthos et identité verbale*, Paris, Presses universitaires de France, 2010.

Anctil, Pierre, *Fais ce que dois : 60 éditoriaux pour comprendre* Le Devoir *sous Henri Bourassa, 1910-1932*, Sillery, Éditions du Septentrion, 2010.

___, « Journal *Le Devoir* et les minorités francophones », *Encyclopédie du patrimoine culturel de l'Amérique française*, disponible en ligne : http://www.ameriquefrancaise.org/fr/article-591/Journal_Le_Devoir_et_les_minorit%C3%A9s_francophones.html.

Anderson, James Thomas Milton, *The Education of the New-Canadian : A Treatise on Canada's Greatest Educational Problem*, Toronto & London, J.M. Dent & Sons, 1918.

Angenot, Marc et Régine Robin, « L'inscription du discours social dans le texte littéraire », *Sociocriticism*, vol. 1, n° 1, 1985, p. 53-82.

Angenot, Marc, 1889, *Un état du discours social*, Montréal, Le Préambule, 1989.

__, « Théorie du discours social », *Contextes* [en ligne], n° 1, septembre 2006, mis en ligne le 15 septembre 2006, consulté le 2 avril 2012. URL : http://contextes.revues.org/index51.html.

Appleblatt, Anthony, « The School Question in the 1929 Saskatchewan Provincial Election », Canadian Catholic Historical Association, Study Sessions, n° 43, 1976, p. 75-90.

Archer, John H., *Saskatchewan a History*, Saskatoon, Western Producer Prairie Books, 1980.

Aristote, *Rhétorique*, traduction de C.E Ruelle, Paris, Livre de poche, 1991.

Armstrong, Elizabeth H., *Le Québec et la crise de la conscription 1917-1918*, Montréal, VLB éditeur, 1998.

Aubin, Paul, « Le manuel scolaire québécois entre l'ici et l'ailleurs », *Le manuel scolaire d'ici et d'ailleurs d'hier à demain*, dans Monique Lebrun (dir.), Presses de l'université du Québec, 2007.

Bakhtine, Mikhaïl, *L'œuvre de François Rabelais et la culture populaire au Moyen Âge*, Paris, Gallimard, 1978.

__, *Esthétique et théorie du roman*, Paris, Gallimard, 1978.

Barhart, Gordon L. (dir.), *Saskatchewan Premiers of the Twentieth Century*, Regina, University of Regina, Canadian Plains Research Center, 2004.

Baudoux, Maurice, « Écoles des minorités en Saskatchewan », *Relations*, n° 13, janvier 1942, p. 16-18.

Beauchamp, Michel et Thierry Watine (dir.), *Médias et milieux francophones*, Sainte-Foy, Presses de l'Université Laval, 2006, 296 p.

Beaulac, Romulus, *Coopération en Saskatchewan : de la campagne à la ville*, s.l., s.éd., 1944.

Beaulieu, Frédéric Roussel « Le livre de langue française en Saskatchewan, de l'époque des pionniers aux années 1930 », *Revue historique*, vol. 7, n° 1, septembre 2006. Disponible en ligne : http://musee.societehisto.com/le-livre-de-langue-francaise-en-saskatchewan-de-l-epoque-des-pionniers-aux-annees-1930-n210-t1789.html. Consulté le 19 mai 2012.

__, « De Franco-Canadien à Fransaskois : l'émergence d'une nouvelle identité francophone », *Revue historique*, vol. 16, n° 2, décembre 2005, p. 1-8.

Bédard, Armand, *Un rêve en héritage*, Saint-Boniface, Éditions des Plaines, 2002.

Bégin, Émile, abbé, « Notes de lecture », *L'enseignement secondaire au Canada*, Québec, vol. XXIV, n° 7, avril 1945, p. 490-495.

Begley, Michael, *Le Règlement XVII : étude d'une crise*, Ottawa, Association des enseignants franco-ontariens, 1979.

Bélanger, André-J., *L'apolitisme des idéologies québécoises : le grand tournant de 1934-1936*, Sainte-Foy, Presses de l'Université Laval, 1974.

Bellerive, Georges, *Orateurs canadiens aux États-Unis : conférences et discours*, Québec, Imprimerie H. Chassé, 1908.

Belliveau, Joel et Frédéric Boily, « Deux révolutions tranquilles ? Transformations politiques et sociales au Québec et au Nouveau-Brunswick (1960-1967) », *Recherches sociographiques*, vol. 46, n° 1, 2005, p. 11-34.

Bennett, Paul, « Prendre la route avec *Le Devoir* », *Le Devoir*, 9 janvier 2010, disponible en ligne : http://www.ledevoir.com/loisirs/voyage/280709/prendre-la-route-avec-le-devoir. Consulté le 19 juillet 2011.

Benveniste, Émile, *Problèmes de linguistique générale*, Paris, Gallimard, 1966.

Bernard, Roger, *De Québécois à Ontarois*, Hearst, Éditions du Nordir, 1988.

__, *Le Canada français : entre mythe et utopie*, Ottawa, Le Nordir, 1998.

Bernier, Serge, *et al.*, *Québec ville militaire 1608-2008*, Montréal, Art Global, 2007.

Bertrand, Luc, *L'énigmatique Mackenzie King*, Ottawa, L'Interligne, 2000.

Bérubé, Justin, *Le monde raconté aux petits Canadiens français dans trois revues jeunesse, 1921-1947*, mémoire de maîtrise, Université du Québec à Montréal, 2009, 141 feuillets.

Biron, Michel, François Dumont et Élisabeth Nardout-Lafarge, *Histoire de la littérature québécoise*, Montréal, Boréal, 2007.

Blay, Jacqueline, *L'article 23 : les péripéties législatives et juridiques du fait français au Manitoba 1870-1986*, Saint-Boniface, Éditions du Blé, 1987.

Bock, Michel, *La jeunesse au Canada français : formation, mouvements et identité*, Ottawa, Presses de l'Université d'Ottawa, 2007, 269 p.

__, *Quand la nation débordait les frontières : les minorités françaises dans la pensée de Lionel Groulx*, Montréal, Hurtubise, 2004.

__, « "Le Québec a charge d'âmes" : L'Action française de Montréal et les minorités françaises (1917-1928) », *Revue d'histoire de l'Amérique française*, vol. 54, n° 3, 2001, p. 345-384.

Bocquel, Bernard, *Au pays de CKSB*, Saint-Boniface, Éditions du Blé, 1996.

Bonville, Jean de, *La presse québécoise de 1884 à 1914. Genèse d'un mass média*, Sainte-Foy, Presses de l'Université Laval, 1988, 416 p.

Bordas, Éric *et al.*, *L'analyse littéraire*, Paris, Armand Colin, 2005.

Bouchard, Gérard, *Entre l'Ancien et le Nouveau Monde. Le Québec comme population neuve et culture fondatrice*, Ottawa, Presses de l'Université d'Ottawa, 1996, 56 p.

__, *Genèse des nations et cultures du nouveau monde. Essai d'histoire comparée*, Montréal, Boréal, 2000, 503 p.

__, *Les deux chanoines : contradictions et ambivalence dans la pensée de Lionel Groulx*, Montréal, Boréal, 2003.

__, « Une nation, deux cultures : continuité et ruptures dans la pensée québécoise traditionnelle (1840-1960) », *La construction d'une culture : le Québec et l'Amérique française*, Sainte-Foy, Presses de l'Université Laval, 1993, p. 3-47.

Bouchard, Télesphore-Damien, *L'enseignement de l'histoire – Discours prononcé au sénat le 21 juin 1944*, Saint-Hyacinthe, L'imprimerie Yamaska, 1944.

Bourassa, Henri, *Grande-Bretagne et Canada ; questions actuelles. Conférence au Théâtre national français, Montréal, le 20 octobre 1901*, Montréal, Imprimerie du Pionnier, 1902.

Bourdon, Léo Michel, « Dix-sept : une étude du combat mené contre le règlement XVII, échec des moyens juridiques, réussites des moyens politiques et participation du journal *Le Devoir* », thèse de maîtrise en histoire, Université d'Ottawa, 1981, 150 feuillets.

Brault, Gérard J., « Reflections on Daudet's "La Dernière Classe : Récit d'un petit alsacien" », *Symposium*, vol. 2, n° 54, été 2000, p. 67-76.

Broadfoot, Barry, *Ten Lost Years 1929-1939: Memories of the Canadians Who Survived the Depression*, Toronto, Doubleday, 1973.

Brunet, Michel, *Notre passé, le présent et nous*, Montréal, Fides, 1976.

Caillé, Alain, *Anthropologie du don : le tiers paradigme*, Paris, Desclée de Brouwer, 2000.

Calderwood, William, « Religious Reaction to the Ku Klux Klan in Saskatchewan » *Saskatchewan History*, vol. 26, n° 3, 1973, p. 103-114.

Cambron, Micheline et Hans-Jürgen Lüsebrink, « Présentation », *Études françaises*, vol. 36, n° 3, 2000, p. 5-7.

Cambron, Micheline, « De l'importance de la facture des périodiques dans la compréhension de l'histoire de la littérature au Bas-Canada », *Fac-Similé*, n° 14, novembre 1995, p. 12-15.

Canada Year Book 1918, The, Ottawa, J. de Labroquerie Taché, 1919.

Cardinal, Linda, « Le Canada français à la lumière des États généraux : critique de la thèse de la rupture », dans *Les États généraux du Canada français trente ans après*, Marcel Martel et Robert Choquette (dir.), Ottawa, Centre de recherche en civilisation canadienne-française de l'Université d'Ottawa, 1998, p. 213-233.

___, « Sortir de la nostalgie, en finir avec le ressentiment : les francophones hors Québec et la coopération interprovinciale », dans *Briser les solitudes : Les francophonies canadiennes et québécoises*, Simon Langlois et Jean Louis Roy (dir.), Québec, Nota Bene, 2003, p. 15-31.

Cardinal, Linda et Anne-Andrée Denault, « Rupture et continuité : une relecture des récits des effets de la révolution tranquille sur les rapports entre les sociétés acadienne et québécoise », *American Journal of Quebec Studies*, vol. 43, 2007, p. 67-82.

Cardinal, Mario, *Pourquoi j'ai fondé* Le Devoir *: Henri Bourassa et son temps*, Montréal, Libre Expression, 2010.

Carpin, Gervais, *Histoire d'un mot : l'ethnonyme Canadien de 1535 à 1691*, Sillery, Éditions du Septentrion, 1995.

Carrière, Gaston, *Le père du Keewatin*, Montréal, Rayonnement, 1962.

Casgrain, Henri-Raymond, « Le mouvement littéraire en Canada », *Le Foyer canadien, recueil littéraire et historique* (Québec), IV, 1866, 31 p.

Castonguay, Charles, « Call Me Canadian! », *Le Devoir*, 30 avril 1999.

Champagne, Juliette Marthe, *De la Bretagne aux plaines de l'Ouest canadien : lettres d'un défricheur franco-albertain, Alexandre Mahé (1880-1968)*, Sainte-Foy, Presses de l'Université Laval, 2003.

Champoux, Micheline, *De l'enfance ignorée à l'enfant-roi : Cinquante ans d'enfants modèles dans les manuels scolaires québécois (1920-1970)*, mémoire de maîtrise, Université du Québec à Trois-Rivières, 1993, 243 p.

Chaput, Hélène, *Donatien Frémont : journaliste de l'Ouest canadien*, Saint-Boniface, Éditions du Blé, 1977.

Charbonneau, Robert, *La France et nous – réponses à Jean Cassou, René Garneau, Louis Aragon, Stanislas Fumet, André Billy, Jérôme et Jean Tharaud, François Mauriac et autres*, Montréal, Éditions de l'Arbre, 1947, 77 p.

Charette, Pierre-Philippe, *Noces d'or de la Saint-Jean-Baptiste : compte rendu officiel des fêtes de 1884 à Montréal*, Montréal, Le Monde, 1884.

Charland, Jean-Pierre, *L'entreprise éducative au Québec : 1840-1900*, Sainte-Foy, Presses de l'Université Laval, 2000.

Chartier, Daniel, *L'émergence des classiques. La réception de la littérature québécoise des années 1930*, Montréal, Fides, 2000.

Choquette, Robert, *La foi gardienne de la langue en Ontario, 1900-1950*, Montréal, Bellarmin, 1987.

__, *Langue et religion : histoire des conflits anglo-français en Ontario*, Ottawa, Éditions de l'Université d'Ottawa, 1977.

Chouinard, Denis, « Des contestataires pragmatiques : les Jeune-Canada, 1932-1938 », *Revue d'histoire de l'Amérique française*, vol. 40, n° 1, 1986, p. 5-28.

Comeault, Gilbert-Louis, *The Politics of the Manitoba School Question and its Impact on L.-P.-A. Langevin's Relations with Manitoba's Catholics Minority Groups*, mémoire de maîtrise, Department of History, University of Manitoba, 1977.

Corbo, Claude, *L'éducation pour tous ? : une anthologie du Rapport Parent*, Montréal, Presses de l'Université de Montréal, 2002.

Côté, Luc, « Modernité et identité : la chronique féminine dans le journal *La Liberté*, 1915-1930 », *Cahiers franco-canadiens de l'Ouest*, vol. 10, n° 1, 1998, p. 51-90.

Couture, Clovis-Émile, « Québec et les groupements minoritaires français », *L'Action nationale*, vol. XXIV, n° 2, octobre 1944, p. 102-115.

Dandurand, Pierre, « Crise économique et idéologie nationaliste. Le cas du journal "*Le Devoir*" », dans *Idéologies du Canada français 1930-1939*, Fernand Dumont, Jean-Paul Montminy et Jean Hamelin (dir.), Sainte-Foy, Presses de l'Université Laval, 1978, p. 41-59.

Denis, Raymond, « Menace de sécession en Saskatchewan en 1931 », *Vie française*, vol. 18, n°s 5-6, janvier-février 1964 ; disponible en ligne : http://musee.societehisto.com/menace_de_secession_en_saskatchewan_en_1931_n167_t1131.html.

__, « Mes mémoires », *Vie française*, vol. 23, n°s 9-10, mai-juin 1969, p. 253-274 ; vol. 23, n°s 11-12, juillet-août 1969, p. 309-332 ; vol. 24, n°s 1-2, septembre-octobre 1969, p. 3-26, vol. 24, n°s 3-4, nov-décembre 1969, 95-109, vol. 24, n°s 5-6, p. 142-154 ; vol. 24, n°s 7-8, mars-avril 1970, p. 190-212, vol. 24, n°s 9-10, mai-juin 1970, p. 241-269 ; vol. 24, n°s 11-12, juillet-août 1970, p. 308-325.

Deschêne, Louise, *Le peuple, l'État et la guerre au Canada sous le régime français*, Montréal, Boréal, 2008.

Dion, Léon, *Nationalismes et politique au Québec*, Montréal, Hurtubise HMH, 1975.

__, *Québec 1945-2000 : à la recherche du Québec*, Sainte-Foy, Presses de l'Université Laval, 1987.

Dionne, Narcisse-Eutrope, *Mgr de Forbin-Janson, évêque de Nancy et de Toul, primat de Lorraine, etc. : sa vie, son œuvre en Canada*, Québec, L. Brousseau, 1895.

Dubé, Albert-O., *La voix du peuple : l'histoire populaire de la presse écrite fransaskoise 1910-1990*, Regina, Société historique de la Saskatchewan, 1994.

Dubied, Annik et Marc Lits, « L'éditorial : genre journalistique ou position discursive ? », *Pratiques,* n° 94, 1997, p. 49-61.

Dubois, Jacques, *L'institution de la littérature*, Bruxelles, Nathan / Labor, 1978.

Ducroq-Poirier, Madeleine, *Le roman canadien de langue française de 1860 à 1958,* Paris, Nizet, 1981.

Dugré, Adélard s.j., *Monseigneur Laflèche*, Montréal, L'œuvre des tracts, n° 58, s.d.

Duhamel Roger, *Bilan provisoire*, Montréal, Beauchemin, 1958.

Dumas, François, Louis Garon et Marie Léveillé, « Les archives du réseau institutionnel canadien-français conservées au Québec et à Ottawa, 1834-1973 », *Archives*, vol. 36, n° 1, 2004-2005, p. 29-66.

Dumont, Fernand, J.-P. Montminy, J. Hamelin et F. Harvey (dir.), *Idéologies au Canada français*, Sainte-Foy, Presses de l'Université Laval, 4 volumes, de 1971 à 1981.

__, « Du début du siècle à la crise de 1929 : un espace idéologique », dans *Idéologies au Canada français, 1850-1900,* F. Dumont, J.-P. Montminy, J. Hamelin et F. Harvey (dir.), Sainte-Foy, Presses de l'Université Laval, 1974, p. 1-13.

Dumont, Fernand, « Essor et déclin du Canada français », *Recherches sociographiques*, vol. 38, n° 3, 1997, p. 419-467.

__, *Genèse de la société québécoise*, Montréal, Boréal, 1996.

Dupire, Louis, « Le service de librairie », *Le Devoir*, 23 février 1935.

Durocher, George-Étienne, *Bio-Bibliographie du R.P. Paul-Émile Breton, o.m.i., journaliste et écrivain*, Edmonton, Collège Saint-Jean, 1961, 169 p.

Durocher, René, « Les lendemains des deux guerres mondiales », *Cap-aux-Diamants : la revue d'histoire du Québec*, n° 43, 1995, p. 50-53.

Eco, Umberto, *Lector in fabula*, Paris, Grasset, 1985 [1979].

Émard, J.-M., « Les écoles du Manitoba. Résumé historique de la question », Œuvres pastorales, vol. I, (1892-1900), Paris, Pierre Téqui éditeur, 1921, p. 299-312.

Faillon, Étienne-Michel, *Histoire de la colonie française en Canada*, Villemarie, Biliothèque paroissiale, tome 2, 1865.

Filteau, Gérard, *Le Québec, le Canada et la Guerre 1914-1918*, Montréal, L'Aurore, 1977.

Foran, Timothy Paul, « "Les gens de cette place" : Oblates and the evolving concept of Métis at Île-à-la-Crosse, 1845-1898 », thèse de doctorat en histoire, Université d'Ottawa, 2011.

Fraipont, Gustave, *La jeunesse héroïque : histoires vraies*, préface de Edmond Haraucourt, Paris, F. Lointier éditeur, s.d. [vers 1916].

Frémont, Donatien, *Les Français dans l'Ouest canadien*, Saint-Boniface, Éditions du Blé, 1980.

Frenette, Yves, Étienne Rivard et Marc Saint-Hilaire (dir.), *Atlas historique du Québec : La francophonie nord-américaine*, Sainte-Foy, Presses de l'Université Laval, 2011.

Frenette, Yves, « L'évolution des francophonies canadiennes. Éléments d'une problématique », dans *Aspects de la nouvelle francophonie canadienne*, S. Langlois et J. Létourneau (dir.), Sainte-Foy, Presses de l'Université Laval, 2004, p. 3-18.

Friesen, Gerald et Barry Potyondi, *A Guide to the Study of Manitoba Local History*, Winnipeg, University of Manitoba Press, 1981.

Gagnon, Claude-Marie, « Les éditions Édouard Garand et la culture populaire québécoise », *Voix et Images*, vol. 10, n° 1, 1984, p. 119-129.

Gagnon, Ernest, *Louis Jolliet*, Montréal, Beauchemin, 1946.

Gagnon, Serge, *De l'oralité à l'écriture. Le manuel de français à l'école primaire, 1830-1900*, Sainte-Foy, Presses de l'Université Laval, 1999.

Galarneau, France, « L'élection partielle du quartier-ouest de Montréal en 1832 : analyse politico-sociale », *Revue d'histoire de l'Amérique française*, vol. 32, n° 4, 1979, p. 565-584.

Galbraith, John Kenneth, *La crise de 1929. Anatomie d'une catastrophe financière*, Paris, Payot, 2011.

Gareau, Laurier, « Les voyages de la survivance franco-canadienne », *Vie française*, vol. 17, n° 2, décembre 2006 ; disponible en ligne : http://musee.societehisto. com/retrouver_la_patrie_n211_t1794.html.

___, *Sur nos bancs d'école : l'éducation française dans la région de Prud'homme, Saint-Denis et Vonda*, Saint-Denis, Association communautaire fransaskoise de la Trinité, 2005.

Gautier, Toussaint, *Dictionnaire des confréries et corporations d'arts et métiers*, Paris, J.P. Migne Éditeur, 1854.

Gendron, Joseph, « L'enseignement de l'histoire dans l'ouest – B – Rapport sur l'enseignement de l'histoire dans les collèges classiques de langue française », Québec, Éditions de l'A.C.E.L.F., 1956, p. 95-102.

Gervais, Gaétan, *Des gens de résolution : le passage du "Canada français" à l'"Ontario français"*, Sudbury, Institut franco-ontarien / Prise de parole, 2003.

Gilles, Philippe, *Histoire des crises et des cycles économiques : Des crises industrielles du 19ᵉ siècle aux crises financières actuelles*, Paris, Armand Colin, 2009.

Gingras, Pierre-Philippe, *Le Devoir*, Montréal, Libre Expression, 1985.

Glissant, Édouard, *Le discours antillais*, Paris, Gallimard, 1981.

Godbout, Arthur, *Nos écoles franco-ontariennes : histoire des écoles de langue française dans l'Ontario, des origines du système scolaire (1841) jusqu'à nos jours*, Ottawa, Éditions de l'Université d'Ottawa, 1980.

Godin, Pierre, *Les frères divorcés*, Montréal, Éditions de l'Homme, 1986.

Granatstein, J.L. et J.M. Hitsman, *Broken Promises : A History of Conscription in Canada*, Toronto, Oxford University Press, 1977.

Grice, Henri Paul, « Logique et conversation », traduit par Frédéric Berthet et Michel Bozon, *Communications*, n° 30, 1979, p. 57-72.

Groulx, Lionel, *L'enseignement français au Canada, tome 2 : les écoles des minorités*, Ville, Librairie Granger Frères, 1933.

___, *Au cap Blomidon*, par Alonié de Lestres, légendes de Victor Barrette, dessins de J. McIsaac, Trois-Rivières, Section Laflèche des Trois-Rivières de l'Association catholique des voyageurs de commerce, vers 1935 ou 1943, [24] p.

__, *L'appel de la race – extrait de «L'appel de la race»*, par Alonié de Lestres, légendes de Victor Barrette, préface de Omer Héroux, dessins de J. Paquette, Trois-Rivières, Section Laflèche des Trois-Rivières de l'Association catholique des voyageurs de commerce, 1935, [24] p.

__, *Histoire du Canada français depuis la découverte: le régime britannique au Canada*, Montréal, Fides, 1960.

__, *Mes mémoires, tome III : 1926-1939*, Montréal, Fides, 1972.

__, *Si Dollard revenait...: conférence prononcée sous les auspices du Cercle catholique des voyageurs de commerce de Montréal*, Montréal, Bibliothèque de l'Action française, 1919, 24 p.

Hamel, Reginald, John Hare et Paul Wyczynski, *Dictionnaire des auteurs de langue française en Amérique du Nord* [DALFAN], Montréal, Fides, 1989 ; disponible en ligne : http://services.banq.qc.ca/sdx/dalfan/.

Hamon, Édouard, *Les Canadiens-Français de la Nouvelle-Angleterre*, Québec, Hardy Librairie-Éditeur, 1891.

Hamon, Philippe, *L'Ironie littéraire : Essai sur les formes de l'écriture oblique*, Paris, Hachette Supérieur, 1996.

Harvey, Fernand (dir.), *Médias francophones hors Québec et identité : analyses, essais et témoignages*, Québec, Institut québécois de recherche sur la culture, 1992, 356 p.

Hautecoeur, Jean-Paul, *L'Acadie du discours. Pour une sociologie de la culture acadienne*, Sainte-Foy, Presses de l'Université Laval, 1975.

Hébert, François, « Hérauts, première véritable revue de bandes dessinées québécoises », *La nouvelle barre du jour*, n° 110-111, février 1982, p. 113-120.

Hébert, Monique, « Annette Saint-Amant ou Mère-Grand », *Femmes d'action*, vol. 20, n° 3-4, février-mars 1991, p. 16-18.

__, « D'une génération à l'autre : la transmission du rôle maternel au Manitoba français de 1916 à 1947 », *Voix féministes / Feminist voices*, Ottawa, Institut canadien de recherches sur les femmes, n° 5, août 1998, 38 p.

Hébert, Pierre, *Lionel Groulx et L'appel de la race*, Montréal, Fides, 1996.

Hébert, Raymond, *Manitoba's French-Language Crisis: A Cautionary Tale*, Montréal et Kingston, McGill-Queen's University Press, 2004.

Herman, Thierry et Nicole Jufer, « L'éditorial, "vitrine idéologique du journal" ? », *Semen* [en ligne], 13, 2001, consulté le 4 avril 2011. Disponible en ligne : http://semen.revues.org/2610.

Héroux, Omer, « La crise du blé », *Le Devoir*, 17 novembre 1930.

Héroux, Roland, « Hector Héroux journaliste », *Le Nouveau Mauricien : bulletin de la Société d'histoire régionale*, vol. 10, n° 1, juin 2004, p. 6-8.

Hotte, Lucie et Johanne Melançon, *Introduction à la littérature franco-ontarienne*, Sudbury, Prise de parole, 2010.

Hotte, Lucie, « Qu'est-ce que la littérature... franco-ontarienne ? », *Nuit blanche*, n° 62, 1995-1996, p. 42-45.

Huel, Raymond, « The Anderson Amendments: A Half Century Later » *Canadian Catholic Historical Association*, *Study Sessions*, n° 47, 1980, p. 5-21.

__, *L'Association catholique franco-canadienne de la Saskatchewan : un rempart contre l'assimilation culturelle 1912-34*, Regina, Les publications fransaskoises, 1969.

__, « The Anderson Amendments and the Secularization of Saskatchewan Public Schools », *Canadian Catholic Historical Association, Study Sessions*, n° 44, 1977, p. 74-75.

__, « La presse française dans l'Ouest canadien : *Le Patriote de l'Ouest*, 1910-1941 », *Perspectives sur la Saskatchewan française*, Société historique de la Saskatchewan, 1983, p. 166-187.

Jaenen, Cornelius J. « The History of French in Manitoba : Local Initiative or External Imposition », *Language and Society*, Ottawa, Commissioner of Official Languages, n° 13, printemps 1984.

Jankélévitch, Vladimir, *L'ironie*, Paris, Flammarion, 1964.

Joncas, Geneviève, « Virage à 180 degrés : des Canadiens devenus Québécois », *Cap-aux-Diamants : la revue d'histoire du Québec*, n° 96, 2009, p. 25-28.

Kern, Lucien, *Lettres des tranchées*, Saint-Boniface, Éditions du Blé, 2007.

Kyba, J. Patrick, *The Saskatchewan General Election of 1929*, mémoire de maîtrise, University of Saskatchewan, 1964.

__, « J.T.M. Anderson », dans *Saskatchewan Premiers of the Twentieth Century*, Gordon L. Barnhart (dir.), Canadian Plains Research Center, University of Regina, 2004, p. 109-138.

__, « Ballots and Burning Crosses – The Election of 1929 », dans *Politics in Saskatchewan*, Norman Ward et Duff Spafford (dir.), Don Mills, Longmans Canada, 1968, p. 105-123.

La Bruyère, *Caractères* [1688], Paris, Garnier, 1962.

Labrosse, Claude, « La voix et l'événement : possibilités et limites d'une poétique du texte », *Orage*, n° 7, Besançon, mai 2008, p. 23-36.

Lachapelle, Réjean et Jacques Henripin, *La situation démolinguistique au Canada : évolution passée et prospective*, Montréal, Institut de recherches politiques, 1980, 391 p.

Lacombe, Guy, *Paul-Émile Breton, journaliste français de l'Alberta*, mémoire de maîtrise, Université Laval, Edmonton, s.éd., 1993.

Lacoursière, Jacques, *Histoire populaire du Québec*, tome 3, 1841 à 1896, Sillery, Éditions du Septentrion, 1996.

Lacoursière, Jacques, Jean Provencher et Denis Vaugeois, *Canada-Québec, 1534-2010*, Sillery, Éditions du Septentrion, 2011.

Lafortune, Napoléon, « Le service des voyages du Devoir », *Le Devoir*, 23 février 1935, p. 71.

Lamarche, Gustave, « Préface », *Le problème national des Canadiens français* de Robert Rumilly, Montréal, Fides, 1962.

Lamonde, Yvan, *Allégeances et dépendances : L'histoire d'une ambivalence identitaire*, Montréal, Éditions Nota bene, 2001, 266 p.

__, *Histoire sociale des idées au Québec : 1896-1929*, Montréal, Fides, 2004.

__, *La librairie et l'édition à Montréal 1776-1920*, Montréal, Bibliothèque nationale du Québec, 1991, 198 p.

__, *La modernité au Québec : la crise de l'homme et de l'esprit 1929-1939*, Montréal, Fides, 2011.

__, « Les Jeune-Canada ou les "Jeune-Laurentie" ? La recherche d'un nationalisme (1932-1938) », *Cahiers des Dix*, n° 63, 2009, p. 175-215.

__, « Pour la modernité au Québec : pour une histoire des Brèches (1895-1950) », dans *L'avènement de la modernité culturelle au Québec*, Yvan Lamonde et Esther Trépanier (dir.), Québec, Éditions de l'Institut québécois de recherche sur la culture, 1986.

Lamonde, Yvan et Didier Poton (dir.), *La Capricieuse (1855) : poupe et proue. Les relations France-Québec (1760-1914)*, Sainte-Foy, Presses de l'Université Laval, 2006.

Langevin, Martin, « Le nationalisme de Roger Duhamel 1927-1947 », *Cahiers d'histoire du Québec au XXᵉ siècle*, n° 1, hiver 1994, p. 25-43.

Langlois, Simon, et Jean-Louis Roy (dir.), *Briser les solitudes. Les francophonies canadiennes et québécoise*, Québec, Éditions Nota Bene, 2003, p. 173-183.

Laniel, Jean-François, en coll. avec Charles Castonguay « Le spectre de Lord Durham : portrait statistique », *La Relève*, vol. 1, n° 1, p. 3-6.

Laperrière, Guy, *Les congrégations religieuses : Au plus fort de la tourmente, 1901-1904*, Sainte-Foy, Presses de l'Université Laval, 1999.

Lapointe, Richard et Lucille Tessier, *Histoire des Franco-Canadiens de la Saskatchewan*, Régina, Société historique de la Saskatchewan, 1986.

Lapointe, Richard, *La Saskatchewan de A à Z*, Régina, Société historique de la Saskatchewan, 1987.

Larrue, Jean-Marc, *Le théâtre à Montréal à la fin du XIXᵉ siècle*, Montréal, Fides, 1981.

Laurendeau, André, *La crise de la conscription 1942*, Montréal, Éditions du Jour, 1962.

Lavergne, Armand, *Trente ans de vie nationale*, Montréal, Zodiaque, 1934.

Leblanc, Paul-Émile, *L'enseignement français au Manitoba 1916-1968*, mémoire de maîtrise, Université d'Ottawa, 1968.

Lemieux, Louise, *Pleins feux sur la littérature de jeunesse au Canada français*, Montréal, Leméac, 1972, 342 p.

Lemire, Maurice (dir.), *Dictionnaire des œuvres littéraires du Québec* (DOLQ), Tome II : 1900-1939, Montréal, Fides, 1987.

Lepage, Françoise, *Histoire de la littérature pour la jeunesse : Québec et francophonies du Canada*, Ottawa, Éditions David, 2000, 826 p.

__, « Le début de la presse enfantine au Québec : *L'Oiseau bleu* (1921-1940) », *Documentations et bibliothèques*, vol. 24, n° 1, mars 1978, p. 25-31.

Levasseur, Donat, *Les Oblats de Marie Immaculée dans l'Ouest et le Nord du Canada, 1845-1967*, Edmonton, University of Alberta Press et Western Canadian Publishers, 1995.

Levasseur, France, « La communauté franco-albertaine en 1945 », *Avant que j'oublie*, vol. 2, n° 1, janvier 2010, p. 1.

Levasseur, J.L. Gilles, *Le statut juridique du français en Ontario*, Ottawa, Presses de l'Université d'Ottawa, 1993.

Léveillé, J.R., *Anthologie de la poésie franco-manitobaine*, Saint-Boniface, Éditions du Blé, 1990.

Madore, Édith, *La littérature pour la jeunesse au Québec*, Montréal, Boréal, « Boréal express », 1994, 127 p.

Mahé, Yvette T. M., *Bibliographie partielle des ressources didactiques utilisées dans les écoles bilingues de l'Alberta : 1949 à 1966*, Edmonton, Faculté Saint-Jean, University of Alberta, 1985, 19 p.

__, « L'idéologie, le curriculum et les enseignants des écoles bilingues de l'Alberta, 1892-1992 », *The Canadian Modern Language Review / La Revue canadienne des langues vivantes*, 49 (4), 1993, p. 687-703.

Maillet, Antonine, *La Sagouine*, Montréal, Leméac, 1971.

Maingueneau, Dominique, *Les termes clefs de l'analyse du discours*, Paris, Seuil, coll. « mémo », 1996.

__, « L'éthos, de la rhétorique à l'analyse du discours », [en ligne], consulté le 7 février 2011, URL : http://dominique.maingueneau.pagesperso-orange.fr/ intro_company.html.

__, « Scénographie épistolaire et débat public », dans *La lettre entre réel et fiction*, J. Siess (dir.), Paris, Sedes, 1998, p. 55-71.

Marcel, Bruno et Jacques Taïeb, *Les grandes crises : 1873-1929-1973-2008 ?*, Paris, Armand Colin, 2010.

Marcil, Jeffrey, *Les nôtres : Franco-Américains, Canadiens-Français hors-Québec et Acadiens dans la grande presse montréalaise de langue française (1905-1906)*, mémoire de maîtrise (histoire), Université d'Ottawa, 1998.

Mariline (pseudonyme de Aline Séguin-Le Guiller), *Flambeau sacré*, s.éd., 1944.

Marion, Séraphin, *Sur les pas de nos littérateurs*, Montréal, Albert Lévesque, 1933.

Marquis, Dominique, « *Le Devoir* : un produit unique », *Les Cahiers du journalisme*, n° 8, décembre 2000, p. 60-74.

__, *Un quotidien pour l'Église. L'Action catholique, 1910-1940*, Montréal, Leméac, 2004, 220 p.

Martel, Marcel, *Le deuil d'un pays imaginé : rêves, luttes et déroute du Canada français*, Ottawa, Presses de l'Université d'Ottawa, 1997.

__, « Trois clés pour comprendre la rupture du Canada français », dans *Pour un espace de recherche au Canada français*, Benoît Cazabon (dir.), Ottawa, Presses de l'Université d'Ottawa, 1996, p. 35-52.

Masson, Philippe, *Le Canada-Français et la Providence*, Québec, Atelier typographique de Léger Brousseau, 1875.

Michon, Jacques (dir.), *Histoire de l'édition littéraire au Québec au XXᵉ siècle*, vol. 1, 1999.

__, *Fides : la grande aventure éditoriale du père Paul-Aimé Martin*, Montréal, Fides, 1998.

__, *Les éditeurs québécois et l'effort de guerre, 1940-1948*, Sainte-Foy, Presses de l'Université Laval, 2009.

Mignault, Thomas, s.j., *Le père Henri Bourque, s.j. (1868-1943)*, Montréal, Bellarmin, 1957.

Monière, Denis, *Le développement des idéologies au Québec*, Montréal, Québec-Amérique, 1977.

Montreuil, Gaëtane de (Georgina Bélanger), « Les nouveaux livres : *Mémoires d'une souris canadienne* par Marie-Louise d'Auteuil », *Mon magazine*, vol. 7, n° 3, juin 1932, p. 3.

Morin, Rosaire, « Les origines de *L'Action nationale* », *L'Action nationale*, vol. XC, n° 4, avril 2000, p. 99-108.

Morton, W.L., *Manitoba: A History*, Toronto, University of Toronto Press, 1967.

Moulin, Anne-Marie, « Le corps face à la médecine », dans *Histoire du corps 3 : Les mutations du regard, le XXe siècle*, Georges Vigarello, Alain Corbin et Jean-Jacques Courtine (dir.), Paris, Seuil, 2006.

Nadeau, Jean-François, *Adrien Arcand, führer canadien*, Montréal, Lux Éditeur, 2010, 408 p.

New, William H. (dir.), *Encyclopedia of Literature in Canada*, Toronto, University of Toronto Press, 2002.

Noël, Mathieu, *Lionel Groulx et le réseau indépendantiste des années 1930*, Montréal, VLB éditeur, 2011.

Oliver, Peter, *G. Howard Ferguson: Ontario Tory*, Toronto, University of Toronto Press, 1977.

__, *Public & Private Persons: the Ontario Political Culture 1914-1934*, Toronto, Clarke Irwin, 1975.

Osborne, Ken, « Citizenship Education and Canadian Schools », conférence présentée au colloque *Canadian Citizenship within the Next Millennium*, Winnipeg, Citizenship Council of Manitoba, 30 octobre 1998.

Osborne, William Frederick, Donatien Frémont, Marius Benoist, Martial Caron et A.R.M. Lower, *Réalisations canadiennes-françaises/ French Canadian Achievements. Série de cinq causeries irradiées au post CKY*, Winnipeg, Université du Manitoba, 1941, 23 p.

Panneton, Jean, *Le séminaire Saint-Joseph de Trois-Rivières 1860-2010*, Sillery, Éditions du Septentrion, 2010.

Panneton, Jean-Charles, *Pierre Laporte*, Sillery, Éditions du Septentrion, 2012.

Paquet, Louis Adolphe, *L'Église et l'éducation au Canada : précis historico-juridique : extrait de L'Église et l'éducation par le même auteur*, Québec, L'Événement, 1909, 25 p.

Paré, François, *La distance habitée*, Ottawa, Le Nordir, 2003.

__, *Les littératures de l'exiguïté*, Ottawa, Le Nordir, coll. « BCF », 2001 [©1992].

Paré, Lorenzo, « On parle de volontariat, mais la conscription est imposée », *L'Action catholique*, 24 novembre 1944.

__, « King demande l'adoption de son compromis et menace de partir », *L'Action catholique*, 28 février 1944.

Pelletier, Jean-François, « La voix du Québec », *L'Action nationale*, vol. XXIV, n° 1, août-septembre 1944, p. 3-18.

Pénard, R.P. « *Lettre du R.P. Pénard au T.R.P. supérieur général, Mission Saint-Jean-Baptiste, Île-à-la-Crosse, 11 avril 1893* », *Vicariat de la Saskatchewan : Missions de la Congrégation des missionnaires oblats de Marie Immaculée*, Paris, A. Hennuyer, n° 131, septembre 1895, p. 285-302.

__, *Mᵍʳ Charlebois*: *notes et souvenirs*, Montréal, Beauchemin, 1937, 243 p.

__, *Les langues et les nationalités au Canada*, Montréal, Éditions Le Devoir, 1916.

__, *Yomti titrossi*: *prières, catéchisme, cantiques à l'usage des Montagnais du Vicariat apostolique du Keewatin*, Hobbema, Alta, Imprimerie du Journal cris, 1923, 224 p.

Pénisson, Bernard, *Henri d'Hellencourt. Un journaliste français au Manitoba (1898-1905)*, Saint-Boniface, Éditions du Blé, 1987.

Perelman, Chaïm et Lucie Olbrechts-Tyteca, *Le traité de l'argumentation*, Bruxelles, Presses universitaires, 1958.

Perrot, Jean, « Après la publication », préface de *La Littérature de jeunesse* par Nathalie Prince, Paris, Armand Colin, 2010, p. 5-7.

Pichette, Jean-Pierre, « La mise en scène littéraire du conte populaire en Ontario français. Le cas de Marie-Rose Turcot », *Cahiers Charlevoix. Études franco-ontariennes*, vol. 3, Sudbury, Prise de parole, 1998, p. 11-86.

Poliquin, Éric, *Le Patriote de l'Ouest et les grands événements du XXᵉ siècle*, Société historique de la Saskatchewan, 1997.

Potvin, Claude, *Le Canada français et sa littérature de jeunesse*, Moncton, CRP, 1981, 185 p.

Poulin, Manon, *Eugène Achard, éditeur. L'émergence d'une édition pour la jeunesse canadienne*, thèse de doctorat, Université de Sherbrooke, 1994.

Pouliot, Suzanne et Nathalie Roussel, « L'adolescence vue par les Frères de l'instruction chrétienne », *Cahiers de la recherche en éducation*, vol. 7, n° 1, 2000, p. 37-61.

Pouliot, Suzanne, « Les collections pour la jeunesse », dans *Histoire de l'édition littéraire au Québec au XXᵉ siècle, le temps des éditeurs 1940-1959*, Jacques Michon (dir.), Montréal, Fides, 2004, p. 185-225.

__, « Les éditeurs pour la jeunesse », dans *Histoire de l'édition littéraire au Québec au XXᵉ siècle, la naissance de l'éditeur 1900 à 1939*, Jacques Michon (dir.), Montréal, Fides, 1999, p. 363-384.

Proulx, Jean-Pierre, *Le système éducatif du Québec*, Montréal, La Chenelière, 2009.

Provencher, Jean, *Les quatre saisons dans la vallée du Saint-Laurent*, Montréal, Boréal, 1988.

Renaud, Laurier, *La fondation de l'A.C.J.C.*: *l'histoire d'une jeunesse nationaliste*, Jonquière, Presses collégiales de Jonquière, 1973.

Ricard, François, *Gabrielle Roy: une vie*, Montréal, Boréal, 1996.

Richard, Béatrice, « Henri Bourassa et la conscription: traître ou sauveur? », *Revue militaire canadienne*, vol. 7, n° 4, hiver 2006-2007, p. 75-83.

Robert, Adolphe, « L'Évolution franco-américaine », *L'Action nationale*, vol. XXV, n° 6, juin 1945, p. 423-438.

Robert, Lucie, « Prolégomènes à une étude sur les transformations du marché du livre au Québec (1900-1940) », dans Yvan Lamonde (dir.), *L'Imprimé au Québec, aspects historiques (18ᵉ-20ᵉ siècles)*, Québec, I.Q.R.C., 1983, p. 229.

Robillard, Denise, *L'Ordre de Jacques Cartier: une société secrète pour les Canadiens français catholiques 1926-1965*, Montréal, Fides, 2009.

__, *Maurice Baudoux, 1902-1988. Une grande figure de l'Église et de la société dans l'Ouest canadien*, Sainte-Foy, Presses de l'Université Laval, 2009, 502 p.

Roby, Yves, *Histoire d'un rêve brisé : les Canadiens français aux États-Unis*, Sillery, Éditions du Septentrion, 2007.

Rottiers, René, *Soixante-cinq années de luttes : esquisse historique de l'œuvre de l'ACFC*, Regina, Association culturelle franco-canadienne de la Saskatchewan, 1977.

Rousseau, Louis et Frank William Remiggi (dir.), *Atlas historique des pratiques religieuses : le sud-ouest du Québec au XIXᵉ siècle*, Ottawa, Presses de l'Université d'Ottawa, 1998.

Roux-Pratte, Maude, *Le Bien public (1909-1978) : un journal, une maison d'édition, une imprimerie, la réussite d'une entreprise mauricienne à travers ses réseaux*, thèse de doctorat (histoire), Université du Québec à Montréal, 2008.

Roy, Gabrielle, *La détresse et l'enchantement*, Montréal, Boréal, 1988.

Roy, Jean-Louis, *Maîtres chez nous : dix années d'Action française, 1917-1927*, Montréal, Leméac, 1968.

Rumilly, Robert, *Henri Bourassa, La vie publique d'un grand Canadien*, Montréal, Éditions Chantecler, 1953, 792 p.

__, *Histoire de la province de Québec*, Montréal, Éditions Bernard Valiquette, 1946.

Russell, Frances, *The Canadian Crucible: Manitoba's Role in Canada's Great Divide*, Winnipeg, Heartland Associates, 2003.

Saint-Jacques, Denis et Maurice Lemire (dir.), *La vie littéraire au Québec, tome 4 (1919-1933)*, Sainte-Foy, Presses de l'Université Laval, 2005, 600 p.

__, *La vie littéraire au Québec, tome 5 (1895-1918)*, Sainte-Foy, Presses de l'Université Laval, 2010, 680 p.

Saminadayar-Perrin, Corinne, *Les discours du journal : rhétorique et médias au XIXᵉ siècle (1836-1885)*, Saint-Étienne (France), Publications de l'Université de Saint-Étienne, 2007.

Savard, Pierre, « Relations avec le Québec », dans *Les Franco-Ontariens*, Cornelius J. Jaenen (dir.), Ottawa, Presses de l'Université d'Ottawa, 1993, p. 231-263.

Savoie, Chantal, « Gaëtane de Montreuil, conseillère, bibliothécaire, professeure, critique, éditrice, publicitaire », @nalyses ; [En ligne], Dossiers, Femmes de lettres, mis à jour le : 08/08/2008, URL : http://www.revue-analyses.org/index.php?id=1143.

Schoentjes, Pierre, *Poétique de l'ironie*, Paris, Seuil, 2001.

Simon, Victor, *Le Règlement XVII : sa mise en vigueur à travers l'Ontario 1912-1927*, Sudbury, Société historique du Nouvel-Ontario, 1983.

Sissons, C. B., *Bi-lingual Schools in Canada*, Toronto, J.M. Dent, 1917.

St-Arnaud, Yves, « L'enseignement de l'histoire dans l'ouest », Québec, Éditions de l'A.C.E.L.F., 1956, p. 79-95.

Suleiman, Susan, *Le roman à thèse*, Paris, Presses universitaires de France, 1983.

Sylvestre, Paul-François, *L'Ontario français au jour le jour*, Toronto, Éditions du Gref, 2005.

__, *Les journaux de l'Ontario français, 1858-1983*, Sudbury, Société historique du Nouvel-Ontario / Université de Sudbury, 1984, 59 p.

Taché, Alexandre, *Les écoles dites écoles publiques de Manitoba sont des écoles protestantes*, 1893, 32 p.

Taillefer, Jean, Le Droit *et son histoire*, Ottawa, Le Droit, [1955], 34 p.

Thaler, Danielle, « Littérature de jeunesse : un concept problématique », *Canadian Children's Literature / Littérature canadienne pour la jeunesse*, n° 83, 1996, p. 26-38.

Thériault, Joseph-Yvon, « Les États généraux et la fin du Canada français », dans *Les États généraux du Canada français trente ans après*, Marcel Martel et Robert Choquette (dir.), Ottawa, Centre de recherche en civilisation canadienne-française de l'Université d'Ottawa, 1998, p. 261-271.

__, « Naissance, déploiement et crise de l'idéologie nationale acadienne », dans *Identité et cultures nationales. L'Amérique française en mutation*, Simon Langlois (dir.), Sainte-Foy, Presses de l'Université Laval, 1995, p. 67-83.

Thério, Adrien, « Le Journalisme au Canada français », *Canadian Literature*, n° 17, été 1963, p. 34-43.

Thibault-Vézina, Maxime, *Un peuple de coopérateurs : l'histoire du CCS et des institutions économiques fransaskoises*, Regina, Société historique de la Saskatchewan, 2009.

Thuot, Raymond-Louis, *Les Franco-Manitobains et la grande dépression, 1930-1939*, Saint-Boniface, Collège universitaire de Saint-Boniface, 1981.

Tremblay, Laurent, *Entre Deux Livraisons, 1913-1963*, Ottawa, Le Droit, 1963.

Tremblay, Michel, *Bonbons assortis*, Montréal-Paris, Leméac / Actes Sud, 2002.

Trottier, Alice, « Les débuts... », *Le Franco-Albertain*, 29 novembre 1978, p. 56-57.

__, « Les débuts du journal *La Survivance* », *Aspects du passé franco-albertain*, Edmonton, Salon d'histoire de la francophonie albertaine, 1980, p. 113-121.

Vallée, Henri, *Les journaux trifluviens de 1817 à 1933*, Trois-Rivières, Éditions du Bien-Public, 1933.

Verrette, René, « Le régionalisme mauricien des années trente », *Revue d'histoire de l'Amérique française*, vol. 47, n° 1, 1993, p. 27-52.

__, *Les idéologies de développement régional. Le cas de la Mauricie 1850-1950*, Sainte-Foy, Presses de l'Université Laval, 1999.

Vincent, Josée, *Les tribulations du livre québécois en France*, Québec, Nuit blanche éditeur, 1997.

Vinet, Bernard, *Pseudonymes québécois*, édition remaniée de *Pseudonymes canadiens* de Audet et Malchelosse, Québec, Garneau, 1974.

Wade, Mason, *The French Canadians : 1760-1945*, Toronto, MacMillan Company, 1956.

__, *Les Canadiens français, de 1760 à nos jours, tome II (1911-1963)*, Montréal, Cercle du livre de France, 1963.

Waiser, Bill, *Saskatchewan a new history*, Calgary, Fifth House, 2005.

Walker, Franklin A., *Catholic Education and Politics in Ontario: A Documentary Study*, Toronto, Thomas Nelson & Sons, 1964.

Zima, Pierre, *Manuel de sociocritique*, Paris, Picard, 1985.

V. Sources complémentaires

Acelf, *Écoles francophones du Canada*, carte géographique sous la direction de Caroline Jean et Richard Lacombe, Québec, Association canadienne d'éducation de langue française, 2008.

Perrault, Pierre, (réalisation), *Un pays sans bon sens !*, Office national du film, 1970, 117 min., n. et b., film 16 mm.

VI. Sites internet[2]

a. Articles et revues spécialisées

www.ameriquefrancaise.org
biographi.ca
contextes.revues.org
www.crccf.uottawa.ca/passeport
musee.societehisto.com
www.pratiques-cresef.com
www.revue-analyses.org
semen.revues.org

b. Ministères

lois.justice.gc.ca
mels.gouv.qc.ca
www.statcan.gc.ca

c. Archives de livres et journaux

www.archive.org
www.banq.qc.ca/collections/collection_numerique
www.manitobia.ca
www.ourroots.ca
peel.library.ualberta.ca
services.banq.qc.ca/sdx/dalfan/

---

[2] Les références bibliographiques des sites internet sont indiquées dans le corps de l'ouvrage.

TABLE DES SIGLES UTILISÉS

ACEFC   Association des commissaires d'école franco-canadiens de la Saskatchewan

ACFC   Association catholique franco-canadienne de la Saskatchewan

ACFEO   Association canadienne-française d'éducation d'Ontario

ACJC   Action catholique de la jeunesse canadienne-française

AECFM Association d'éducation des Canadiens français du Manitoba

FIC   Frères de l'instruction chrétienne

JEC   Jeunesse étudiante catholique

SSJB   Société Saint-Jean-Baptiste

SSTA   Saskatchewan School Trustees Association

TABLE DES MATIÈRES

Achevé d'imprimer
en avril 2017 sur les presses
de l'Imprimerie Gauvin, à Gatineau (Québec).